P. J. O'Rourke

DAS SCHWEIN
MIT DEM HOLZBEIN

Was Sie schon immer über Wirtschaft wissen wollten
und nie zu fragen wagten

REDLINE WIRTSCHAFT

bei ueberreuter

Die Deutsche Bibliothek – CIP-Einheitsaufnahme

O'Rourke, P. J.
Das Schwein mit dem Holzbein : Was Sie schon immer über
Wirtschaft wissen wollten und nie zu fragen wagten. –
P. J. O´Rourke
Frankfurt/Wien : Redline Wirtschaft bei Ueberreuter, 2002
    Einheitssacht.: Eat the Rich <dt.>
ISBN 3-8323-0861-X

Unsere Web-Adressen:

http://www.redline-wirtschaft.at
http://www.redline-wirtschaft.de

1 2 3 / 2004 2003 2002

Aus dem Amerikanischen von Sabine Schilasky
Originaltitel: „Eat the Rich"; published in the United States and Canada
by Atlantic Monthly Press, New York
Copyright © 1998 by P. J. O'Rourke
Copyright © der deutschsprachigen Ausgabe 2002
by Wirtschaftsverlag Carl Ueberreuter, Frankfurt/Wien
Umschlag: INIT, Büro für Gestaltung, Bielefeld
unter Verwendung eines Bildes der Bildagentur Stone, HH
Druck: FINIDR, s.r.o.
Printed in the Czech Republic

INHALT

Für Tina und Elizabeth

VORWORT DES AUTORS

D ER TITEL DIESES BUCHES ist gestohlen, ich weiß allerdings nicht genau,
wem ich ihn gestohlen habe. Ich könnte ihn bei Aerosmith ausgeliehen haben, deren *Get a Grip*-CD von 1993 einen Song gleichen Namens enthält. Doch
dann erzählte mir der Journalist Dan Dunn, dass Aerosmith ihn ebenfalls gestohlen haben könnte, weil er schon einmal auf einem Motörhead-Album von 1988 –
Rock'n'Roll – auftaucht. Zufällig weiß ich, dass sie ihn auch nicht erfunden haben,
weil ich den Slogan „Eat the Rich" lange Zeit vorher auf den T-Shirts von schiiti-
schen Amalmilizen gesehen habe. Woher wiederum die Amalmiliz diesen Spruch
hat, lässt sich schwerlich ergründen; fest steht allerdings, wie sie zu den T-Shirts
gekommen sind: Sie haben sie gestohlen. Vielleicht ist „Eat the Rich – Weg mit
den Reichen" auch der überlieferte Rest irgendeines traditionellen Liedguts, und
eines Tages gräbt ein gelangweilter Archivar die längst vergessene Einspielung
von *Songs of the Economic Advisers (Lieder der Wirtschaftsberater)* aus:

Kill the poor,	*Tötet die Armen,*
Eat the rich,	*Weg mit den Reichen,*
Screw every other son-of-a-bitch.	*Begrabt die ganzen Wirtschaftsleichen.*

Der Rest des Buches stammt allerdings von mir, und ich trage die volle Verantwortung für Inhalt und Wortwahl. Selbstverständlich konnte meine Arbeit nur zu
einem Ergebnis führen, weil ich jede Menge Hilfe und Unterstützung erhielt. Wie
es in den letzten dreizehn Jahren zu einem schönen Brauch geworden ist, hat auch
diesmal der *Rolling Stone* sämtliche Reisekosten übernommen. Im Gegenzug durften sie meine Reiseberichte in modifizierter Form in ihrem Magazin abdrucken.
Teile des zweiten Kapitels wurden im verlagszugehörigen *Men's Journal* vorab veröffentlicht. Ich schulde Jann S. Wenner, Begründer und Chefredakteur des *Rolling
Stone* meine tiefste Dankbarkeit (und diverse unfertige Artikel). Er ist mir nicht
nur ein guter Freund, sondern auch ein Boss, dessen Geduld und Toleranz ihresgleichen sucht. Immerhin hat sein Magazin in William Greider, dem Redakteur
für Wirtschaft und Politik, schon einen hervorragenden Mann für eben jenen
Themenbereich, den ich mir ausgesucht hatte. Daher war Jann milde entsetzt, als
ich 1995 zu ihm kam und ihm mein Konzept präsentierte. Wundersamerweise hat

er mich nicht direkt gefeuert, sondern lediglich geseufzt: „Das bedeutet, dass ich ab sofort zwei irre Wirtschaftsjournalisten in der Redaktion eines Musikmagazins sitzen habe."

Ein Teil des zehnten Kapitels erschien im *London Daily Telegraph*, was mir die Möglichkeit gab, meine anti-britischen Gefühle angesichts der Hongkong-Übergabe der richtigen Zielgruppe zu vermitteln – und das auf eine Weise, die so ziemlich jeden Briten bis ins Mark erschüttert haben dürfte. Tut mir Leid, Leute! Inzwischen habe ich meinen ärgsten Groll überwunden, und ich habe eingesehen, dass ich Hongkong auch an die Chinesen zurückgegeben hätte, wenn es mir gehört hätte. Allerdings hätte ich mir erstmal ein paar Drinks von ihnen spendieren lassen. Ich bin eben kein Brite, sondern Ire.

Dieses Buch wäre niemals zur Vollendung und Veröffentlichung gekommen, hätte ich auf die fabelhafte und absolut notwendige redaktionelle Unterstützung Andrew Fergusons von *The Weekly Standard* verzichten müssen; Denise Ferguson steuerte unzählige gute Ratschläge bei und hielt mir in kritischen Momenten die Hand. Was immer dieses Buch an Strukturiertheit und sinngebender Form aufweist, verdankt es Andy. Die vagen und verschwommenen Stellen verdankt es einzig mir (hier schimmert meine Persönlichkeit durch). Für die Durchsicht des Manuskripts konnte ich Nicholas Eberstadt, Gastforscher des American Enterprise Institute und Gastdozent am Harvard Center für Population Studies gewinnen, den Mary Eberstadt, die unter anderem für *The Weekly Standard* schreibt, nach Kräften unterstützte. Nick hat es fertiggebracht, die Schlüssigkeit meiner ökonomischen Thesen auf ihren logischen Gehalt hin zu überprüfen und mir beizubringen, wie man Statistiken auswertet, ohne sich dabei vollkommen lächerlich zu machen. Mary hat meiner Darstellung der menschenfeindlichen Zustände in totalitären Regimen sinnhaltige Konturen verliehen und ein enormes Taktgefühl bewiesen, wenn es darum ging, mich auf meine gravierendsten Fehler hinzuweisen.

Diejenigen Passagen, die vorab im *Rolling Stone* veröffentlicht wurden und das Grundgerüst zu diesem Buch bildeten, entstanden in Absprache und enger Zusammenarbeit mit dem Chefredakteur Robert Love. Dabei ist es ihm gelungen, nicht nur sein redaktionelles Genie aufs Vortrefflichste einzubringen, sondern darüber hinaus eine Engelsgeduld mit seinem chaotischen Autoren an den Tag zu legen. Bob verfügt über eine Kenntnis journalistischer Schreibweise, die mir bis heute fehlt. Er weiß ganz genau, welcher Teil einer Geschichte der Anfang, welcher die Mitte und welcher das Ende sein sollte – was für die Lesbarkeit eines Artikels nicht unerheblich ist. Neben seiner fachlichen Kompetenz war die Hilfe, die mir beim Schreiben des zweiten Kapitels durch Terry McDonnel und David Willey vom *Men's Journal* zuteil wurde, ein wahrer Segen. Terry hatte mich seinerzeit beim *Rolling Stone* eingestellt, ehe er in die Redaktion des *Men's Journal* wechselte. Gemeinsam mit David brachte er es fertig, mich in die Geheimnisse der Hochfinanz einzuweihen, damit ich mich nicht hoffnungslos blamiere. Immerhin bin ich jemand, der noch 1997 Edelmetalle kaufte, seine japanischen Yen behielt und dafür Pfizer-Aktien zu einem Schleuderpreis abstieß.

Tobias Perce steuerte einen Großteil der allseits unbeliebten Forschungs- und Entwicklungsarbeit bei; Mike Guy und Rodd Mc Leod standen ihm bei diesem nervenaufreibenden Unterfangen mit Rat und Tat zur Seite. Die in jedweder Beziehung erschöpfende Überprüfung der Daten und Zahlen leisteten Mary Christ, Sarah Pratt, Kim Ahearn, Erika Fortgang und Gina Zucker. Sollten trotz ihrer redlichen Bemühungen irgendwelche Fehler überlebt haben, so gründen sie allein in meinem sturköpfigen Beharren auf dem eigenen Irrtum. Die heroische Leistung des Redigierens erbrachten Eric Page, Marian Berelowitz, Corey Sabourin und Thomas Walsh (da meine Rechtschreibschwäche so ausgeprägt ist, dass ich nicht einmal den Icon für „Rechtschreibprüfung" finden kann, wäre ich ohne die vier aufgeworfen gewesen). Der bedauernswerte Eric Page hat den gesamten Buchtext während des Memorial-Day-Wochenendes redigieren müssen und sich dabei nachhaltig die Augen ruiniert, weil der Autor ihm den Text erst in letzter Minute zukommen ließ.

Das Titelfoto verdanke ich dem brillanten David Burnett, der es auf wundersame Weise geschafft hat, mich halbwegs wie einen Menschen aussehen zu lassen. (Sein Trick bestand darin, sich jemanden von der Modelagentur zu bestellen.) Tommy Jacomo vom „Palm" in Washington D.C. hat nur deswegen seine beschwipsten hochkarätigen Gäste vor die Tür gesetzt, damit David dieses Foto machen konnte. Das „Palm" in Washington ist das beste Restaurant der Welt und wahrscheinlich der einzige Ort, an dem man James Carville etwas anderes verzehren sehen kann als Ken Starrs Mittagessen. Der kleine Kerl, der vor mir flieht, entstammt der Feder von Daniel Adel. Die Umschlaggestaltung übernahm Charles Rue Woods, künstlerischer Leiter von Grove/Atlantic, zusammen mit Whitney Cookman. Die beiden sind genial.* (Das liebe ich so an den Vorworten: Da darf ein Journalist zur Abwechslung mal etwas anderes tun, als schlecht über fremde Leute zu reden. Und das sichert ihm hier und da ein Gratis-Mittagessen.)

Es gibt noch Dutzende von Menschen, die ich an dieser Stelle lobend erwähnen sollte. Schließlich war ich zu Beginn meiner Arbeit an diesem Buch ökonomisch vollkommen unbewandert – und das ist noch geschmeichelt. Meine Freunde aus der Finanzwirtschaft mussten mich in die simpelsten Grundbegriffe einarbeiten,

---

*Die Anmerkungen zur Covergestaltung beziehen sich auf die amerikanische Originalausgabe. Anm. des Ueberreuter Wirtschaftsverlags

und mein besonderer Dank dafür gilt Hugh Eaton, Richard Morris und John Ricci- ardi von der Cursitor-Eaton Asset Management Company, die mittlerweile zur Al- liance Capital gehört. Auch Briget Polichene, die ehemalige Chefberaterin des House Banking Committee, hat mir sehr geholfen, die Geheimnisse des Kapital- marktes zu ergründen. Darüber hinaus konnte ich auf die Unterstützung der Owen School of Management der Vanderbilt-Universität zurückgreifen, deren Studenten sowie Dewey Daane, emeritierter Inhaber des Frank-K.-Houston-Lehrstuhls für Finanzwissenschaft, ehedem Vorstandsmitglied im Federal Reserve Board, mir er- klärten, was es mit dem Geld auf sich hat – sehr langsam und in einfachen Worten, die selbst ich verstehen konnte. Luke Froeb, außerordentlicher Professor für Ma- nagement, hat mir in unserem gemeinsamen Gespräch Mut gemacht und mir eine Leseliste zusammengestellt. Besonders hilfreich war sein Vorlesungsskript „Eine Einführung in die traditionellen Wirtschaftswissenschaften in nur einer Vorle- sung". Beim Lesen dieses Skripts begriff ich erstmals, wozu Wirtschaftswissen- schaften gut waren. Am meisten beeindruckt haben mich die ersten beiden Sätze: „Einer der dominierenden Vorteile kapitalistischer Produktionsformen besteht darin, dass mittels ihrer Vermögen geschaffen werden kann. Vermögen entsteht immer dann, wenn Produktionsmittel dahingehend eingesetzt werden, dass aus geringwertigen Produktionsgütern höherwertigere werden."

Meine größte und hilfreichste Informationsquelle in Sachen Wirtschaftswissen war allerdings das Cato-Institut, eine unabhängige Expertenkommission unter der Leitung von Ed Crane und David Boaz. An diesem Institut halte ich den Posten ei- nes Mencken-Forschungsstipendiaten inne. Dieses Stipendium ist zwar unbe- zahlt, aber das habe ich auch nicht anders verdient. Das Cato-Institut ist geprägt von einer tiefen Freiheitsliebe, einem alles durchdringenden Verantwortungsbe- wusstsein und einer geradezu trotzig anmutenden Unparteilichkeit. Spenden an dieses Institut lassen sich von der Steuer absetzen, deshalb sollten Sie ihnen ein bisschen Geld überweisen. Ich verdanke Cato jede Menge Unterstützung in punc- to Forschung und Analyse für meine Veröffentlichungen während der vergangenen zehn Jahre. (Mit Ausnahme von meinem Buch *Give War a Chance* – die Leute bei Cato sind nämlich der Ansicht, dass sich das Plündern auf den freien Markt be- schränken sollte.) Mein besonderer Dank gilt Ed und David, sowie den Cato-Sti- pendiaten Doug Bandow, Ted Carpenter, James Dorn, Stephen Moore, Tom Pal- mer, Roger Pilon, José Piñera, Jerry Taylor und dem verstorbenen Julian Simon. Außerdem möchte ich Nicole Gray danken, die seit Jahren sämtliche Veranstaltun- gen von Cato unter einen Hut bringt und dafür sorgt, dass ich dort erscheine.

Eine weitere Organisation, deren Hilfe von unschätzbarem Wert bei meiner Ar- beit war und der ich hoffentlich in der einen oder anderen Hinsicht von Nutzen sein konnte, ist die National Forum Foundation. Sie wurde 1984 gegründet und hat die Zielsetzung, Demokratie und Menschenrechte jenen Ländern näher zu bringen, die sowas nicht haben. Forum Foundation hat für mich Kontakte in Russland und auf Kuba geknüpft, und der Leitende Direktor Jim Denton hat dafür gesorgt, dass ich während der Wahlen in Moskau im Jahre 1996 Zugang zu den politischen Hauptquartieren bekam. Therese Lyons, die die Finanzen der Organisation verwaltet, hat mich durch St. Petersburg geführt. Zwischenzeitlich hat sich die National Forum Foundation mit Freedom House zusammengetan, die bereits seit 1941 dieselben Ziele verfolgen. Freedom House geht zurück auf eine Initiative von Eleanor Roosevelt und Wendell Wilkie – ein überaus merkwürdiges Gespann. Seit dem Zusammenschluss der beiden Organisationen halten Jim und Therese die Positionen des Vorstandsmitglieds beziehungsweise der Vizepräsidenten für den Bereich Finanzen und Verwaltung inne. Auch Freedom House möchte ich den Lesern wärmstens empfehlen – Sie sollten ihnen ebenfalls etwas Geld zukommen lassen.

Das Kapitel über den guten Kapitalismus wäre undenkbar gewesen, hätten sich nicht die größten unter Amerikas Kapitalisten bereit gefunden, meine absolut lächerlichen Fragen zu beantworten. Statt ihre kostbare Zeit zu Geld zu machen, widmeten sie sich einem Journalisten, der sich fachkundlich auf Kinderkanal-Niveau bewegte. Und was ist dabei herausgekommen? Ein Stückchen Prosa, von dem noch nicht entschieden ist, ob die Welt es braucht. Daher geht nachträglich mein tiefes Mitgefühl – sowohl auf die angeschlagenen Nerven als auch auf die angeschlagenen Brieftaschen bezogen – an Michael Meehan, Sean McCarthy, Merrill Lichtenfeld, Tom Leander, Al Ehrbar, Alan Braunschweiger, Jeffrey Leeds, Jay Duryea, Kevin O'Brien, Myron Scholes und Robert Merton. Vielen Dank auch an Kim Kirkpatrick für die Idee vom Scotch-und-Wasser-Park.

In Albanien haben sich Eton Tocaj und Dave Brauchli mit absolut bewundernswerter Effizienz um alle wichtigen Dinge gekümmert – insbesondere darum, dass ich nicht umgebracht wurde.

Peter Steins glänzende Führung durch Schweden konnte es mit der eines glänzenden Dante'schen Virgils allemal aufnehmen. Bedauerlicherweise gab ich bei unserer Tour durch die Umgebung der sozialistischen „Hölle" einen erbärmlichen Dante ab. Die Menschen, die mir während dieser Reise begegneten, waren sämtlich freundlich und zuvorkommend, was eine umso größere Leistung ist, wenn man bedenkt, dass sie wussten, dass ich mich über ihr Land lustig machen würde. (Ich möchte an dieser Stelle Peter Berlin danken, dessen Buch *Die Schweden pauschal* mir sehr viel gegeben hat.) Während meines Aufenthaltes in Stockholm wurde ich mit unzähligen Mittagessen, Abendessen und dazu intelligenter Konversation überhäuft. Vielleicht ist an diesem ganzen sozialdemokratischen Unsinn doch etwas dran, und so lange man seinen ersten Wohnsitz in New Hampshire belässt, können einem die exorbitanten Steuern schließlich nichts anhaben. Mein besonderer Dank geht an Odd und Ingrid Eiken, Thomas Gür, Anders Isaksson, Jean Louis Gave, Nils-Eric und Kerstin Sandberg, Carl und Jeanne Rudbeck, Johann Kugelberg, Rolf Albert, Eva Norlin, Åke Ortmark, Thomas Atmer, Elizabeth Langby, die schwedische Kommission für freie Marktwirtschaft und an den amerikanischen Botschafter Thomas Siebert sowie seine Frau Deborah.

Bei allen Vorbehalten gegenüber dem sozialdemokratischen Schweden sollte man allerdings nicht außer Acht lassen, dass es dazu noch einen bösen Zwilling gibt: Kuba. Ein wenig Licht auf die schwarze Seite des Sozialismus brachten David Beard, Chris Isham, Jennifer Maguire, Pascal Fletcher, Douglas W. Payne von Freedom House und Frank Calzòn, Geschäftsführender Direktor des Center for a Free Cuba.

Jonas Bernstein hat alles Menschenmögliche getan, um mir das Riesenpuzzle, das sich Russland nennt, zu erschließen. Ihm gilt mein Dank ebenso wie Richard Conn, David Nunley, Michael Caputo, Dimitri Volkov, Claudia Rosett, meinem geschätzten Kollegen Chris Cox, Garri Kasparow (der mich den Wahlkampfhelfern von Boris Jelzin vorstellte – das macht ihm Deep Blue so schnell nicht nach), den Intourist-Führern Ana und Paul, dem International Republican Institute und der Jamestown Foundation.

Mein Reise durch Tansania wäre glatte Verschwendung gewesen ohne die Intelligenz, das Wissen und die Freundschaft von J.J., der die gesamte Knochenarbeit leistete. Die notwendigen Buchungen und Reservierungen hatte die Firma Abercrombie & Kent übernommen, die ich wärmstens empfehlen möchte. Ich danke Edward Hudgins vom Cato-Institut sowie Rhim Azad und Kephas Mavipya für ihre umfassenden Informationen. Das Mbweni Ruins Hotel und der Mnemba Club in Sansibar haben es möglich gemacht, dass ich mich von meiner anstrengenden journalistischen Tätigkeit erholen konnte.

Die Übergabe Hongkongs an die Volksrepublik China war ein betrüblicher Anlass und zugleich eine Riesenparty. Im Foreign Correspondents Club fand während meines Aufenthalts dort gerade der „Schichtwechsel" statt, und die heimfahrenden Korrespondenten feierten ohne Pause. Ich möchte mich herzlich für die zahlreichen Tipps (und Drinks) bedanken, die mir der bis dahin amtierende Vorsitzende und alte (ich meine wirklich „alte", John!) Freund John Giannini gab. Des Weiteren danke ich dem gegenwärtigen Vorsitzenden Keith Richburg (dessen Buch *Out of America* mir bei meinem Text über Tansania sehr geholfen hat) sowie Dave und Celia Garcia, Hugh und Annie Van Es, Jimmy Lai und Bill und Julie McGurn. (Mein ganz spezieller Dank geht an Bill für seine Artikel und Essays über Sir John

Cowperthwaite.) Dass die Übergabezeremonie am Ende noch sehr amüsant wurde, verdanke ich vor allem der Gesellschaft von Lauren Hutton, John Cleese, Alyce Faye Eichelberger, David Tang, Dominic Lawson und Rosa Monckton. Ich freue mich schon darauf, Euch wiederzutreffen, falls es noch einmal irgendwo den Triumph einer schlechten Regierung zu feiern gilt – vielleicht in Belfast.

Shanghai wäre für mich ohne Yeung Wai Hong und Kate Xiao Zhou ein Buch mit sieben Siegeln geblieben, und ohne Jim Whitaker und meine Freunde in der kobrabluttrinkenden Bruderschaft – Jerry Taylor, Gary Dempsey und Aaron Lukas – hätte es entschieden weniger Spaß gemacht, dort zu sein.

Ich möchte meinem Verleger und Freund Morgan Entrekin sowie seinen Leuten bei Grove/Atlantic danken, dass sie dieses Buch (wahrscheinlich wider besseren Wissens) gedruckt und mich dafür sogar bezahlt haben (was ganz bestimmt wider besseren Wissens geschah). Darüber hinaus danke ich Eric Price, Mitverleger von Grove/Atlantic, der Marketingchefin Judy Hottensen, dem Cheflektor Michael Hornburg, der stellvertretenden Lektorin Amy Hundley, der Abteilungsleiterin im Bereich Copyright, Lauren Wein, und all jenen Leuten, bei denen sich Autoren normalerweise nicht bedanken, ohne die ihre kreativen Anstrengungen jedoch nichts weiter wären als ein Haufen flackernder Zeichen auf einem Computerbildschirm.

Scott Manning, der meine Lesereise organisierte, sollte wissen, wie sehr ich es zu schätzen weiß, dass er sich mit einem Autoren abgab, der nicht nur hoffnungslos undankbar ist, sondern während seiner Werbetour der peinlichen Illusion erliegt, dass sich fünfzigjährige Schriftsteller wie zwanzigjährige Schlagzeuger von Rockbands aufführen sollten.

Ich danke auch meinem langjährigen und leidgeprüften Agenten Bob Dattila, der meine Idee zu einem Buch über Volkswirtschaft beinahe klaglos hinnahm („Oh, die Filmfritzen in Hollywood werden sich wie die Geier auf den Stoff stürzen"). Auch Jacqui Graham gebührt große Anerkennung dafür, dass sie unverdrossen meine Bücher in Großbritannien verlegt – trotz meiner ausgeprägten Anglophobie, die sich in unqualifizierten Seitenhieben gegen ihre Heimat äußert. Natürlich danke ich auch Don Epstein und allen Leuten bei Greater Talent Network, die es immer wieder schaffen, mir bezahlte Lesungen zu vermitteln. Ihretwegen muss ich mir keine richtige Arbeit suchen oder Bücher schreiben, aus denen man Kinofilme machen kann.

Nachdem ich nun mit meinen Danksagungen bis hierher gekommen bin, stehe ich wieder einmal vor einem der großen Rätsel der Literatur: Wie dankt man der eigenen Ehefrau, wenn man weder zu schmeichlerisch, und somit idiotisch, noch vollkommen schräg klingen will? Da es allerdings nur dieses Entweder-Oder gibt, musste ich mich zwangsläufig für eines von beiden entscheiden. Ich wähle schmeichlerisch. Tina O'Rourke besitzt einen Abschluss in Betriebswirtschaft, womit sie dem Autor um Nasenlängen voraus ist. Sie hat mich auf zahlreichen Reisen begleitet, oder besser: ich habe sie begleitet. Sie hat bei den Buchungen geholfen, Informationsmaterial zusammengestellt und sich den Slogan „Amerika – Es ist nicht nur Scheiße" ausgedacht, den ich mir prompt zu eigen gemacht habe. Für unseren Kubabesuch bekam Tina einen Presseausweis vom *Rolling Stone*, was für die Arme bedeutete, dass sie nebenbei einem Popstar so spannende Fragen stellen durfte wie „Was ist Ihre Lieblingsfarbe?". Sobald ich mit der eigentlichen Schreibarbeit begann, hat meine Frau laufend Korrektur gelesen und die fertigen Passagen in ein Textprogramm übertragen – eine Aufgabe, die für ihren Ehemann nach wie vor zu den großen Mysterien der Gegenwart zählt. Nebenher hat sie sich um den Haushalt gekümmert, Windeln gewechselt und unseren Säugling morgens um eins, drei, halb vier, viertel vor vier, vier und fünf Uhr gestillt, während ich ... aus dem Fenster guckte und Adverben suchte. Ich danke dir, Liebes, dass du mich nicht umgebracht hast.

ANMERKUNGEN ZUR BIBLIOGRAFIE

Es gibt keine, weil ich zu faul bin. Außerdem hat wohl kaum jemand von Witzen mit Fußnote gehört. Dennoch gibt es ein paar Bücher, die ich allen frischgebackenen Studenten der Wirtschaftswissenschaften empfehlen würde, insbesondere wenn sie – wie ich – keinen Schimmer von Wirtschaft und Mathematik haben, ausgesprochen leichtsinnig und naiv sind und darüber hinaus noch die lästige Angewohnheit haben, sich einen groben Patzer nach dem anderen zu leisten. In anderen Worten: Diese Bücher sollte man unbedingt lesen, wenn man etwas über Ökonomie wissen will, bisher aber noch nicht weiter in diese Materie vorgedrungen ist, als die Kosten für eine Kombi-Pferdewette zu kalkulieren.

Free to Choose und *Capitalism and Freedom* von Milton und Rose Friedman
New Ideas from Dead Economists von Todd G. Buchholz
The Road to Serfdom von Friedrich A. Hayek
Economics in One Lesson von Henry Hazlitt
The Tyranny of Numbers von Nicholas Eberstadt
How the West Grew Rich von Nathan Rosenberg und L.E. Birdzell Jr.
The Armchair Economist von Steven E. Landsburg
The History of Money von Jack Weatherford
Money, A History von Jonathan Williams (Hrg.)

Selbstverständlich gibt es auch Bücher, die man auf keinen Fall lesen sollte. Zu ihnen zählen jene Publikationen, die in ihrem Titel die Worte *Investment* oder *Erfolg* stehen haben, sowie sämtliche Veröffentlichungen von John Kenneth Galbraith.

ANMERKUNGEN ZU DEN ZAHLEN IN DIESEM BUCH

Wie exakt ist das Zahlenmaterial in meinen Statistiken? Ebenso gut könnte man fragen: Wie lang ist ein Stück Schnur? Alle Statistiken stecken voller Fehler und Ungenauigkeiten, die ich wohl oder übel übernehmen musste. Wenn es ums Rechnen geht, stoße ich bereits an meine Grenzen, wenn ich einen 15-prozentigen Trinkgeldaufschlag zu einer 10-Dollar-Getränkerechnung addieren will. Andererseits hatte ich noch nie eine Getränkerechnung, die läppische 10 Dollar betrug; vielleicht liegt hierin das eigentliche Problem. Doch selbst im stocknüchternen Zustand gebe ich einen erbärmlichen Mathematiker ab. So beziehe ich mich im fünften Kapitel auf das Gesamt-Bruttoinlandsprodukt Kubas und im achten auf das Pro-Kopf-Bruttoinlandsprodukt Tansanias. Diese Zahlen wirken ebenso willkürlich gewählt und unzutreffend wie das Trinkgeld, das ich kürzlich einem Barkeeper hinlegte, der mich daraufhin mit einem waffenscheinpflichtigen Blick bedachte.

Trotzdem finde ich Statistiken zu Vergleichszwecken recht brauchbar, und deshalb habe ich sie in diesem Buch benutzt. Sofern keine anderen Angaben gemacht wurden, entstammen die hier verwendeten Statistiken hinsichtlich Bevölkerungsgröße, Sozialprodukt, durchschnittlicher Lebensdauer etc. dem CIA *World Factbook* von 1997 sowie dem im selben Jahr veröffentlichten *Statistical Abstract of the United States* des US-Handelsministeriums. Bevor ein falscher Eindruck von mir entsteht: Ich weiß sehr wohl, dass die CIA jene Spionageorganisation ist, die erst durch die *Washington Post* von den indischen Atomtests erfuhr, was zur Folge hatte, dass mittlerweile auch Pakistan Pilzwolken gen Himmel schickt. Es wird wohl nicht mehr lange dauern, bis jeder Taxifahrer und jeder Coca-Cola-Manager so eine Bombe hat. Ich weiß ebenfalls, dass das US-Handelsministeriums nicht direkt die größten Philosophen der Nation zu seinen Vordenkern zählt. Mir ging es in erster Linie um Zahlenmaterial, das aus derselben Grundmasse zusammengerührt wurde und in handlichen und vergleichbaren Scheiben daherkommt.

Bedauerlicherweise musste ich während meiner Arbeit feststellen, dass sich die Regierung nicht immer mit sich selbst einig ist. Beispielsweise gibt das *Factbook* die Bevölkerungszahl der USA für 1997 mit 267.954.764 an, wohingegen sie laut *Statistical Abstract* bei 267.645.000 liegt. Hieraus ergibt sich eine Differenz von 310.000 Leuten, was man sich ungefähr so vorstellen muss, als würden auf einen Schlag alle Einwohner von Wichita, Kansas, verschwinden. Also schnell die Sturmmeldungen nachlesen, Tante Dorothy anrufen und ... Auf jeden Fall ist es schwierig, wenn man plötzlich vor dem Problem steht, sich für die eine und gegen die andere Zahl entscheiden zu müssen. Ich habe die CIA-Zahlen genommen, weil die Jungs richtig unangenehm werden können, wenn man sie beleidigt.

Aber es gibt noch ein anderes Problem mit den Statistiken in diesem Buch: Sie sind überholt, nichts weiter als Momentaufnahmen aus der Vergangenheit. Bis dieser Text in den Druck und anschließend in den Buchhandel gelangt, sind sie peinlich wie die Frisur, die man auf dem Foto im Schuljahrbuch trägt – die ist seit letztem Herbst vollkommen aus der Mode! Dass meine Statistiken sogar noch überholter als die Haarmode vom Vorjahr sind, liegt an meiner Langsamkeit: Ich habe allein zweieinhalb Jahre darauf verwandt, sie zusammenzusammeln. Es wäre natürlich viel praktischer gewesen, hätte ich acht Länder innerhalb einer Woche besucht, am Wochenende meine Reisenotizen zusammengeschrieben und alles am Montag in den Druck gegeben. Dann wäre dieses Buch halbwegs aktuell. Aber irgendwie wollte mir das nicht gelingen. Stattdessen war ich 1996 in Schweden, Kuba und Russland. 1997 war ich in Tansania, Shanghai, Hongkong und der Wall Street. Und erst im Frühjahr 1998 ging mein Manuskript in den Druck. Unterdes haben sich die Dinge in diesen Ländern verändert. Die wirtschaftlichen Gegebenheiten in Schweden, Albanien und Tansania haben sich ein wenig verbessert, dafür haben sie sich in Russland und Shanghai eher verschlechtert. Der Papst ist einmal quer durch Kuba gereist – was er damit bezwecken wollte, weiß ich nicht so genau. Hongkong leidet weit weniger schlimm unter den Festlandchinesen als ich erwartet hatte – zumindest bis jetzt – und wie es auf den Aktienmärkten weitergehen wird, ist immer noch dasselbe Rätsel wie 1792, als sich vierundzwanzig ehrgeizige Makler unter einer Platane an der Wall Street zusammentaten, um einen Regelapparat zu ersinnen, der es ihnen leichter und allen anderen schwerer machen sollte, ihre Arbeit zu verstehen.

Ich würde daher allen Lesern raten, die Zahlen in diesem Buch mit jenem Quäntchen Salz zu nehmen, das die Römer als Heilmittel gegen Vergiftungen empfahlen. Meine Absicht bestand darin, Thesen zur Wirtschaft, Freiheit und Verantwortung aufzustellen, und dem aufmerksamen Leser wird nicht entgehen, dass ich letztendlich nichts weiter bin als ein Journalist. Das bedeutet, sobald es darum geht, zu wissen wovon man redet, bin ich kein Deut besser als irgendjemand sonst. Der einzige Unterschied besteht darin, dass ich für das Reden bezahlt werde.

„In diesem Zustande von Schwachsinn begriffen,
wandte ich mich der politischen Ökonomie zu,
dass sie mich erheitere."
Thomas De Quincey
Bekenntnisse eines englischen Opiumessers (1821)

1

LIEBE, TOD UND GELD

MEINE GRUNDLEGENDE FRAGE zum Thema Wirtschaft ist die: Warum wachsen und gedeihen einige Teile der Erde, während andere verrecken? Mit Intelligenz kann das nichts zu tun haben, denn es gibt kaum einen Ort auf der Welt, wo sich mehr Dummheit auf einem Haufen versammelt als in Beverly Hills (höchstens in Brentwood), und trotzdem waten die Leute dort im Geld. Inzwischen kochen die Menschen in Russland ihre Suppe auf Steinen – und bei ihnen gilt Schach als Volkssport. Bildung kann ebenso wenig der Grund sein. Achtklässler in den USA wissen zwar, was ein Kondom ist, tun sich aber schwer mit simplen Aufgaben wie 9 x 7. Natürliche Ressourcen sind es auch nicht. In Afrika findet man Diamanten, Gold, Uran, was immer man will. Skandinavien hat nichts von alledem und ist zu weiten Teilen dauerverschneit und zugefroren. Vielleicht ist es die Kultur, doch besonders wohlhabende Gegenden zeichnen sich zumeist durch einen eklatanten Mangel an ebenderselben aus, wie sich bei einem Besuch der berühmtesten Einkaufszentren unschwer erkennen lässt.

Eventuell liegt das Geheimnis des Wohlstands im Entwicklungsstand der Zivilisation. Andererseits zählte China bereits bildungs- und zivilisationstechnisch zu den Hochkulturen, als meine Verwandten noch nackt auf den Bäumen hockten. (Zugegebenermaßen war das letzte Woche, aber da hatten sie vorher getrunken.) Im Jahre 1000 v.Chr. begannen die Europäer gerade mal, Metall zu benutzen, um sich damit gegenseitig auf den Kopf zu schlagen. Zu dieser Zeit formten die Chinesen der Zhou-Dynastie Weingefäße mit reichen Ornamenten, die groß genug waren, um darin ein Bad zu nehmen. Allerdings hätten das die zeitgenössischen Europäer so oder so nicht gewollt. Trotzdem stinkt es heute in China und nicht in Europa.

Regierungen allein schaffen keinen Wohlstand. Bürger in totalitären Staaten haben jede Menge Regierung, dafür aber sonst nichts. Ohne Regierung funktioniert es auch nicht. Millionen Jahre lang hatte die Menschheit keine Regierung, und damals hockten *jedermanns* Verwandte nackt in den Bäumen. Schlichte, harte Arbeit ist genauso wenig die Lösung, denn die Ärmsten der Armen verrichten die schlichtesten Tätigkeiten unter den härtesten Bedingungen. Die anderen spielen so lange Golf. Sind es hohe technologische Standards, die leibliches Wohl garantieren? Nein, denn in den erbärmlichsten Ecken dieses Globus' findet sich hochmoderne Technologie – in Form von Waffen.

Warum sind einige Orte reich und andere arm? Irgendwann gelangte ich zu dem Schluss, dass es etwas mit Geld zu tun haben könnte.

Aber ich hatte keine Ahnung von Geld, weder als praktisches Zahlungsmittel – reicht es diesen Monat für die Hypothekenrate? – noch im abstrakten Sinne. Ich hatte nicht den geringsten Schimmer von Ökonomietheorien. Und damit stand ich nicht allein auf weiter Flur.

D IE ZENTRALE FRAGE dieses Buches konnte ich nicht beantworten, weil ich ein ökonomischer Idiot war. Und ich bin zu einem ökonomischen Idioten geworden, weil ich schlicht und ergreifend ein Mensch bin. Menschen haben Schwierigkeiten mit dem Geld, und das nicht nur dann, wenn ihre wirtschaftlichen Umstände sie in den Hungertod treiben. Vielmehr scheinen menschliche Wesen mit einer angeborenen Unfähigkeit geschlagen, ökonomische Prinzipien wahrzunehmen und zu ihren Gunsten zu nutzen.

Liebe, Tod und Geld – das sind die drei Hauptprobleme aller Menschen. Die Liebe studieren wir mit unermüdlichem Eifer. Wir sind sowohl in der Theorie als auch in der Praxis fasziniert von ihr, seien es ihre pragmatischen biologischen Aspekte oder ihre Duldsamkeit was die Befrachtung mit Sentimentalitäten betrifft. Unsere Supermärkte sind gängeweise befüllt mit allem, was man für die Liebe gebrauchen kann – oder auch nicht. Nichts an ihr ist zu lächerlich, als dass es nicht schon Einlass in die Gedankenübungen der größten Denker, in die Werke der größten Künstler und in die Talkshows der größten Tagestalker gefunden hätte.

Was den Tod angeht, ist das öffentliche Interesse an der näheren Erforschung seiner Erscheinungsformen derart allgegenwärtig, dass die meistgesehene Fernsehserie in Amerika in einer Notaufnahme spielt. Selbst ein noch so nüchterner und fantasieloser Vertreter der menschlichen Spezies wird zum kühnen Theoretiker, spricht man ihn auf seine Ideen zur Eschatologie an. Egal wie einsilbig ein Individuum sich gemeinhin geben mag, wenn es um die unterschiedlichen Formen des Ablebens geht, sprudelt er geradezu über vor Einfällen. Das Sterben an sich scheint unsere intellektuelle Neugier zu wecken.   ·

Geld tut das nicht. Alles, was uns daran interessiert ist, es zu haben – und das möglichst in größeren Mengen. Das interessiert uns, doch damit hört es auch schon auf. Wir scheren uns nicht darum, woher es kommt, und in wohlhabenden Gesellschaften schert es uns nicht einmal, wo es hingeht. Sobald die Sprache aufs Geld kommt, zucken wir mit den Schultern und sagen: „Ich hätte gern mehr."

Warum schwingen wir uns zu Möchtegern-Gelehrten auf, wenn es um Liebschaften und Leichen geht, werden aber bei der bloßen Erwähnung des Wortes „Geld" unsicher und zappelig wie Studienanfänger, die ihre erste Vorlesung im Fach Wirtschaftswissenschaften besuchen? Ich habe mehrere Hypothesen dazu entwickelt, bin allerdings mit keiner von ihnen zufrieden.

Liebe und Tod sind begrenzte und persönliche Phänomene. Auch zu Zeiten, als freie Liebe gepredigt wurde, fanden sich nur sehr wenige Menschen damit ab, dass man sie in einer Beziehung mit ihnen praktizierte. Und ein tief frommer Mann, der mit christlich geprägter Inbrunst beteuert, alle Geschöpfe dieser Erde zu lieben, dürfte kaum in die Verlegenheit kommen, ihnen allen tatsächlich über den Weg zu laufen. Der Tod wiederum ist so endgültig wie es überhaupt geht. Er hat ein klares Ende, und die Häufigkeitsrate ist mit 1:1 im Verhältnis Ereignis pro Person letztlich beruhigend niedrig.

Demgegenüber wirkt die Ökonomie zu Recht verunsichernd, zumal sie eine Unzahl Menschen, Waren und Leistungen involviert. Das macht sie kompliziert und uns Kopfschmerzen. Deshalb reagieren wir auf Beeinträchtigungen im wirtschaftlichen Bereich mit den simpelsten Gesten: Wir durchwühlen unsere sämtlichen Jackentaschen, ob sich irgendwo noch ein Geldschein findet. Anschließend beten wir oder wählen die Demokraten – je nach persönlicher Glaubensrichtung.

Vielleicht ist Ökonomie aber auch zu allgegenwärtig, durchdringt unser Leben in zu vielfältiger Weise, als dass wir sie als gesonderten Aspekt wahrnehmen. Wir können sie nicht als allein stehende Größe ausmachen. Damit wäre sie nicht allein unter den Phänomenen des Lebens. Wir können einen Menschen stolpern und hinfallen sehen, aber wir hören ihn niemals ausrufen: „Verdammte Schwerkraft!" Und selbst wenn jemand zehnmal hintereinander fällt, beschäftigt er sich deshalb nicht mit der Funktion der Schwerkraft. Er wird beim elften Aufstehen nicht murmeln, „Ich bin in einer Geschwindigkeit von $9,6 m/s^2$ gefallen, wobei die Fallenergie proportional zur Masse der Erde, multipliziert mit meinem Gewicht und umgekehrt proportional zum Quadrat der Entfernung zwischen diesem Glatteis auf der Treppe und meinem Allerwertesten ist." Mit der Ökonomie ist es dasselbe. So oft wir auch unseren Job verlieren, unsere Ersparnisse bis auf den letzten Heller aufbrauchen, wir kommen gar nicht auf die Idee, zur Bibliothek zu eilen und uns in John Maynard Keynes' *Allgemeine Theorie der Beschäftigung, des Zinses und des Geldes* einzuarbeiten.

Der allumfassende Einfluss der Wirtschaft hindert uns daran, intellektuelle Distanz zu ihr zu gewinnen. Den Tod können wir aus der Distanz betrachten; bei einem männlichen Amerikaner beträgt diese Distanz durchschnittlich 72,7 Jahre, beim weiblichen 79,5 Jahre. Wenngleich die Liebe dafür berüchtigt ist, uns das

Gehirn zu vernebeln, gibt es die Ehe, die den Schaden begrenzen kann, indem sie die Leidenschaft abkühlt. Und wenn das nicht möglich ist, tut es kurzfristig ein sexueller Höhepunkt hier und da. Es gibt den Orgasmus, aber nicht den Dollargasmus. Das Geld ist immer da – ohne Distanz, ohne kurzfristige Abhilfe. Was also stelle ich an, um mich vom Geld abzulenken? Einkaufen gehen? Drinks und Drogen werden teuer für mich. Ich könnte beispielsweise mit den Kindern spielen. Doch das würde mich wieder daran erinnern, dass sie neue Schuhe brauchen.

Ständige Geldsorgen wirken sich negativ auf die menschliche Psyche aus. Ich möchte behaupten, dass kein anderes Thema mit einer solchen Vielfalt von irrwitzigen Annahmen belastet ist wie das der Finanzen. Tod und Sex sind zwar die Dauerbrenner auf den Couches der Psychoanalytiker, aber lassen die sich in Morden oder Ehen bezahlen? Die Menschen stellen die verrücktesten Sachen an, um politische oder religiöse Ziele zu verfolgen, doch das ist nichts im Vergleich zu dem, was sie machen würden, um an einen zusätzlichen Dollar zu kommen. Und wenn man dann daran denkt, wofür sie ihre Kohle ausgeben, greift „schwachsinnig" entschieden zu kurz.

Unsere Reaktionen auf Geld sind sogar noch in solchen Momenten von Wahnsinn gezeichnet, wenn es sich um das wildfremder Leute auf einem weit entfernten Kontinent handelt. Wir machen uns nicht über Sterbende lustig. Wir verurteilen eigentlich niemanden so richtig, weil er seine Liebschaften schneller wechselt als seine Unterwäsche. Aber sehen wir jemanden reich werden – besonders, wenn es schnell geschieht und wir nicht verstehen, wie er es schafft – droht uns ein psychotischer Wutanfall. Wir sind deshalb nicht rational und intelligent, wenn es um Ökonomie geht, weil uns allein der Gedanke an sie an den Rand des Wahnsinns treibt.

D IESBEZÜGLICH BIN ICH nicht minder schwachsinnig als jeder andere. Ich habe mich als Kind sicherlich nicht für Finanzen interessiert – das tun Kinder nicht. Kinder – zumindest glückliche Kinder – leben in dem von Marx als ideal postulierten Zustand, dessen Motto lautet „Jeder nach seinen Fähigkeiten, jedem nach seinen Bedürfnissen". Bankrott zu sein kommt für uns einer Verbannung ins Gulag gleich. Wenn unser Vater in Rage ist, verwechseln wir ihn mit Joseph Stalin. Und dann wundern wir uns, dass so viele junge Leute Linke sind.

Als ich das College besuchte, interessierte ich mich auch nicht für Volkswirtschaft. Ich hing jener großen Tradition akademischer Bohemiens nach, die seit François Villons Jahrhundertaufständen im fünfzehnten Jahrhundert bis in unsere Tage überlebt hat. Für die wahren Intellektuellen meiner Zeit gab es nichts Verwerflicheres als Wirtschaftsseminare zu belegen (zweifelsohne hat Villon Gleichlautendes in seinem *Petit Testament* vermerkt).

Meine Freunde und ich waren demgegenüber haushoch überlegen. Wir studierten Literatur, Anthropologie und Keramik. Wir suchten, hinterfragten und wuchsen. Genaugenommen wuchsen nicht wir, sondern uns Koteletten und Beinhaare. Wir kamen gar nicht auf den Gedanken, dass diese Brüderschaftsburschen und Dauerwellenmäuschen, die zu ihren Einführungskursen in Volkswirtschaft hetzten (in schrecklichen Klamotten) und dabei so taten, als hätten sie tatsächlich Angst, zu spät zu kommen, echte Intellektuelle sein könnten. Wir haben nicht erkannt, dass mehr Arbeit dahinter steckte, eine Hausarbeit über ein Konzept stimmiger Waren- und Bedarfsberechnung zu schreiben, als eine über den „Einfluss von Cool Jazz auf die Poesie von Edgar Allan Poe". Ihre Abschlussprüfungen waren nicht nur schwieriger als eine Auseinandersetzung mit Margaret Meads Theorien zu den Riten der Einwohner von Samoa, sondern ungleich wichtiger. Die menschliche Existenz hängt an wenigen, klar umrissenen Dingen. Unglasierte Töpferwaren gehören allerdings nicht dazu.

Hätten diese Jungs und Mädchen Kurse in Liebe oder Tod belegt, wären wir dabei gewesen. Aber Geld? Geld war etwas vollkommen anderes. Wir interessierten uns nicht für Geld. Das heißt, genaugenommen interessierten wir uns nicht für Arbeit, die man machen muss, um welches zu kriegen. Naiv wie wir waren, wussten wir sehr wohl, wie viel Arbeit es uns kosten würde, um einen Uni-Abschluss zustande zu bringen, für den man sich Formeln merken musste wie:

$$\text{Preisbewegung} = \frac{\%\ \text{Materialversorgung}}{\%\ \text{Preisveränderung}}$$

Es war nicht etwa so, dass wir diesen Themen nicht gewachsen gewesen wären: „Das ist nämlich, Preise – das heißt Verschwendung von natürlichen Ressourcen und dieses Umweltverschmutzungsdings. Das hängt doch alles mit diesem Kapitalistenschwindel zusammen, Mensch."

Und selbstverständlich interessierten wir uns eigentlich enorm für Geld. Wir waren völlig außer Rand und Band, wenn wir welches hatten. Gleichzeitig waren wir wild entschlossen, es uns nicht zu verdienen. Auf keinen Fall wollten wir uns auf die Suche nach dem Geld machen, sondern abwarten, bis es zu uns kommt. Und das würde es, wenn wir beispielsweise unsere revolutionären Tanzchoreographien vor Publikum präsentierten oder unsere Ausstellung über präkonzeptionelle post-objektivistische Malerei erst wie eine Bombe einschlug. Wir glaubten, dass wir es wahrscheinlich im Überfluss gewinnen könnten, wenn unsere Folkrockgruppe „Exiles of Dayton" irgendwann fehlerfrei „Kum Ba Ya" spielen lernte. Auf jeden Fall wollten wir uns nie und nimmer „verkaufen", egal mit wie vielen Dollarnoten man uns bewarf.

Die Betriebswirtschaftsstudenten aber wollten „Geld machen" – und dieser Satz hatte für uns damals etwas zutiefst Erschütterndes und Abstoßendes. Sie waren sogar bereit, Geld mit Dingen zu verdienen, die kein bisschen künstlerisch waren, wie beispielsweise die Firmenleitung von IBM zu übernehmen. Wir Künstlertypen wären schockiert gewesen, hätte uns damals jemand gesagt, dass Geldverdienen durchaus etwas Kreatives ist – aber das traute sich sowieso niemand. Noch mehr hätte uns schockiert, wenn wir erfahren hätten, dass das grundlegende Prinzip der Marktwirtschaft, nämlich „Produktionsmittel dahingehend zu verwenden, dass aus geringwertigen Produkten höherwertige werden", die Wurzel aller Kreativität ist, ob künstlerische, IBMische oder sonst irgendeine.

Wir fanden es schlichtweg krass, dem Geld größere Bedeutung beizumessen. Demgegenüber war es ungleich kreativer, auf einer Party mit Dutzenden wilder Leute zu stehen, Mateus rosé zu trinken und über Jean-Paul Sartre zu plaudern. Aber ein Unternehmen gründen, oder in eines einsteigen? Niemals!

Das bezog sich selbstverständlich nicht auf das Handeln mit Drogen. Das haben wir alle gemacht, und wir kannten uns bestens aus, wenn es um die Preiselastizität von Marihuana ging. Diesbezüglich beherrschten wir die Kalkulation von Angebot und Nachfrage perfekt. Wahrscheinlich schlugen wir langhaarigen Verrückten die Wirtschaftswissenschaftsstudenten in puncto praktische Geschäftserfahrungen um Längen. Hinzukam, dass wir uns alle für Marxisten hielten. Und in der marxistischen Philosophie dreht sich einfach alles um die Volkswirtschaft.

Trotzdem interessierte es uns nicht im Mindesten. Der Vollständigkeit halber sollte man allerdings auch erwähnen, dass es die Studenten der wirtschaftswissenschaftlichen Fakultät ebenso wenig kümmerte. Sie belegten ihre Fächer nicht, weil sie von der Komplexität der wirtschaftlichen Zusammenhänge fasziniert waren, oder weil sie meinten, dass die Menschheit ohne wirtschaftliche Aktivitäten nicht überleben würde. Vielmehr wählten sie ihre Fächer, um später einen Job zu bekommen. Bis dahin hatten sie zwar alles vergessen, was sie über die oben erwähnte Komplexität gelernt hatten, aber das traf auf die Leute, die ihnen die Jobs gaben, ebenfalls zu.

SEITHER HABE ICH mich in vielerlei Hinsicht verändert – wie es wohl jeder tut, der lange genug lebt. Ich arbeite. Allerdings als Journalist, und ich tue mich schwer damit, Journalismus als Geschäft zu betrachten. (Obwohl ich unangenehm überrascht wäre, wenn man mir am Ende der Woche eine herzliche Umarmung anstelle eines Gehaltschecks schenkte.) Für wirtschaftliche Belange begeistere ich mich nach wie vor nicht, wenngleich mir mein Presseausweis die Türen zu den spektakulärsten Veranstaltungen der Wirtschafts- und Finanzwelt öffnet.

Ich erinnere mich zum Beispiel an die 70er Jahre, als sich die Volkswirtschaft im selben Tempo veränderte wie die Gesichter meiner Beischlafpartnerinnen. Zugegebenermaßen war die Große Depression um einiges dramatischer, aber ihr Wirkungskreis war deutlich eingeschränkter. Die beginnende Globalisierung in den Siebzigern hingegen brachte plötzlich jene drei Viertel des Globus' ins Spiel, die bis dato in der Weltwirtschaft nicht vorgekommen waren. Mit einem Mal kamen unsere Autos aus Ländern, die vorher höchstens mit aufziehbarem Spielzeug auf dem Markt vertreten waren. Von nun an wurde alles importiert – mit Ausnahme von Öl. Das hatte man bisher gratis bekommen, wenn man eine Autowäsche oder eine Sonnenbrille an einer Tankstelle kaufte. Eines Tages konnte man es nicht mal mehr für Geld kaufen, und das lag nicht etwa daran, dass nicht genügend Geld da war. Nur war dieses Geld nichts wert. Eine ehedem unvorstellbare Kombination von galoppierender Inflation und stagnierendem Handel ließ den Goldstandard faktisch über Nacht verschwinden. Vielleicht hat er sich irgendeinem Kult angeschlossen. Zu dieser Zeit konnte man mehr Geld mit kurzfristigen Schatzwechseln machen als mit einem Überfall auf die Staatskasse. Die internationalen Wechselkurse unterlagen den vehementen Stimmungsschwankungen an den Kapitalmärkten, und die mächtigsten Wirtschaftsnationen der Welt wurden von einem Haufen ökonomischer Blindgänger regiert: Nixon, Carter, Mao, Harold Wilson, Georges Pompidou und Leonid Breschnew. Dank der rasanten Entwicklung der elektronischen Medien verbreiteten sich schlechte Ideen zur Wirtschaftsstabilisierung in Lichtgeschwindigkeit.

Ich habe diese Phase weitestgehend verschlafen, obwohl ich damals schon über Politik schrieb. Zumindest hatte selbst ich erkannt, dass Wirtschaft für die Politiker das ist, was der Eukalyptusbaum für den Koalabären ist: Nahrung, Schutz und Auffangbecken für Verdauungsreste. Also verfasste ich die üblichen journalistischen Verrisse über Gier und Machtinteressen und ließ es dabei bewenden.

Erst in den neunziger Jahren, nachdem ich bereits zehn Jahre als Auslandskorrespondent gearbeitet hatte, stolperte ich über das Thema Volkswirtschaft. Mir fiel auf, dass es sie in zahlreichen Ländern, in denen ich mich aufhielt, gar nicht gab. Und ich fragte mich, warum das so war, denn diese Länder boten eigentlich alles – außer Nahrung, Schutz und ein Auffangbecken für Verdauungsreste.

ICH BESCHLOSS, mich eben den Wirtschaftstexten zuzuwenden, um die ich mich während meiner Collegezeit erfolgreich gedrückt hatte. Schlagartig bemächtigte sich meiner jenes Grauen, dass ich aus meiner Beatnikphase allzu gut kannte. Nur bezog es sich diesmal nicht auf die Studenten, die dieses Fach studierten, sondern auf die Texte, die sie dabei lesen mussten. Wie sich herausstellte, waren die Professoren, die dieses Fach unterrichteten und mit ihren Veröffentlichungen bis zur Unkenntlichkeit entstellten, komplette Idioten.

Wenn man als Erwachsener in einem dieser Collegebücher blättert, ist das wie ein Schock (und eine tröstende Erinnerung daran, warum wir so froh sind, das College hinter uns zu haben). Stilistisch siedeln diese Texte irgendwo zwischen grenzenlos kindisch und absolut unverständlich. Der Ton variiert von herablassend, in etwa vergleichbar einer Pressekonferenz des Regierungssprechers, bis hin zu schmieriger Kumpelhaftigkeit – wie bei unserem gegenwärtigen Präsidenten. Der Humor von Professoren ist sogar noch erbärmlicher als ihr Dictum, und ihre Texte triefen von salbungsvoller Selbstdarstellung. Der Unterhaltungswert gleitet endgültig in den Minusbereich, wenn so simple und allseits verständliche Botschaften wie „Wenn etwas in größeren Mengen vorhanden ist, kostet es weniger" durch Grafiken und Statistiken illustriert werden, welche nicht nur unschön anzusehen sind, sondern darüber hinaus in einer Zeichensprache gehalten sind, vor der jedes Nachschlagewerk kläglich versagt. Ich vermute, dahinter steckt die Absicht, Wirtschaftswissenschaften für den Außenstehenden ebenso unergründlich erscheinen zu lassen wie Organische Chemie. Und dieser trügerische Schein hat seinen Preis: Für *Economics* von Paul A. Samuelson und William D. Nordhaus zahlt man sage und schreibe 49,95 Dollar.

Dieser Band erscheint mittlerweile in der 15. Auflage, das heißt er wird immer schon als Basistext für Wirtschaftswissenschaftler verwandt. Genaugenommen seit 1948, aber für meine Generation ist das gleichbedeutend mit „immer schon". Obwohl er von Fachkundigen längst als Fossil abgetan wird, liegt er in der Übersetzung in 46 Sprachen vor und wurde mehr als vier Millionen mal verkauft. Mit *Economics* wurden die Leute gequält, die heute die internationale Wirtschaft kontrollieren. Doch damit nicht genug. Wie ich feststellen musste, war Professor Samuelson, der die ersten Ausgaben allein verfasst hat, ein beinahe ebenso überzeugter Spinner wie meine Freunde und ich den Sechzigern. Beispielsweise schreibt er auf Seite 7: „Marx war der einflussreichste und scharfsinnigste Kritiker der Marktwirtschaft". Einflussreich kommt hin, schließlich hätte nicht viel gefehlt und Marx hätte den dritten Weltkrieg ausgelöst. Aber scharfsinnig? Samuelson fährt fort: „Marx irrte in vielerlei Hinsicht ... aber das schwächt keineswegs seine Stellung als wichtiger Ökonom." Was hätte sie denn dann geschwächt?

Etwa wenn er sich in vielerlei Hinsicht geirrt hätte *und* den Babysitter verführt?

In Samuelsons Vorwort zur fünfzehnten Auflage heißt es: „In den reaktionären Tagen unter Senator Joseph McCarthy ... ist auch mein Buch verteufelt worden". Zu Recht, würde ich sagen. *Economics* ist voll von Hinweisen darauf, dass Samuelson (wenn nicht gar William – der Dreiste – Nordhaus) die reaktionäre Idee der freien Marktwirtschaft aufs Schärfste kritisiert. In ihrem Kapitel über „Angebot und Nachfrage" behaupten sie „ ... Getreideverknappungen führen nicht nur zu einer Erhöhung der Kornpreise, sondern auch zu einer Gewinn- und Vermögenssteigerung für die Landwirte". Erhöhen Sie Ihren Gewinn aus Getreideanbau, indem Sie kein Getreide mehr anbauen? Das klingt nach einer bahnbrechenden Methode, die alle reich macht, indem niemand etwas tut.

Im Kapitel über „Angebot und Verteilung auf den Märkten" ist die Verwirrung über das Verhältnis von Kaufen und Verkaufen perfekt. „Ist die Gesellschaft damit zufrieden zu stellen, dass eine maximale Produktion von Brot erreicht wird, oder werden moderne Demokratien den Reichen Brot nehmen, um es den Armen zu geben?" Wäre die Alternative, dass die Reichen ihr Brot behalten und verschimmeln lassen? Oder geht es hier um Wohltätigkeit? Falls Letzteres der Fall sein sollte, müsste jemand die Autoren daran erinnern, dass es bei der biblischen Speisung der Fünftausend nicht um Brot und Steuern ging. Wir alle wissen, wie „moderne Demokratien den Reichen Brot nehmen", aber vergessen „es den Armen zu geben". Dieser Lapsus macht die Beschäftigung mit Wirtschaftsmechanismen überhaupt erst interessant.

Alles in allem ist es wenig beruhigend, wenn man sich vorstellt, dass unsere Pensionen von Leuten verwaltet werden, in deren Köpfen der Unsinn aus Paul A. Samuelsons *Economics* sein Unwesen treibt.

Neben *Economics* habe ich mir einige neuere Texte angesehen, die nicht ganz so falsch lagen. Zumindest glaube ich das, denn ich kann nicht behaupten, genau verstanden zu haben, was sie eigentlich meinten. Als Beispiel möchte ich die ersten drei Sätze aus dem Buch *Macroeconomics* von David C. Colander zitieren (eine Spende meines Nachbarn Eric Owen, der an der Universität von New Hampshire Wirtschaftswissenschaften studiert): „Betrachtet ein Künstler die Welt, sieht er Farbe. Betrachtet eine Musikerin die Welt, hört sie Töne. Wenn eine Wirtschaftswissenschaftlerin die Welt betrachtet, sieht sie eine Symphonie von Kosten und Nutzen." Kann mal einer die CD wechseln?

Da sämtliche Lehrbücher unbrauchbar waren, wandte ich mich den Urgesteinen der Ökonomie zu. Bedauerlicherweise überforderten sie mich nicht weniger, als ich schon dreißig Jahre zuvor befürchtet hatte. Mir fehlt es schlicht an dem erforderlichen Grips, um Werke wie *The Wealth of Nations*, *Das Kapital* oder *Allgemei-*

ne Theorie der Dingsbums zu verstehen. In meinem Bücherregal machten sie sich prima, dafür schläferte mich ihre Lektüre schneller ein als die Wirtschaftsmeldungen der Siebziger es seinerzeit geschafft hatten.

Natürlich gab es populärwissenschaftliche Literatur zum Thema Ökonomie. Die handelte jedoch in erster Linie von außergewöhnlichen Leuten, die außergewöhnliche Dinge taten und damit sagenhaft reich oder straffällig wurden – wenn nicht gar beides. Ich wollte aber etwas über normale Leute wissen, die normale Dinge taten und damit irgendwie über die Runden kamen. Was auf diesem Gebiet an lohnenswerter Lektüre angeboten wurde, setzte allerdings voraus, dass ich mich durch *Economics* gearbeitet hätte, ohne dass mir die Sicherungen durchgebrannt wären.

A N DIESEM PUNKT gab ich mein Ansinnen, mich in den theoretischen Hintergrund der Ökonomie einzulesen, endgültig auf. Wenn ich verstehen wollte, warum einige Länder arm sind und andere reich, müsste ich hinfahren und mir diese Länder ansehen. Ich müsste verschiedene Wirtschaftssysteme kennen lernen: Freie Marktwirtschaft, Sozialismus und solche, für die es keinen Namen gibt. Ich wollte sowohl wirtschaftlich erfolgreiche Systeme wie die USA, Schweden und Hongkong als auch erfolglose wie Albanien, Kuba und Tansania aus der Nähe betrachten. Außerdem wollte ich die Länder besuchen, für die sich derzeit noch nicht sagen lässt, ob sie erfolgreich sein werden oder nicht, nämlich Russland und die Volksrepublik China. Mein Plan war, ein bisschen herumzulaufen, alles anzugucken und die Leute zu befragen. Die beiden Fragen, die ich mir zurechtgelegt hatte, lauteten „Warum seid ihr so pleite?" und „Wie kommt's, dass euch das Geld aus den Taschen quillt?"

2

GUTER KAPITALISMUS — WALL STREET

EINE UNTERSUCHUNG ÜBER DAS GELD kann ruhig dort beginnen, wo es in Hülle und Fülle gemacht wird – zumindest zur Zeit – nämlich an der New Yorker Börse. Was für die Wall Street gilt, müsste eigentlich genauso gut für jeden anderen Ort auf dieser Welt gelten. Vielleicht sollte man den chinesischen Bauern raten, an die Börse zu gehen und Milliarden von Unternehmen anzumelden, deren Stammkapital beispielsweise mit „1 Wasserbüffel, 2 konische Hüte, Wok" angegeben wird. Dann brauchen sie nur noch ihren Ausgabekurs festzulegen, verkaufen alle Aktien und lassen sich einen Swimmingpool in ihr Reisfeld bauen.

Ein ähnliches Zukunftsszenario malen die Experten für Politik und Wirtschaft an die Wand. Sie behaupten, dass der Kapitalismus der freien Marktwirtschaft weltweit auf dem Vormarsch ist. Wenn das stimmt, lohnt sich ein Blick hinter die Kulissen der New Yorker Börse allemal. Immerhin findet sich hier das weltgrößte Zentrum für Investments, und „Investments" sind das „Kapital" zum „Kapitalismus". Der Markt an der New Yorker Börse ist insofern frei, als seine Preise weder von Politik noch von Religion noch von physikalischen Gesetzen kontrolliert werden. Und ebendiese Preise sind rasant gestiegen, woraus zu folgern wäre: „Der Kapitalismus der freien Marktwirtschaft ist auf dem Triumphzug."

Wie lange dieser Triumphzug anhalten wird, steht auf einem anderen Blatt. Vielleicht fällt eines Tages den Leuten, die Waffen besitzen, ein, dass sie sich gern in die Belange derjenigen einmischen würden, die nichts als Scheckbücher haben. Es dürfte haarig werden, damit zurückschießen zu wollen. Des Weiteren wäre da noch die Frage, wie erfolgreich die Freie Marktwirtschaft tatsächlich ist. Die jüngeren Geschehnisse in Asien haben gezeigt, dass Korruption und Absprachen zwischen Regierung und Wirtschaft die Grundregeln des Kapitalismus empfindlich verletzen können – wie all die Anleger feststellen mussten, die im Zuge dieser Krise ihr Kapital verloren.

Trotzdem prahlen die internationalen Politiker mit den wirtschaftlichen Erfolgen, die sie herbeigeführt haben. Es soll uns im Augenblick egal sein, dass Politiker sich gemeinhin gebärden wie Cheerleader, die sich mit den Spielern ver-

wechseln. (Es soll uns auch nicht weiter kümmern, dass sie zumeist die Cheerleader der gegnerischen Mannschaft sind.) Das Motto der Stunde heißt „Laissez-
faire" und tritt an die Stelle bisheriger Wirtschaftstheorien wie Planwirtschaft,
Verstaatlichung, demokratischer Sozialismus und der Ideen von Senator Edward
Kennedy. Die freie Marktwirtschaft – mag sie nun triumphieren oder nicht – hat
sich als allgegenwärtige und unausweichliche Macht weltweit in den Köpfen der
Menschen etabliert, was bedeutet, dass sie uns bis ans Ende unserer Tage gehörig
auf den Wecker gehen wird.

Darüber hinaus gibt es natürlich noch einen gewichtigen Grund, sich an der
Wall Street umzusehen: persönliches Interesse. Immerhin ist das *unser* Geld, das
auf den Aktienmärkten rauf und runter springt wie ein Wahnsinniger auf einem
Trampolin. Dabei ist es eher unerheblich, ob wir höchstpersönlich für die Purzel-
bäume unserer Investitionen verantwortlich sind oder ob es unsere Pensions-
fonds und Versicherungsgesellschaften sind, die an unserer statt dem Reiz der
waghalsigen Spekulation erlegen sind. In beiden Fällen ist das Ergebnis, dass wir
uns sorgen müssen, unser Geld könnte sich den Hals brechen. Und selbst wenn
wir nicht einen Cent in Aktien angelegt haben, treibt uns eine diffuse Furcht um
– was passiert mit dem Liebesleben von Bill Clinton, wenn der Dow Jones fällt?

D ER AKTIENMARKT IST ALSO WICHTIG. Wir sollten ihn im Auge behalten.
Aber ist es nicht so, dass wir ihm bereits viel zu viel von unserer Aufmerksamkeit schenken? Und ein Großteil unserer Wahrnehmungen ist schlicht verzerrt.

Die New Yorker Börse genießt Prominentenstatus. Jeden Abend ist sie in den
Nachrichten und jeden Morgen in den Schlagzeilen der *New York Times*. Sie ist
zum Dauerwitz in Jay Lenos Monologen geworden und lockt jährlich 700.000
Touristen in ihre Live-Shows. Entsprechend ist in naher Zukunft damit zu rechnen, dass sich die üblichen Nebenwirkungen des Ruhms einstellen: Nike Fu-
sionsschuhe und Tommy-Hilfiger-Nachschussaufforderungs-Jogginganzüge.

Wir erleben derzeit eine Ära von fragwürdigem Ruhm, innerhalb welcher der
New Yorker Börse die Rolle des besonders exzentrischen Stars zukommt. Dabei ist
sie nichts weiter als ein Saal, genaugenommen drei Säle: der Hauptsaal (das ist
der Hauptsaal), der Blaue Saal (die Wände sind blau) und die Garage (war früher
mal eine Garage). Alle drei sind groß, kastenförmig und grell ausgeleuchtet, verziert mit jeder Menge Kabelsalat. Sie sind bevölkert von wild gestikulierenden,
hemdsärmeligen jungen Leuten und gröhlenden Männern mittleren Alters, die
scheußliche Jacketts tragen und sich ohne den geringsten Anflug von Würde bewegen. Tausende von Telefonen klingeln ununterbrochen, und der Fußboden
liegt voller Müll. Auf riesigen Leuchttafeln blinken ständig wechselnde Ziffern

3o

auf, die einzig ihre astronomische Höhe gemeinsam haben. Hunderte von Video-bildschirmen zeigen Runenzeichen und komische Zahlen. Und als Krone des Ganzen läuft über allem der elektronische Börsenticker. Wer diesem rasenden Kauderwelsch über längere Zeit folgt, hat in den meisten Fällen zwar nichts verstanden, dafür aber garantiert ein steifes Genick.

So also sieht der Star der Neunziger aus, dessen Erfolge uns erschauern lassen, dessen Unverwüstlichkeit wir anhimmeln und dessen Unzulänglichkeit unsere Sympathie findet. Die Auswirkungen z. B. der Asienkrise haben das öffentliche Interesse an allem, was an der Börse geschieht, nur noch verstärkt.

Die Generation X hat ein neues Identifikationsobjekt. Keine Spur mehr von Amateur-Rockbands, die in finsteren Garagen vor sich hin schrammeln oder Independent-Filme drehen. Stattdessen strömen sie in Scharen an die Fachhochschulen und machen ihr Diplom in Betriebswirtschaft. Doch damit nicht genug: Die Nächstälteren, noch Verrückteren kündigen ihre privaten Rentenversicherungen, verkaufen ihre Betriebsrentenansprüche und verpfänden ihre Güter (oder die, die sie eines Tages zu erben hoffen), um alles in offene Investmentfonds, Indexfonds oder 100 Intel-Aktien zu investieren, die sie zum Preis von ... naja, wahrscheinlich zu einem Spitzenpreis kaufen. Dabei machen sie sich vor, dass sie schließlich alle langfristige Anlagen im Auge haben, die durch einen Kursabfall nur vorübergehend beeinträchtigt wären. Das sind die wahren Fans der amerikanischen Wirtschaft. Die Begeisterung für Rock'n'Roll wird sich dereinst wie eine kurzweilige Masche ausnehmen, verglichen mit der unverbrüchlichen Loyalität der Baby-Boomer gegenüber wachstumsorientierter Investmentplanung.

Wenn das keine Veränderung ist. Was ist mit all den wahrhaft vernünftigen Leuten geschehen, die sich während der „gierigen Reagan-Jahre" mit Händen und Füßen dagegen sträubten, reich zu werden? Die Welt des großen Geldes war früher schon berühmt, doch stand sie für oben erwähnte Vernunftsmenschen eher im Ruf einer tyrannischen Allmacht, deren Einflussbereich es konsequent zu meiden galt. Sie wurde repräsentiert von Figuren wie Gordon Gekko in dem Film *Wall Street* oder den vor Anmaßung triefenden Herren des Universums in Tom Wolfes *Fegefeuer der Eitelkeiten*.

Seither hat sich das Geld sozusagen neu erfunden. Das mag nicht zuletzt in der Tatsache begründet sein, dass sich die Reichen und Berühmten von heute zu einem nicht unerheblichen Teil aus den Rockstars von gestern rekrutieren. Mit ihnen gewinnt das Gesicht des Geldes liebenswert verklärte Züge – etwa so wie Richard Nixon in seiner reumütigen Staatsmannpose nach Watergate oder Lady Di nach ihrem Autounfall.

ABER WOLLEN WIR ALLEN ERNSTES behaupten, diese Lichtgestalten zu kennen? Dass wir sie ebenso wenig kennen wie den Aktienmarkt, beweist schon das ständige Auf und Ab der Aktienpreise.

Den Markt über längere Zeit genau zu beobachten, nützt einem wenig. Wenn wir das heillose Durcheinander auf dem Boden der Börsensäle betrachten, dann betrachten wir etwas, das wir nicht sehen, und sehen etwas, das nicht da ist. Dieses Etwas, das wir nicht sehen, ist im Wesentlichen gar nichts. In unserer Vorstellung werden Aktien ununterbrochen gekauft und verkauft. Das bedarf der Relativierung: Am 28. Oktober 1997, dem bislang bewegtesten Tag in der Geschichte der New Yorker Börse, wechselten 1.201.347.000 Aktien ihren Besitzer; die Zahl der insgesamt an diesem Platz notierten Papiere beläuft sich allerdings auf 207 Milliarden, so dass sich die Aktivitäten auf gerade mal 0,6 Prozent der Aktien beschränkten. Die Mehrzahl der Investments bleibt also, wo sie ist.

Was wir sehen, das nicht da ist, ist der „Ansturm auf die Aktienmärkte" oder die „Panikverkäufe" – je nach Tagesstimmung. Hören wir von einer Haussestimmung, stellen wir uns vor, dass ausschließlich gekauft wird. In unseren Köpfen laufen Bilder ab von einfachen Leuten, die alles versetzen, um Microsoft-Aktien zu kaufen; Hunde tragen ihren letzten Knochen an die Börse. Sobald wir von einem Börsenkrach hören, sehen wir alle unsere Wertpapiere im Altpapiercontainer verschwinden. Der Wohlstand der Nation löst sich in Wohlgefallen auf. Dabei vergessen wir, dass jeder Verkäufer einen Käufer gefunden haben muss – oder hat schon mal jemand einen Ramschkiosk mit Aktien gesehen, an dem ein Schild „Sonntag Schnäppchenverkauf" hängt? Selbst am Ende des schlechtesten Börsentages sind immer noch gleich viele Aktien da wie am Morgen. Die Größe des Marktes ändert sich nicht, wir mögen ihn nur mal mehr und mal weniger. Und unsere Gefühle lassen sich exakt in Dollar messen.

Genaugenommen ist es so: Wenn wir „finanzielle Mittel" (und damit meinen die Fachleute aus dem Finanzgeschäft ziemlich alles, was sich zu Geld machen lässt) besitzen, besitzen wir zunächst einmal eine Meinung. Der Kurs des britischen Pfunds mag sinken, aber das hat keinen Einfluss auf die Tatsache, dass es 100 Pence wert ist. Lediglich unser Gefühl gegenüber dem Pfund hat sich verändert; wir sind eben momentan versessen auf den Euro. Es braucht immer dieselbe Anzahl Schweine, um 1.000 Schweinebäuche kontraktieren zu können; doch plötzlich stinkt uns der Bacon des kommenden Jahres. Eine Unternehmensaktie repräsentiert einen festen Prozentanteil an den Mitteln dieses Unternehmens, das nicht von heute auf morgen ins Bodenlose wächst oder schrumpft, unsere Sympathie hingegen kann über Nacht vom einen ins andere Extrem umschlagen.

Wir haben eine Meinung, und diese Meinung ist ein Preis. Da sich Preise laufend verändern, liegen wir mit unserer Meinung ständig falsch. Das Ganze lässt sich wohl am ehesten veranschaulichen, wenn man an eine Meinungsumfrage denkt, bei der es um 207 Milliarden Dinge geht, die die Leute zu entscheiden haben.

Um den Aktienmarkt zu verstehen, müssen wir erkennen, dass er, wie alles Große und Unbewegliche, grundsätzlich stabil ist. Andererseits ist er in seiner Abhängigkeit von schwankenden Emotionen stets unkalkulierbaren Risiken ausgesetzt. Haben Sie das verstanden? Ich auch nicht. Was tun eigentlich all diese Leute, die tagein, tagaus auf dem Börsenparkett herumrennen und sich scheinbar in einem Zustand von vollendetem Chaos befinden?

Die Antwort ist verhältnismäßig einfach: Dieses scheinbare Chaos gibt es überhaupt nicht. Die New Yorker Börse ist fest eingeschnürt in ein Regelkorsett. Es gibt für alles Regeln. Wer hier auch nur eine einzige Aktie verkaufen will, muss einen Antrag gemäß dem Securities Act von 1933 einreichen. Dieses Gesetz ist achtzig Seiten lang, der Nachtrag der SEC* umfasst weitere vierhundert Seiten. Bevor die Aktie „gelistet" werden kann, muss das ausgebende Unternehmen diverse Voraussetzungen hinsichtlich Größe, Wert und Solidität erfüllen. Sobald diese Hürde genommen ist, treten unzählige Vorschriften in Kraft, die den Weg vom Verkäufer zum Käufer regeln. Das beginnt damit, dass Rennen verboten ist. (Olympiareifes Gehen ist gestattet.) Die New Yorker Börse ist einer der bestorganisiertesten Orte der Welt. Diese Organisation ist jedoch so komplex, dass ich zwei volle Tage staunend auf dem Börsenparkett stand, ehe ich sie überhaupt bemerkte.

Während meiner ersten Stunde im Hauptsaal merkte ich rein gar nichts. Ich war viel zu fasziniert von den Unmengen Müll auf dem Fußboden. Schließlich kriegt man in Amerika kaum noch Müll zu sehen. In den Fünfzigern warfen die Leute ihre ausgelesenen Zeitungen in den Rinnstein und schmissen ihre Brottüten aus dem fahrenden Auto. Unsere Mütter haben uns von klein auf beigebracht, es ebenfalls zu tun: „Wirf das Bonbonpapier aus dem Fenster, Schätzchen." Aktienmakler dürften die letzten überlebenden Nicht-Psychotiker in den USA sein, die ihren Abfall mit einem Wurf über die Schulter entsorgen. Viertausend Pfund stornierter Kauf- und Verkaufaufträge, Quotennotizen und Telefonnachrichten von Ex-Ehefrauen, dass die Kinder an diesem Wochenende zum Vater müssen, werden jeden Abend aus dem Saal gefegt.

Ein Makler erzählte mir, ein angespannter Markt mache sich bei ihm dadurch bemerkbar, dass er versehentlich zu Hause die leeren Milchtüten auf den Küchenboden wirft.

Gerade der Müll, der sorglos auf dem Boden verstreut wird, suggeriert Lässig-

*Securities Exchange Commission: Oberste Wertpapier- und Börsenkommission der USA, Anm. d. Übers.

keit und vermittelt einen trügerischen Schein von Offenheit. Doch die New Yorker Börse ist alles andere als offen. Wer hier mitmischen will, braucht einen „Sitz". Die Anzahl der Sitze ist auf 1.366 begrenzt, und sie werden ähnlich gehandelt wie Aktien. Ihr „Kurs" liegt derzeit bei 1 Million Dollar pro Stück.

Die Besitzer der Sitze sitzen nie. Ein Aktienmakler, der täglich Millionenwerte bewegt, hockt nicht in einem feudalen Büro mit unverbautem Blick auf die Freiheitsstatue. Weit gefehlt! Dafür kann der „Sitz" mit Fug und Recht als Raumwunder durchgehen, besteht er doch aus gerade mal fünfzig Zentimetern, die mit einer unglaublichen Zahl Telefonen und Computerbildschirmen vollgestellt sind. Der Makler selbst dringt nicht bis hierher vor, da seine Gehilfen die Stehfläche blockieren, während sie übers Telefon ununterbrochen Kauf- und Verkaufaufträge entgegennehmen.

An der Börse gibt es unterschiedliche Arten von Maklern. Die Parkettmakler arbeiten für große Wertpapierhandelshäuser. Sollte Ihr Heilpraktiker Ihnen bei der letzten Akupunktur den heißen Tipp gegeben haben, dass Disney einen Scotch-und-Wasser-Park in Boca Raton plant, wäre der Parkettmakler derjenige, der Ihnen beizeiten einen Anteil an diesem Geschäft sichern kann. Er wäre Ihr eigentlicher Börsenmakler. (Und er wäre höchstwahrscheinlich ein „er", weil nur ganze 169 Sitze an der Börse von Frauen besetzt sind.) Das heißt: Eigentlich verkauft oder kauft er Ihnen keine Aktien, sondern er verkauft Sie als Aktienkäufer oder -verkäufer. Sein Handelshaus verdient bei jeder Ihrer Aktionen mit.

Neben den Parkettmaklern gibt es die unabhängigen Händler, die als Selbstständige gegen eigene Rechnung ihre Geschäfte machen. Meist sind sie auf bestimmte Aktien spezialisiert. Die dritte Gruppe bilden die so genannten Zwei-Dollar-Makler, die all die Geschäfte abwickeln, die ihnen die Parkettmakler mangels Interesse oder Zeit abtreten.

Zu ihrem Namen sind sie gekommen, weil sie ursprünglich einen festen Provisionssatz von zwei Dollar pro 100 verkaufte Aktien bekamen. Mittlerweile sind die Provisionen variabler, doch man ist der Bequemlichkeit halber bei der alten Bezeichnung geblieben, weil „Wie-viel-verfickte-Dollar-kostet-mich-das?-Makler" kostbare Zeit verschwendet. Womit wir auch schon bei der phänomenalen Vielseitigkeit wären, mit der sich alle erdenklichen Abformen von „ficken" die Übermacht im Börsenwortschatz sichern. Es kommt sowohl als Verb, Nomen, Adjektiv und Adverb vor, wobei die Bedeutung je nach Verwendung extrem dehnbar ist: Es kann alles heißen – außer „vulgäre Umschreibung für Geschlechtsverkehr".

An den Wänden der Börsensäle befinden sich 1.200 winzige Arbeitsplätze, die unangemessenerweise „Telefonzellen" genannt werden. In der Mitte ist ein gigantischer Tresen in Hufeisenform, über dem dicht an dicht Videobildschirme auf Hängeregalen installiert sind. Dies sind die „Handelsplätze", an denen sich die schlechtgekleideten Herren mittleren Alters tummeln, die den äußeren Anschein erwecken, irgendetwas sehr Unsinniges zu tun. Wir kennen sie aus dem Fernsehen.

Dabei sind sie nur wegen der spezialisierten Makler da. Jeder unabhängige Händler hat einen Handelsplatz, und jede notierte Aktie wird einem dieser Plätze zugeordnet. Falls einer der Parkettmakler eine bestimmte Aktie für einen Kunden kaufen will, muss er sich an einen dieser Spezialisten wenden.

Sobald er das tut, bezeichnet man ihn als „handelnde Masse" – auch wenn er ganz allein ist. Aber das kommt eher selten vor, denn der Herdentrieb hat an der Börse dieselbe instinktive Kraft wie im richtigen Leben (von Herden). Nun ist es an dem Spezialisten, eine „Börsennotierung" abzugeben, die der handelnden Masse den höchsten Preis nennt, den zum gegebenen Zeitpunkt jemand für die gefragte Aktie zu zahlen bereit ist, oder den niedrigsten Preis, den irgendwer für die Aktie bestenfalls zahlen würde. Auf den Videobildschirmen werden derweil die aktuellen Zahlen gezeigt, wobei jeweils vermerkt ist, ob sich eine Aufwärts-, Abwärts- oder gar keine Tendenz abzeichnet.

Was sich hernach in der handelnden Masse abspielt, lässt sich am ehesten damit veranschaulichen, dass man sich eine Sotheby-Auktion vorstellt, bei der gleich ein Dutzend Auktionatoren ein Dutzend Rembrandts unter ihre Hämmer bringen, wobei nicht nur die Bietenden ihre Angebote erhöhen können, sondern die Auktionatoren ihrerseits den Preis senken dürfen.

Das klingt deshalb so kompliziert, weil weder Sie noch ich normalerweise bei Sotheby sind, um Rembrandts zu kaufen. Also versuchen wir es mit Veranschaulichung B: Wenn Sie ein Auto kaufen wollten, bei dem Sie genau wissen, was der letzte Käufer für dieselbe Ausstattung bezahlt hat, und Sie die Möglichkeit hätten, alle Autoverkäufer der Welt an einem Platz zu versammeln, könnte das Ganze ein richtiger Spaß werden. Sie kennen den niedrigsten und den höchsten Preis, und Sie können handeln. Das ist um ein Vielfaches lustiger, als sämtliche Anzeigenteile der Lokalzeitungen zu durchforsten, um hinterher den Tag mit sinnlosem Herumfahren zu vertun und sich Unmengen peinlicher Verkäuferslogans anzuhören. Stattdessen könnten Sie an einem Handelsplatz für Autos auf den Cent genau sagen, was Sie maximal für das Auto bezahlen wollen.

Für einen Außenseiter – und besonders für einen Außenseiter, der ständig von Ellbogen gerempelt und dessen Füße von Absätzen in einer Geschwindigkeit von zwanzig Stundenkilometern in nicht-federndem Schuhwerk malträtiert werden – ist das alles ein gnadenloses Wirrwarr. Die angewandte Sprache hilft kein bisschen. Das Gröhlen der Herren mittleren Alters vollzieht sich in einem Jargon, der eigens für die Börse ersonnen wurde. Die Anzahl der Aktien wird in Hunderterfolgen behandelt. *At* heißt: man verkauft, *for*: man kauft. Sämtliche Angebote werden unter „Preis bei Größe" gemacht, alle Gebote gegen „Größe bei Preis". Die Preise selbst kommen in einer – die Arithmetik zur Stummheit verdammenden – Stufung von sechzehntel Dollars daher, was 6,25 Cents entspricht und ein „Teenie" genannt wird.

„*Twenty-five and three teenies for twenty.*"

„*Ten at twenty-five and five teenies.*"

Die „Teenies" lassen dem Ganzen eine Jugendlichkeit anmuten, die nicht recht zu den Baritonstimmen der Exklamierenden passen will. Hinzukommt die Rhythmik, mit der diese Dialoge ablaufen, die in dem Außenstehenden (ergo: mir) die Befürchtung wachsen lassen, dass hier gleich etwas vom „Itsy-Bitsy-Teeny-Weeny-Honolulu-Strandbikini" gesungen werden könnte.

Derweil konstatiert der Spezialist einen „ausgewogenen und geordneten Markt", was in etwa bedeutet, er will die Herren mittleren Alters davon abhalten, sich in aller Öffentlichkeit zu prügeln. Darüber hinaus fällt ihm die Rolle des „Marktmachers" zu, was ungefähr dem entspricht, das unsere Väter veranstaltet haben, wenn wir Kinderflohmärkte auf dem Fußweg vorm Haus installierten, bei welchen sich entweder zu wenige oder zu viele Kunden einfanden. Unserem Dad kam dann entweder die Rolle des neugierigen Passanten zu oder diejenige des Nachschublieferanten. Man muss sich den Spezialisten so vorstellen, als wäre er der, der nach drinnen geht, um noch mehr altes Spielzeug vom Dachboden zu holen. (Dabei fällt mir auf, dass diese Spezialisten zuverlässiger arbeiten als mein Dad.)

Wenden wir uns dem Parkettmakler zu, der weiter oben zum Spezialisten gegangen ist. Was ist denn mit dem? Der ist weg. Das ist schräg: Ein halbes Dutzend Geschäfte werden hier abgewickelt, ohne dass eine der beteiligten Personen zugegen ist. Und das in derselben Zeit, die man braucht, um über ein einziges zu lesen.

„Nehm's."

„Verkauft."

Im Verlauf dieses Nicht-Dialoges wechselt ein Batzen Geld den Besitzer, ohne dass Rechtsanwälte eingeschaltet oder ein Notar hinzugezogen wurden. Es bedurfte nicht einmal eines Handschlags. Zwei Händler stecken ihre Köpfe über dem fraglichen Formular zusammen.

„Ich bin …", damit nennt der eine den Namen seines Handelshauses und seine eingetragene Nummer bei der New Yorker Börse.

„Ich bin …", der andere macht dasselbe.

Und wir sind … endlich reich genug, uns ein Haus am Meer zu kaufen. Oder so blank, dass wir uns nach einem zweiten Job umsehen sollten.

ICH HABE EINEN DER PARKETTMAKLER – nennen wir ihn David – interviewt, oder vielmehr versucht, ihn zu interviewen. Außer in Teenie-Sprache herumzugröhlen, lesen sie dauernd die Kurzmitteilungen auf ihren Piepern, benutzen eines der unzähligen Telefone und schreien irgendwelche Sachen in ihre Handys. Ein guter Makler – und David ist einer – macht alle vier Dinge gleichzeitig. Von ihm wird erwartet, dass er ununterbrochen verschiedene Aktien kauft und verkauft, wofür er sich an mehreren Handelsplätzen zugleich aufhalten muss. Hinzukommt, dass die Kauf- und Verkaufaufträge mit einer Vielzahl Zusatzvermerken versehen sind, die es zu beachten gilt. Da gibt es die „limit order" – „kaufe nicht für mehr als soundso", die „stop order" – „verkaufen, wenn der Preis auf dem und dem Niveau ist", und „fill or kill" – „entweder soundso viel kaufen oder gar nichts".

„Wenn ich zur Toilette will", sagt David, „muss ich vorher meine Assistenten fragen, ob ich Zeit habe."

David eilt von einem Platz zum anderen, wobei ich Mühe habe, mit ihm Schritt zu halten – ganz zu schweigen von dem, was er die ganze Zeit tut. Über 3.000 Unternehmen sind an der New Yorker Börse gelistet, mit einem Gesamtwert von mehr als 9 Billionen Dollar. Was hier geschieht, mutet ein bisschen wie ein Weltmeisterschaftsspiel an, und ich fühle mich, als hätte man mir erlaubt, auf das Spielfeld zu gehen und meinem Lieblingsspieler hinterherzulaufen. Das mit dem Interview gestaltet sich natürlich entsprechend schwierig.

Gegen Mittag gab es endlich eine kurze Pause, und ich bekam Gelegenheit, ein paar Fragen zu stellen. Da der Aktienmarkt für mich ein einziges gewaltiges Rätsel darstellte, wusste ich nicht recht, wo ich beginnen sollte.

„Warum tragen Sie alle diese scheußlichen Sakkos?"

Davids Modell war aus einem Polyester-Baumwoll-Gemisch, der Schnitt eine Beleidigung an die Herrenschneiderzunft und die Farbe seines Wertpapierhauses eine Zumutung für den Betrachter. Verschlimmernd kam hinzu, dass dieses Jackett den Belastungen des Börsenalltags offensichtlich nicht gewachsen war, weshalb es um diese Zeit bereits vollkommen verknittert und schmutzig aussah. Dank des wenig atmungsaktiven Materials hatten sich unter den Achseln unschöne Schweißflecken gebildet. Die Taschen waren ausgebeult von Notizzetteln und Auftragsbüchern. Zwanzig verschiedene Stifte lugten aus der Brusttasche hervor.

„Die eigenen Sachen ruinierst du dir hier", antwortete David.

Die Makler trugen sämtlich Designerhemden, teure Krawatten und maßgeschneiderte Hosen, aber ihre Sakkos ließen sie im Aufenthaltsraum – ebenso wie ihre handgearbeiteten Schuhe. Von hier ab tragen sie schrillbunte Jacketts und ausgetretene Turnschuhe. Der durchschnittliche Makler sieht also aus wie eine Mischung aus Bankvorstand, Produktionsleiter und einem Ghettojungen, dessen

Mutter seine Schuhe für ihn aussucht. Vielleicht wäre es wirklich keine schlechte Idee, wenn sich Nike und Tommy Hilfiger einmal eine Kollektion für die Börse einfallen ließen.

WIR NORMALSTERBLICHEN hängen gemeinhin der Illusion nach, dass die Welt des großen Geldes vornehmlich in den Händen der englischstämmigen reichen Nordamerikaner liegt. Horcht man sich an der New Yorker Börse einmal um, wird man prompt eines Besseren belehrt.

Selbstverständlich trifft man dort auch den einen oder anderen spießigen Neu-Engländer, doch hat er sich längst seinen Kollegen angepasst und schmückt seine Sätze genau wie sie mit den unterschiedlichsten Variationen des Wortes „ficken". Die Mehrzahl der Händler sind Juden, Italiener und, vor allem, Iren. Die Nationalitätenmischung an der Börse entspricht somit der Brooklyns von vor fünfzig Jahren. (Ein Grund für die überdurchschnittlich häufige Verwendung von „ficken" mag darin liegen, dass die Immigranten nicht verstanden haben, warum die abfällige Bezeichnung für Geschlechtsverkehr schlimmer ist als die für den Toilettenbesuch.)

Ich fragte einen der Spezialisten, der selbst Ire war, warum unsere Landsleute so dominant vertreten sind. Immerhin sind wir nicht gerade für unseren Geschäftssinn berühmt.

„Wir waren billige Arbeitskräfte", erklärte er mir.

Die Iren wurden ursprünglich als Hilfskräfte eingestellt. Sie arbeiteten als Assistenten, Laufburschen und Tafelschreiber (bevor die Videobildschirme kamen). Dabei haben sie gelernt, wie das Geschäft funktioniert, und sind geblieben.

„Und wie kommt es, dass so wenige schwarze und lateinamerikanische Händler hier sind?"

„Die kommen als Nächste."

Und tatsächlich: Die meisten der Nicht-Makler waren Schwarze, Puertoricaner, Dominikaner und so fort. Mehr als ein Viertel von ihnen waren Frauen. In zwanzig Jahren werden die Wertpapiermakler ihre Dialoge mit „Caramba" würzen.

Die Mehrzahl der Makler hat niemals ein College besucht, und für diejenigen, die es getan haben, ist es ohne jegliche Bedeutung. Ich fragte David, an welche Volkswirtschaftstheorien die Leute glauben, die mit Aktien handeln. Gehören sie zur „klassischen Schule", die die Meinung vertritt, dass die Gesetze von Angebot und Nachfrage unumstößlich und selbstregulierend sind? Sind sie Keynesianer, die davon überzeugt sind, dass Regierungsprogramme Wohlstand und Arbeit für alle sichern können? Oder sind sie Monetaristen, die an die Interdependenz von ökonomischen Zyklen und Notenbank glauben?

„Ich denke, das ist ihnen scheißegal", antwortete David.

Das sind harte Burschen. David, zum Beispiel, ist ein drahtiger Mittfünfziger, der in früheren Tagen sein College als Ringer vertreten hat. Mit vierzig hat er angefangen zu laufen, und seitdem hat er in einem halben Dutzend Marathons unter fünf Stunden abgeschnitten. Als er sich auf den Weg zum Bostoner Marathon machte, hatte er vier Schachteln Marlboro im Koffer.

„Ich freue mich jeden Tag auf meine Arbeit", erzählte er. Er steigt morgens an der Upper East Side in die U-Bahn und steht die ganze Strecke. „Ich bin noch nie auf die Idee gekommen, mir einen Sitzplatz zu suchen."

„Vor ein paar Jahren hatte ich eine kleine Ehekrise", sagte er mir. Die meisten Menschen würden ihrer Arbeit die Schuld für solche Probleme geben. „Dieser Job hat mir geholfen, meine privaten Schwierigkeiten durchzustehen."

Dann verschwindet er auch schon in der nächsten „handelnden Masse". Im Nu ist er sechs Schritte vor mir und hat Zahlen im Kopf, die ich nicht einmal aussprechen könnte.

OBERHALB DER BÖRSENSÄLE befindet sich der New York Stock Exchange Luncheon Club, der genauso aussieht, wie es sich für einen Börsenclub gehört. Die Decken sind hoch, die Fenster klassizistisch und die Bedienung servil. Die Ledersessel sind breit, und das Porzellan trägt Monogramme. Die Becken auf der Herrentoilette sind aus Marmor. Der New York Stock Exchange Luncheon Club ist den ganzen Tag leer. David hat dort seit sieben Jahren nicht mehr gegessen.

Die Händler nehmen ihr Mittagessen im Stehen aus Tüten ein – und das nicht nur, weil sie so viel zu tun haben. Sie sind einfach viel zu sehr in Fahrt, sie gehen in ihrer Arbeit vollkommen auf. Sie konzentrieren sich voll und ganz auf den Markt oder auf einzelne Marktsegmente. Als ich David am Nachmittag sagte, dass der Dow Jones um hundert Punkte gefallen war, wusste er es nicht einmal. Er hatte gar nicht darauf geachtet.

David und seine Kollegen verbringen den ganzen Tag in einem Zustand, den der Rest von uns höchstens beim Sport, Sex, Glücksspiel oder zu schnellem Fahren erreicht. Einen Wertpapierhändler muss man sich als jemanden vorstellen, der alles auf einmal macht – außer vielleicht Sex.

Das Überraschendste am Aktienmarkt ist, dass die Leute hier alle glücklich zu sein scheinen. Und sie sind nicht nur glücklich, wenn eine Haussestimmung herrscht und alle wie verrückt verdienen, sondern sie wirken selbst dann glücklich – auf ihre Art – wenn die Kurse in die Tiefe rauschen. Alle freien Märkte sind irgendwie mysteriös, aber die New Yorker Börse ist von einem Mysterium erfüllt, das ich im Leben nicht erwartet hätte – eine alles überragende Glückseligkeit.

A N DER NEW YORKER BÖRSE werden im Durchschnitt 23 Milliarden Dollar pro Tag bewegt. Fünfmal die Woche werden Aktien gekauft und verkauft, deren Wert dem jährlichen Bruttoinlandsprodukt von Tansania entspricht. Es ist das weltweit größte Handelshaus für Unternehmensbeteiligungen. Daneben gibt es allerdings auch andere große Aktienmärkte. Die American Stock Exchange liegt nur einen Block weiter und macht einen jährlichen Aktienumsatz von 6 Milliarden. Aktien neuerer, kleiner oder weniger illustrer Unternehmen – von denen es immerhin mehr als 5.500 gibt – werden am OTC-Markt* gehandelt. Hier findet das Gröhlen und Tragen geschmackloser Kleidung in einem Netzwerk von Computern und Telefonleitungen statt – das National Association of Securities Dealers Automated Quotation System, kurz NASDAQ.

Dann gibt es regionale Börsen in Boston, Philadelphia, Chicago und San Francisco. Darüber hinaus haben die meisten der kapitalistischen Länder (und einige kommunistische, wie China) Börsenplätze. 1997 wurden weltweit Aktien im Wert von 19,4 Billionen Dollar gehandelt.

Dabei sind Aktien nur ein Weg, durch Geld zur Glückseligkeit zu finden. Der Markt für Obligationen ist ebenfalls beeindruckend. Die Amerikaner haben über 2 Billionen Dollar in Unternehmens- und Auslandsobligationen angelegt, eine weitere Billion in Staats- und Kommunalobligationen, zuzüglich der Schatzobligationen und kurzfristigen Schatzwechsel, die wir (und die Japaner) gekauft haben, um die Staatsschulden in Höhe von 5,5 Billionen Dollar auszugleichen. Außerdem gibt es noch Warengeschäfte, Derivatenhandel, Kapitalmarktderivate und Devisen – also das Geld selbst. Internationale Währungen in Höhe von über 1 Billion Dollar wechseln täglich die Hände.

All diese Werte werden mit derselben unergründlichen Begeisterung gehandelt wie Aktien.

D ER BÖRSENBODEN BEGANN erneut zu vibrieren. In mir stieg ein Gefühl von Verzweiflung auf, das sich nicht allein auf das schlechte Tütenessen schieben ließ, welches ich im Stehen verschlungen hatte, um mich möglichst unauffällig in meine Umgebung einzugliedern. Für uns Zivilisten ist der Finanzmarkt wie ein Kurs in Integralrechnung, den wir belegen, obwohl wir nach halbwegs zufriedenstellender Erlernung der Grundrechenarten der Mathematik den Rücken gekehrt hatten. Wenn erschwerend hinzukommt, dass wir bislang den Wirtschaftsteilen der Zeitungen keinerlei Beachtung geschenkt haben, dann ist es

*Over-the-Counter = Freiverkehr für Aktien und Anleihen, die außerhalb der Verantwortung der Börse liegen, Anm. d. Übers.

sogar so, als hätten wir die ersten zwölf Stunden des Kurses bereits versäumt. Was sollen wir folglich tun?

Was mich betrifft, geht es hier um mehr als darum, pure journalistische Neugier zu befriedigen. Ich will nämlich wirklich wissen, warum einige Orte so reich sind wie die Wall Street und andere so arm wie ich mich fühle, wenn ich an der Wall Street bin. Außerdem denke ich – wie momentan scheinbar jeder – an meinen Ruhestand. Dabei erinnere ich mich an Zeiten, als wir planten, noch vor unserem dreißigsten Geburtstag zu sterben. Inzwischen sparen wir uns den Hintern wund, um jedes Jahr 3.000 Dollar zurückzulegen. Das bringt uns bis 2028 soweit, dass wir ... genug haben, um für sechsunddreißig Monate zu überleben. Natürlich kriegen wir Dividenden auf unsere Sparkonten. Wir schlagen die Zinseszinstabellen in *Money Management for Fools** nach: Bei einem Zinssatz von 3 Prozent werden unsere 3.000 Dollar in dreißig Jahren 7.281,79 Dollar wert sein. Allerdings werden die Demokraten früher oder später in den Kongress zurückziehen, und mit ihnen kommt die Inflation.

Also fragen wir unseren Ältesten, ob er mal im Netz die Webseite mit dem Verbraucherpreis-Index aufrufen kann. Hier erfahren wir, dass unser Dollar heute gerade mal ein Viertel von dem wert ist, was er vor dreißig Jahren war. Das bedeutet, unsere 3.000 Dollar, die zu 7.281,79 Dollar werden, sind ganze 1.820,45 Dollar wert, wenn unsere goldenen Jahre beginnen. Zum Glück gibt es die Staatliche Wohlfahrt, und soviel ich weiß, soll es ein Katzenfutter geben, das ganz passabel schmeckt.

WIR MÜSSEN DRINGEND INVESTIEREN. Aber Investieren setzt gewisse Kenntnisse voraus, die sich keineswegs darin erschöpfen, dass man weiß, ob Unternehmensobligationen nach oben oder nach unten tendieren. Man muss so grundlegende Dinge wissen wie: Was, zum Geier, ist eine Unternehmensobligation?

Unter den Investitionsmöglichkeiten gibt es in der Hauptsache zwei Unterscheidungen: Kredite und Beteiligungen. Erstere bedeutet, man leiht einem Unternehmen Kapital. Eine Obligation von General Motors ist eine „Kreditsicherung". Man gibt GM Geld, und sie versprechen, es mit Zinsen zurückzuzahlen. Ein Sparbuch ist ebenfalls ein Kreditmittel. Man leiht der Bank Geld, und sie verspricht, dass man es irgendwann abheben darf, wobei man besser nicht über die Zinsen nachdenkt – sonst entscheidet man sich gegen die Bank und für den guten alten Sparstrumpf. Ein Girokonto ist genaugenommen auch ein Kreditmittel. Man leiht der Bank Geld und sie ... nimmt dafür Gebühren? Wahrscheinlich liegt

---

* Geldanlage für Idioten, Anm.d.Übers.

hierin der Grund, weshalb in den Banken so viele pistolenschwenkende Leute auftauchen und bei General Motors gar keine.

Firmen wie Standard & Poor veröffentlichen Bond-Einschätzungen, die zwischen AAA und D rangieren. Mit Hilfe dieser Einstufungen kann man grob einschätzen, wie sicher eine Obligation ist. Diejenigen Bonds, die mit D gekennzeichnet sind, sind ungefähr so sicher wie Geld, das man seinem jüngeren Bruder leiht. Bei einem AAA ist es so sicher wie Geld, das der Gambino-Clan einem jüngeren Bruder geliehen hat. US-Staatsobligation werden als „risikolos" eingestuft – es sei denn, Vince Foster ist gar nicht tot *und* der Irak hat eine Atombombe.

Obligationen, die mit einem BB oder niedriger gekennzeichnet sind, nennt man „junk bonds" – Flohmarktware. Diese Bonds sind risikoreiche Anleihen, die höhere Ertragschancen versprechen, wenn sie sich halten. Die Kreditkartenschulden, die Sie ansammeln, sind sozusagen die „junk bonds" von Visa. Sie sind durch keinen Sachwert gedeckt – außer durch den Benettonpulli, den der Hund letzte Woche zerfetzt hat. Und Visa weiß, welche Buchstaben hinter Ihrem Namen stünden, tauchten Sie in der Standard & Poor Liste auf. Visa weiß mehr über Sie als Ihre Eltern oder Ihr Psychotherapeut. Deshalb haben Sie allen Grund, in Angstschweiß auszubrechen, wenn die Kreditkartenabrechnung kommt.

Kredite bedeuten, dass man sein Geld an jemand anderen vermietet. Bei Beteiligungen kauft man etwas von jemandem. Wenn man Stammaktien eines Unternehmens kauft, gehört einem ein Teil dieser Firma und somit auch ein Anteil an den Gewinnen, die erzielt werden. Genauer gesagt, ein Anteil an dem, was übrig bleibt, nachdem die Steuern bezahlt wurden, die Kredite bedient, vorrangige Obligationen erfüllt, enorme Bonusse an die Geschäftsführer gezahlt, Firmenzukäufe und Immobilienkäufe in Indonesien abgewickelt und Rückstellungen für weitere indonesische Grundstückserwerbe geschaffen wurden. Dann bekommt man seinen Anteil am Gewinn, der sich – da es eine ganze Menge Stammaktien und mithin anteilsberechtigte Aktionäre gibt – auf rund 1/2.000.000 beläuft.

Das ist die Aktiendividende. Aber wir wollen nicht vergessen, dass ein Aktionär auch ein Stimmrecht hat. Das wirkt sich so aus, dass man einmal im Jahr einen Brief zugeschickt bekommt, der eine Abtretungserklärung enthält. Diese Abtretungserklärung erlaubt es dem Aktionär, sein Stimmrecht an die Personen abzutreten, die sich die bereits erwähnten enormen Bonusse auszahlen. Wenn man das nicht möchte, hat man die Möglichkeit, persönlich an der Aktionärsversammlung teilzunehmen (die in diesem Jahr wahrscheinlich in Indonesien stattfindet). Dort kann man in der letzten Reihe stehen und schrille Fragen ins Plenum einbringen, womit man sich bei der Firmenleitung ungeheuer beliebt machen kann.

Kaum jemand kauft Aktien um der Dividende willen und erst recht nicht wegen des Stimmrechts (es sei denn, man kauft 1.000.001). Man kauft Aktien, weil man eine der vorgenannten Meinungen hat. Man denkt, die anderen Leute denken, dass diese Aktie später mehr wert sein wird, als man selbst glaubt, dass sie jetzt wert ist. Die Wirtschaftswissenschaftler sprechen in diesem Zusammenhang von der Theorie vom Noch-Größeren-Idioten – ein seltenes Beispiel für verständliche Fachterminologie.

Wo wir gerade beim Thema Idiotie sind: Man kann sein Geld auch am Rohwarenmarkt investieren. Das ist jener Markt, an dem man Tausende von Schweinebäuchen kauft und trotzdem nicht weiß, was man abends essen wird. Zum einen ist man blank, weil man am Rohwarenmarkt spekuliert hat, und zum anderen ist man wiederum nicht so verrückt gewesen, dass man sich die Schweinebäuche hat nach Hause liefern lassen. Vielmehr hat man einen Terminkontrakt von jemandem gekauft, der versprach, die Schweinebäuche später zu liefern, wenn man ihn heute dafür bezahlt. So etwas macht man, weil man glaubt, dass die Preise für Schweinebäuche ansteigen werden und man den Kontrakt dann mit Gewinn weiterverkaufen kann. Dann hätte man ... „Schwein gehabt" ist vielleicht eine unglückliche Umschreibung. Aber selbst wenn die Preise fallen, hat man ja immer noch die Schweinebäuche, und welcher Ehepartner wäre nicht verzückt ob dieser weisen Vorratshaltung?

Der Grund dafür, dass man am Rohwarenmarkt baden geht – oder am Cholesterin im Schweinefleisch stirbt – liegt darin, dass man darauf wettet, mehr vom Markt zu verstehen als die Produzenten und Verbraucher der Rohwaren. Nehmen wir mal das weniger lachhafte Beispiel Mastrinder-Terminkontrakte. Rinderzüchter haben eine ziemlich konkrete Vorstellung davon, wie sich ihre Viehbestände entwickeln werden – sie können nämlich Kälber zählen. Wenn sie viele Kälber haben, werden sie versuchen, so früh wie möglich Kontrakte zu verkaufen. Auf diese Weise beugen sie Verlusten durch einen möglichen Preisverfall vor, falls die anderen Züchter ebenfalls viele Kälber haben sollten. Die Geschäftsleitung von Burger King hat eine ziemlich konkrete Vorstellung davon, wie sich das Hamburgergeschäft entwickeln wird. Und sie weiß, wie viele Rinder sie für ihre sämtlichen Burger braucht (ungefähr zwei). Wenn es aussieht, als käme ein schlechtes Jahr für Whopper, wird Burger King keine Terminkontrakte zeichnen, sondern versuchen, von den fallenden Preisen infolge einer Rindfleischschwemme zu profitieren.

Wer am Rohwarenmarkt spekuliert und weder Rancher noch Burger-King-Geschäftsführer ist, zahlt drauf, weil er teuer einkauft und billig verkauft.* Die Produzenten und Konsumenten von Waren wissen eine Menge über den Warenmarkt, während der unbedarfte Spekulant nur weiß, dass sein Portfolio bis oben mit verrottendem Fleisch gefüllt ist.

EIN TERMINKONTRAKT IST WEDER EIN KREDIT noch eine Beteiligung. Das heißt, niemand schuldet einem Geld und man besitzt nichts durch den Kauf. Was man gekauft hat, ist eine Form jener angeblich superkomplexen und vermeintlich ultragefährlichen Derivate.

Sie erinnern sich sicherlich an diesen halbgebildeten jungen Schwachkopf, der 1995 an der Börse in Singapur mit Derivaten spekulierte und damit die altehrwürdige britische Barings-Bank zu Fall brachte, weshalb jetzt alle Lords aus dem Oberhaus Fish & Chips verkaufen müssen. Und Sie haben bestimmt von dem Finanzverwalter von Orange County, Kalifornien, gehört, der 1994 auf dem Sunset-Boulevard ein Derivat per Anhalter mitnahm und mit ihm um die Ecke bog, um ein wenig treuhänderisch herumzualbern. Am nächsten Morgen musste ein ganzer Vorort von Los Angeles die Neuigkeit verkraften, dass das gesamte Straßen- und Abwassernetz in einer Pfändungsaktion unter den Hammer gekommen war.

Wenn man sich ansieht, wie es für England, für Orange County und für unseren Beispielkäufer von Schweinebäuchen ausgegangen ist, so ermutigt das nicht direkt zum Kauf von Derivaten. Dabei ist in allen drei Fällen genau das geschehen, was am Markt dauernd geschieht: Leute haben mit anderen Leuten Geschäfte gemacht.

Der Unterschied zwischen Handel und Derivatehandel besteht darin, dass Derivate Geschäfte *über* das Kaufen und Verkaufen sind, statt Kaufen oder Verkaufen an sich. Wenn Sie ein Derivat besitzen, dann haben Sie versprochen, einen bestimmten Preis für eine bestimmte Sache zu zahlen oder zu verlangen, die zu einem bestimmten Zeitpunkt empfangen oder geliefert wird. Das Verwirrende ist, dass dieses Versprechen gekauft oder verkauft werden kann.

Die Derivate selbst beziehen ihren Wert aus anderen Investments, wie Kühen, Orange County, Abfall aus Singapur oder sonstwas. Diese Dinge sind die Waren, über die ein Kontrakt geschlossen wird.

Das Ganze ist riskant, und genau darum geht es eigentlich. Derivate oder Terminkontrakte sind eine Form, Risiko zu kaufen oder zu verkaufen, und Risiken bieten größere Gewinnmöglichkeiten. Einige Leute können sich riskante Geschäfte leisten, andere mögen einfach das Risiko, und wieder andere sind so feige wie ich und lassen lieber die Finger davon.

Trotzdem betrifft uns alle der Derivatehandel – ob direkt oder indirekt, ob wir wollen oder nicht. Ihre Hypothek mit beweglichem Zinssatz ist eine Art Derivat: Sie

---

* Auch hier gilt: Ausnahmen bestätigen die Regel. Hillary Clinton hat zwischen Oktober 1978 und Juli 1979 99,517 Dollar mit Rindfleischkontrakten verdient. Manch einer sähe sich zu geschmacklosen Scherzen hingerissen, etwa dass Mrs. Clinton mittels ihrer Zugehörigkeit zur nationalen Frauenorgansation Zugang zu Insiderinformationen über Kühe einholen konnte – aber wir gehören natürlich nicht zu den Leuten, die sich mit groben, sexistischen Witzen hervortun müssen.

haben einen Handel über einen Kredit abgeschlossen, dessen Raten zum Zeitpunkt des Abschlusses niedriger waren als die für eine Hypothek mit festgeschriebenem Zinssatz. Dafür sind Sie ein Risiko eingegangen, nämlich dass die Zinsen in Zukunft sich aus einer Formel ableiten, die den Leitzins, kurzfristige Schuldwechsel des Staates und die Boxershort-Weite des Vorsitzenden der Chase-Manhattan-Bank berücksichtigt. In diesem Fall ist die Ware hinter dem Kontrakt Bankerspeck.

D A WIR NUN ALLE EXPERTEN in Sachen Investment geworden sind, können wir uns erklären, was der Triumph des freimarktwirtschaftlichen Kapitalismus bedeutet. Er besteht in einer Wechselwirkung von Euphorie und Panik. Wenn die Investitionen okay sind, machen wir alle ein Vermögen, indem wir uns gegenseitig Pfizer-Aktien verkaufen. Die Weltbank verschenkt Toaster nach Afrika. Sobald sich der Markt in Richtung nicht-so-klasse wandelt, schlagen wir die Hände über dem Kopf zusammen und erklären Konkurs. Stellenangebote werden so rar, dass wir dafür bezahlen, für anderer Leute Kinder den Babysitter zu spielen. Und die Heilsarmee läuft durch die U-Bahnschächte und nimmt den Obdachlosen die Suppe weg.

Das Investmentgeschäft steht und fällt damit, dass die Leute mit ihrem Geld machen können, was sie wollen. Manche wollen vielleicht seltsame Dinge damit machen. „Die Leute investieren ihr Geld in die Sachen, an die sie am meisten denken", sagte mir ein Investmentbanker. Das hieße, dass es eine Menge Männer gibt, die – im übertragenen Sinne – finanzielle Oben-ohne-Bars frequentieren und Millionen Dollar in die Tangas von Striptease-tanzenden Krediten und Beteiligungen stecken. „Wenn sich etwas frei bewegen kann, kann es sich auch blödsinnig bewegen", sagte ein anderer Investmentbanker.

So entstehen die Höhen- und Sturzflüge am Markt, die bisweilen schlimme Folgen haben können. Denken wir nur an 1929, als die Aktien ins Bodenlose fielen, die Banken zusammenbrachen und Präsident Hoover selbst staubsaugen musste, weil er sich keine Putzhilfe mehr leisten konnte. Damals hätte man die New Yorker Eisenbahn für einen hölzernen Nickel kaufen können, aber niemand konnte sich das Holz dafür leisten. Die Menschen mussten sich ihre Nickel selbst machen – aus alten Socken, doch leider hatten die meisten von ihnen am Vorabend die letzte Socke zusammen mit dem letzten Schuh verkocht und als Abendessen serviert. Also mussten die Kinder in Töpfen und Pfannen zur Schule gehen, und zwar durch tiefen Schnee, weil niemand sich gutes Wetter leisten konnte. Meine Generation hat diese Geschichten von ihren Eltern bis zum Überdruss angehört. Deshalb haben wir sie in Pflegeheime gegeben.

Unsere eigenen Kinder werden uns wahrscheinlich kurzerhand in Seniorenunterkünfte abschieben, sobald wir anfangen, von der Asienkrise zu erzählen: Damals, 1997, hatten wir die tollste Hausse seit den Zeiten der Saurier. Wir fürchteten keine Inflation, sondern höchstens die inflationäre Zunahme von uninteressanten Zeitungsmeldungen. Die Arbeitslosenquote war so niedrig, dass, wenn dein Hund in ein McDonald's spazierte, er mit einem „Auszubildender"-Anstecker wieder herauskam. Und die asiatische Wirtschaft war sogar noch stabiler als unsere. Die zogen da so ein Ding durch mit „asiatischen Werten" und so, da ging es um Fleiß, Sparsamkeit, Respekt vor der Familie und Glückskekse, auf denen stand „Konfuzius sagt: Mach deine Hausaufgaben". Außerdem hatten die asiatischen Staaten diese Politik vom Einfach-alles-exportieren. Dank ihnen bekam die Welt Taschenrechner, Stereoanlagen und Videorecorder, und die Asiaten wurden reich. Alles war wunderbar.

Dann hat irgendwer den Baht angegriffen. Die Währungshändler haben sich von hinten an Thailands gesetzliches Zahlungsmittel herangeschlichen und es mit einem Erdnusshühnchen-Spieß niedergestochen. Das hat den Baht so schwer getroffen, dass er glatt für einen mexikanischen Peso durchgegangen wäre. Dann haben sie ihn in kleine Stücke zerlegt, sie in Watte gepackt und an der Bangkok-Börse eine Kissenschlacht veranstaltet, dass sämtliche thailändischen Aktien heulend zu Mutti nach Hause gerannt sind.

Was haben die Händler tatsächlich mit dem Baht gemacht? Sie haben ihn verkauft. Die Investoren auf den internationalen Währungsmärkten hatten die Wirtschaftslage Thailands etwas genauer angesehen und festgestellt, dass die Welt so viele Taschenrechner, Stereoanlagen und Videorecorder hatte, wie sie brauchte. Aber die Thais liehen sich ausländisches Kapital, um noch mehr davon zu produzieren, und zwar in solchen Summen, dass sie Schwierigkeiten mit der Bedienung ihrer Kredite hatten, obwohl sie alles exportierten. Einer der weisen politischen Ratschläge dort muss gelautet haben: „Wenn du schlau bist, verleihst du dein Geld an den Sohn eines bestimmten Generals." Thais selbst konnten keine Taschenrechner, Stereoanlagen oder Videorecorder kaufen – die wurden ja alle exportiert. Also kauften sie überteuerte Immobilien und absurde Neu-Emissionen. Thailand hatte riskante Kredite, schlechte Kredite und noch schlechtere Beteiligungen. Deshalb hielt es niemand für empfehlenswert, Baht zu besitzen.

Also haben die Währungshändler verkauft. Und die thailändische Regierung hat gekauft, wofür sie die Devisen ausgeben musste, die sie mit dem Export von Taschenrechnern, Stereoanlagen und Videorecordern verdiente. Sie wollte damit die „Abwertung" des Baht aufhalten. Dabei besagt die Abwertung einer Währung lediglich, dass im Vergleich zu anderen Währungen die eigene weniger wert ist, aber so etwas gibt eben keine Regierung gern zu. Wenn eine Währung abgewertet wird, werden importierte Rohstoffe – Stereoerz und Fässer mit unsortierten Taschenrechnerzahlen – teurer. Das zieht Inflation nach sich, und die ausländischen Investitionen – in die Zucht von Videorecordern – verlieren an Wert. Die Aktienkurse fallen, und man kann alles in der Toilette runterspülen.

Was sich in den Siebzigern in den USA abspielte, hat zur Abwertung des Dollar geführt. Wir sollten es den Thais also nicht verübeln, wenn sie einer Entwicklung entgegenwirken wollten, die Discofieber und Jimmy Carter mit sich bringt. Wie dem auch sei, die Währungshändler waren froh, den Baht los zu sein, und haben immer mehr verkauft. Besonders aggressive Vertreter unter ihnen haben sogar Baht verkauft, die sie überhaupt nicht besaßen. Sie liehen sich Baht in der Hoffnung, ihre Schulden später mit noch billigeren Baht zurückzahlen zu können. (Man nennt das Verkaufen ohne Deckung. Das kann man auch mit Aktien machen oder, wenn man will, mit dem geliehenen Auto der Nachbarn, vorausgesetzt man ist sich verhältnismäßig sicher, einen identischen Saab billiger kaufen zu können, bevor sie von den Bahamas zurückkommen.) Die Händler rechneten damit, dass die thailändische Regierung irgendwann keine Devisen mehr haben würde. Und die thailändische Regierung hatte irgendwann keine Devisen mehr. Man spülte alles in der Toilette herunter.

Als die Händler mit Thailand fertig waren, sahen sie sich die anderen asiatischen Länder und deren Wirtschaft genauer an. Nein, es schien keine gute Idee, indonesische Rupiah, malaiische Ringgitt oder südkoreanische Won zu besitzen. Der malaiische Premierminister Mahathir Mohamad hat den „jüdischen Spekulanten" die Schuld an der Abwertung des Ringgitt gegeben. (Sie erinnern sich vielleicht noch, dass seinerzeit in New York an allen Ecken getuschelt wurde: „Oi wej, verkauf den Ringgitt"?)

Im Oktober 1997 erreichte der allgemeine Kursverfall Hongkong, und obwohl der Hongkong-Dollar nicht abgewertet wurde, ging der Aktienmarkt in den Sturzflug. Am 23. Oktober fiel der Hang-Seng-Index um 1.211 Punkte, was für die notierten Wertpapiere einen Verlust von 42 Milliarden Dollar ausmachte. Daraufhin erschrak der japanische Markt zu Tode. Der zu Tode erschrockene japanische Markt erschreckte nun seinerseits die europäischen Märkte, die den Schrecken an die mexikanischen und brasilianischen Märkte weiterreichten (ich schätze, das funktionierte nach dem Prinzip, dass ein kapitalloser Kameltreiber ein kapitalloser Kameltreiber ist, egal wo man ihn gerade trifft). Bis zum darauffolgenden Montag, dem 27. Oktober, war der Terror zur New Yorker Börse vorgedrungen. Der Dow-Jones-Index fiel um 544 Punkte weil … weil alle anderen Indizes es auch taten. Es war die gravierendste Dollarabwertung in der amerikanischen Geschichte und der schlimmste Indexsturz seit zehn Jahren.

Dann erholte sich der Markt wieder. „Der Montag war richtig schrecklich", erinnert sich David, der Parkettmakler. „Wir hatten alle Angst vor dem Dienstag, aber nachdem der Börsentag erstmal angefangen hatte, war alles wieder vergessen."

Wie sich herausstellte, gab es am 28. Oktober immer noch so etwas wie eine amerikanische Wirtschaft. Keine der Fabriken und keines der Einkaufszentren war über Nacht von Außerirdischen verschleppt worden, und die amerikanischen Arbeiter hatten nicht über Nacht vergessen, wie man Hamburger-Frikadellen wendet. Der Markt zeigte eine klare Aufwärtstendenz.

Aber war das vielleicht nur „der Sprung der toten Katze"? An der Wall-Street gibt es diese Redensart, „Selbst eine tote Katze springt noch einmal nach oben, wenn sie tief genug gefallen ist". Der Markt geriet ins Schleudern.

Andererseits konnten Währungsabwertungen in Asien von Vorteil sein. Importe würden billiger und die Inflation im Lande auf einem Minimum gehalten. Der Markt ging in den Höhenflug.

Dann wiederum konnten Währungsabwertungen in Asien von Nachteil sein. Exporte würden teurer und der Handel litt. Der Markt ging in den Sturzflug.

Was, wenn Japan da mit hingezogen wurde? Der Markt fiel noch tiefer.

Wen schert's? Alles, was wir den Japanern verkaufen, sind alte *Seinfeld*-Folgen. Der Markt erholte sich.

Wie stand es mit China? Der Markt kam ins Rutschen.

Wie stand es um mein Strandhaus? Der Markt ließ sich nicht kleinkriegen.

„Wir sind reich!" sagte ich meiner Frau. „Besorg einen Range-Rover und eine Pastamaschine!"

„Wir sind arm!" schrie ich. „Verkauf den Hund!"

„Wir sind wieder reich!"

„Wir sind arm."

„Wir sind richtig arm."

„Reich! Reich!"

„Arm! Arm!"

Und so ging das über Wochen, bis mich meine Frau darauf hinwies, dass unser gesamtes Portfolio aus zehn Aktien der Eastern Airlines bestünde, die wir von meinem Onkel Mel geerbt hatten.

Das INVESTMENTGESCHÄFT schafft Euphorie und Panik. Es werden astronomische Geldmengen über den Globus bewegt, und das in schwindelerregender Geschwindigkeit und mit schockierenden Folgen. Dafür zahlt es sich selbst gigantische Geldmengen. Die Firmen, die bei der amerikanischer Börsenoberaufsicht registriert sind, haben ihren Kunden allein im Jahre 1996 sage und schreibe 27,8 Milliarden Dollar an Maklergebühren abgeknöpft. Nebenbei haben sie mit Handel auf eigene Rechnung 30,7 Milliarden verdient, mit der Begutachtung von Neu-Emissionen 12,6 Milliarden, 10 Milliarden mit dem Verkauf von Besitzbescheinigungen und darüber hinaus 84,3 Milliarden Dollar damit, dass sie Dinge taten, die unter dem Fachterminus „Sonstiges" rangieren. Die Leute an der Wall-Street halten sich nicht für vollwertig, wenn sie nicht über ein Einkommen verfügen, dessen Höhe bei Normalsterblichen einzig die Assoziation mit einer Telefonnummer zulässt. Die frischgebackenen Absolventen der Kaderschmieden für Hochfinanz bauen überdachte Golfplätze und führen Anna Nicole Smith zum Essen aus. Es gibt einen alten Börsenspruch, der geht so: „Der Händler hat verdient. Das Unternehmen hat verdient. Zwei von drei ist nicht schlecht."

Ist das Investmentgeschäft ein Tummelplatz für Piraten mit Krawatte?

„Meistenteils schon", bestätigt mir der Chefverkäufer eines großen Wertpapierhandelshauses.

„Hatten Sie etwas anderes vermutet?" fragt mich ein Analyst.

„Ich wünschte, es wäre so", seufzt ein Mann, der mit 2 Milliarden Dollar anderer Leute jongliert. Dabei starrte er auf einen turmhohen Haufen von Jahresabschlüssen und Liquiditätsberichten, der sich von einer Kommode neben seinem Schreibtisch erhob. „Ich war nur für zwei Tage weg, und meine Sekretärin hatte mir die wichtigsten Sachen per Kurier nachgeschickt."

„Die Arbeitszeiten sind grausam", erklärt mir der irische Spezialist an der Börse. „Wir arbeiten Unmengen Stunden, und die ganze Zeit müssen wir schnell und absolut konzentriert sein. Das schleißt. Und dann kommt einem natürlich immer dieser Satz in den Kopf 'Ich will ein Leben'."

Nun ja, das könnte auch jemand sagen, der für einen Pizzaservice arbeitet. Es scheint fast so, als würden die Profis in der Welt des Geldes ein bisschen zu viel Aufhebens von ihrer Arbeit machen. Die Frage bleibt doch, ob sie damit diese wahnwitzigen Gehälter rechtfertigen können.

„Tu ich gar nicht", sagt mir der 2-Milliarden-Händler.

„Ich kann sie nicht rechtfertigen", sagt David, der Parkettmakler.

„Soviel sollte man nicht verdienen", sagt der irische Spezialist.

WARUM FINDEN WIR UNS DAMIT AB? Das internationale Finanzgeschäft ist verwirrend und verunsichernd. Diese verflixten Geschäftszyklen sind mörderisch – wir wissen nie, ob wir an der Riviera liegen sollten und die Coupons von unseren Obligationen abschnippeln oder lieber daheim am Küchentisch und die Coupons aus den Zeitungen herausschnippeln. Investitionen am Börsenmarkt provozieren uns zu denkwürdigem Verhalten. Halten wir es morgens noch für das

Beste, all unser Hab und Gut auf das Dach des Fords zu schnallen und sofort die Flucht aus der untergehenden Börsenwelt anzutreten, so sind wir schon wenige Minuten später bereit, unser Hab und Gut an der Rohstoff-Börse in Chicago zu verwetten.

Die Welt wird umkreist von einer Gülle-Dusche aus Geld ... Ein pekuniärer El-Niño, der Depotbestätigungen mal hierhin, mal dorthin weht ... Diese Geldstürme hieven *Hindenburg*-Hightech in den Himmel ... Diese spekulatorischen Blitzeinschläge verbrennen die Deckung von transport- und versorgungswirtschaftlichen Einrichtungen. Was also bleibt für uns?

Wir normalen Ringer ums tägliche Überleben sind so etwas wie ein Langzeitversuch des Kapitalmarktes. Warum steigen wir nicht im Wert? Warum entsorgen wir nicht das kapitalistische System und ersetzen es durch irgendetwas Netteres und Vorhersagbareres, das jedem einzelnen eine faire Chance einräumt? „Was" fragte ich die Leute an der Wall Street, „gibt das Investmentgeschäft dem Volk?"

Diesmal hatten sie erstaunlicherweise alle eine Antwort parat.

„Liquidität", sagte der 2-Milliarden-Händler.

„Liquidität", sagte der Investmentbanker, der mich auf den Vergleich mit der Oben-ohne-Bar gebracht hatte.

„Liquidität", sagte der andere Investmentbanker, der mir erklärt hatte, das Dinge sich manchmal blödsinnig bewegten.

„Liquidität", sagte der irische Spezialist.

„Es versorgt uns mit Liquidität", sagte David.

Liquidität ist das Schlagwort der Wall Street. Es steht für die Freiheit, dass man mit seinem Geld machen kann, was man will. Liquidität steht für die Quintessenz der freien Marktwirtschaft. Menschen, die mehr Zeit haben, als sie selbst vor sich rechtfertigen können, haben vielleicht so etwas gesagt: „Wir glauben daran, dass diese eine Wahrheit für sich spricht, dass alle Menschen gleich erschaffen wurden, dass alle von ihrem Schöpfer mit denselben unantastbaren Rechten ausgestattet wurden, zu welchen das Recht auf Leben, das Recht auf Freiheit, und das Recht auf Pfff-krchz!, Pfff-krchz!, Pfff-krchz!"

WENN WIR FREIHEIT UND DAS NÖTIGE GELD wollen, um sie zu genießen, müssen wir uns mit dem Kram abfinden, der in diesem Kapitel beschrieben wurde. Zumindest sagen das die Leute, die dieses Kapitel finanzieren, was mich unweigerlich zu dem Schluss bringt, dass es nur einen Grund gibt, weshalb Sie ein Kapitel wie dieses lesen: Sie wollen wissen, was Sie mit Ihrem Geld machen sollen?

Rein zufällig weiß ich, was Sie damit machen können. Während meiner Recherchen zu diesem Buch habe ich ein paar Drinks mit Myron S. Scholes und Robert C. Merton eingenommen, die unmittelbar vorher den 1997er Nobelpreis in Wirtschaftswissenschaften gewonnen hatten. Benobelt wurden sie, weil sie eine mathematische Formel entwickelt haben, anhand derer sich die Preise für Derivate bestimmen lassen*. Damit haben sie einen solchen Geldberg angehäuft, den selbst Sir Edmund Hillary nicht bezwingen könnte. Die beiden gehören zu den klügsten Menschen der Welt – sagt das Nobelpreis-Komitee. Ich habe sie gefragt, was man mit seinem Geld anstellen sollte. (Genaugenommen habe ich sie gefragt, „Was soll *ich* mit *meinem* Geld anstellen", aber ...) Ihre Antwort lautete: „Asymmetrische Information".

Man muss asymmetrische Information nutzen. Die Rancher, die ihre Kälber zählen und Rindfleischkontrakte verkaufen, und der Geschäftsführer von Burger King, der seine Hamburger kalkuliert, sind Beispiele für asymmetrische Information. Wenn jemand im Markt Informationen hat (oder zu haben glaubt), die die anderen nicht haben, dann ist das asymmetrisch.

Das leuchtet ein, denn sonst gäbe es gar keinen Markt. Wenn alle Leute dasselbe glauben, würden alle auf alles den gleichen Preis anwenden, und die Herrn mittleren Alters an den Börsen könnten aufhören herumzugröhlen und zum Mittagessen gehen. *The Wall Street Journal* würde zum *The Wall Street Shopping Mall Giveaway***.

Nun sollte man asymmetrische Information nicht mit „Insiderinformation" verwechseln, denn es ist dasselbe. Entsprechend handelt es sich bei Insiderinformationen um jenen Aspekt asymmetrischer Information, den zu benutzen gesetzlich verboten ist. Sollten Sie also zufällig ein leitender Angestellter bei Seagram sein und von der geplanten Übernahme des Disney-Konzern sowie dem Scotch-und-Wasser-Park-Projekt wissen, können Sie keine Disney-Aktien kaufen. In diesem Fall könnten Sie nämlich voraussehen, welche Prämien Seagram für Disney-Aktien zu zahlen bereit wäre. Sollten Sie allerdings der Hausmeister sein, der abends die Papierkörbe des leitenden Angestellten leert, und darüber hinaus wissen, wie furchtbar Scotch schmeckt, wenn darin Gummischläuche herumschwimmen, und dass man Betrunkenen in Mauskostümen grundsätzlich nicht trauen sollte, dann dürfen Sie machen, was immer Sie wollen.

Das Problem ist nur, dass Sie weder noch sind. Und ich auch nicht. Das ist der

---

*
$$C = SN\left(\frac{\ln\left(\frac{s}{k}\right) + \left(r + \frac{s^2}{2}\right)t}{\sigma\sqrt{t}}\right) - Ke^{(-rt)}N\left(\frac{\ln\left(\frac{s}{k}\right) + \left(r + \frac{s^2}{2}\right)t}{\sigma\sqrt{t}} - \sigma\sqrt{t}\right)$$

Wobei C, S, N, ln und K = Dinge sind, die Sie nicht verstehen, und r, σ, t und e = Dinge, die Sie nicht wissen wollen.
** „Der Wall Street Geschenkekatalog", Anm. d. Übers.

Grund, weshalb wir unser Geld nicht in Aktien investieren sollten, sondern in offene Investmentfonds. Bei diesen Fonds beschäftigen sich unzählige ehemalige Independentfilmer mit Betriebswirtschaftsdiplom damit, an asymmetrische Informationen zu gelangen.

Hieraus resultiert wiederum das Problem, dass zu viele Diplombetriebswirte dieselben asymmetrischen Informationen haben, wodurch sie letztlich symmetrisch werden. Das ist der Grund, weshalb wir unser Geld in Indexfonds investieren sollten.

Mit Indexfonds haben wir dann allerdings auch ein Problem, weil sie aus eben jenen Aktien zusammengestückelt sind, die dem Dow-Jones-Index unterliegen. Und das bedeutet, dass sich die Indexfonds in dieselbe Richtung bewegen wie die Aktien. Und welche verflixte Richtung ist das?

Diese Information ist so asymmetrisch, dass sie niemand hat.

(Was Sie wirklich mit Ihrem Geld anstellen sollten, finden Sie heraus, wenn Sie mich beobachten. Das heißt, wenn Sie die Baby-Boomer beobachten. Wir sind es, die seit 1946 den Gang der Dinge bestimmen. Wir kaufen unermüdlich Aktien, bis wir in den Ruhestand gehen. Sobald wir fünfundsechzig sind, werden wir all diese Aktien verkaufen. Dann geht der Markt nach unten, und wir machen uns in die Hosen. Die Rechnung ist ganz einfach: 1946 + 65 = 2011. Kaufen Sie bis 2011 Aktien, danach Windeln.)

DOCH ES GIBT ALTERNATIVEN zum freien Markt. Der Kongress könnte schärfere Vorschriften für den Investmenthandel erlassen, mehr Weisungen und Befehle erteilen, wie es die New Yorker Börse mit ihrer Regel gegen das Laufen getan hat. Aber die Profis in der Investmentbranche hassen wahrscheinlich all diese Einschränkungen. Hören wir uns an, was sie davon halten. „Ich finde, die Vorschriften sind eine perfekte Mischung. Sie sind rigide und streng", sagt David.

„Es muss in unserem Markt etwas geben, worauf man sich verlassen kann. Das sind die Vorschriften", sagt der Banker mit den pekuniären Stripteasetänzerinnen.

„Das sind doch eher Mitteilungen als Vorschriften", sagt der Banker mit den blödsinnigen Bewegungen.

Die SEC-Anforderungen und die Verordnungen der New Yorker Börse sind dazu da, den reibungslosen und zügigen Ablauf der Geschäfte zu gewährleisten, damit nicht jedes mal ein Geschworenengericht einberufen werden muss, wenn jemand versehentlich „for" statt „at" sagt. Bei all diesen Vorschriften geht es nicht darum, wie viel Geld wohin geht, sondern wie es dorthin gelangt.

Vielleicht sollte die Regierung den Investmenthandel übernehmen. Schließlich tut unsere Regierung nur das, was gut für uns alle ist. Wenn Amerikaner Aktien kaufen wollten, würde die Regierung sich beispielsweise Coca-Cola-Aktien ansehen. Diese Aktien wurden 1982 zu einem Stückpreis von 1,54 Dollar verkauft und lagen Mitte 1998 bei einem Wert von 78 Dollar das Stück. Das wäre ein guter Kauf gewesen. Andererseits liegt der soziale Nutzen von Coca-Cola eher im Minusbereich. Sie macht Löcher in die Zähne, ist mitverantwortlich für die nationale Gesundheitsgefährdung durch Fettleibigkeit und enthält Coffein, was die Entwicklung der Föten unverheirateter Mütter beeinträchtigt. Also würde die Regierung lieber Studebaker-Aktien kaufen.

Studebaker ist ein Unternehmen der Schwerindustrie. Die bietet bekanntlich jede Menge Stellen für halbgelernte Arbeiter. Studebaker war während der Zweiten Weltkriegs maßgeblich an der Verteidigung Amerikas beteiligt. Außerdem sind die Studebaker-Wagen umweltschonend, weil nur noch 200 von ihnen auf unseren Straßen fahren. Zugegeben, Studebaker ist nicht mehr im Geschäft, aber die Regierung könnte doch einen Karton mit Investmentgeldern in die leere Fabrikhalle stellen. Dann könnten die halbgelernten arbeitslosen Arbeiter vorbeikommen und sich nehmen, was sie brauchen.

Ein weiterer Vorteil bei der staatlichen Übernahme des Investmenthandels bestünde darin, dass die Piraten in Designerkrawatten durch Verwaltungsangestellte mit bescheidenen Gehältern ersetzt würden. Dann würden Ihre Investmententscheidungen von Regierungsmitgliedern getroffen werden – in Arkansas zum Beispiel von Paula Jones. Wäre es nicht sagenhaft, wenn Ihre gesamten Ruhestandsgelder in ein gescheitertes Verfahren über das primäre Geschlechtsmerkmal des Präsidenten investiert würden?

Eventuell sollte man die Regierung doch besser da raushalten. Stattdessen könnte man eine unabhängige Expertenkommission bilden, aus weisen und prinzipientreuen Individuen, die die globalen Investmentmärkte kontrollieren – Mario Cuomo, Toni Morrison, Václav Havel, Oprah Winfrey, der Dalai Lama, Alec Baldwin und Kim Basinger. Diese Kommission könnte sich den großen Fragen widmen, wie Produktsicherheit, Umweltbelastung, soziale Gerechtigkeit zwischen armen und reichen Nationen und die berufliche Gleichstellung der Frauen. Anhand dieser Kriterien würden dann Investmententscheidungen getroffen, wobei man nicht vergessen sollte, dass Kim in Sachen Tierschutz recht beharrlich sein kann. Es könnte also durchaus der Fall eintreten, dass Ihre Ruhestandsgelder in Tausend süßen kleinen Kaninchen angelegt sind, die aus medizinischen Versuchslabors freigekauft wurden.

Bliebe noch die Möglichkeit, dass wir den Investmenthandel weitestgehend sich selbst überließen, und uns darauf beschränkten, die Profite einmal jährlich gerecht zu verteilen. Bill Gates führt ein gigantisches Unternehmen in Redmond,

Washington. Sie unterrichten Datenverarbeitung an einer Volkshochschule in Akron, Ohio. Am Ende des Jahres teilen Bill und Sie – und alle anderen – sich die Gewinne. Einmal. Danach entscheidet Bill möglicherweise, dass es ein Riesenhaufen Arbeit ist, Microsoft zu leiten. Für dasselbe Geld könnte er ebenso gut Kurse in Datenverarbeitung an einer Volkshochschule geben. Auf jeden Fall besitzt er schon die passende Kleidung für Ihren Job.

Vielleicht sollten wir einfach alle nach Nord-Korea auswandern und uns von Baumrinde ernähren.

ZWEIFELSOHNE IST DER KAPITALISMUS, wie ihn die Wall Street repräsentiert, eine wundervolle Sache und ein Segen für die Menschheit, doch mich ängstigte er. Die freie Marktwirtschaft ängstigte mich, obwohl sie hier gesetzlich geregelt war. Der Kapitalismus machte mir Angst, obwohl die ihm gesetzten Regeln sämtlichen Spielern geläufig und maßgeblich waren. Und ich mochte diese Spieler sogar. Kapitalisten sind mindestens genauso ehrlich und nett wie die mir bekannten Leute, die kein Kapital besitzen. Dennoch blieb ich verängstigt.

Wenn der Kapitalismus schon unter günstigen Bedingungen erschreckend ist, wie ist er dann erst unter ungünstigen Bedingungen? Ich konnte es mir nicht vorstellen. Und weil ich es mir nicht vorstellen konnte, musste ich mir einen Ort suchen, an dem es keine Regeln für die freie Marktwirtschaft gab und sich jede Menge Gauner tummelten. Zunächst kam mir Washington, D.C., in den Sinn, doch dann beschloss ich, dass Albanien wohl mehr Spaß machen würde.

3

BÖSER KAPITALISMUS — ALBANIEN

ALBANIEN ILLUSTRIERT UNS, WAS mit einem freien Markt passiert, an dem es keine gesetzlichen, politischen oder traditionellen Richtwerte gibt, nach welchen Freiheit definiert oder Märkte geschützt werden können. Das Gewaltpotenzial in diesem Land ist enorm, aber das ist nicht weiter verwunderlich, wenn man bedenkt, dass nach dem Gesetz Ladenbesitzer und Ladendiebe faktisch gleichgestellt sind. Und natürlich gibt es eine erdrückende Armut. Diebstahl ist das Gegenteil von Vermögensschaffung. Anstatt geringwertige Produktionsgüter zu höherwertigeren zu wandeln, wie es die Vermögensschaffung vorsieht, wirkt Diebstahl genau in die andere Richtung, insofern hochwertige Produkte an Hehler verkauft werden, die sie für zehn Cent pro Dollarwert kaufen. Soweit ist vorhersagbar, was geschieht, wenn kapitalistische Wirtschaftssysteme unter anarchischen Bedingungen arbeiten. Es gibt aber auch einige unvorhersehbare Phänomene. Albanien ist zum Beispiel das bisher einzige Land, das von einem Kettenbrief zerstört wurde. Eine nationale Wirtschaft, die einem Ponzi-Spiel* zum Opfer fällt. Ein Land, das an einem Schneeballsystem zugrunde ging.

Als „Schneeballsystem" bezeichnet man alle Finanzgeschäfte, bei denen Investoren ihr Geld nicht dadurch verdienen, dass sie investieren, sondern indem sie weitere Investoren werben. Das ist diese alte Geschichte vom „Schick fünf Dollar an den ersten Namen auf der Liste, schreib deinen Namen an die unterste Stelle und schicke Kopien des Briefes an deine zukünftigen Ex-Freunde". Will ich nun aus meinen fünf Dollar fünfzig machen, muss ich zehn Leute finden, die darauf reinfallen. Wenn diese zehn ebenfalls fünfzig Dollar herausbekommen wollen, braucht es weitere einhundert leichtgläubige Trottel; danach eintausend, und so weiter. Läuft ein Schneeballsystem in Exponentialfunktion – sprich: in Potenzschritten von 10[hoch 1], 10^2, 10^3, etc. – erreicht man in zehn Stufen eine Anzahl von potenziellen Teilnehmern, die beinahe das Doppelte der derzeitigen Weltbe-

---

* nach Charles K. Ponzi, der in den zwanziger Jahren Investoren mit hohen Ertragsraten lockte; er zahlte die Erstinvestoren mit dem Geld der nachfolgenden aus, damit die Glaubwürdigkeit durch die Gruppe der frühen Teilnehmer weiter propagiert wurde. Anm. d. Übers.

völkerung umfasst. Und 9.999.999.999 von diesen Leuten werden reichlich sauer sein, weil der Kerl, der das Ganze angeleiert hat, mit jeder Menge Fünf-Dollarnoten durchgebrannt ist.

ALS SICH 1992 DIE KOMMUNISTISCHE REGIERUNG in Albanien verabschiedete, war das Land wirtschaftlich am Boden. Was die Albaner vor dem Tod durch Verhungern bewahrte, waren internationale Hilfsfonds und Überweisungen von Landsleuten in Italien, den USA und andernorts. Trotzdem schafften es die Albaner, irgendwie ein bisschen Geld zusammenzukratzen. Damit verfuhren sie wie die Baby-Boomer: Sie investierten, denn sie sorgten sich ebenfalls um ihre Zukunft. Die Albaner investierten jedoch in Schneeballsysteme. Diese Schneeballsysteme wuchsen, und die Leute wurden reich – zumindest auf dem Papier. Dann brach 1997 alles zusammen.

Die Reaktion der Albaner auf diese finanzielle Katastrophe war philosophischer Natur – sofern man Nihilismus ernsthaft als Philosophie verstehen will. Überall im Land kam es zu gewalttätigen Protestaktionen. Dann verbot die albanische Regierung öffentliche Versammlungen, und die Proteste wurden noch gewalttätiger. Hierauf reagierte die Regierung, indem sie dem Militär Weisung gab, notfalls in die Menge zu schießen, und das Militär seinerseits reagierte, indem es sich in erheblichem Maße selbst dezimierte. Die Soldaten hatten ebenfalls in die Schneeballsysteme investiert und waren nicht minder aufgebracht als die zu beschießenden Zivilisten. Fortan wurden die gewalttätigen Proteste zu bewaffneten Aufständen – denn die Deserteure hatten bei ihrer „fristlosen Kündigung" ihr Handwerkszeug mitgenommen. Die Regierung verlor die Kontrolle über die verschiedenen Stützpunkte, und bis zum Frühjahr war die albanische Armee auf gerade mal eine Einheit reduziert – wenn es hoch kommt. Eine Einheit bestand aus einhundert Soldaten, die nun allerdings ziemlich hilflos dastand, da das gesamte Waffenarsenal geplündert war.

Und es hatte einiges zu plündern gegeben. Zu Zeiten der Kommunisten hatte jeder Mann, jede Frau, jeder Junge und jedes Mädchen eine militärische Grundausbildung absolvieren müssen. Demzufolge rangierte die Zahl der im Land vorhandenen Waffen bei schätzungsweise 1,5 Millionen. Zudem musste das albanische Verteidigungsministerium eingestehen, dass 10,5 Milliarden Munitionskugeln gestohlen worden waren – das sind mehr als 300 Kugeln pro Albaner. Doch als wäre das noch nicht genug, wurden auch schwere Waffen entwendet – Artillerie, Raketenwerfer und Sprengstoffe. Einen Teil davon hatten sich die örtlichen „Komitees für Öffentliche Sicherheit" angeeignet, doch das meiste landete an weniger vertrauenswürdigen Adressen, wie sich spätestens bei einem Überfall auf die Nationale Handelsbank in Gjirokastër herausstellen sollte, bei dem die Räuber mit einem Panzer anrückten.

Die Stadt Korçë, nahe der Grenze zu Griechenland, wurde von maskierten Banden terrorisiert. Vor den Toren der Küstenstadt Fier starben zwanzig Menschen bei einem Schusswechsel zwischen Kriminellen und bewaffneten Dorfbewohnern. Die im Süden gelegene Hafenstadt Vlorë wurde von einem Bandenchef namens Ramazan Causchi kontrolliert, der sich gern als „der Sultan" titulieren ließ.

Mindestens 14.000 Albaner versuchten, mit Schiffen nach Italien zu fliehen. Eintausendzweihundert Menschen quetschten sich in einen gekaperten Frachter. Der Staatspräsident Sali Berisha stahl ein Fährschiff, mit dem er seinen Sohn und seine Tochter ins italienische Brindisi bringen ließ. Die Gefängniswärter in der Hauptstadt Tirana quittierten den Dienst, woraufhin 600 Gefängnisinsassen ausbrachen. Unter den Ausbrechern war auch der Anführer der Sozialistischen Partei Albanien (PSS), Fatos Nano. (Mit der Verbissenheit des unbekehrten Ex-Zuchthäuslers führte Nano einen erbitterten Wahlkampf, mit dem er seine Partei im Juni 1997 in die Regierungsmehrheit katapultierte.)

Gemeinsam mit den italienischen Streitkräften evakuierte die US-Marine die Ausländer, die sich in Albanien aufhielten, per Hubschrauber. Humanitäre Hilfsorganisationen gaben ihre Arbeit auf. Das Internationale Comitee des Roten Kreuzes war ratlos. „Das ist fast wie in Somalia", erklärte einer der Sprecher. Binnen vier Monaten starben weitere 1.500 Zivilisten und Tausende wurden verletzt. Plünderungen wandelten sich zusehends zu schwerem Raub und Diebstahl. Die Eisenbahnverbindung nach Montenegro brach zusammen, weil die Gleise abgebaut und als Schrott verkauft worden waren. Dem allgemein vorherrschenden Vandalismus fielen Schulen, Museen und Krankenhäuser zum Opfer. Stellenweise nahm die Verwüstung groteske Ausmaße an. So wurden Brücken abmontiert, Pumpanlagen für die Wasserversorgung in die Luft gesprengt, Strom- und Telefonleitungen zerstört. Albanien geriet vollständig aus den Fugen.

ICH REISTE IM JULI 1997 NACH ALBANIEN. Dass es diesem Land reichlich schlecht gehen musste, war mir bereits klar, als ich in 6.000 Meter Höhe flog. Selbst aus dieser Entfernung war unschwer zu erkennen, dass hier so ziemlich nichts stimmte. Beim Flug von Rom über die albanischen Alpen nach Tirana fielen mir zunächst die Dörfer auf, die im Gegensatz zu jenen in Österreich, der Schweiz oder sogar Bosnien nicht wie Kleckse in einem Karomuster aus Feldern und Wäldern lagen, sondern auf den kargen, unfruchtbaren Berghöhen. Da der Ski-Massentourismus eine verhältnismäßig neue Erscheinung ist, und weit und breit kein Skilift zu sehen war, gab es nur einen plausiblen Grund für dieses Phänomen: Eine Bergspitze war leichter zu verteidigen.

Der Flughafen von Tirana hatte eine Start- und Landebahn, und der Terminal bestand aus einem kleinen, schäbigen Waschbetonbau. Vor dem Eingang boten ein paar verwahrloste Blumenbeete ein jämmerliches Bild. Man verzichtete auf Einreiseformalitäten, da es voraussichtlich wenige Menschen gab, die nach Albanien einreisten, um von staatlichen Zuwendungen zu profitieren. Immerhin wurde meine Reisetasche an der Zollkontrolle durchleuchtet, wobei ich mich fragte, was man in ein Land, dessen Bevölkerung bis auf die Zähne bewaffnet ist, wohl nicht einführen dürfte. Vielleicht Bücher gegen die Legalisierung von Waffenbesitz?

Einen Dolmetscher und Fahrer zu finden, bedurfte es nur eines Anrufs beim Hotel Tirana. Die junge Frau an der Rezeption schickte mir direkt ihren Freund, den ich hier „Elmaz" nennen werde. Er holte mich in dem heruntergekommenen Mercedes seines Onkels vom Flughafen ab. Elmaz sagte, nach Tirana bräuchten wir ungefähr dreißig Minuten. Wir fuhren auf eine vierspurige Autobahn, die abrupt endete. „Fünf Kilometer lang", erklärte Elmaz. „Das die einzige Autobahn bei uns." Auf der holperigen zweispurigen Straße, die nun kam, drängelten sich Autos, Lastwagen und Pferdefuhrwerke, und zwar eine erstaunliche Anzahl, wenn man bedachte, dass die Wirtschaft doch am Boden lag. Dutzende von Auto- und Lastwagenwracks säumten die Straße. In Albanien gibt es so viele Autowracks, dass sämtliche Pferdefuhrwerke mit Autositzen ausgestattet sind – einige Leute haben sich sogar eine Mittelkonsole zwischen die Kutschsitze montiert.

Die Landschaft war mediterran und, für meinen Geschmack, eher zu sonnendurchflutet. Die Felder lagen zur Hälfte brach und verdorrt da. Hunderte von Zementklötzen standen zwischen den größtenteils unbestellten Äckern und an den Berghängen. Sie sahen alle gleich aus: quadratische, circa 1,20m breite Würfel mit schlitzförmigen Öffnungen zur Straßenseite. Es mutete ein bisschen wir eine riesige Sammlung fantasielos gestalteter Spardosen an.

Dies waren die Selbstverteidigungsbunker. Elmaz sagte, dass mehr als 150.000 davon im Land verteilt wären, und das musste stimmen, denn sie standen einfach überall. Diese Bunker waren das hervorstechendste Merkmal Albaniens. Der Souvenirshop im Hotel Tirana verkaufte Miniaturausgaben davon, die an Iglus erinnerten – allerdings nur, wenn man dann dem irrigen Glauben anhängt, dass Eskimos platt wie Flundern sind. In den Städten waren einige dieser Klötze mit Blumenkübeln auf dem Dach verziert. Statt Krieg und Frieden, Krieg und Friedhofspflanzen. Entlang der Küste und an strategisch kritischen Punkten waren die Bunker größer. Die Berge waren durchlöchert von Tunneln, deren Zugänge vergittert waren. Selbst die Stöcke in den Weinbergen waren mit Metalldornen versehen, so dass ein Fallschirmspringer, der zwischen den Reben zu landen versuchte, direkt aufgespießt würde.

Der langjährige Kommunistenführer Albaniens, Enver Hoxha (spricht sich

„ch"), hatte diese Sicherheitsvorkehrungen angeordnet, nachdem die Sowjettruppen 1968 in die Tschechoslowakei einmarschiert waren. Er war sicher gewesen, dass eine russische Invasion Albaniens unmittelbar bevorstand. Er hatte damals zum „Krieg gegen den Imperialismus, gegen die Bourgeoisie, die Sozialdemokraten, Nationalisten und modernen Revisionisten" aufgerufen. „Sie mögen uns mit Beschimpfungen und Schmähungen drohen, so viel sie wollen. Wir machen uns nichts draus, sondern entgegnen ihnen voller Stolz: Versucht es nur weiter! Unsere Berge ragen höher und höher in den Himmel!"

Aber wer wollte allen Ernstes Albanien einnehmen? Ich hielt es für recht weit hergeholt, bis ich mit Elmaz an der albanischen Coca-Cola-Abfüllanlage vorbeifuhr. Hinter der großen Plastik-Flasche auf dem Dach lugte ein sandsackbewehrter Maschinengewehrstand hervor. Vielleicht war Hoxha doch nicht verrückt gewesen.

Am Ende allerdings wurde Albanien nicht durch einmarschierende Truppen erobert, sondern durch Ideen, gegen die all die militärischen Vorsichtsmaßnahmen machtlos waren. Diese Ideen entsprangen nicht gerade jenem Geist, der beispielsweise die amerikanische Unabhängigkeitserklärung nährte, wenn man sich ansah, was Elmaz mir in der folgenden Woche zeigte. Elmaz studierte Veterinärmedizin an einem Institut, das von oben bis unten ausgeplündert worden war. „Wir haben keine Fenster und keine Türen mehr", erzählte er mir. „Wir haben nur Tische und Wände." Die Tische waren zwischenzeitlich auch verschwunden gewesen, aber man hatte sie auf einem Flohmarkt wiedergefunden und zurückgekauft. „Alle unsere Pferde wurden erschossen", berichtete Elmaz.

Er zeigte auf einen staatlichen Bauernhof gegenüber dem veterinärmedizinischen Institut, und sagte mir, dass dort einmal 5.000 Rinder gehalten worden waren. „Die haben 5.000 Kühe gestohlen?" fragte ich entsetzt, während ich mir vorzustellen versuchte, wie jemand eine solche Herde durch den albanischen Verkehr treiben wollte.

„Nein, nein", antwortete Elmaz. „So viele Kühe konnte in diesem Jahr keiner stehlen."

„Wieso nicht?"

„Weil sie alle 1992 geklaut wurden, direkt nach dem Ende des Kommunismus."

WIE KANN ES PASSIEREN, dass Kettenbriefe eine ganze Volkswirtschaft verwüsten? Und warum liefen die Pyramidenspiele ausgerechnet in Albanien vollkommen aus dem Ruder? Ich brauchte ungefähr eine Stunde, bis ich die Antwort hatte. Elmaz brachte mich zu Ilir Nishku, dem Redakteur der einzigen englischsprachigen Zeitung, *The Albanian Daily News*.

„Wie kam es, dass diese Schneeballsysteme sich in Albanien so großer Beliebtheit erfreuten?" fragte ich ihn. „Waren die Leute in Gelddingen zu unbedarft, weil sie unter der kommunistischen Regierung so isoliert gewesen waren?"

„Nein", antwortete Nishku, „diese Pyramidenspiele hatte es auch in anderen osteuropäischen Ländern gegeben, und sie waren dort schon alle zusammengebrochen, bevor man in Albanien damit anfing. Das wussten die Menschen bei uns."

„Aber warum haben sie sich trotzdem darauf eingelassen?"

Die Antwort war verhältnismäßig einfach: „Die Leute dachten, das wären gar keine richtigen Pyramidenspiele. Sie wussten natürlich, dass solche Profite nicht auf legalem Wege zu erzielen waren. Also dachten sie, das Geld käme aus Schmuggel- und Geldwäscheaktionen."

Die Albaner hatten also geglaubt, sie wären nicht die Betrogenen, sondern die eigentlichen Betrüger – hierin unterschieden sie sich deutlich von den Investoren an der Wall Street, die während einer Hausse kaufen.

„Meine Familie hat zweitausend Dollar verloren", sagte mir Elmaz. Es waren ihre gesamten Ersparnisse gewesen.

Nishku erzählte mir, dass das erste Schneeballsystem bereits 1991 von Hadjim Sijdia gestartet wurde. Die Sijdia Holdings bot Zinsen von fünf bis sechs Prozent im Monat, was einem Jahreszinssatz von 60 bis 72 Prozent entspricht. Jedem war klar, dass diese Zinsen viel zu hoch waren, zumal die Inflation zu dieser Zeit auf sehr niedrigem Niveau lag. Dennoch verfügte Sijdia Holdings immerhin über echte Investments, und Hadjim Sijdia, der in der Schweiz wegen Betrugs verhaftet worden war, gelang es irgendwie, wieder freizukommen und seine Schulden zurückzuzahlen.

Nach Sijdia Holdings traten dann allerdings jene Schneeballsysteme auf den Plan, die auf Betrug im großen Stil ausgelegt waren. Drei von ihnen – Sude, Xhaferri und Populli – verfügten über keinerlei Aktiva. Um 1993 kamen kleinere Geschäftsleute auf die Idee, ihre eigenen kleinen Pyramiden-Spiele auf den Markt zu bringen. Freies Unternehmertum kann eben in jedweder Beziehung frei sein, auch von moralischen Grundsätzen. Mit wachsendem Wettbewerb wurden die Gewinnzusagen immer grotesker. Die Sude-Pyramide bot irgendwann 50 Prozent Zinsen pro Monat an.

„Diese Schneeballsysteme", erzählte Ilir Nishku, „suggerierten uns, dass dies die wahre freie Marktwirtschaft ist. Gerade mal vier Jahre nach dem Kommunismus glaubten alle, jetzt könnten wir reich werden. Alle meinten irrtümlich, dass *dies* der echte Kapitalismus wäre."

„Alle saßen den ganzen Tag in den Cafés", sagte Elmaz.

Albaniens Wirtschaftsstatistiken sahen glänzend aus: Für 1993 wiesen sie 9,6

Prozent Wachstum aus, für 1994 8,3 Prozent, 13,3 Prozent für 1995 und 9,1 Prozent für 1996.

„Albaniens Wirtschaft hat die höchste Wachstumsrate auf dem ganzen Kontinent", jubelte der erstaunlich naive *Bradt*-Reiseführer.

Der noch naivere Entwicklungsbericht der Vereinten Nationen von 1996 behauptet gar: „Der Fortschritt im weitverbreiteten wirtschaftlichen Wohlergehen hat sich seit unserem positiven Bericht für 1995 weiter fortgesetzt und bildet eine soziale Grundlage für [und gerade hier sollte die UN endlich ihre Arbeit aufnehmen] humanitäre Entwicklung."

Eine Veröffentlichung, die unter der Bezeichnung *Eurobarometer Survey* läuft, meinte, die Albaner wären das zuversichtlichste Volk in Ost- und Mitteleuropa.

Die blindwütige Begeisterung für einen missverstandenen Kapitalismus machte nicht einmal vor der Witwe des kommunistischen Führers Enver Hoxha Halt. Nexhmije (spricht sich ... ach, was soll's) Hoxha ließ sich unmittelbar nach ihrer Haftentlassung im Dezember 1996 ein neues Bad in ihre Wohnung einbauen. Stolz präsentierte sie Jane Perlez von der *New York Times* die rosafarbenen italienischen Fliesen und verkündete: „Das ist das Schöne an der Konsumgesellschaft. Es ist zwar teuer, aber man bekommt alles." So viel zum Interview mit der kommunistischen Elite.

Die glorreichen Tage dauerten bis zum Februar 1997. Dann brachen fünf der großen Schneeballsysteme zusammen und rissen alle kleinen mit sich in den Abgrund. Vier weitere große Systeme hörten auf zu zahlen und froren ihre Konten ein, was eine unelegante Form des betrügerischen Bankrotts ist. Schätzungsweise 1,2 Milliarden Dollar verschwanden – über die Hälfte des albanischen Bruttoinlandsproduktes. Das bedeutet, die Hälfte aller im Land produzierten Waren und erwirtschafteten Werte dieses Jahres waren mit einem Schlag weg.

„Wo ist das ganze Geld geblieben?" fragte ich Nishku.

Er nannte eine ganze Reihe von Möglichkeiten: Auf Nummernkonten in der Schweiz? Bei der albanischen Regierung? Bei zypriotischen Geldwäschern? Bei der türkischen Mafia? Der russischen Mafia? Der Mafia-Mafia? „Wir wissen es nicht", sagte er schließlich.

Ich fragte ihn, ob die Leute irgendeine Chance hätten, ihr Geld jemals wiederzubekommen.

„Nein."

DER KAPITALISMUS, wie ich ihn an der Wall Street gesehen hatte, funktioniert nach Aussage seiner Befürworter nach dem Freiheitsprinzip. Freiheiten gibt es in Albanien jede Menge, und die Menschen dort lieben die Freiheit abgöttisch. Zufälligerweise hat man vom Balkon des Hotel Tirana einen vorzüglichen Blick auf die unterschiedlichen Spielarten der Freiheit. Von hier sieht man direkt auf den Skenderbeg-Platz im Zentrum der Hauptstadt.

Sheshi Skenderbeg ist ein zementierter Platz von der Größe eines Golfplatzes mit neun Löchern. Zwölf Straßen laufen an dieser Stelle zusammen, und aus jeder dieser Straßen kommen unzählige Vehikel, deren Fahrer wild entschlossen sind, ihr Ziel in Höchstgeschwindigkeit zu erreichen. Sie kommen aus und bewegen sich in alle Himmelsrichtungen. Dazwischen wenden sie abrupt, fahren in einem nicht gekennzeichneten Kreisverkehr herum oder sie vollführen andere Kunstwerke, für die man in anderen Ländern hohe Bußgelder zahlt. Reifen quietschen und schleudern, Fahrräder klappern und kippen um, Handwagen rattern Kantsteine rauf und runter. Die Fußgänger rennen um ihr Leben. Wer eine Hupe hat, hupt ununterbrochen. Bremsen kreischen, Stoßstangen scheppern, Kotflügel werden eingedellt. Bunte Scherben von Autolichtern hüpften über das Pflaster. Es wird ununterbrochen gerufen und geschimpft.

Bis 1990 war es den Albanern verboten, motorisierte Fahrzeuge zu besitzen. Sie konnten gar nicht Auto fahren, und genaugenommen können sie es immer noch nicht. Auf jedem vierten oder fünften Autodach prangt ein Schild AUTOSHKOLLE, und dieser Massenfahrunterricht kommt kein bisschen zu früh. Mittlerweile gibt es über 150.000 Autos in Albanien. Sollten Sie sich fragen, warum auf den westeuropäischen Straßen keine Schrottmühlen und Klapperkisten herumfahren und es kaum Schrottplätze gibt, dann ist die Erklärung simpel: Sie sind alle in Albanien. Elmaz erzählte mir: „Als wir uns nach Europa öffneten, haben wir gebrauchte Wagen gekauft. Sehr gebrauchte. Und nach einem Jahr ...", er spitzte die Lippen und machte diesen Laut, der im mediterranen Raum „kaputt" bedeutet.

Die schlechtesten Autos Europas sind in Albanien. Und die heißesten ebenfalls. Zur letzteren Gruppe dürfte der ungewaschene Porsche 928 zählen, der direkt an den Eiswürfeln meines Longdrinks vorbei auf den Platz gerast kam. Der Fahrer war mit diesem hochmotorisierten Gefährt hörbar überfordert. Der Motor klang wie eine Maschinengewehrsalve. Selbst ein 1980er Modell eines solchen Porsches würde den durchschnittlichen Albaner sechzehn Jahresgehälter kosten.

Ein amerikanischer Rundfunkreporter, der sich mit dem Gebrauchtwagenhandel in Albanien auskannte, sagte im Spaß zu Elmaz: „Ich suche einen Kleinwagen, vielleicht einen Renault Twingo, Baujahr 95 oder 96. Wo krieg ich einen für um die tausend Dollar, der nicht in irgendeiner Liste steht?"

„Ha, ha, ha", antwortete Elmaz wissend, „ich weiß schon wo."

Dieser Reporter, der ein bisschen zu gut über zu viele Dinge Bescheid zu wissen schien, erzählte mir, dass Marihuana für dreißig Dollar das Kilo zu haben wäre. Und *The Economist* schrieb in einem Bericht über Albanien, dass im März 1997 der Preis für eine vollautomatische Kalashnikov in den Straßen von Tirana gerade mal drei Dollar betrug.

„*Jeder* Albaner hat versteckte Waffen", erzählt mir der Reporter. Oder eben auch nicht versteckte, dachte ich, als ich einen Mann mittleren Alters in Zivil den ehemaligen Stalin-Boulevard hinuntergehen sah – an der einen Hand seinen fünfjährigen Sohn, in der anderen eine AK-47.

Nach der Meinungsfreiheit schien in Albanien gleich die Waffenfreiheit zu kommen. Bezüglich der grotesken Auswüchse standen sich beide Freiheitsformen in nichts nach. Während der ersten Juliwoche 1997 marschierten Abend für Abend Hunderte Royalisten mitten in das Chaos auf dem Skenderbeg-Platz. Bei diesen Aufmärschen erreichte die ohnehin beachtliche Unfallquote regelmäßig ihren absoluten Höhepunkt.

Ich beobachtete die Royalisten, die ein Podium mit Lautsprechern auf den Stufen eines Betonklotzes aufstellten, der ehedem den Kulturpalast dargestellt hatte. Das Gebäude war der sowjetischen Baukultur nachempfunden – Stalinbarock, sozusagen. Nun wurde eine albanische Flagge entrollt, deren Grundfarbe von so tiefem Rot war, wie man es sonst nur bei Herzoperationen zu sehen bekommt. In der Mitte war eine Figur, die entweder ein Adler mit zwei Köpfen oder aber ein Huhn aus einer Monstrositätenshow sein müsste. Alsdann begannen die Royalisten recht fragwürdige Botschaften ins Mikrofon zu brüllen, wie: „Wir kriegen unsere Stimmen, und wenn dafür Blut fließen muss!" Das Ganze in einer solchen Lautstärke, dass es sogar für einen Moment die lautesten Zusammenstöße übertönte. Nun erklang die Nationalhymne – noch lauter – die so lang ist wie eine Wagner-Oper und klingt, als würde eine Kapelle des Marine-Corps den *Ring* spielen, während sie die Steintreppe des Washington-Monuments herunterpurzelt.

Die Royalisten demonstrierten im Namen Leka Zogus, der glaubt, dass er der König von Albanien ist. Er hatte unmittelbar zuvor einen Riesenerfolg bei einem Volksentscheid über die Wiedereinführung der Monarchie eingeheimst (80 Prozent der Befragten hatten „jo" gestimmt). Nicht dass Albanien jemals eine Monarchie gewesen wäre; bis ins zwanzigste Jahrhundert war es noch nicht einmal ein eigenständiges Land. Vielmehr war es seit 1400 das Hinterland des Osmanischen Reiches gewesen, und davor das Hinter-Hinterland des Byzantinischen Reiches.

Leka Zogus Vater, Achmed Zogu, war ein Putschist aus der finstersten Provinz, der 1924 das, was bis dahin für die Regierung gehalten wurde, stürzte und sich 1928 zu König Zog I. krönte. Anschließend hat er das Land an Mussolini prostituiert und sich rechtzeitig vor der Besetzung durch die italienischen Truppen 1939 ins Exil abgesetzt. Leka war zu dieser Zeit zwei Jahre alt. Fortan lebte er abwechselnd in Rhodesien, Südafrika und Spanien, wo man ihn allerdings wegen Waffenschmuggels hinauswarf. Seine Waffenschiebereien brachten ihm unter anderem einen kurzen Gefängnisaufenthalt in Thailand ein – alles in allem mindestens so ideale Vorbereitungen für die Thronfolge wie eine Ex-Frau zu haben, die einen von Paparazzi verursachten Märtyrertod stirbt.

Nach einer guten Stunde Royalistenvorspiel erschien die Wagenkolonne von Leka Zogu. Auf den Dächern der Autos waren zusätzliche Lichter mit Saugnäpfen befestigt, von der Art, die man sich kauft, wenn man den Eindruck erwecken möchte, man wäre bei der Freiwilligen Feuerwehr. Die schlampige Kolonne von Mercedeslimousinen drängelte sich mitten in das Spektakel auf dem Skenderbeg-Platz, und der Monarch höchstpersönlich stieg aus – königlich gewandet in einen Jogginganzug. Leka (in der albanischen Sprache ist der bestimmte Artikel durch ein angehängtes u oder i ersetzt, so dass der Name „Leka Zogu" so viel bedeutet wie „Leka der Zog") stand hinter dem Mikrofon wie ein riesiger Waschlappen – beinahe zwei Meter groß, kinnlos und mit einem Schmierbauch. Er murmelte ein paar Worte. (Man sagt, seiner Nicht-Majestät Kenntnis des Albanischen wäre eher dürftig.) Dann verschwand er wieder, umringt von breitschultrigen Kerlen, deren Kleidung beachtliche Beulen aufwies. Sämtliche Benze versuchten gleichzeitig zu wenden, was ein noch größeres Verkehrschaos verursachte – sofern das überhaupt noch möglich war.

Aber dem waren nach oben scheinbar keine Grenzen gesetzt. Wenige Tage bevor ich nach Albanien kam, gerieten einige von Lekas Anhängern derart außer Rand und Band, dass sie sich ein Feuergefecht mit der Polizei lieferten. Dabei kam zwar nur eine Person zu Tode, doch dieser relativ glimpfliche Ausgang verdankte sich einzig der Tatsache, dass sich die Polizei zum fraglichen Zeitpunkt einige Blocks weiter in einem Fußballstadion aufhielt.

Auf jeden Fall muss man zugeben, dass in Albanien jede Menge Freiheit herrscht, wobei die des freien Unternehmertums eine Spitzenstellung einnimmt. Der Kapitalismus wird in diesem Land mit demselben Feuereifer – und übrigens auch mit derselben Ordnung und Selbstbeherrschung – betrieben wie alles andere auch, sei es Autofahren, Politik oder der Gebrauch von Schusswaffen.

Cafés und Bars sind in den vergangenen Jahren wie die Pilze aus dem Boden geschossen. Die meisten von ihnen sind aus unbehandeltem Holz zusammengenagelt worden, wobei die Bauherren in etwa das Geschick von Rastafans aus Oregon bewiesen, die unter Drogeneinfluss Schulbusse umbauen, mit denen sie „echt wahnsinnige" Spritztouren unternehmen. Diese Höhepunkte der Heimwerkerkunst standen so ziemlich auf jedem freien Fleckchen und „blockieren selbst die Schulhöfe der Hauptstadt", wie The Albanian Daily News berichtete. Die ausgelesenen Exemplare dieses Blatts liegen neben allem erdenklichen sonstige Unrat auf dem Straßenpflaster, das in der Dichte des auf ihm verteilten Mülls den Börsensälen der Wall Street ernst zu nehmende Konkurrenz macht. Die nicht-staatliche Müllentsorgung ist in Tirana noch nicht so recht angelaufen, die private Vermüllung aber ist in vollem Schwunge. Jeder einzelne öffentliche Platz ist bedeckt mit Tüten, Papierverpackungen, Flaschen und Dosen – nebst den Getränkeständen und Pizzawagen, die für entsprechenden Müllnachschub sorgen.

Die Gärten sind voll von schlampigen Bauten, die Denkmäler davon eingekreist, die Wege damit bis zur Unbenutzbarkeit verstellt und die Fußballfelder der öffentlichen Sportanlagen von einem Tor zum anderen damit blockiert. Der Fluss Lana ist hinter den Buden gar nicht mehr zu sehen, aber das ist wohl auch besser so. Die illegalen Bauunternehmer haben Abflüsse in den Fluss gelegt, durch die sie ungefiltert alles kippen, was nicht mehr gebraucht wird. Welche wasserhygienischen Konsequenzen das zeitigt, kann man sich denken. Auf jeden Fall hat die Lana die lexikologische Grenze zwischen *Fluss* und *Kloake* bereits überschritten. Was einst der Jugendpark war, eine gigantische Grünanlage, ist zum weltweit ersten Restaurant- und Freizeitbarackendorf verkommen, eine brandneue Slumvariante mit einer Extraportion Käse.

Die Haupteinnahmequelle bildet das Glücksspiel. In den Bretterverschlägen stehen die erstaunlichsten Videospielgeräte. Dabei gilt es zu beachten, dass Albanien zwischen 1986 und 1990 insgesamt an Nähmaschinen, elektrischen Öfen und Heißwasserbereitern genau Null importierte. Außerdem verfügt Tirana über eine Stromversorgung, die in etwa so zuverlässig ist wie der Rechenschaftsbericht eines Kongress-Komitees über Wahlkampfzuwendungen. Trotzdem gibt es sie: Die allerneuesten und teuersten Produkte amerikanischer Videotechnologie, die dank effizienter Mafia-zu-Mafia-Kommunikation von morgens bis abends problemlos laufen.

Die offizielle Armutsgrenze in Albanien ist für eine vierköpfige Familie bei 143 Dollar im Monat festgelegt. 80 Prozent der Albaner liegen mit ihrem Einkommen unterhalb dieser Grenze. Dennoch stehen diese 80 Prozent – oder was so aussieht, als wären es 80 Prozent – tagein, tagaus vor den blinkenden, piependen Glücksspielautomaten und füttern sie mit 100-Lek-Münzen. Auf den meisten Budenschildern in Tirana steht AMERICAN POKER.

Sehr häufig sieht man auch das Schild SHITET. Ich fand das irgendwie passend, obwohl es nicht bedeutete, was ich dachte, sondern ZU VERKAUFEN. Passt auch, wäre aber wohl treffender ausgedrückt mit „zu haben", was immer das auf albanisch heißen mag. Vielleicht ist es „Amex". Ich ging eines Tages in eine American-Express-Filiale, um mir Bargeld zu beschaffen. Dort war man schockiert ob meines Anliegens. Niemals würde man im Büro etwas so Heikles und leicht zu Stehlendes wie Bargeld lagern. Geld besorgte man sich bei der Bank-mitten-auf-der-Straße. Hier wurde mit beeindruckenden Geldbündeln gewedelt, die irgendwie seltsam aussahen. Alle Anwesenden waren „heimlich" bewaffnet. Ich kam tatsächlich an ein paar Geldscheine, deren mir eigentlich vertrautes Grün anders aussah als sonst – eher ungesund. Und Andrew Jackson auf meinem Zwanzigdollarschein war auffallend dunkel. War der bei den Jackson 5 gewesen?

Die Musikkassetten, die mitten auf der Straße verkauft wurden, waren ebenfalls Fälschungen. Zumindest hoffe ich das, denn mir wäre der Gedanke unerträglich, dass jemand Tantiemen kassiert für bulgarische Discomusik oder türkischen Rap. Die Marlboros waren allerdings echt, und sie waren billiger als die, die in Brooklyn von einem Lastwagen fallen. Die Kleidung war definitiv von einem Lastwagen gekippt, wenngleich leider nicht von einem New Yorker. Die Albaner haben sich modisch eher in dieselbe Richtung orientiert wie Amerikaner, die sich in den Hinterhof-Lagerverkaufshäusern von Jersey einkleiden. Wie alles andere auch, werden diese Wahrzeichen des schlechten Geschmacks mitten auf der Straße verkauft. Die Kleiderständer mischen sich aufs Trefflichste mit Autounfällen, Royalisten, Geldschiebern, Gewehren und elektronischen Pokermaschinen.

BEIM NOCHMALIGEN LESEN des Textes fällt mir auf, dass ich die Albaner möglicherweise als emsigen Menschenschlag geschildert habe. Das war ganz und gar nicht meine Absicht, denn sie sind das genaue Gegenteil davon. Selbst im Glücksspiel legen sie eine erstaunlich Langsamkeit an den Tag – kein Vergleich mit den alten Damen in Atlantic City, die sich mit riesigen Münzvorräten und speziellen Automatenhandschuhen vor die Spielautomaten hocken, um ihrem „Hobby" mit geradezu zwanghafter Inbrunst zu frönen.

Die albanische Vorstellung von Freiheit entspricht eher meiner eigenen während der späten Adoleszenz: Viel Herumhängen und sich mehrmals die Woche mittags mit Betrunkenen zum Weitertrinken treffen.

Man sieht unzählige junge Männer, die sich in kleinen Gruppen an Straßenecken herumdrücken oder ziellos in ihren Autos durch die Stadt fahren. Dabei kann man hier nicht von abgeklärter Trägheit sprechen. Ich sah einen jungen Burschen, der in seinem alten Mercedes langsam durch die Straßen kurvte, einen Arm lässig aus dem Fenster gelehnt. Dabei hatte er im offenen Kofferraum einen riesigen Schäferhund angekettet, der wie verrückt knurrte und bellte.

Die Männer in Albanien pflegen ihren Händedruck etwas zu lange auszudehnen, was unheimlich wirkt – eher wie eine Entwaffnung als ein Gruß. Wie die Italiener küssen sich auch die Albaner zur Begrüßung auf die Wangen – allerdings denkt man dabei an Gotti statt an Gucci*. In den Straßen Tiranas starrt einen jeder an, und niemand weicht einem aus.

Die Mimik der Albaner hatte etwas Piratenhaftes. Man könnte schwarze Augenklappen und Kopftücher verteilen und bekäme eine gigantische Statistenschar für einen Mantel-und-Degen-Film. Ich möchte klarstellen, dass ich keineswegs die Absicht habe, eine ganze ethnische Gruppe schlecht zu machen. Aber ehe ich nach Albanien reiste, waren die einzigen Albaner, die ich kannte, Mutter Teresa und John Belushi. Nun fällt es naturgemäß schwer, sich ein ganzes Land voller Mutter Teresas vorzustellen, die auf der Suche nach zu waschenden Leprakranken sind. Hingegen kann man es sich durchaus wie ein Land voller John Belushis vorstellen – mit dem einzigen Unterschied, dass sie hier weder fett noch komisch sind.

„Die rauben dich aus", sagte der Rundfunkreporter, als wir – selbst ziemlich träge und lustlos – auf dem Hotelbalkon saßen und eine zweite Runde Drinks bestellten. „Du solltest nie deine Brieftasche bei dir haben." Dann gesellte sich ein frischeingetroffener Fernsehregisseur zu uns und erzählte, dass er hinausgefahren war, um ein paar Landschaftsaufnahmen zu machen. Er hatte es nicht einmal bis an die Stadtgrenze geschafft, da waren Auto, Kamera und 5.000 Dollar Bargeld weg.

Vor dem Hotel Tirana lebte eine Familie, die ihre Tage mit Nichtstun verbrachte. Zwischen dem Hoteleingang und dem Skenderbeg-Platz gab es eine verwahrloste Grünfläche. Hier kampierten eine sehr große und sehr dicke Frau, eine sehr kleine und ungepflegte Frau, mehrere hagere und schmierige Männer und annähernd ein Dutzend dramatisch vernachlässigter Kinder. Die große, dicke Frau saß den ganzen Tag mit gespreizten Beinen auf einem Tischtuch und spielte mit den hageren Männern Karten. Die kleine Frau ging pausenlos auf dem verdorrten und unratübersäten Grünflecken hin und her. Jedes mal, wenn einer der Hotelgäste aus dem Eingang trat, stürzte sich die Kinderschar auf ihn oder sie und bettelte um Geld. Wenn das Betteln nicht den gewünschten Erfolg zeitigte, steckten sie ihre kleinen Hände in die Taschen und Handtaschen der Erwachsenen und griffen wahllos alles, was sie zu packen bekamen, bevor sie weggeschubst wurden. Den Rest der Zeit schlugen und traten sie sich gegenseitig. Manchmal gingen sie zu der großen, dicken Frau, die sie ebenfalls schlug. Sobald eines der Kinder Beute gemacht hatte, lief es damit schnurstracks zu der dicken Frau, die alles wortlos an sich raffte. Zu dieser Familie gehörte noch ein aufgedunsenes, bleiches Baby mit den für Unternährung typischen stumpfen Zottelhaaren. Es schien acht bis höchstens zehn Monate alt zu sein, konnte aber sein Köpfchen noch nicht halten. Man hörte es nie weinen. Ein ungefähr zehnjähriger Junge kümmerte sich haupt-

*John Gotti: 1990 verhafteter Chef eines Mafia-Clans, Anm. d. Übers.

sächlich um das Kleinste. Das bedeutete: Er quetschte es sich unter den Arm, während er die anderen Kinder jagte, um ihnen Karatehiebe und -tritte zu verpassen. Unterdes flogen die Gliedmaßen des Babys schlackernd auf und ab – es sah aus wie bei einer Stoffpuppe.

Zwischen den Kampfkunstdarbietungen wurde das Kleine auf einen Pappfetzen gelegt, der auf dem Gehweg lag. Da ein ziemliches Chaos herrschte, war das nicht eben ungefährlich, aber sie taten es in der Hoffnung, dass die Passanten, die beinahe über das Kind stolperten, Münzen neben das Baby legen würden, was eher selten geschah.

„Sie sind Zigeuner", sagte Elmaz. *Zigeuner* ist auf dem Balkan keine Bezeichnung für eine ethnische Minderheit, sondern ein Schimpfwort. In diesen Breiten ist es besonders vorteilhaft, weil es sich praktisch auf jeden anwenden lässt, der dunkler ist als Kate Moss – mithin auf alle.

Der Dolmetscher des Rundfunkreporters hatte den größeren Jungen auf das Baby angesprochen, und er hatte erzählt, dass „seine Mutter ihn wegwerfen wollte. Aber sie hat ihn uns gegeben. Jetzt kümmern wir uns um ihn."

Soweit ich informiert bin, gibt es in Albanien keine Telefon-Hotline für misshandelte Kinder. „Gäbe es eine, würden die Leitungen heißlaufen mit Anfragen, wie man sie am besten misshandelt", sagte der Rundfunkreporter.

„Was ist das hier bloß für ein beschissenes Land", fragte jemand, der mit uns an der Bar saß. Und die Antwort darauf weiß ich bis heute nicht.

MIT DEN BUNTEN UND MANNIGFALTIGEN MANIFESTATIONEN der Freiheit in Albanien war jeden Abend pünktlich um zehn Uhr Schluss. Dann begann die Ausgangssperre, die unter dem Motto „Schießen um zu Töten" lief.

Offenbar litten die Albaner unter einer Überdosis Freiheit, was bei ihnen ein solch pathologisches Ausmaß erreichte, dass die Organisation für Sicherheit und Zusammenarbeit in Europa Handlungsbedarf sah. Unter italienischer Leitung entsandten sie ein Kontingent von mehr als 7.000 Soldaten, deren Aufgabe darin bestand, das Schlimmste zu verhindern, was bestimmt nicht einfach war, da nun von Tag zu Tag zu entscheiden war, was von all den schlimmen Vorgängen der schlimmste wäre.

Die OSZE-Truppen trafen im April 1997 ein. Mittlerweile hatte sich die Lage im Land dramatisch zugespitzt. Die Panzerwagen mit den bis auf die Zähne bewaffneten Italienern machten die Straßen tatsächlich sicherer. Plötzlich war es nach zehn Uhr abends ruhig, das heißt: nicht richtig ruhig. Aus dem Wirrwarr der Seitenstraßen in Tirana drangen nach wie vor Schüsse, und diese Schüsse weckten die Hunde, die hysterisch zu kläffen anfingen. Infolgedessen verbrachte ich den Großteil meiner Nächte im Hotel damit, über Querschläger aus Kalashnikovs nachzudenken und darüber, dass die Fenster meines Hotelzimmer vom Fußboden bis zur Decke reichten. „Verdammt, hätte ich doch bloß ein Zimmer weiter unten!" Dann dachte ich darüber nach, wie viele Hunde es in Tirana gab, die eine Menge Lärm machen konnten. „Verdammt, hätte ich doch bloß ein Zimmer weiter oben!" Meistens endeten meine Grübeleien damit, dass ich in die Hotelbar zurückging, wo ich mich sowohl den Querschlägern als auch dem lauten Gekläffe aussetzte, dafür aber wenigstens Gin hatte.

Tirana war im Dunkeln nicht still, aber unsichtbar. Auf den Hauptstraßen rührte sich nichts und niemand. Da die Stromversorgung nachts meist gänzlich ausfiel, hätte man nicht einmal gesehen, wenn sich doch etwas gerührt hätte. Also starrte ich in die schauerliche Leere, die hier und da von kreisenden Suchscheinwerfern durchbrochen wurde. Durfte man sich dann auch etwas wünschen?

W ARUM IST DIE FREIHEIT IN ALBANIEN so anders als die in den Vereinigten Staaten? Es würde weit mehr als eine Stunde brauchen, das herauszufinden – wenn man es überhaupt erklären konnte.

Albanien ist ein Land von der Größe Marylands und hat gerade mal 3,25 Millionen Einwohner. Albanien ist klein, weit weg und durch eine Bergkette abgeschnitten vom Rest der Balkanhalbinsel. Bis zum Beginn des 20. Jahrhunderts war der Meerzugang von Malariasümpfen versperrt. Fünfundsiebzig Prozent des Landes bestehen aus Steilhängen und Schluchten, und die albanischen Alpen sind ein derart heilloses, unpassierbares Durcheinander, dass sie in der Landessprache als *Prokletije* – Verfluchte Berge – bezeichnet werden. Im 18. Jahrhundert nannte Edward Gibbon Albanien „das Land in Sichtweite Italiens, von dem wir weniger wissen als vom Inneren Teil Amerikas". (Obwohl Gibbon von der Politik in Whitewater und Arkansas noch nicht gewusst haben mag, war er in diesem Urteil vielleicht doch ein bisschen ungerecht.) Erst 1910 kamen geographische Fachleute darauf, dass Teile von Albanien „niemals richtig erforscht wurden". Denkt man an das Erlebnis des Fernsehregisseurs, werden sie es wohl auch nicht so bald.

Nach dem Ende des Zweiten Weltkrieges regierte der isolierte und sonderbare Kommunistenführer Enver Hoxha das isolierte und sonderbare Albanien. Die Allianz mit Tito brach er 1948, weil Hoxha befand, dass Jugoslawien nicht pro-sowjetisch genug war. 1961 kündigte er die Allianz mit Chruschtschow, weil er befand, dass die Sowjetunion nicht pro-sowjetisch genug war. 1978 warf Hoxha die Chinesen aus dem Land, weil sie mit den Amerikanern Tischtennis gespielt hatten, und bis zu seinem Tod 1985 hatte Hoxha es geschafft, dass niemand mehr etwas mit Albanien zu tun haben wollte, außer Nord-Korea und vielleicht noch der Anglistik-Fachbereich in Yale. Hoxhas Nachfolger, Ramiz Alia, behielt den wahnwitzigen politischen Kurs seines Vorgängers eine ganze Weile bei. Erst als der Kommunismus in den Neunzigern einen weltweiten Karriereknick erlebte, versuchte sich Alia an ein paar Reformen. Das war eine schlechte Idee.

Die Reaktion der Albaner auf persönliche Autonomie und individuelle Verantwortung wirft ein interessantes Licht auf die menschliche Psyche. Sie gingen schreiend laufen. Der Balkanexperte James Pettifer berichtete, dass „mehr als 25.000 Leute auf die Schiffe im Hafen von Durrës stürmten und die Mannschaften zwangen, sie nach Italien zu bringen". Weitere Tausende flohen nach Griechenland oder besetzten die ausländischen Botschaften in Tirana. Studenten rissen die gigantische Statue von Enver Hoxha auf dem Skenderbeg-Platz um, und die Regierung baute eiligst die Steinfiguren von Stalin und Lenin ab, die ganz in der Nähe standen, und brachte sie in Sicherheit. Wiederholt kam es zu Straßenkrawallen wegen der Lebensmittelknappheit, zu Verwüstungen öffentlicher Gebäude und zur Plünderung von Regierungsbesitz – und Regierungsbesitz war praktisch alles.

Danach wurde es besser. Dr. Sali Berisha, den Pettifer als einen „der führenden Kardiologen" bezeichnet (Albanien hat tatsächlich einen führenden Kardiologen?), wurde zum Präsidenten gewählt. Die Kommunisten wurden verhaftet, und – um es in Pettifers Worten auszudrücken – „Die neue Regierung beginnt ein Programm der Privatisierung und des Aufbaus einer freien Marktwirtschaft".

Doch was besser wird, kann offensichtlich auch zu gut werden. Die Privatisierung und freie Marktwirtschaft, wie sie in diesem Programm vorgesehen war, gründete nämlich nur auf eine einzige Industrie: die der Schneeballsysteme.

OBWOHL ALBANIEN UNZUGÄNGLICH SCHEINT, haben sich während der vergangenen drei Jahrtausende immer wieder andere Zugang hierher verschafft. Offenbar haben die Albaner das Pech, zu dicht an solchen Leuten zu siedeln, die es nicht lassen können, irgendwo einzumarschieren – selbst wenn es sich um so erbärmliche Flecken wie Albanien handelt.

Das Land ist von zahlreichen griechischen Stadtstaaten überfallen worden, von Mazedonien, Rom, Byzanz, slawischen Horden, dann noch einmal von Byzanz, von bulgarischen Horden, wieder Byzanz, anschließend von Normannen, Kreuzrittern, Charles I. von Anjou, Serben, Venezieern, Türken und schließlich von den Faschisten. Durrës, historisch die Hauptstadt Albaniens, ist seit dem Jahr 1000 durch dreiunddreißig verschiedene Hände gegangen.

Ja, überfallen wurde Albanien wahrlich nicht zu knapp, es zu erobern hat jedoch niemand geschafft. Während der übrige Teil der Balkanhalbinsel hellenisiert, latinisiert, slawisiert oder getürkt wurde, blieben die Albaner albanisch. Ihre Sprache ist die letzte, die von allen phrygisch-thrazäischen Sprachen überlebt hat, die einst an der östlichen Adria gesprochen wurden.

Auf das Hochland Albaniens haben zahlreiche Nationen Anspruch erhoben, aber regiert hat es keine von ihnen. Die Oberhoheit lag immer bei den *Mal*, dem albanischen Wort sowohl für „Volk" als auch für „Berg". Aus dieser Doppelbedeutung lässt sich ersehen, in welch herzlicher Beziehung die albanischen Clans der einzelnen Bergdörfer zueinander standen.

Stammesstrukturen, die aus dem restlichen Europa gänzlich verschwunden sind (bis auf Rudimente wie bestimmte Karomuster auf Golfhosen), halten sich in Albanien hartnäckig. Die Identifikation mit dem eigenen Stamm steht sogar noch vor der religiösen, was einzigartig sein dürfte; schließlich haben die übrigen Balkanstaaten bis heute mit Religionskonflikten zu kämpfen. In Albanien gibt es Stämme, denen Moslems *und* Christen angehören. „Die wahre Religion des Albaners ist, Albaner zu sein", formulierte es der Nationalist Pashko Vasa im 19. Jahrhundert.

Dass die Stammesreligion selbst stärker ist als der Atheismus, bewies unter anderem die Zusammensetzung der Zentralkomitees der Kommunistischen Partei von 1960: Achtundzwanzig der zweiundfünfzig Mitglieder waren Blutsverwandte.

Blut scheint überhaupt eine Hauptrolle im Zusammenleben der Albaner zu spielen. Dieses Land ist berühmt für die Anzahl und Ausdauer seiner Blutfehden. Sobald ein Junge volljährig ist, wird er aller Wahrscheinlichkeit nach zu einem „Blutherrn", einem *Zot i Gjakut*, womit gemeint ist, dass er sich verpflichtet, Mitglieder eines Clans zu töten, die Mitglieder seines Clans getötet haben, die wiederum Mitglieder des anderen Clans getötet hatten, und so fort – sozusagen ein Pyramiden-Spiel des Mordens.

Männer, die „im Blut" stehen, verbringen manchmal Jahre in ihren verbarrikadierten Häusern. Den Mädchen geht es in dieser Beziehung deutlich besser. Ihnen droht keine Gefahr, es sei denn, sie schwören Jungfrau zu bleiben und Männerkleider zu tragen. Sollte irgendjemand den voreiligen Schluss ziehen, dass die Albaner sich außerhalb jeglicher Gesetzlichkeit bewegen, muss an dieser Stelle energisch widersprochen werden: Die Tradition der Blutfehden ist im *Kanun Lek Dukagjini*, dem Gesetz des Lek, fest verankert. Dieses Gesetz ist ein beachtlicher Wälzer aus dem 15. Jahrhundert, der Stammessitten und -praktiken regelt. Die Taschenbuchversion kann man an den Buchständen in Tirana kaufen.

James Pettifer hat zu diesem Thema in einem Essay für den *Blue Guide* geschrieben, dass nach Anthropologenschätzung etwas über 2.000 Blutfehden herrschen, in die 60.000 Menschen verwickelt sind. (Der *Blue Guide* ist der einzige Touristenführer für Albanien, der den verschiedenen Spielarten der Vendettas ein ganzes Kapitel widmet.) 1992 wurde ein Mann in einer Hotellobby in Tirana mit einer Axt geköpft – als Vergeltung für einen Mord, den sein Vater mehr als vierzig Jahre zuvor in einem der Dörfer im Norden begangen hatte.

Zumindest kann man den Albanern nicht vorhalten, sie hätten mit ihren Traditionen gebrochen. Wie sinnig das Festhalten an der jahrhundertealten Kultur ist, müssen letztlich die Albaner selbst entscheiden. Allerdings sollte man in Zeiten, da Offenheit gegenüber den vielfältigen Kulturen des Globus' zum Schlagwort geworden ist, einen genaueren Blick auf die Hervorbringungen der einzelnen werfen. In diesem Zusammenhang wäre erwähnenswert, dass die albanische Sprache erst 1908 zu einem richtigen Alphabet kam, dass das Land vor 1947 keine Eisenbahn hatte und die erste Universität 1957 ihre Tore öffnete. Interessant dürfte auch sein, dass es in Albanien ein Sprichwort gibt, das besagt, eine Frau müsse härter arbeiten als ein Esel, da der Esel schließlich nur Gras fräße, die Frau hingegen Brot.

Entscheidend für den wirtschaftlichen Erfolg einer Nation ist immer auch deren Kultur. Allerdings ist das keineswegs so einfach wie es klingt. Nimmt man zum Beispiel Deutschland, das auf dem Fundament einer ausgesprochen barbarischen Kultur – zu deren Höhepunkten zwei Weltkriege und ein Holocaust gehörten – reich wurde. Oder Tibet, das arm blieb, obwohl es eine solch wunderbare Kultur vorzuweisen hat, dass die Hälfte aller amerikanischen Filmstars dorthin auswandern möchte. Wie verändert man überhaupt eine Kultur? Wir könnten Kabelfernsehen in Albanien verlegen, damit die Bürger sehen, wie der Rest der Welt lebt. Jerry Springers Prügeltalkshow dürfte ihnen die eine oder andere Anregung geben.

BEI NÄHEREM HINSEHEN wurde Albanien nicht besser. Selbst die Tiere aus dem Zoo in Tirana waren gestohlen worden. Die Affen waren von der Affeninsel verschwunden, und in der Voliere gab es keine Vögel mehr. Sämtliche größeren Wiederkäuer waren „gegessen" worden, wie Elmaz sagte. Lediglich zwei Löwen, ein Tiger und ein Wolf lebten weiter in Gefangenschaft. Wahrscheinlich hatte sich niemand getraut, sie zu stehlen – wenngleich einige junge Männer es ernstlich zu erwägen schienen. Die Gitterstäbe am Wolfskäfig waren zurückgebogen, und einer der Männer streckte seine Hand hindurch, brüllte ein bisschen herum und zog sie wieder heraus. Der Wolf ignorierte ihn, und die Männer gingen den Gang ein Stück weiter hinunter, um den Tiger und die Löwen zu ärgern.

Inmitten der Innenstadt von Tirana, ungefähr zweihundert Meter vom Skenderbeg-Platz entfernt, klaffte ein Krater von der Größe eines Wohnblocks, auf dessen Grund Müllhaufen vor sich hin brannten. An dieser Stelle plante die Sijdia Holdings Albaniens erstes Sheraton-Hotel, das mit Geldern aus dem Schneeballsystem finanziert werden sollte. Gebaut wurden am Ende ein Teil des Kellers und der Treppenaufgang ins Erdgeschoss. Über der Tür zum Keller prangte ein Neonschild mit der Aufschrift CLUB ALBANIA. Das war schon beinahe übertrieben symbolisch.

Die nahegelegenen Wohnblocks, in denen einst die kommunistische Elite wohnte, waren im Stil der asketisch klaren Bauweise des zwanzigsten Jahrhunderts gehalten, verfielen allerdings zusehends. An den Stellen, wo der Putz großflächig herausgebröckelt war, sah man das primitive Mauerwerk. Die ganze Konstruktion drohte bei einem der für diese Region typischen kleineren Erdbeben unter der eigenen Last zusammenzubrechen.

Die Wohnhäuser des einfachen Volkes waren noch stümperhafter gebaut. Elmaz' Mutter hatte die wenig beneidenswerte Aufgabe, Schüler in Geographie zu unterrichten, die aller Wahrscheinlichkeit nach ohnehin nie das Land verlassen dürften. Sie lebte in einem viergeschossigen Wohnblock, der verdächtig nach einer Übungsarbeit ungelernter Maurer aussah. Aus den Fugen zwischen die Steinen krümelte Mörtel, und die lehmigen Steine selbst machten den Eindruck, als wären sie mit einem Kanupaddel geformt worden.

Das 1979 gebaute Hotel Tirana war die steingewordene architektonische Mangelerscheinung. Als es von italienischen Unternehmern übernommen wurde, erhielten diese als Erstes die Auflage, eine Feuertreppe anzubauen. Sobald der offene Turm mit der Nottreppe an das Gebäude angebaut war, stellte man fest, dass dieser ein echtes Sicherheitsrisiko für die Gäste darstellte. Also umgab man ihn mit einem dichten Metallgitter, was im Falle eines Feuers den Effekt hätte, dass Hunderte von Hotelgäste gleichsam in einem gigantischen Frittierkorb festsäßen.

In der Nähe des Flusses Lana befindet sich ein Viertel, das „der Block" genannt wird. Hier residierten dereinst die engsten Mitarbeiter von Enver Hoxha. Die Vorstellung von Luxus muss seinerzeit in etwa der ehemaliger amerikanischer Vororte entsprochen haben – bevor diese Vororte durch nettere Vor-Vororte ersetzt wurden. Genau die Gegend, aus der wir unseren Eltern raten auszuziehen, ehe ihr Wagen gestohlen wird. Die Hoxha-Residenz selbst sieht aus wie das Haus eines erfolgreichen Chicagoer Zahnarztes. Mit seinen weiten, unförmigen Fenstern, dem tiefgezogenen, klobigen Dach und der rustikalen Terrasse erinnert es vage an den Chicagoer Landhausstil – ein Meisterstück aus dem Absurditätenkabinett der Architekten.

Enver Hoxhas Tochter Pranvera ist Architektin. Ich weiß zwar nicht, ob sie das

Hoxha-Domizil eigenhändig verbrochen hat, doch selbst wenn nicht, gibt es andere Hinweise darauf, dass sie mindestens genauso durchgedreht ist wie ihr Vater. Ihrer Feder entstammt das Enver-Hoxha-Memorial ein paar Straßen weiter. Erfreulicherweise dienen die konischen Wände des monströsen Betonkegels den Kindern der Stadt, die auf Pappdeckeln daran herunterschlittern. Früher enthielt das Monument ziemlich alles, was Enver Hoxha jemals berührt hatte – laut *Blue Guide*. Heute ist es das Büro der USAID, die von dort die ausländischen Hilfsmittel im Land verteilt. Welches von beidem die sinnvollere Nutzung ist, überlasse ich dem Leser.

Elmaz und ich fuhren ins vierzig Kilometer entfernte Durrës, wobei wir an einem Gewächshauskomplex vorbeikamen, von dem sowohl Häuser als auch Gewächse entwendet worden waren. Außerdem sahen wir zwei Sommerpaläste, die König Zog für sich bauen ließ und die ebenfalls vollständig geplündert waren. So wie es aussah, hatte sogar jemand versucht, die Farbe von den Wänden zu kratzen.

Durrës war zur Zeit meines Aufenthaltes der einzige albanische Hafen, in dem gearbeitet wurde. Es waren exakt zwei Schiffe da. Das eine war ein in China gebauter Zerstörer, den die albanische Marine „gekauft" hatte. Wie dieser Kauf im Einzelnen abgewickelt wurde, ist nicht bekannt. Sicher ist auf jeden Fall, dass 6.000 Dollar den Besitzer wechselten. Mittlerweile wird die *Khajdi* als Diskothek genutzt; die Innenräume sind mit denselben unbearbeiteten Brettern ausgekleidet, wie sie zum Bau der Buden in Tiranas Jugendpark benutzt werden. Mit der Bilge der *Khajdi* schien etwas nicht zu stimmen, denn das Schiff hatte eine solche Schlagseite, dass man das Gefühl hatte, volltrunken zu sein, sobald man an Bord ging. Der Diskothekenbetreiber beklagte die schlechten Geschäfte.

Das andere Schiff war ein gestrandeter Frachter, dem alles fehlte, was sich irgendwie abmontieren ließ: Trossen, Luken, Bullaugen, Anker und noch Einiges mehr. Ein paar Männer hingen ganz oben am Fockmast und versuchten, die Messingspitze abzuschrauben. Ein Gruppe Jungen spielte an Deck ein Piratenspiel, aber vielleicht war das auch gar kein Spiel. Im Grunde genommen *waren* sie Piraten.

Elmaz erzählte mir, dass die Plünderungen deutlich weniger geworden wären, zumindest im Umkreis von dreißig bis vierzig Kilometern um Tirana. Ich fragte ihn, ob die OSZE-Truppen eventuell für Recht und Ordnung sorgten, aber er verneinte: „Die fahren doch nur herum oder sitzen in den Cafés, wie jeder andere auch." Ob es dann der Regierung gelungen sei, die Lage zu beruhigen, wollte ich wissen. Sie hatten zwar keine Armee mehr, aber immer noch die berüchtigte Geheimpolizei, Sigurmi – ein Überbleibsel aus der Hoxha-Zeit, das man in einem euphemistischen Geniestreich in „Nationaler Informationsdienst" umbenannt

hatte. Doch Elmaz glaubte nicht, dass die Geheimpolizei viel mehr täte, als die politischen Gegner von Sali Berisha mürbe zu machen.

„Warum gibt es denn dann keine Plünderungen mehr?" fragte ich.

„Sie sind fertig", antwortete er.

K URZ VOR DER AUSGANGSSPERRE an meinem letzten Abend in Albanien saß
ich mit dem Rundfunkreporter und ein paar anderen Kollegen aus den Staaten in einem Café. „Die Albaner sind auch nicht anders als alle anderen Menschen", behauptete ich.

„Sie sind verrückt", sagte der Rundfunkreporter.

„Nein, sind sie nicht", entgegnete ich. „Sie haben nur eine andere Geschichte, andere Traditionen, und sie leben unter anderen wirtschaftlichen und sozialen
Bedingungen. Sie verhalten sich genauso, wie wir uns verhalten würden, wenn ..."

An dieser Stelle verstummte ich ob der Szene, die sich am Nebentisch abspielte: Dort saß eine albanische Familie, bestehend aus einem gut aussehenden jungen Ehemann mit seiner hübschen Frau, einem Baby in einer Karre und einem
niedlichen vierjährigen Mädchen, das auf dem Schoß seines Vaters saß. Während
ich sprach, griff die Kleine nach der Zigarette, die ihr Vater zwischen den Lippen
hielt und nahm einen Zug. Die Eltern lachten. Dann nahm der Vater ihr die Zigarette wieder weg, holte eine Schachtel Marlboro aus der Brusttasche und hielt sie
seiner Tochter hin. Als sie sich bedient hatte, gab er ihr Feuer.

4

GUTER SOZIALISMUS — SCHWEDEN

In schweden brachte niemand Vierjährigen das Rauchen bei. Überhaupt machte dort kein Mensch irgendetwas Komisches oder Bizarres. Als ich durch die Gamla Stan in der Stockholmer Altstadt ging, fiel mir auf, dass Schweden das einzige Land war, in dem es keine sichtbaren Verrückten gab. Wo waren all die Murmler, die Zuckenden und die aufdringlich Verstörten? Die Schweden schienen sämtlich vernünftig und beherrscht. Ich sah mir die niedlichen kleinen Häuser an, die sauberen und langweiligen Geschäfte und die artigen weißen Menschen. Sie wirkten, als wären sie einem Disneyland entsprungen – wobei ich nicht an das neue, hippe Disney denke, von dem das Gerücht umgeht, dass es einen Scotch-und-Wasser-Vergnügungspark eröffnen will. Das hier war eher wie im Original-Disneyland. Gamla Stan atmete dieselbe angestrengte Niedlichkeit, widernatürliche Reinlichkeit und diesen schier unverbrauchbaren Vorrat an Nettigkeit. Mich hätte es nicht gewundert, wenn ich mich umdrehte und plötzlich jemand in einem Donald-Duck-Kostüm hinter mir aufgetaucht wäre. Stattdessen drehte ich mich um und sah jemanden, der wie der schwedische König kostümiert war. Es war der König von Schweden. Carl XVI. Gustaf kam in einem vergoldeten Vierspänner mit Lakaien in Kniebundhosen, die hinten auf der Kutsche standen, die Straße entlanggefahren. Und das mitten in einem Land, dessen Egalitarismus Weltruhm genießt.

Ich kam im Februar 1996 nach Schweden, auf der Suche nach einem sozialistischen Paradies. Ich wollte einen Ort finden, der den Wohlstand der Wall Street hat, ohne das albanische Chaos. Ich suchte ein Land, in dem die Mittel besser und gerechter verteilt waren, als es gemeinhin in der freien Marktwirtschaft der Fall ist. Und ich fragte mich, ob es einen Staat gäbe, in dem ebendiese Marktwirtschaft weniger Angst und Schrecken verbreitete als andernorts. Als ich im Februar nach Schweden reiste, dachte ich mir, dass an einem warmen Sommerwochenende wahrscheinlich jedes Land wie ein Paradies wirken könnte, zumal wenn es sich gleichzeitig damit brüsten darf, den FKK-Volleyballsport erfunden zu haben. Daher hatte ich mir vorgenommen, das Paradies zu einer Jahreszeit zu besichtigen, in der man nach einem kurzen Mittagsschlaf aufwachte und feststellte, dass man zwischenzeitlich sowohl den Sonnenaufgang als auch den Sonnenuntergang verpasst hatte. Was die Temperaturen angeht, urteilen die Schweden am besten selbst: „Es ist nicht sehr kalt hier", sagten sie mir. „Wir sind direkt am Wasser, deshalb wird es nie richtig ... Mist! Gib mir mal den Hammer, Rolf, mein Kaffee ist schon wieder eingefroren."

Was ich vorfand, war tatsächlich ein sozialistisches Paradies – „folkhemmet" nennen sie es, das Heim des Volkes. Das klingt ein bisschen wie die neueste Verharmlosung für „Armenhaus", mag im Schwedischen aber positivere Assoziationen wecken. Dieses Land ist ein Wohlfahrtsstaat, der sich von der Wiege bis zum Grab seiner Bürger annimmt – und sogar noch darüber hinaus. Zwischen ausführlichster Sexualerziehung und dem verfassungsmäßig geregelten lutherischen Begräbnis bietet der Staat einfach alles – „vom Ständer bis zum Auferstandenen", wie die Schweden sagen.

Medizinische Versorgung ist zu einem symbolischen Betrag für jedermann erschwinglich, sogar für Touristen. Ich persönlich hatte leider nicht das Glück, während meines Aufenthaltes zu verunglücken oder anderweitig zu erkranken. Ein Arztbesuch kostet zwischen fünfzehn und zwanzig Dollar; ein Facharzt nimmt fünf Dollar mehr. Im Krankenhaus zahlt man zwölf Dollar pro Tag, egal ob man wegen eines verstauchten Knöchels oder einer schweren Krebserkrankung dort ist.

Der Beitrag zur Arbeitslosenversicherung beträgt 75 Prozent vom Bruttolohn, dafür bekommt man im Krankheitsfall für unbefristete Zeit volle Bezahlung. Falls man gänzlich arbeitsunfähig ist, erhält man trotzdem sein volles Gehalt. (Als Schweden ab 1991 für kurze Zeit eine nicht-sozialistische Regierung hatte, führte diese ein, dass Krankengeld erst ab dem zweiten Krankentag gezahlt würde. Daraufhin erlebte das Land einen drastischen Rückgang von Montags- und Freitagskrankheiten – eines der medizinischen Wunder des 20. Jahrhunderts.)

Für die Kinder ist vom Säuglingsalter an eine Ganztagsbetreuung gewährleistet, die bis irgendwann geht. Vielleicht werden sie betreut, bis sie senil sind, denn ich habe einen schwedischen Regierungsbericht (den zu lesen mir bislang die Geduld fehlte), dessen Titel Die Alten sind Junge, die älter geworden sind lautet. Die Eltern tragen zehn Prozent der Betreuungskosten. Achtundvierzig Prozent der Frauen arbeiten – die meisten als Betreuerinnen in den Kindertagesstätten. Nein, das stimmt natürlich nicht, wenngleich es dem unwissenden Betrachter so scheinen mag. Immerhin ist ein Großteil der berufstätigen Frauen im öffentlichen Dienst beschäftigt. Einige sitzen im Parlament.

Die Arbeitnehmer in Schweden haben jährlich fünf Wochen bezahlten Urlaub. Wer ein Baby bekommt, dem stehen 450 Tage Elternurlaub zu, während derer 80 Prozent des regulären Gehalts gezahlt werden. Dabei ist es gleichgültig, ob die

Mutter oder der Vater zu Hause bleibt. Weitere 120 Tage pro Jahr werden für die Betreuung eines kranken Kindes gewährt. Mithin haben die schwedischen Bürger die einzigartige Möglichkeit, 570 Tage pro Jahr freizunehmen. Ich vermute, dass schwangere Schülerinnen fünfzehn Monate von der Schule befreit werden und trotzdem gute Noten kriegen.

Noten gibt es an den schwedischen Schulen übrigens erst ab der fünften Klasse, und die Schul- und Studienkosten werden vom Staat gezahlt – bis hin zur Promotion. Darüber hinaus gibt es Fördermittel für Studenten sowie günstige Kredite. Damit dürfte man bis zum Pensionsalter mit fünfundsechzig ganz gut auskommen; von da ab bekommt man eine Jahresrente, die zwei Dritteln des durchschnittlichen Höchstverdienstes entspricht. All diese Zuwendungen werden laufend der aktuellen Inflationsrate angepasst.

Schweden hat es geschafft, diese netten Dinge durchzuführen, ohne eine Spur der unangenehmen Nebenwirkungen des Kollektivismus aufzuweisen. Die Schweden sind weder in Polen oder Frankreich einmarschiert, noch haben sie ihre Mitbürger nach Sibirien geschickt. Das Bruttoinlandsprodukt pro Kopf beträgt ganze 20.800 Dollar. Die durchschnittliche Lebenserwartung der Schweden liegt bei 78,2 Jahren, obwohl sie so häufig krank sind. In den USA müssen die Leute im Schnitt mit 76 Jahren auskommen. Die Säuglingssterblichkeit beträgt 4,5 pro 1.000 Geburten, im Gegensatz zu 6,5 in den Vereinigten Staaten. Es gibt keine nennenswerte Armut in Schweden, aber auch keinen erwähnenswerten Reichtum. Das heißt, es gibt eine Menge Reichtum, aber sie spielen ihn herunter. Eine Volvo-Limousine beispielsweise ist wahrlich beeindruckend. Zweiundsiebzig Prozent aller schwedischen Haushalte haben eine Waschmaschine, siebenundneunzig Prozent einen Fernseher. Jeder zweite Erwachsene hat ein Auto. Das schwedische System funktioniert.

Wenn man mal davon absieht, dass es pleite ist. In den letzten Jahren entsprach das schwedische Haushaltsdefizit 12 Prozent des Bruttoinlandsproduktes. Zum Vergleich: Während der Reagan-Bush-Ära betrug das Haushaltsdefizit der USA nicht einmal 5 Prozent, und damals schrillten bei den Haushaltsexperten sämtliche Alarmglocken. Wir wähnten unser gesamtes Gemeinwesen unter dem Hammer, und dabei ist die schwedische Staatsverschuldung satte 40 Prozent höher als unsere war. Sie ist beinahe auf einer Höhe mit dem Bruttoinlandsprodukt – das heißt mit allen Dingen, die innerhalb eines Jahres produziert werden, und aller geleisteten Arbeit. Um dieses Defizit wieder auszugleichen, müssten die Schweden nach nebenan ziehen und ein Jahr lang die Finnen ausnehmen. Allein die anfallenden Zinsen für die Staatsschulden belaufen sich jährlich auf 7 Prozent des Wertes aller in Schweden produzierten Güter. Und das, obwohl die Schweden Steuern zahlen bis zum Umfallen. Ihre Steuersätze sind die höchsten aller Industrieländer. Mehr als die Hälfte des Bruttoinlandproduktes verschwindet in der Steuerkasse, sodass in Schweden zu leben ungefähr so teuer ist, als ließe man sich jedes Jahr am 15. April scheiden – mit Kindern! Und als hätten diese Kinder einen lebenslangen Anspruch auf Unterhalt, im Sinne von *Die Alten sind Junge, die … usw.* Von 7 Millionen Erwachsenen arbeiten 2,7 Millionen nicht. Die meisten dieser Menschen leben von Sozialleistungen verschiedener Art. Weitere 1,6 Millionen sind Angestellte der Regierung oder staatlicher Dienstleistungsbetriebe. Gerade mal 2,7 Millionen zahlen die öffentlichen Rechnungen, indem sie in der freien Wirtschaft arbeiten.

Die öffentlichen Ausgaben in Schweden verschlingen fast 70 Prozent des Bruttoinlandsproduktes, und die schwedische Wirtschaft ist ungefähr so erfolgreich wie es die amerikanische wäre, träfen bei uns die Politiker – oder solche, die es werden wollen – drei Viertel aller wichtigen Geschäftsentscheidungen. Stellen Sie sich einmal vor, Sie müssten Newt Gingrich und Ted Kennedy Ihre Einkäufe erledigen lassen? Was glauben Sie wohl, wie viele der eingekauften Lebensmittel am Ende bei Ihnen zu Hause landeten? Seit fünfundzwanzig Jahren hinkt das Wirtschaftswachstum in Schweden dem anderer Industrienationen hinterher. Zwischen 1990 und 1993 ist die schwedische Wirtschaft sogar geschrumpft.

Seither hat es einen leichten Aufschwung gegeben, aber wie das Schwedische Institut (das immerhin staatlich gefördert und somit zu optimistischen Prognosen angehalten ist) freimütig zugibt, „haben die meisten Privathaushalte während der letzten Jahre finanzielle Einbußen hinnehmen müssen". Bei schwedischen Industriearbeitern stagnieren die Nettolöhne seit 1975, obwohl sie der Inflationsrate angepasst werden. Das ist insofern gerecht, als die Produktivitätssteigerung mit 74 Prozent weit hinter der Lohnkostensteigerung um 700 Prozent zurückblieb. Letztere wiederum verdanken sich in erster Linie gesetzlich vorgeschriebenen Arbeitgeberbeiträge zur … nun ja, zur Regierung.

Diese 700 Prozent mögen uns veranschaulichen, dass die Inflation in Schweden ein ernst zu nehmendes Problem darstellt. Seit 1979 lag die Inflationsrate nur wenige Jahre lang unter dem Durchschnitt anderer wohlhabender Länder. Daran mag das Haushaltsdefizit einen Großteil der Schuld tragen, doch sollte man auch nicht außer Acht lassen, dass Schweden ein kleines Land ist, das dazu auch noch direkt am Nordpol hängt. Wenn die Schweden ihre materiellen Möglichkeiten nicht auf Holz, Vieh und Dorsch beschränken wollen, müssen sie eine Menge Dinge importieren. Nun ist die schwedische Krone eine der schwächsten europäischen Währungen, und die Westeuropäer sind nicht blöd. „Wollt Ihr das in Deutscher Mark, Schweizer Franken, oder in Tagesbetreuung, Elternurlaub und bezahlbaren Arztrechnungen?" Entsprechend sind alle importierten Waren teuer. Genau genommen ist in Schweden einfach alles teuer – importiert oder nicht, weil zusätzlich zu den ohnehin schon enormen Steuern auf beinahe alle Waren und Leistungen eine nationale Verkaufssteuer von erstaunlichen 25 Prozent aufgeschlagen wird. Jedes mal, wenn man sich in Schweden einen Hamburger kauft, spendiert man der Regierung Pommes frites und eine Cola dazu. Nein, das ist unfair: Nur eine Cola, denn der Aufschlag auf Nahrungsmittel beträgt nur 12 Prozent. Dafür braucht man so gut wie kein Trinkgeld zu geben. Die schwedische Einstellung hierzu scheint eher die zu sein, dass die Regierung für jedwede Form der Dienstes am Menschen zuständig ist – selbst wenn dieser Dienst darin besteht, ihm etwas zu trinken zu bringen – und die Regierung hat ihr Geld schließlich schon bekommen.

Einen Grund für die hohe Inflation in Schweden können wir direkt ausschließen: ein überhitzter Arbeitsmarkt. Dabei ist Vollbeschäftigung eines der Ziele, auf die die schwedische Regierung seit 1930 emsig hinarbeitet. (Nebenbei bemerkt schien mir persönlich Vollbeschäftigung nie besonders erstrebenswert, aber die Sozialisten haben daran einen richtigen Narren gefressen.) Bis 1990 lag die Arbeitslosenquote in Schweden unter 3,5 Prozent, was umso mehr erstaunt, wenn ich bedenke, dass 3,5 Prozent meiner engsten Jugendfreunde *überhaupt keinen* Job annehmen würden, selbst wenn man ihnen 100 Dollar die Stunde dafür böte, bei einem blinden Spirituosenhändler die Inventur zu machen. Mittlerweile ist die Arbeitslosenquote auf 7,6 Prozent gestiegen, und wenn man all die Leute mitzählt, die in irgendwelchen staatlichen Beschäftigungsprogrammen untergebracht sind – mit schillernden Namen wie „Jugendausbildungsprojekt" oder „Arbeitnehmerförderung" – rückt die Zahl eher in Richtung 13 Prozent.

Derzeit deutet nichts darauf hin, dass sich die Situation in naher Zukunft bessern wird, zumal die Netto-Investitionen der schwedischen Wirtschaft seit 1970 von 16 Prozent des Bruttoinlandsproduktes auf beinahe Null gesunken sind. Die Leute ziehen ihre Gelder aus der Industrie ab, indem sie ihre Investitionen rückgängig machen: „Gib mir mal die Säulenbohrmaschine da!" In Schweden ist es lohnender, sein Geld in Staatsanleihen zu investieren, als in Unternehmensaktien. Außerdem muss man nicht mehr jeden Tag die Wirtschaftsseiten der Zeitung lesen, um nachzusehen, ob es die Regierung noch gibt. Glauben Sie mir, es gibt sie.

F AZIT: DAS SCHWEDISCHE SYSTEM FUNKTIONIERT und ist doch pleite. Dieser Umstand veranlasste mich, einige Fragen über Schweden zu stellen, und damit war ich nicht der Einzige. „Wie ist es in Schweden?" wurde ich gefragt. Das war schon mal eine gute Einstiegsfrage – nur leider kam sie von einem Schweden, und ich war erst seit einer Woche im Land. Ich vermute, dass alle neugierig sind zu erfahren, was Ausländer denken. „Wie gefällt Ihnen Österreich?"

fragen Österreicher. „Amüsieren Sie sich in Italien?" fragen Italiener. „Wann reisen Sie ab?" fragen Franzosen. Aber in keinem Land bin ich jemals von einem Einheimischen gefragt worden: „Wer sind wir, und was tun wir?"

Ich hielt es für klüger, nichts von Disneyland zu sagen. „Es ist ein bisschen wie Minnesota", antwortete ich stattdessen. „Wissen Sie, gesund, hygienisch, freundlich, ziemlich kalt, aber alles funktioniert und es ist voller, ähm, Schweden." (Außerdem ist das Radioprogramm genauso erbärmlich wie in Minnesota, zumindest wenn man kein Schwedisch spricht.)

Eigentlich ist Schweden weder wie Minnesota noch wie Disneyland, aber es ist wiederum auch nicht richtig wie Schweden. Die Menschen sind nicht alle groß und blond, und sie sprechen auch nicht so abscheulich, wie es in *Die Schweden pauschal* behauptet wird. Die Frauen sind nicht hübscher als anderswo, und was die vielzitierte schwedische Freizügigkeit betrifft, habe ich genau eine scharfe Illustrierte an einem Zeitschriftenkiosk entdecken können. Sie trug den vielversprechenden Titel *Slitz*, aber auf den einzigen darin enthaltenen Nacktfotos war eine unterernährte junge Dame mit schrecklichem Make-up zu sehen, und der begleitende Text begann mit den Worten „legendariske visionaren och chefredaktoren Hugh M. Hefner". Man muss kein hochbegabter Linguist sein um zu erkennen, woher die „heiße Ware" in Schweden stammt.

In Wirklichkeit gibt es in Schweden sogar eine strenge Zensur. Eines Abends nahm ich auf einer Dinnerparty einen der exakt zwei Drinks, die die Schweden vor dem Abendessen trinken, als ein verspäteter Gast eintraf. Normalerweise verspäten sich Schweden nie, nicht einmal wenn sie auf dem Hinweg unerwartet versterben – wenngleich sich manchmal schwer erkennen lässt, ob das der Fall war oder nicht. Also entschuldigte sich der Gast in aller Form. „Ich musste noch Filme ansehen", sagte er.

„Jürgen ist Filmzensor", erläuterte seine Begleitung, ebenfalls mit dem gebührlichen Ernst. Jürgen war mir ein gewisser Trost. „Wir prüfen nur die Gewaltszenen", versicherte er mir. Dann waren *Nacktmodelle* in Ordnung, *Hamlet* aber nicht? „Nein, nein! Ich denke, man sollte gar nicht zensieren", sprach der Zensor. „Aber ich prüfe die Filme auf echte Gewalt – Pornos, in denen Frauen tatsächlich verletzt werden. Und Kinderpornografie." War das nicht eher Sache der Polizei? Doch, das war es sehr wohl, wurde mir beigepflichtet. Nur meinte man aus irgendwelchen kühlen Gründen, dass diese üblen Filmemacher zensiert werden müssten *und* verhaftet.

Ich bin sicher, dass man mir eine logische Erklärung dafür gegeben hat. Und ich bin ebenso sicher, dass ich mich nicht mehr an sie erinnere. Dieses Land unterhält nach wie vor eine staatlich geförderte Religion, die mit Bischöfen, einer eigenen

Synode und Pfarrern in jeder Gemeinde komplett ausgestattet ist. Und es gehen sagenhafte fünf Prozent der Bevölkerung mehr oder minder regelmäßig in die Kirche. Überall in Schweden stehen große, schöne und leere Gotteshäuser. Ich habe mir die Storkyrka (Große Kirche) hinter dem königlichen Palast angesehen. Die Storkyrka wurde 1306 geweiht und war bis zum Jahre 1907 der Ort, an dem die Krönungszeremonien stattfanden. Dann beschloss die schwedische Monarchie, dass formelle Krönungen zu affig wären. In der Storkyrka steht eine sehr große Holzskulptur von Sankt Georg, dem Drachentöter. Bernt Notke hat sie 1489 geschaffen, und die Darstellung der Drachentötung ist extrem realitätsgetreu – bis hin zum perfekt geschnitzten Pferdeanus. (Man kann sich ausmalen, was in der Künstlerwerkstatt los war, als die Lehrlinge an diesem Meisterstück arbeiteten.) Der Drache ist für meinen Geschmack ein wenig zu wirklichkeitsnah geraten: Ein schuppiges, krallenbewehrtes, vielzahniges, stachliges Kriechtier, dessen bedrohliche Windungen selbst im Holz eingefangen nichts von ihrem Schrecken einbüßen. Diese Skulptur ist nicht nur Beispiel für die künstlerischen Höhenflüge der nordischen Renaissance, sondern veranschaulicht darüber hinaus, warum Schweden strenge Drogengesetze hat. Lediglich 4 Prozent aller schwedischen Gymnasiasten sind schon einmal mit Drogen in Berührung gekommen – diese Zahl könnte 1489 allerdings anders ausgesehen haben.

Den einzigen Hinweis darauf, dass die Storkyrka nicht ausschließlich von uns Touristen besucht wird, gibt ein roter Tisch mit sechs oder acht kleinen Plastikstühlen. Direkt unterhalb der Statue vom Heiligen Georg befindet sich die Sitzgruppe eines Kindergartens. Wer will es da den Kleinen verübeln, wenn sie nie mehr ihren Fuß in eine Kirche setzen?

Der eigentliche Widerspruch aber besteht darin, dass der Holzdrache weder echt, noch überheblich, noch ernst ist. Und das, obwohl Schweden ein ausgesprochen ernstes Land ist. Als im Stockholmer Kungstradgarden ein neuer Abwasserkanal verlegt wurde, war die eingezäunte Baustelle mit lauter Plakaten verziert, auf denen die Zeichnungen der Ingenieure sowie die Kosten für den Bau und der zukünftige Nutzen des neuen Abflusses detailliert abgebildet waren. Im Stockholmer Touristen-Informationszentrum findet man jede Menge Material über das Schwedische Institut, „eine staatlich geförderte Stiftung zur Verbreitung von Informationen über Schweden". Man stelle sich einen Stand im Rockefeller Center vor, der über und über mit Büchern und Faltblättern bestückt ist, die sich mit den Arbeitsbedingungen, der Sozialversicherung, öffentlichen Anschaffungen und der chemischen Industrie Amerikas befassen, die Hälfte davon auf Schwedisch.

Ich habe mir stapelweise Material zur Ernsthaftigkeit der Schweden mitgenommen. Ein Wälzer trug den Titel *Liebe! Du kannst sie wirklich fühlen, weißt du!*, von dem ich hoffen will, dass er erst in der Übersetzung so schlimm geworden ist. *Liebe!* ist „eine Materialsammlung der Skolverket (die staatliche Bildungsstelle) für den Schulunterricht ... die einen Überblick darüber geben soll, wie der Unterricht in den Fächern Sexual- und Sozialkunde heute gestaltet wird". Das Kapitel über „Die Pubertät – Fragen an die Welt" enthält folgende „Fragen von Jungen": „Wie groß ist der durchschnittliche Schwanz?" „Wie viele Löcher haben Mädchen?" Und unter „Fragen von Mädchen" findet man: „Wann hören meine Brüste auf zu wachsen?"

Wann die Brüste *aufhören* zu wachsen?

Wie dem auch sei, der Fairness halber muss man erwähnen, dass auch die Schweden einen gewissen Sinn für Humor haben.

„Was hat Norwegen, das Schweden nicht hat?"

„*Nette Nachbarn.*"

Diesen Scherz habe ich mehrere Male gehört. Über das Unverständnis für Komik gibt es in Stockholm ein ganzes Museum. Laut Fremdenführer ist die *Vasa* „das mächtigste königliche Kriegsschiff seiner Zeit". Das Wrack der *Vasa* wurde 1956 entdeckt und nach fünf Jahren angestrengter Bemühungen mehrerer Tauchmannschaften gehoben. Der Rumpf wurde in einen Schuppen gebracht und weitere siebzehn Jahre mit Holzkonservierungsmitteln besprüht, bevor die Restaurationsarbeiten begannen. 1990 war es endlich so weit. Das Vasamuseum öffnete seine Tore: ein zeltförmiger Bau mit Kupferdach, in dem sich außer dem Schiff sieben Stockwerke mit Schaukästen und weiteren Ausstellungsstücken rund ums Wrack befinden. Alles schön und gut, wenn da nicht die Tatsache wäre, dass die *Vasa* nach ihrem Stapellauf am 10. August 1628 ganze 1.300 Meter weit segelte, ehe sie wie ein Stein versank. Die Zeit des „mächtigsten königlichen Kriegsschiffes seiner Zeit" dauerte exakt vom 10. August 1628, 4 Uhr 30 bis 5 Uhr nachmittags.

Am Tag nach meinem Museumsbesuch stellte eine Baufirma einen Kran vor meinem Hotel auf. Der Kran wurde auf einem Lastwagenhänger gebracht und hatte einen Hebearm von ungefähr achtzehn bis zwanzig Metern Länge. Man wollte damit irgendwelches Material für die Klimaanlage auf das Dach hieven. Der Lastwagenfahrer manövrierte den Kran in der typisch schwedischen Manier: langsam und bedächtig. Weniger langsam und bedächtig kippte das ganze Ding um – *Plopp* (das ist zufälligerweise auch der Name eines schwedischen Schokoriegels). Der Kran fiel quer über eine vierspurige Straße, durchbrach das Dach eines geschlossenen Kiosks, zerquetschte einen Wellenbrecher und landete mit der Spitze im Hafen. Und ich ... ich bin nunmal Amerikaner. Ich lachte. Die Hotelmanagerin, die neben mir in der Eingangshalle stand, sagte indigniert: „Das ist nicht komisch." Natürlich, wenn mehrere Autos zu Brei gegangen oder eine Touristengruppe, die gerade vor dem Kiosk nach Fährtickets anstand, erschlagen worden wäre ... dann wäre es zum Brüllen komisch gewesen.

Vielleicht ist Schweden auch einfach nur für Amerikaner unverständlich. Nirgends gibt es einen Hinweis auf wirtschaftliche Probleme oder auf Widersprüche zwischen öffentlichen und privaten Interessen. Egal wie linksorientiert die Schweden sein mögen, sie sind im Grunde ihres Herzens ebenso spießig wie wir. Sie fahren Saab, trinken kalifornischen Chardonnay, haben Boote und Sommerhäuser und verbringen ihre Ferien am liebsten dort, wo es aussieht wie zu Hause: in Disneyland.

Stockholm gehört eindeutig in die Gruppe der schöneren Großstädte – Marke „nüchterne Eleganz". Es liegt auf einem bunten Haufen kleiner Inseln, Halbinseln und Buchten, die den Mälarsee von der Ostsee trennen. In dieser Stadt ist alles modern, was modern sein sollte (Telefone, Straßen, Autos, Toiletten), und alles Alte genau so alt, wie es sein sollte (Königspalast, Kriegsdenkmäler, Parkbäume).

Was immer man an Stockholm auszusetzen hat, liegt eher am Überfluss als an Mängeln. Die Gehwege sind matschig, da es trotz 13 Prozent Arbeitslosen niemanden gibt, der eine so niedere Tätigkeit wie Schneeschieben auszuführen bereit ist. Und nach etwas noch Niedrigerem wie Schuheputzen scheint erst recht keinem der Sinn zu stehen; einen Schuhputzstand sucht man hier vergeblich (also sollten Sie Ihre guten Schuhe zu Hause lassen, wenn Sie im Winter nach Schweden reisen).

Schweden ist gemütlich und absolut sicher. Alle Mütter lassen die Kinderwagen mit ihren Babys vor den Geschäften stehen, wobei wir lediglich annehmen können, dass der wahre Grund hierfür in der Sicherheit des Landes liegt. Andererseits gab es auffallend mehr Babywagen als Kinder. Die, die ich gesehen habe, waren jedoch alle sehr wohlerzogen, und das trotz eines gesetzlichen Verbots – das ist kein Witz – Kindern einen Klaps zu geben. „Benimm dich oder wir diskutieren", ist aus dem Mund eines Schweden wohl schon genug Drohung. Nicht einmal die Teenager benahmen sich allzu schlimm. Sie hatten zwar Nasenringe, idiotische Frisuren und trugen diese europäischen Pullis, die die Farbe und Form von ausgekipptem Haferschleim haben, aber ihre Aufsässigkeit beschränkte sich offensichtlich darauf, gruselig auszusehen. Ich schätze, in einer Gesellschaft, die alles tut, um ihr Land so prima wie möglich aussehen zu lassen, bleibt als einzige Flucht die in eine Gammlerexistenz.

Mülltechnisch ist Schweden das krasse Gegenteil von der New Yorker Börse oder Albanien. Graffiti gibt es, aber nur an Brückenpfeilern und bestimmten Kanalmauern. Fliegende Händler oder enervierende Straßenmusikanten habe ich nicht gesehen (obwohl das mit der Jahreszeit zusammenhängen mochte). Es gab auch keine tragischen Bettler oder Obdachlose, die in Zeitungen verhüllt waren (die gemeinhin unabhängig von der Jahreszeit sind). Moderne Bauten werden instand gehalten, alte restauriert, aber nirgends konnte ich einen Mülleimer oder herumfliegende Dosen entdecken. Schicken die Schweden ihren Müll ins All? Die Schweden lassen einen schweben? Auf jeden Fall war der umgekippte Kran vom Morgen bis zur Mittagszeit zerlegt und abgefahren worden, ohne dass auch nur die winzigste Spur der Verwüstung blieb.

Ich fragte Janerik Larsson – Vizepräsident und leitender Direktor der Kommunikationsabteilung eines Medienverbandes, der wiederum einem Verband angehört, welcher den Namen „Industriforvaltnings AB Kinnevik" trägt – warum die Schweden überhaupt noch arbeiten. Wenn sie nicht arbeiten, bekommen sie beinahe genauso viel Geld, als wenn sie arbeiten. Außerdem wird alles, was sie durch Arbeit mehr verdienen, von der Steuer geschluckt. Stünden wir Amerikaner vor dieser Wahl, würden wir unsere Energien nur noch darauf verwenden, in den Bingohallen zu sitzen und Extrakarten zu spielen. Davon war in Schweden gar keine Rede. Mr. Larsson zeigte aus dem Fenster: „Sehen Sie das? Hier ist es *immer* so." Im Laufe der Jahrhunderte hatte demzufolge eine natürliche Auslese stattgefunden: die Faulen waren erfroren.

Ich fragte Dr. Carl-Johan Westholm – Präsident der Vereinigung privater Unternehmer (in Schweden wird die Opposition zur Planwirtschaft zentral geplant) – warum Schweden immer noch funktioniert. Wenn Schweden so arm ist, wo ist dann die Armut? Warum gibt es an den Ampeln niemanden, der herbeigerannt kommt und meine Autoscheiben putzen will? Oder, was passender wäre, warum will mir niemand die Schuhe putzen? „Wir haben zwar kein Einkommen mehr, aber wir sind nach wie vor wohlhabend", sagte mir Dr. Westholm. „Wenn Sie beispielsweise in einem großen Haus leben, denken Ihre Nachbarn, Sie wären wohlhabend. In gewisser Weise haben sie damit auch Recht. Aber sie sehen Sie nicht, wenn Sie zur Bank gehen und die zweite Hypothek aufnehmen." Er erklärte mir, dass 46 Prozent des Regierungsbudgets für Transferzahlungen aufgewandt wird – Geld, das den Leuten gegeben wird. Das Defizit des Haushaltes liegt etwa bei einem Drittel dieser 46 Prozent. Um drei Kronen auszuzahlen, muss sich die schwedische Regierung eine Krone pumpen. „Der schwedische Wohlstand ist geliehen", meinte Dr. Westholm.

Was geschieht mit Schweden, wenn sie keinen mehr finden, der ihnen Geld pumpt, und die Schweden gleichzeitig überlegen, vier Monate frei zu nehmen, weil ihr Kind spuckt? Die Leute in Schweden erleben – wie Damokles – ein üppiges Fest, während über ihnen an einem Haar ... nein, kein Schwert, denn dafür sind sie zu nüchtern ... eine gigantische nasse Decke schwebt.

Laut der Broschüre *On Sweden* vom Schwedischen Institut „sind die obersten Ziele des staatlichen Wohlfahrtssystems die gerechte Verteilung des Einkommens unter den einzelnen Bürgern, die Überwindung sozialer Unterschiede und die Versorgung aller mit vielfältigen öffentlichen Leistungen". Ein Amerikaner liest diesen Satz und versteht: „Wir legen die Hälfte Ihres Geldes auf die Bank und sparen es an, weil Sie sich bestimmt eine Rage-against-the-Machine-CD und ein Skateboard kaufen wollen, wenn Sie achtzig sind." Anschließend denkt der Amerikaner über Sozialstatus nach. Es stimmt, dass Yanni, Marv Albert und Jenny McCarthy zur Unterschicht gehören, aber liegt das nur daran, dass sie ärmer sind als John Updike? Und wollen wir diese sozialen Unterschiede wirklich überwinden? Eine „Versorgung aller mit vielfältigen öffentlichen Leistungen" klingt verdächtig nach: „Wenn Sie in die Stadt wollen, nehmen Sie den Bus. Oder den nächsten Bus. Oder den übernächsten."

Zumindest versteht man, aus welchem Impuls heraus die Schweden handeln. Kaum jemand könnte den berühmten Reichtum mancher Amerikaner und die nicht minder bekannte große Armut vieler anderer Amerikaner betrachten, ohne sich mindestens einmal zu fragen: „Warum kriegen wir das nicht in den Griff?" Geben Sie Ihr Handy der murmelnden alten Dame im Park, und lassen Sie sie zur Abwechslung mal mit jemand anderem sprechen als sich selbst. Zahlreiche unterprivilegierte Jugendliche kommen niemals in den Genuss einer College-Ausbildung. Wenn Sie das nächste Mal einem dieser mittellosen Heranwachsenden begegnen, könnten Sie ihm doch Ihren lustigen Schnappschuss von San Pedro Island und die alte Ausgabe der Materialien zu Dickens' *Bleak House* schenken, oder? Verarmte Amerikaner leben unter zutiefst deprimierenden Umständen, also *teilen* Sie Ihr Prozac mit ihnen.

Die Schweden bringen es beinahe fertig, dass man an diese Dinge glaubt. Das fängt damit an, dass sie nett sind – sogar noch netter als die Leute in Anaheim, die den ganzen Tag in Donald-Duck-Masken herumlaufen. In den Geschäften, in den Restaurants und auf der Straße sind alle so freundlich und hilfsbereit, dass es einem Amerikaner direkt Angst einjagt, weil er solch ein Verhalten höchsten von Leuten kennt, die ihm offene Investmentfonds verkaufen wollen. Die Taxifahrer steigen aus und halten einem die Tür auf. Eines Abends saß ich in einem Taxi, als ein Wagen vor uns die Straße blockierte. Mein Fahrer kurbelte die Scheibe herunter, lehnte den Kopf aus dem Fenster und sagte – ich zitiere im Original – *„Tsk-tsk"*. Selbst die Hotelmanagerin, die meine Belustigung ob des umgekippten Krans nicht teilen mochte, meinte einen Augenblick später: „Vielleicht ist es doch komisch, ein bisschen."

Jeder Geschäftsmann, Akademiker oder Politiker, den ich besuchte, nahm sich Zeit für mich (übrigens jedesmal exakt eine Stunde).

Der amerikanische Botschafter Thomas Siebert und seine Frau Deborah sind ebenso nett wie jeder andere in diesem Land. Sie kamen im Hotel vorbei, um mit mir einen Drink einzunehmen, luden mich zum Tee zu sich ein und gaben mir jede Menge Tipps und Informationen. Zu meinem Entsetzen musste ich irgendwann feststellen, dass diese frappierende Nettigkeit auf mich ansteckend wirkte. Botschafter Siebert war ehedem in Georgetown Bill Clintons Zimmergenosse gewesen, und Mrs. Siebert ist mit Hillary befreundet. In Gegenwart des Botschafterpaares wurde mir prompt übel, als ich daran dachte, was ich über das heuchlerische, korrupte Präsidentenpaar geschrieben hatte. (Darüber bin ich mittlerweile hinweg.)

Ich hatte beinahe jeden Abend eine Einladung von jemandem, der mir ein mehrgängiges Dinner servieren wollte. Meine Begeisterung darob war allerdings eher durchwachsen. Es gibt eine Menge wunderbare Dinge in Schweden, aber davon sind die allerwenigsten Mahlzeiten. Die schwedische Vorstellung von „würzig" rangiert irgendwo zwischen Abendmahlshostie und Ketchup. Und zu allem und jedem gibt es Sahnesauce. Ich war in einem italienischen Restaurant, auf dessen Speisekarte Spaghetti Bolognese mit Sahnesauce, Linguini al Pesto mit Sahnesauce und Fettucine Alfredo mit Sahnesauce angeboten wurden – obwohl Fettucine Alfredo sowieso schon mit Sahnesauce sind. Der Stadtführer in meinem Hotelzimmer nannte folgende „typisch schwedische Gerichte": Anchovi au gratin, Nesselsuppe mit Ei, gebackenen Aal. Und hier sind einige Vorspeisen aus einem schwedischen Kochbuch mit dem Titel *Eine gastronomische Reise durch die skandinavische Arktis*: geräuchertes Rentierherz mit Salat nach Saison, Noisettes vom jungen Rentier mit sahniger Grüner-Pfeffersauce und Rentierzunge mit Salat von Frühlingsgemüse. Was soll das, Blitzen* ? Ich verstehe gar nichts mehr.

EVENTUELL HAT DAS SCHWEDISCHE ESSEN etwas mit dem an Besessenheit grenzenden Gerechtigkeitssinn der Menschen zu tun. Wenn eine Gesellschaft Fairness zu ihrem obersten Prinzip erklärt, bekommt „Durchschnitt" womöglich ein ganz neue Wertigkeit. Hmm, Liebling, das war ein herrlich durchschnittliches Dinner. Ungefähr so ist es tatsächlich. Die Schweden benutzen dafür das Wort *lagom*, dessen Bedeutung irgendwo zwischen „gerade genug", „bescheiden" und „ausreichend" anzusiedeln ist. Lagom wird in Schweden als Kompliment gewertet.

Ich führte ein Interview mit zwei schwedischen Linken: Einer Kabinettministerin der Sozialdemokratischen Regierungspartei und dem Chefökonomen der

---

* „Blitzen" ist der Name eines der Rentiere des Santa Claus (Weihnachtsmann); es hat seinen Namen daher, dass es bei einem Flug über die Schweizer Alpen von einem Blitz getroffen wurde. Seither ist es selbst elektrisch und zeigt wie ein Kompass immer nach Norden. Anm. d. Übers.

„Landsorganisationen", kurz LO, der größten schwedischen Gewerkschaft. Beide ritten auf dem allgegenwärtigen Gerechtigkeitsgedanken herum, wenn auch in einer sehr netten Art und Weise.

Die Eingangshalle des im Art-déco-Stil gebauten Gewerkschaftshauses ziert ein Wandgemälde, auf dem ein Kerl, dessen Oberkörper nackt ist und dessen Muskeln glänzen, ein glühendes Stück Roheisen hantiert. Es ist an der Zeit, dass sich Kunsthistoriker mit der Wechselwirkung zwischen Calvin-Klein-Werbung und sozialistischem Realismus beschäftigen – das Thema eignet sich hervorragend für eine Dissertation.

Der Ökonom Per-Olof Edin behauptete: „In den USA verursacht Ungleichheit Gewalt und Kriminalität." Das tut sie wahrscheinlich, nur leider richtet sich diese Gewalt in den seltensten Fällen gegen Donald Trump. Außerdem provoziert diese These die Frage, warum sich die Kriminalitätsrate in Schweden, trotz der kaum vorhandenen Ungleichheit, seit 1950 vervierfacht hat. Mr. Edin fuhr fort: „Enorme Unterschiede in Einkommen, Vermögen und Macht treiben die Leute in den Kommunismus." Das mag wohl sein, doch die einzigen Leute, die im Amerika der Sechziger in den Kommunismus „getrieben" wurden, waren Collegestudenten, die bereits Einkommen, Vermögen und Macht hatten – oder deren Väter das zumindest hatten. Nun führte Mr. Edin lang und breit aus, welche sozialen Probleme und wirtschaftlichen Schwächen der freie Wettbewerb in sich birgt. Ich denke, er meinte damit, dass ein Basketballspiel erheblich fairer wäre, wenn alle zehn Spieler auf derselben Seite spielten und wir diese dämlichen Körbe abschafften.

Die Kabinettministerin Marita Ulvskog war zuständig für das Ressort „Verbraucher, Religion, Jugend und Sport". Ich finde, dass man bei so einem Titel nicht vorschnell aufhören sollte; warum verlängerten sie ihn nicht einfach um „Hobbies, Brettspiele, Gartenbau und außereheliche Affären von Verheirateten mittleren Alters"? Mrs. Ulvskog bemerkte mein Erstaunen angesichts des Aufdrucks auf ihrer Visitenkarte. „Ich beschäftige mich mit den Sachen, mit denen sich Politiker eigentlich nicht beschäftigen sollten", sagte sie lachend. Dann fügte sie – nicht mehr lachend – hinzu: „Trotzdem gibt es in diesen Bereichen jede Menge gesetzliche Regelungen." Darauf würde ich wetten.

„Wir wollen keine Gesellschaft, in der es große Unterschiede gibt – sei es im Einkommen, im Sozialstatus, im regionalen Angebot oder in der gesellschaftlichen Stellung von Männer und Frauen", führte die Ministerin aus. Da kann man den Sozialdemokraten nur noch viel Glück wünschen. Sollten sie das mit Tieren versuchen, wären am Ende alle Kühe. Was erklären würde, warum es im Stockholmer Zoo Kühe gibt.

Ich fragte Mrs. Ulvskog, ob die Unterschiede zwischen den Menschen in

Schweden noch weiter ausgeglichen werden könnten, als es bisher geschehen ist. „Nein, eigentlich nicht", antwortete sie.

„Und wer ist der wahre Motor hinter dem Egalitarismus? Ist es das politische System oder ist es die schwedische Gesellschaft?"

„Es ist wohl eher die Gesellschaft", sagte Mrs. Ulvskog.

Die Schweden haben sich also einen tollen Trick ausgedacht, wie sie alle gleichstellen, aber den beherrschen nur sie. Und sonderlich gut klappt es auch nicht mehr.

ES HAT ABER EINE GANZE ZEIT LANG FUNKTIONIERT. Zwischen 1870 und 1970 lag das schwedische Wirtschaftswachstum höher als in irgendeinem anderen Land – mit Ausnahme von Japan (und Japan hat geschummelt, indem es die Statistik mit den Steinzeitwerten beginnen ließ). In den Fünfzigern zählte Schweden zu den weltweit reichsten Ländern. Das Bruttoinlandsprodukt pro Kopf war doppelt so hoch wie der europäische Durchschnitt.

Diverse Faktoren trugen dazu bei, diesen Bauernstaat auf dem unbeheizten Dachboden Europas zu einer modernen wohlhabenden Nation zu machen. Die Landreform des frühen 19. Jahrhunderts ermöglichte es den Bauern, staatseigenes Land zu nutzen und somit ihre Produktion zu steigern. Das ging allerdings auf Kosten der Landarbeiter. Die mittelalterlichen Gilden, die den Handwerkern regionale Monopole sicherten, wurden 1846 abgeschafft, und schon 1864 wurde die Geschäftsfreiheit aller gesetzlich verankert. Fortan konnten Handwerker ihr Glück – oder Unglück – mit allem und überall versuchen. Schweden besaß Holz in Hülle und Fülle, Eisenerz und andere Mineralien. Da sich für diese Güter der Export anbot, wurde die Freihandelspolitik eingeführt. Mithin ist der schwedische Wohlstand vor allem ein Ergebnis eben jener Deregulierung, die sozialistische Regierungen normalerweise verabscheuen.

Ein Sozialist würde sagen, dass eine solche Politik zwangsläufig zu wirtschaftlichen Ungleichheiten und sozialen Ungerechtigkeiten führt. Und damit hätte er Recht. Im ausgehenden 19. Jahrhundert und beginnenden 20. verließen beinahe eine Million Schweden ihr Land – was damals einem Viertel der Gesamtbevölkerung entsprach. Glücklicherweise wussten sie, wohin sie gehen könnten: nach Minnesota. Von wirtschaftlicher Ungleichheit und sozialer Ungerechtigkeit gebeutelt, machten sie sich in Minnesota auffallend gut.

Ein skandinavischer Wirtschaftswissenschaftler sagte einmal zu Milton Friedman, dem Verfechter der freien Marktwirtschaft: „In Skandinavien haben wir keine Armut." Woraufhin Milton Friedman antwortete: „Das ist sehr interessant, denn unter den Skandinaviern in Amerika haben wir auch keine."

Ein ganz anderer Typ skandinavischer Wirtschaftswissenschaftler war Peter Stein, der mir das schwedische Modell oder das „Schwedische Wunder" zu erklären versuchte – den sogenannten Mittelweg. Dieser Mittelweg soll all die lästigen Immobilienangebote, Autoangebote und Anrufe von weit entfernten Anbietern, wie wir sie in Amerika unser täglich Brot nennen, mitten in den Egalitarismus katapultieren. Mr. Stein gehört zu jener kleinen Gruppe Schweden, die an die vollkommene wirtschaftliche Freiheit glauben wollen. Diese Gruppe ist so klein, dass ich glaube, sie eines Abends alle in einem Raum versammelt gesehen zu haben, und zwar in der marktwirtschaftlich orientierten Stadtuniversität von Stockholm. Dieses Institut an sich ist klein genug, um auf wenigen Stockwerken eines Bürogebäudes Platz zu finden. Wie mir Mrs. Ulvskog erzählte, „kommt ein konservativer Politiker in Schweden den US-Liberalen näher als Newt Gingrich".

Mr. Stein wies darauf hin, dass während zweiundsechzig der insgesamt hundertzwanzig Jahre, die der sozialistische Wohlfahrtsstaat besteht, es hier keinerlei Sozialismus und kaum Wohlfahrt gab. Erst 1932 kamen die Linken an die Regierung, und sie verliehen dem Sozialismus eine vollkommen neue Erscheinungsform, indem sie ihn unsozialistisch angingen. Die wenigsten Fabriken wurden verstaatlicht. Dabei haben die meisten Sozialdemokraten sicher an diese Dinge geglaubt, aber sie waren halt Schweden, und sie dachten logisch. Sie beschlossen, den Kapitalisten freien Lauf zu lassen, weil diese dann Geld verdienten, welches man ihnen mittels Steuern wieder abnehmen könnte. Von diesem Geld ließe sich ein Wohlfahrtsapparat finanzieren. Die Sozialisten nahmen sich vor, „den Verbrauch, nicht die Produktion" zu besteuern. Doch machten die auf diese Weise erzielten Sozialleistungen die schwedischen Linken gerade mal *lagom*. 1960 lag die berüchtigte schwedische Steuerbelastung ungefähr ebenso hoch wie heute in den USA: Die schwedische Regierung verbrauchte 31 Prozent des Bruttoinlandsproduktes, und es gab so gut wie keine Staatsverschuldung.

Das Wachstum hielt an, die Arbeitslosigkeit war minimal und die Inflation nicht nennenswert. Es war ein Paradies der Linken, wenngleich sich hier und da ein Aktien-und-Anleihen-besitzendes-Ungeheuer in einer Volvo-Limousine zeigte. Da die meisten Sozialleistungen in Schweden an einen Job gekoppelt waren, bemühte sich jeder um den Erhalt seines Arbeitsplatzes. Und dort arbeiteten sie für wenig Geld. Nahezu 90 Prozent der Werksarbeiter und 80 Prozent der Büroangestellten in Schweden sind in einer Gewerkschaft. Diese Gewerkschaften setzten sich mit dem schwedischen Arbeitgeberverband zusammen, und gemeinsam handelten sie die Löhne aus – zentral. Die Tarife richteten sich nach Produktivität und internationalem Preisniveau. Wie mir Per-Olof Edin sagte, „erzählt die LO seit fünfzehn bis zwanzig Jahren, dass die Löhne niedrig gehalten werden müssen". Bei einer großangelegten Gewerkschaftsdemonstration in Amerika dürften sie damit wenig Beifall ernten.

Man verfolgte eine Politik der „solidarischen" Löhne, was bedeutete: Jeder bekam dasselbe für dieselbe Arbeit, egal wie gut oder schlecht er sie erledigte. Das war günstig für die effizientesten und produktivsten (und größten) Betriebe, aber ungünstig für kleine Unternehmen oder Firmengründer. Subventionen wurden auf ein Minimum reduziert. Mobilität der Arbeitskräfte stand hoch im Kurs; man bot den Leuten Fortbildungen und Wohnungen anstelle von Arbeitslosenunterstützung. Den freien Handel behielt man bei. Die Schweden mögen ihre Hofhühner misshandelt haben, sie gescheucht, geschüttelt und getreten haben, aber sie tasteten niemals die Gans an, die die goldenen Eier legt.

Dann ging es irgendwie schief. Die schwedische Regierung begann, Leistungen zu versprechen, die nicht davon abhängig waren, einen Arbeitsplatz zu haben, sondern davon, keinen (mehr) zu haben. Zugleich weitete sie ihr Programm zur Vollbeschäftigung dahingehend aus, dass sie Vollbeschäftigungen für jene schuf, die nicht notwendig auf eine aus waren, wie beispielsweise Behinderte oder Mütter mit Kleinkindern. Darüber hinaus versuchte man angestrengt, die Vollbeschäftigung in Industriezweigen zu retten, die bereits im Sterben lagen, und in welchen man niemandem ernsthaft zu einer Stellenannahme raten sollte. Stahlhütten, Werften und Textilfabriken wurden verstaatlicht, um Arbeitsstellen „zu erhalten". Der Beschäftigtenanteil des öffentlichen Dienstes stieg zwischen 1970 und 1983 von 20 auf 30 Prozent. Die Steuern stiegen in schwindelerregende Höhen, doch die Kosten konnten immer noch nicht gedeckt werden. Dennoch warfen die Sozialstellen das Geld mit vollen Händen zum Fenster heraus.

Je mehr Leute im öffentlichen Dienst arbeiteten, wo die Produktivität schwerlich ermittelbar war, wenn nicht gar unerwünscht, desto brüchiger wurde das Modell der zentralen Tarifverhandlungen. „Dasselbe für dieselbe Arbeit" wurde zu „dasselbe für irgendeine Arbeit". Wie Peter Stein in seinem Buch mit dem forschen Titel *Schweden: Vom kapitalistischen Erfolg zum kranken Wohlfahrtsstaat* schreibt: „Ein schwedischer Arzt arbeitet im Schnitt 1.600 Stunden pro Jahr, während ein amerikanischer Arzt 2.800 arbeitet. Für den schwedischen Arzt rechnet es sich eher, zu Hause zu bleiben und sein Haus zu streichen, als Leute zu behandeln und einen Maler zu bezahlen." Man sollte meinen, dass es einer Gesellschaft, in der die Mediziner Häuser streichen statt Leben zu retten, wenig besser geht als einer, in der die Maler Lebertransplantationen vornehmen.

Bis 1976 hatte die Sozialdemokraten vierundvierzig Jahre lang allein oder in einer Koalition regiert. Weil sie Sozialisten waren, glaubten sie, alle schwedischen Erfolge verdankten sich allein dem Sozialismus. Dabei hatten sie übersehen, dass das Schwedische Wunder sich vor allem auf brüchige und komplizierte Kompromisse stützte, und natürlich auch auf den Umstand, dass sie – wie Marita Ulvskog es nannte – „außerhalb des Krieges blieben". Hübsch formuliert.

Die Politiker hatten die Kontrolle über die schwedische Wirtschaft gewonnen, und saßen nun in der Falle ihrer eigenen Macht. Die Freie Marktwirtschaft befolgte die Regeln der Ökonomie nicht mehr, sondern setzte sich mehr und mehr für ein universelles Stimmrecht ein. Das geben die Sozialdemokraten sogar zu: „Eine 'politische Marktwirtschaft' entstand", sagte Mrs. Ulvskog. „Man musste in erster Linie die Wählerinteressen bedienen. Schließlich konnte man ihnen nicht sagen, wir müssen Leute entlassen, wenn man von ihnen gewählt werden wollte." Der Wahlvorgang selbst verkam zu einer Wahlauktion, bei der sowohl sozialistische als auch nicht-sozialistische Parteien mitbieten duften. „Zum ersten ... zum zweiten ... der Zuschlag geht an die Sozialdemokraten für Gratis-Dissertationen und hundertprozentige Lohnfortzahlung bei Berufsunfähigkeit. Höre ich irgendwelche Gebote für die nächste Legislaturperiode? Ja? Der Gentleman von der liberal-vernünftigen Koalition sagt niedrigere Steuern und mehr Polizei?" Unter solchen Bedingungen können nicht einmal die besten Menschen, nicht einmal die Schweden, der Versuchung widerstehen, sich immer mehr Güter und Leistungen für immer weniger Kosten und Ärger zu erwählen.

Die Motive waren wohl eher naiver denn zynischer Natur. Den Schweden wohnte eben ein tiefes Misstrauen gegenüber jeder Form von Regierung inne. Außerdem verfügt Skandinavien über eine lange Tradition der gemeinschaftlichen Entscheidungsfindung. Schon die Wikinger hatten eine Versammlung, der sämtliche erwachsene Männer angehörten und die sich ein- bis zweimal im Jahr zusammensetzte. Diese Versammlung nannte sich „das Ding", was der mit Abstand treffendste Name für eine Legislative sein dürfte. Die schwedischen Bauern hatten zu allen Zeiten bestimmte Landeigentumsrechte und standen zu ihren Königen normalerweise in freundlicher Beziehung. Es gab Klassenunterschiede, aber die richtig ekligen Adligen strebten ohnehin mehr danach, ihr Geld mit Kriegen und Handel zu verdienen, als die Landbevölkerung zu malträtieren. In Schweden gab es nie einen derart erdrückenden Feudalismus, dass irgendjemand nach einer Magna Carta hätte schreien wollen. Die schwedische Verfassung ist so lang und detailliert, dass man darin sicher auch ein Gesetz über das Beschneiden von Hecken findet, aber sie enthält keinerlei Vorschriften hinsichtlich Prüfung und Kontrolle. Es gibt keinen Obersten Gerichtshof und keinen Föderalismus. Das Parlament kann tun, was immer ihm beliebt, einschließlich Verfassungsänderung (sofern sie in zwei Wahlgängen beschlossen wurde, zwischen denen eine Parlamentswahl liegen muss). Es ist keinesfalls so, dass die Schweden diese Regelung in irgendeiner Form beängstigend finden: „Wir verstehen das Parlament als einen Teil von uns", sagen sie. Die Regierung ist Teil ihrer Gemeinschaft, und die Schweden haben eine sehr dezidierte Vorstellung davon, was Gemeinschaft bedeutet.

Vielleicht sogar zu dezidiert. Dr. Westholm vom Verband der Privatunternehmer sagt: „Es gibt in Schweden keine moralischen Skrupel gegen Steuern." Wenngleich die Schweden ein durch und durch ehrliches Volk sind, haben sie kein Problem damit, sich am Besitz anderer Leute zu vergreifen, so lange die Beute nur gerecht aufgeteilt wird.

Genau genommen verhalten sie sich ähnlich den Wikingern. Da fragt man sich, was sich wohl in den großen Beibooten abgespielt haben mag. Führten die raubeinigen Vorfahren der Schweden Diskussionen über politische Ökonomie, wie etwa: „Hey! Wir haben Irland geplündert. Das ist gut, aber Sven hatte sieben Verwaltigungen und Nils nur eine. Deshalb sollten wir alle Sven vergewaltigen."

SCHWEDEN IST LÄNGST NICHT MEHR die abgeschiedene Nation der Heringsortierer, die es zur Geburtsstunde des Schwedischen Modells gewesen war. Über 12 Prozent der heutigen Schweden sind im Ausland geboren oder haben mindestens einen nicht-schwedischen Elternteil. Die Zuwanderer kommen aus demselben Grund nach Schweden, der die Schweden nach Minnesota trieb: Sie hoffen auf ein besseres Leben. Oder sie wollen der Unterdrückung im eigenen Land entfliehen. Schweden hat ein sehr großzügig angelegtes Asylrecht, unter dessen Schutz sich jährlich über 20.000 Leute begeben.

Thomas Gür, ein Schwede türkischer Abstammung und Autor eines Buches über die Schwierigkeiten der Immigranten in Schweden, führte mich durch Rinkeby, eines der „harten" Viertel Stockholm. Wir stiegen am Sergels-Torg aus, einem großen Platz, der mit Fug und Recht zu den wenigen wirklich hässlichen Flecken Stockholms gezählt werden darf. Er wird als der „verfallende Platz" bezeichnet, was sich sowohl auf den Zustand des Pflasters als auch auf die Leute, die man hier trifft, bezieht. Dies ist die Stelle, an der sich die Großstadt von ihrer schlechtesten Seite zeigt: Der Drogenhandel blüht und finstere Jugendgangs treiben ihr Unwesen. Als ich mit Mr. Gür durch das Viertel ging, schienen die Drogenhändler und marodierenden Gangs gerade eine ihrer gesetzlich festgeschriebenen fünf Urlaubswochen genommen zu haben – ich sah sie nicht.

Die schwedischen U-Bahnstationen sind von unterschiedlichen zeitgenössischen Künstlern gestaltet worden. Bei ihrem Anblick drängt sich die Frage auf, was schlimmer ist: Vandalismus oder Moderne Kunst. Wir fuhren eine so weite Strecke mit der Bahn, dass wir in jeder amerikanischen Stadt bei den Golf- oder Poloplätzen angekommen wären; stattdessen landeten wir in einer Sozialwohnungssiedlung.

Die Bewohner waren größtenteils aus dem Mittleren Osten, der Türkei, Kurdistan, Aserbaidschan, einige aus Somalia – die „neuen Schweden" werden sie genannt – und ein alter Schwede, ungefähr fünfundzwanzigjährig, der mitten am Tag volltrunken war. Er war das einzige schmutzige und ungepflegte Element in dem Vorort. Die Häuser waren eine Reihung von kastenförmigen, schmucklosen Wohneinheiten, die in den Sechzigern hochgezogen worden waren – im klassischen kackfarbenen Klinker. Die Abstände zwischen den einzelnen Blocks waren durchweg gleich groß und schneebedeckt. Hier und da stand ein einsamer Baum.

Ansonsten gab es drei oder vier Geschäfte, ein staubiges Café und eine fensterlose Moschee in der Mitte eines tristen Einkaufszentrums. Die Leute auf den Gehwegen, die so schnurgerade angelegt waren wie kein Mensch laufen konnte, sahen grau, traurig und verfroren aus. Keine Spur vom bunten Treiben auf den Basaren und Märkten ihrer Heimatländer, vom lauten Handeln und Feilschen, von Müßiggang oder listigen Geschäftstaktiken, dem Austausch von Klatsch und Neuigkeiten, oder von Kriminalität. Ich sah gerade mal zwei Kurden, die Pullover aus einem Pappkarton verkauften. Die aufstrebenden neuen schwedischen Familien lebten in Wohnungen, die für Arbeiterfamilien mit durchschnittlich 1,9 Kindern konzipiert waren. „Einige dieser Häuser haben nicht einmal Fensterbänke, weil man fürchtete, die Leute können scheußliche Sachen daraufstellen", erzählte Mr. Gür. Ich bemerkte eine Frau in einem Tschador, die sich aus einem der fensterbanklosen Fenster lehnte und hinunterspuckte. Diese Frau war das einzig menschliche Zeichen, das ich an den Blocks registrierte.

Die Schweden scheinen keine größeren Vorurteile gegen die Immigranten zu haben. Es gibt ein paar schwedische Skinheads, die sich dann und wann in einem Pulk von ungefähr hundert Leuten an der Statue von König Carl XII. im Stockholmer Kungstradgarden versammeln. Dort werden sie regelmäßig von etwa tausend Antifaschisten zusammengeschlagen, die anschließend Schaufensterscheiben zerschlagen, um gegen die Ausschreitungen der Skinheads zu protestieren.

Die schwedische Regierung verfolgt einen Kurs leicht wirrer – aber gerechter – multikultureller Politik, indem sie die Immigranten ermutigt, sich in die schwedische Gesellschaft zu integrieren und zugleich Gewohnheiten beizubehalten, die sie unter Umständen gar nicht behalten wollen. „Den Kindern werden türkische Volkstänze beigebracht, die kein Kind in der Türkei tanzen würde", sagte Mr. Gür.

Die multikulturelle Politik funktioniert nicht sonderlich gut. Die Arbeitslosenquote unter türkischen Schweden liegt bei 25 Prozent – und diese Zahl bezieht sich ausschließlich auf diejenigen Arbeitslosen, die Arbeit suchen. Thomas Gür schätzt die eigentliche Zahl arbeitsloser Türken in Schweden bei 50 Prozent ein. Unter den neueren Immigranten, wie etwa den Somalis, liegt die Zahl der Arbeitslosen noch deutlich höher. Sie haben nämlich festgestellt, dass man nicht Schwedisch lernen muss, um bezahlt zu werden, sondern dass man sich dafür bezahlen lassen kann, Schwedisch zu lernen.

Natürlich integrieren sich die Immigranten auf ihre eigene Art. An der Wand der Moschee hing ein Poster, dessen Aufdruck so multikulturell war, dass er keiner Übersetzung bedarf:

Kung-Fu Dans & Fighting
Med Afrikansk Musik
(Bakom Pizzeriet Parma)
For mer information till ABDUL

Ganz gleich wie klassenlos eine Gesellschaft auch sein mag, irgendjemand landet immer an der Spitze. Zu dieser Erkenntnis kam ich, als ich im Büro der Ministerin für Verbraucher, Religion, Jugend und Sport saß. Gemessen an dem, was ein US-Kabinettsminister für selbstverständlich erachtet, war dieses Büro sicher nicht großzügig oder verschwenderisch eingerichtet, aber es war *lagom*. Der Arbeitsbereich von Mrs. Ulvskog erstreckte sich über zwei ineinandergehende Räume, von denen aus man die Straße hinab bis zum Mälarsee blickte. Die Wände waren in modischem Türkis gestrichen, die Möbel hell und poppig. Die Gehälter in Schweden mögen nach Abzug aller Steuern ungefähr auf demselben Niveau liegen; aber wer bekommt das Zimmer mit Aussicht? Wer darf auf die sonnigen griechischen Inseln fliegen, um an einer EU-Unterkomiteetagung über Käseprodukte und deren Milchfettanteil zu verhandeln? Und wer bekommt die Opernkarten? Was für ein angenehmer Trost nach dem zähen Arbeitstag. „Schnapp' dir die Kinder, Helga, wir gehen alle in *Pelleas et Melisande* von Claude Debussy!"

An diesem Abend war ich mal wieder in einem sehr teuren Restaurant. Auf der Herrentoilette befand sich ein Zeitungsständer mit Lesematerial – lauter Jahresberichte. Ich kann mir kaum vorstellen, dass irgendjemand in diesem Restaurant aß, der nicht über ein beträchtliches Spesenkonto verfügte – einschließlich meiner Wenigkeit. Nun ja, vielleicht der junge Mann, offenbar ein Immigrant, der die Toiletten reinigte.

Das schwedische Wohlfahrtssystem basiert auf einer besonders gründlichen Um- und Wiederverteilung. Jedermann zahlt hohe Steuern, sogar ein Sozialhilfeempfänger. Und diese Steuern bekommt jeder in Form von „sozialen Gütern" zurück. „Wir haben versucht, ein System zu konstruieren, bei dem jeder etwas vom Staat erhält", sagte Marita Ulvskog. „Unserer Ansicht nach, sollten auch Millionäre etwas vom Staat bekommen, wie beispielsweise ein Gesundheitswesen, das gut genug ist für Millionäre."

Das schwedische Modell geht davon aus, dass Bürger sich darüber einigen können, was sie wollen, und die Regierung weiß, was es ist. Doch was passiert, wenn die Regierung von jemandem aus Albanien übernommen würde, und die Leute als Gegenleistung für ihre hohen Steuern Spielautomaten und eine Kiste Waffen bekämen? Sie würden wahrscheinlich ähnlich zufrieden aussehen wie die Menschen in Rinkeby.

Was die Umverteilung von materiellen Gütern angeht, die findet in allen Gesellschaften statt. Allerdings zumeist innerhalb der Familie. Ich habe schon eine Familie, und die genügt mir vollkommen. Außerdem ist ein Staat keine Familie, nicht einmal im metaphorischen Sinne. Stellen Sie sich mal eine Familie vor, in der die Kinder und Hunde ein Stimmrecht haben. Was käme da wohl auf den Tisch? Das kommt auf die Anzahl der Hunde an. Eventuell wäre es Rentierzunge.

Das ganze Nehmen und Zurückgeben verleiht der Regierung eine enorme Macht. Entsprechend geht das Schwedische Modell davon aus, dass die Regierung gut ist und keine falschen Entscheidungen trifft, wie zum Beispiel die, dass Schweden unbedingt Dänemark erobern sollte. Da Schweden eine Demokratie ist, muss darüber hinaus davon ausgegangen werden, dass die Wähler gut sind und keine Regierung unterstützen, die ihnen nichts weiter als Freibier für alle verspricht. Nun sind die Geschichtsbücher nicht direkt voll von guten Regierungen und guten Wählern. Einer der positiven Aspekte der amerikanischen Verfassung besteht darin, dass sie eine Republik sichert, die trotz miserabler Regierungsbeamter und klotzköpfiger Wählerschaft funktionstüchtig ist – das beweisen 222 Jahre amerikanische Geschichte.

Und wie sieht es mit der Gerechtigkeit aus, die den Schweden so sehr am Herzen liegt? Ist es wirklich gerecht, wenn wir alle gleich viel Geld und Privilegien haben? Warum bekommen wir denn dann nicht alle gleich viel Liebe und Achtung zu spüren, genießen nicht alle dieselbe Gesundheit und dasselbe Glück, haben nicht alle tolle Hintern und Traumbusen?

Schweden mag sicher und *lagom* sein, aber das nimmt dem Sozialismus nicht seinen Schrecken. Und dieser Schrecken war um nichts geringer als jener, den ich bei näherem Hinsehen ob des Kapitalismus' empfand. Als ich zum letzten Mal durch die Gamla Stan ging, fragte ich mich nicht mehr, wo die Verrückten waren. Verrücktheit ist in Schweden gerecht verteilt. Sie sind alle ein bisschen gaga.

5

BÖSER SOZIALISMUS — KUBA

W AS THEORETISCH DANEBEN GEHEN KANN, wenn eine Regierung wie die schwedische übermächtig ist, ging auf Kuba in der Praxis daneben – und das richtig. Einen ersten Blick auf Havanna warf ich in der Morgendämmerung eines Märztages 1996 von meinem Hotelzimmer im Hotel Nacional aus. Die Stadt war graumeliert – eine Farbgebung, die typisch für den tropischen Verfall ist. Leuchtende Farben waren zu schmutzigen Pastelltönen verblichen. Auf dem Straßenpflaster gab es kleine Rinnsale, die aus undichten Regenrinnen stammten und dunkle Ringe von verdunsteten Pfützen. Schimmel wucherte auf den Hausmauern wie lebendiger Ruß.

Selbst aus dem zehnten Stock konnte ich überall Löcher sehen: In Dächern, im Asphalt und dort, wo eigentlich Fenster hingehören. Alles war zerlöchert und abgebröckelt. Von den Balkonen waren Teile abgebrochen, von den Fenstersimsen, von den Laubengängen, und zwischen den Straßenblocks klafften Löcher, die darauf schließen ließen, dass dort ganze Häuser weggebrochen sein mussten. Einige der Gebäude waren derart ramponiert, dass ich sie für unbewohnt hielt – bis ich die Wäsche vor den Fenstern entdeckte. Diese Wäsche war ebenfalls zerlöchert.

Kuba sah aus, als hätte es einen Krieg verloren, und das hatte es in gewisser Weise auch – den Kalten Krieg. Andererseits hatte Albanien denselben Krieg verloren und dennoch war Tirana, als ich es im darauffolgenden Jahr besuchte, um diese Tageszeit bunt und laut: Die Cafés waren vollbesetzt, Autos stießen zusammen und zwischen allem riefen die Straßenhändler ihre Waren aus. Havanna dagegen war still.

Eine Weile sah ich den gewaltigen Brechern zu, die gegen den Deich des Malecon-Boulevards krachten, der Küstenstraße von Havanna. Sie warfen tonnenweise graues Salzwasser in die Schlaglöcher und Risse des Betonpflasters. Schmutzige Gischt schlug gegen die verwitterten Mauern der alten Stadthäuser. An so einem Tag würde sich kaum einer der *Tuberos*, wie jene armen Seelen heißen, die auf zusammengebundenen Rohren die Flucht von Kuba antreten, hinauswagen. Wenn doch, würden sie von der ersten Welle direkt in das Wohnzimmer eines der Küstenbewohner gespült werden. Und nach meinem Eindruck dürfte es ein ziemlich mieses Wohnzimmer sein.

Ich selbst fühlte mich an diesem Morgen auch mies. Das musste etwas mit den *Mojitos* zu tun haben, die ich nach meiner Ankunft in der vergangenen Nacht an der Hotelbar getrunken hatte. Dieser Drink rangiert auf Ernest Hemingways Hitliste gleich auf Platz zwei hinter dem morgendlichen Schluck aus der Ginflasche. Ein *Mojito* besteht aus zu viel Zucker, der mit zu viel Rum und zu wenig Soda gemixt wird, dazu zerstoßene Minze und Limonensaft. Das klingt schon genauso eklig, wie es am nächsten Morgen ist.

Die Wände in der Bar waren mit Schwarzweißfotos von Berühmtheiten geschmückt, die im Hotel Nacional gewesen waren – mit Ausnahme einiger zweitklassiger europäischer Intellektueller alle vor der Ära Castro. Aus dem Nachtclub des Hotels drang minderwertige Rumbamusik.

Nach fünf bis acht *Mojitos* ging ich zur Toilette. Wenn man einen sozialistischen Staat plant, gehört dann die Abschaffung der Toilettenfrauen und -männer nicht zur vordringlichsten Aufgabe? Immerhin strebt man eine Nation an, in der ein jeder denselben Sozialstatus genießt. Wenn ich einen sozialistischen Staat entwerfen sollte (was für eine wunderbare Freizeitbeschäftigung!), würde ich zuallererst die Massen zwingen, das Hotel zu besuchen, das ihnen allen gehört. Aber normale Kubaner haben keinen Zutritt zum Nacional oder seinen weitläufigen Gartenanlagen, es sei denn sie sind, zum Beispiel, Toilettenfrauen oder -männer.

Einige Kubaner schaffen es dennoch, sich einzuschleichen. Als ich gegen drei Uhr morgens noch oben fuhr, traf ich im Fahrstuhl einen Mann vom Typ Nordamerikaner mit einer Frau, besser gesagt: einem Mädchen, das höchstens sechzehn Jahre alt war. Das Mädchen war sauber und gepflegt, schlicht gekleidet und ohne jeglichen Schmuck oder Make-up, sehr höflich und offensichtlich eine Prostituierte. Zumindest schien das der Liftboy zu glauben. Er warf sie hinaus, und sie bedachte ihn mit einem Blick von ungewöhnlicher Härte, wie man ihn in einem eher weichen Gesicht wie ihrem nicht für möglich gehalten hätte.

ICH MIETETE MIR ZU EINEM HORRENDEN PREIS einen Wagen. Der Chef der Autovermietung ließ sich lang und breit über die kubanisch-amerikanische Freundschaft aus und darüber, wie sehr sich die Bürger beider Staaten nach Frieden und freundschaftlichen Beziehungen zueinander sehnten, „bis auf die paar Faschisten wie Barry Goldwater und diesen Oklahoma-Bombenattentäter." Er schien bei der Revolution recht gut weggekommen zu sein. „Auf meiner Rolex ist es jetzt …", sagte er, als er die Übergabezeit auf dem Vertragsformular eintrug. Dann durfte ich erfahren, wie sehr er Frauen mit großen Hintern schätzte.

Er reichte mir die Schlüssel zu einer schmutzigen und zerbeulten japanischen Limousine. Auf dem Wagen klebte ein Toyota-Schild, dessen Passgenauigkeit allerdings die Vermutung nahelegte, dass es ein Fabrikat eben jener Studebaker-Fabrik war, von der unsere Regierung Aktien kaufen sollte, falls sie an einer Reform des Investmentgeschäfts interessiert wäre.

Ich fuhr durch das Habana Centro. Dabei erinnerte ich mich an Castros Worte in einem Interview mit der mexikanischen Journalistin Beatriz Pages von 1991: „In den anderen lateinamerikanischen Ländern gibt es Millionen Bettler; auf Kuba gar keinen. In anderen lateinamerikanischen Ländern sieht man Kinder, die zwischen den Autos herumlaufen, um die Windschutzscheiben putzen zu dürfen." Ich hielt an einer roten Ampel. Zwischen den Autos liefen Kinder herum und putzten die Windschutzscheiben.

Nicht, dass es hier besonders viele Windschutzscheiben zu putzen gab. Der Verkehr in Havanna bestand zum größten Teil in Fahrrädern und Fußgängern, die daran gewöhnt waren, dass kein Verkehr herrschte. Jemand, der nach rechts und links sah, bevor er eine Straße überquerte, heimste sich wahrscheinlich den Ruf eines paranoiden Schizophrenen ein. Die Fahrradfahrer bewegten sich mit vier Stundenkilometern auf der Überholspur, und Mütter schoben ihre Kinderwagen seelenruhig die Autobahnauffahrten hinunter. Alte Frauen unterhielten sich mitten auf der Straße und wunderten sich, wenn jemand vorbei wollte. Trotzdem gab es Hunderte von Verkehrspolizisten, an jeder Ecke stand einer. Der Himmel weiß, womit sie sich den ganzen Tag die Zeit vertrieben. Auf jeden Fall gab es strenge Verkehrsregeln, die sich bisweilen etwas grotesk ausnahmen, da die Ampellichter nur teilweise funktionierten und die Straßenschilder vor lauter Rost unentzifferbar waren. Besonders kurios fand ich, dass es in Havanna scheinbar durchweg verboten ist, nach links abzubiegen, obwohl beinahe alle Straßen Einbahnstraßen nach links sind. Die Nummerierung der Straßem läuft Ost-West in ungeraden Zahlen, Nord-Süd in geraden. Als ich mich eines Tages auf der Ecke zwischen der Zehnten und Elften Straße fand, war ich kurz davor, die *Mojitos* für immer aufzugeben.

Habana Centro sieht ungefähr so aus wie Cleveland in den Sechzigern – nach einem siebenunddreißig Jahre währenden Streik der Maler und Putzfrauen. Aber die Altstadt, La Habana Vieja, ist wunderschön. Die Architektur der spanischen Kolonialzeit auf Kuba ist klassisch und weniger aufgesetzt protzig als man es in Mexico häufig sieht. Außerdem sind die alten Häuser auf Kuba aus Stein gemauert, was in der Karibik eher die Ausnahme ist. Die Insel hat in ihrer Geschichte diverse Perioden übelster Vernachlässigung durchlebt, wie jetzt auch gerade. Vielleicht haben sie ihre Häuser eigens deshalb gemauert, damit sie in den düsteren Phasen wenigstens nette Ruinen abgeben.

Die Touristenviertel der Altstadt waren deutlich sauberer als der Rest und wurden augenscheinlich besser instand gehalten als die übrigen Stadtviertel. Hier gab es einige Museen und staatseigene Restaurants, die, laut *Fodor's Reiseführer für Kuba*, „mit antiken Möbeln ausgestattet waren, welche man aus den Herrenhäusern der einheimischen Bourgeoisie gerettet hatte". Wenn das nicht taktvoll umschrieben ist! Außerhalb der Touristenviertel lief man jedenfalls Gefahr, sich unschönen Begegnungen mit dem freiberuflichen Sozialismus auszusetzen: Eventuell musste man hier die Erfahrung machen, dass man *selbst* zur einheimischen Bourgeoisie zählte, vor der es etwas zu retten galt.

Am späteren Vormittag wurden die Straßen belebter, wenngleich man nicht von einem lebendigen Treiben sprechen konnte. Niemand schien irgendetwas Bestimmtes vorzuhaben oder irgendwohin zu wollen. Tausende von Leuten trödelten mitten an einem Wochentag in der Stadt herum, und das in einem Land, welches sich rühmt, die Arbeitslosigkeit gesetzlich verboten zu haben. Einige führten Hunde spazieren, aber diese Hunde waren klein und steinalt, von jener Sorte, wie sie reichen Damen halten, um ihnen albernes Geschwätz zuzusäuseln. Möglicherweise waren diese Hunde damenlos zurückgeblieben, als ihre reichen Halterinnen vor der Revolution flohen – siebenunddreißigjährige Zwergschnauzer, die ihre Diamanthalsbänder versetzen mussten und sich als Models für Friseurlehrlinge verdingen?

Glücklich sahen die Hunde zumindest nicht aus. Schließlich wurde das Fleisch, das in anderen Ländern in Hundefutterdosen landet, auf Kuba von den Menschen gegessen – sofern es überhaupt welches gab. Die Menschen sahen genauso wenig glücklich aus. Es herrschte eine bedrohliche Spannung in der untätigen Menge auf Havannas Straßen. Die Männer tauschten finstere Blicke, griffen sich in den Schritt und gaben diese merkwürdigen Latinolaute von sich – leise Pfiffe und Schnalzgeräusche – besonders dann, wenn ausländische Frauen auftauchten.

Erst als ich die Kubaner näher kennen lernte, stellte ich fest, was für prima Leute sie eigentlich sind. Die Gelegenheit dazu bot sich, nachdem ich mit meinem Scheintoyota in einem gigantischen Schlagloch gelandet war, woraufhin sich das eine Vorderrad in etwas verwandelte, das stark an einen Papierteller mit zu viel Kartoffelsalat drauf erinnerte. Die Menschen, die ich an der nächstgelegenen Tankstelle traf, waren ausnahmslos freundlich, hilfsbereit und lustig. Alle hatten Verwandte in Union City, New Jersey. Und eine Amerikanerin, die ebenfalls dort war, erzählte mir, dass die oben erwähnten Geräusche mit der Zeit abebbten, wenn sie allein ausging – zumindest beinahe. Die Männer griffen sich zwar nach wie vor an den Schritt, aber irgendwie höflicher.

Diese Tankstelle war eines der wenigen Anzeichen dafür, dass überhaupt

irgendjemand irgendetwas arbeitete. Die kubanische Regierung hatte offensichtlich nicht nur die Arbeitslosigkeit ausgemerzt, sondern die Arbeit an sich, vorausgesetzt man zählt Betteln oder die Belästigung von Touristen, denen man
„echte kubanische Zigarren" anbietet, welche „ein guter Freund von mir aus der
Fabrik schmuggelt", nicht als Arbeit. Entweder hat dieser Cohiba-Schmuggler einen außergewöhnlich großen Freundeskreis oder der Cohiba-Schmuggel ist absoluter Branchenführer auf Kuba.

Auf Havannas Straßen sah ich noch weniger geschäftiges Treiben als auf denen Stockholms – keine fliegenden Händler oder Nippesverkäufer, nur hier und
da einen Kiosk, an dem man Zigarren und Zeitungen kaufen konnte, wenn es zur
Abwechslung mal welche gab.

Ein paar kleine Märkte boten Kunsthandwerk feil, das aussah, als hätten sich
Buchhalter, Anwälte, Universitätsprofessoren oder andere für ihr handwerkliches
Geschick nicht eben berühmte Kandidaten daran versucht. Che-Guevara-Reliefs
und Zigarettenkästen, in deren Deckel KUBA IST SCHÖN geritzt war, sämtlich
mit schlechtem Werkzeug aus schlechtem Holz gearbeitet, standen gegen harte
Dollar zum Verkauf.

Diese Dollar sollten die wenigen Touristen bringen, die von nicht wenigen
Tourismus-Polizisten bewacht wurden. Diese illustren Fremdenhüter, die wiederum durch englischsprachige Schilder auf der Brusttasche ihrer Uniform zu erkennen waren, hatten bedauerlicherweise keine gesetzlichen Mittel an der Hand,
in Modedingen auf die Touristen einzuwirken. Diese verschandelten, was noch zu
verschandeln war, mit NBA-Luftpolsterschuhen, überdimensionierten Jogging-
shorts und T-Shirts mit schwachsinnigen Aufdrucken.

Die Kubaner hingegen sahen trotz aller Armut entschieden besser aus. Das lag
allerdings nicht an ihrer Kleidung, die den Eindruck machte, als hätten ihre amerikanischen Verwandten für sie in einem Geschäft mit Waren aus Versicherungs-
schäden eingekauft. Aber sie beherrschten die hohe Kunst des Sich-Passend-An-
ziehens: eng, wo eng schmeichelt, wallend, wo wallend besser ist, und der Rest
nackt. Ich sah nackte Taillen, hochgeschlitzte Röcke und bis zum Bauchnabel auf-
geknöpfte Hemden und Blusen.

Die Kubaner haben Stil. Sie sind sogar schick, besonders die Frauen. Einige
von ihnen waren schon etwas zu schick für die Tageszeit, aber das mochte damit
zusammenhängen, dass in Havanna ein ganz bestimmtes Geschäft florierte. Die
Frauen standen in Grüppchen an den Straßen und gingen ihrem Gewerbe mit
derselben Ernsthaftigkeit nach, wie sie ihre Kolleginnen in L.A. an den Tag legen.
„Warum trampt dieses Mädchen im Abendkleid?" hörte ich eine Touristin ihren
Mann fragen.

DIE PROSTITUIERTEN AUF KUBA waren das blühende Leben, während um sie herum alles alt, verwittert und erbärmlich wirkte. Selbst die Jungen Pioniere mit ihren roten Halstüchern, die im Park Gymnastikübungen machten, schienen wie verwahrloste Kinder: Wahrzeichen einer muffigen, fehlgeleiteten Vorstellung von sozialer Hygiene. Dumpfe und einfallslose Slogans prangten an den Hauswänden – SOZIALISMUS ODER TOD. Die Farbe, mit der diese unambitionierten Sprüche gemalt waren, bröckelte wie alle andere Farbe auch. Ein halber Tag in Havanna reicht aus, um einem auf immer die Lust am Antik-Look zu nehmen. Das hier war einfach zu „antik".

Natürlich hatte auch Havanna seine Nobelvororte. Zu ihnen zählte Miramar, dass im Westen der Stadt direkt an der Küste lag. Die Straßen waren von Palmen gesäumt – und von neuen BMWs. Die Häuser waren in einem Stil gehalten, den man in Pasadena „spanisch" nennt, und allesamt in einem hervorragenden Zustand. Sie gehörten entweder der kubanischen Regierung, auswärtigen Firmen mit Sitz auf Kuba oder Botschaftern. Zwischen den penibel gepflegten Gärten und den prachtvollen Residenzen standen hier und da ein paar verfallene Exemplare, die Teil jener architektonischen Masse waren, die die kubanische Regierung ehedem „gerettet" und zu Häusern für „das Volk" umgewandelt hatte. Sie repräsentierten jene Freiheit, Gleichheit und Brüderlichkeit, die die kubanische Revolution den Menschen gebracht hatte. Unter „Brüderlichkeit" schienen sie ungefähr das zu verstehen, was man gewöhnlich in Satiremagazinen abgebildet sieht. Jedenfalls machte Miramar an diesen Stellen den Eindruck, als wohnten dort Studenten im vierundsiebzigsten Semester, die mittlerweile grau und mürrisch geworden waren, und denen zu allem Überfluss das Bier ausgegangen war.

NACHTS WAR ES BESSER IN HAVANNA. Die Stadt war so spärlich erleuchtet, dass ich die Stromausfälle kaum bemerkte. Man konnte beinahe meinen, dass hier niemand lebte, was insofern passend war, als es ja auch kaum jemand wollte.

In der Stadt gab es ein paar Restaurants, die nicht staatseigen waren. Das Essen dort war gut, und ich konnte für fünf Dollar ein vollständiges Menue bekommen. Aber es mussten eben Dollar sein. Kein Kubaner war scharf auf Pesos; selbst die Bettler prüften bei jeder Münze, die man ihnen hinwarf, ob sie auch amerikanisch war. Die privaten Restaurants durften nicht mehr als zwölf Sitzplätze haben, und die Betreiber waren gesetzlich gezwungen, ausschließlich Familienangehörige zu beschäftigen. Das war der äußerste Kompromiss, den die kubanische Regierung in Richtung Kapitalismus einging. Man stelle sich einmal vor, eine solche Regelung würde auch auf andere Unternehmen angewandt, wie zum Beispiel eine Fluglinie: Mutti teilt die Getränke aus, sobald der Junior das Fahrgestell eingeklappt hat.

Die größeren Restaurants waren Staatsbetriebe, was in einem Land mit notorischer Lebensmittelknappheit bedeutet, dass die Fremden nichts als Reis und Bohnen für ihre Dollars kriegen. Ha, ha, ha – kleiner Scherz am Rande. Ich konnte alles bekommen, was ich wollte – Hummer, Steak, Cohiba-Zigarren, die tatsächlich von Cohiba waren, und Rum, der älter war als die Prostituierten, die mit den deutschen Geschäftsmännern an den Nebentischen saßen. Der Haken dabei war, dass sich diese Dinge nicht nur die Kubaner nicht leisten konnten, sondern ich ebenso wenig. Im Floridita, wo der Diaquiri und wahrscheinlich auch die Getränkepreise von New York City erfunden wurden, kostete ein Cocktail fünf Dollar – bei dem gegenwärtigen Schwarzmarkt-Wechselkurs war das mehr als ein Kubaner innerhalb einer Woche verdienen konnte. Während meines Aufenthaltes in Havanna war ich außerdem permanent der Gefahr ausgesetzt, dass man mir ein Ständchen hielt. Die Gitarrenspieler zogen in zahllosen Grüppchen umher, und sie alle kannten exakt ein Lied – „Guantanamera" – dessen gesamter Text sich wie folgt liest:

> Guantanamera, Guantanamera,
> Guan-tan-a-meeeeera, Guantanamera.

Diese inoffizielle Nationalhymne wurde bei uns durch den berühmten kubanischen Patrioten Pete Seeger bekannt.

HATTE ICH ETWAS VERPASST? Angeblich soll Kuba doch einen ganz eigenen Charme haben. Ich beschloss, mir einen Fremdenführer zu suchen, der ihn mir zeigt. Roberto, wie ich ihn hier nennen möchte, brachte mich zu Hemingways Haus in einem Dorf namens San Francisco de Paula. Es lag auf einer Anhöhe und war eines dieser weißen Herrenhäuser, wie sie früher die Plantagenbesitzer hatten, mit reichlich Stuck verziert. Dazu gehörten ein Gästehaus und ein Swimmingpool, umgeben von zweiundzwanzig Hektar Land. Ich sollte unbedingt mehr schreiben. An der einen Seite des Hauses ragte ein dreigeschossiger Turm in die Höhe, in dessen oberstem Stockwerk ein Arbeitszimmer war. Hierhin also hatte Hemingway sich zurückgezogen, um seinen großen Gedanken nachzuhängen. („Wo ist diese Ginflasche?") Im Bad neben seinem Schlafzimmer stand eine eingelegte Echse im Regal. Die Echse hatte sich mit einer von Hemingways Katzen geprügelt und verloren. Da das Reptil bis zum bitteren Ende gekämpft hatte, verspürte Papa das Verlangen, es unsterblich zu machen. Der Flüssigkeitspegel in dem Glas war allerdings ziemlich niedrig, weshalb sich der Verdacht aufdrängte, dass irgendjemand an dem Echsenglas genippt hatte. Naja, wenn ich es recht bedenke, fehlt mir wohl doch einiges zum großen Literaten.

Hemingways Witwe hat das Anwesen der kubanischen Regierung vermacht. Und die Briten haben Hongkong den Chinesen vermacht.

Roberto war recht gesprächig und sprudelte über vor offiziellen, systemkonformen Informationen. Auf dem Weg nach San Francisco de Paula kamen wir an einer der schmutzigen und ungepflegten Wohnanlagen für Arbeiter vorbei, wie sie zuhauf die kubanische Landschaft verunstalten. Diese Blocks waren nicht besser als betonierte Taubenschläge: sechsgeschossige, knapp einhundert Meter lange Bauten mit winzigen Wohneinheiten, die zu einer Seite offen waren. Sie müssten eigentlich Treppenaufgänge haben, aber ich sah keine. Ob abends Regierungsbeamte kommen und die Leute per Kran in ihre Schachtelwohnung hieven? „Die haben die Arbeiter gebaut!" sagte Roberto begeistert. Aber wer sonst sollte Häuser bauen, wenn nicht Arbeiter, die schließlich auch alles andere machten? „Die Regierung gibt ihnen das Baumaterial", fuhr Roberto fort. „Dann mieten sie es für zwölf Jahre, und hinterher gehören die Wohnungen ihnen!" Anders ausgedrückt: Man kriegt in Kuba ein Haus geschenkt, wenn man es nur selbst baut und dafür bezahlt.

Als wir in die Altstadt von Havanna fuhren, zeigte Roberto mir einen Trümmerhaufen von einem Hotel: „Das da sind ganz besondere Arbeitsbrigaden, die solche Sachen bauen. Die arbeiten sechzehn Stunden am Tag." Wir mussten eine der übrigen acht Stunden erwischt haben, denn alle saßen herum und rauchten. „Sie bekommen Sonderrationen", sagte Roberto, „einen großen Beutel Seife, Speiseöl, Reis, Bohnen ..." Aus Robertos Mund klang es, als beschriebe er den Inhalt einer Geschenktüte von Tiffany's.

„1959 gab es auf Kuba noch sechstausend Ärzte", plapperte er unaufgefordert weiter. „Dreitausend sind nach der Revolution abgehauen. Aber wir bilden neue Ärzte aus. Bis 2000 werden wir sechzigtausend Ärzte haben!" Damit schien Robertos Vorrat an opportunem Geplänkel erschöpft und er kam endlich auf das Thema, das das tägliche Leben in Kuba beherrschte: die marode Wirtschaft. „Sehen Sie die Taxifahrer?" fragte er und wies auf eine Reihe Taxen, die ausschließlich Touristen kutschierten. „Die Leute müssen Dollar verdienen, und dabei könnten diese Taxifahrer alle Ärzte werden."

„Für Dollar kriegt man auf Kuba alles, was man will", seufzte er. Aber die Leute wurden nun einmal in Pesos bezahlt, auch wenn sie für ausländische Firmen arbeiteten, wie es bei Roberto der Fall war. Der staatliche Fremdenverkehrsdienst gehört längst nicht mehr dem Staat. Er wurde an ausländische Investoren verkauft. Diese Leute zahlen 300 Dollar im Monat für Robertos Arbeit, doch sie zahlen sie nicht an ihn, sondern an die kubanische Regierung. Und die gibt Roberto 150 pro Monat – in Pesos.

Den genauen Wert des kubanischen Pesos zu errechnen, erfordert eine aufwendige volkswirtschaftliche Kalkulation. Will man es für den Laien verständlich ausdrücken, so kann man den Wert ziemlich nahe Null ansetzen. Pesos sind nur beim Kauf von rationierten Waren zu gebrauchen, und das kubanische Rationierungssystem ist simpel: Es gibt überhaupt nichts. Obwohl man für zehn Pesos eine Schachtel scheußliche Zigaretten kaufen kann. Robertos Gehalt entspricht also anderthalb Stangen Qualm.

Die Trinkgelder brachten ihm den einen oder anderen Dollar ein, und darauf zielte sein Gespräch natürlich ab. Früher war Roberto Lehrer gewesen, doch er konnte von dem Gehalt nicht leben. Seine Frau war Chemieingenieurin, aber die Chemiefabrik, in der sie gearbeitet hatte, war vor drei Jahren geschlossen worden. Als wir durch die Altstadt gingen, traf Roberto einen anderen Ingenieur, der sich mittlerweile als Tischler verdingte – gegen Dollar; er baute die Theke, unter der er bezahlt wurde.

„Wenn wir Lebensmittel einkaufen", sagte Roberto, „müssen wir in vier verschiedene Läden gehen. Da, wo es die rationierten Waren gibt, bekommen wir, wenn wir Glück haben, Reis. Im regierungseigenen Supermarkt können wir für Dollar einkaufen, aber es ist sehr teuer. Dann ist da noch der Dollarmarkt der Bauern, wo sie das verkaufen dürfen, was sie über die gesetzlich festgelegte Quote hinaus ernten. Und für alles, was wir woanders nicht bekommen haben, gibt es den Schwarzmarkt."

Wir fuhren die Avenida Bolivar entlang, die einst das Einkaufszentrum von Havanna war. Hunderte kleiner Läden standen leer und verlassen da, und das bereits seit 1968, als die letzten Geschäfte verstaatlicht worden waren. „Da drüben war früher Sears", erzählte Roberto und zeigte auf das größte leerstehende Gebäude. „Aber heute haben wir nichts mehr zu verkaufen."

Dann und wann fiel er wieder in das offizielle Geplapper zurück: „Dort ist die Gedenkstätte für Julius und Ethel Rosenberg. Haben Sie in Nordamerika vielleicht auch eine Gedenkstätte für sie?" Ich antwortete, dass ich es für unwahrscheinlich hielt. Was Roberto jedoch am meisten interessierte, war das freie Unternehmertum. Er und seine Frau schliefen seit ihrer Hochzeit auf der Matratze, die ihnen seine Mutter damals geschenkt hatte. „Diese Matratze ist inzwischen überall geflickt. Manchmal können wir den Fernsehsender aus Miami empfangen – Mann, gibt es da Matratzen! Und so billig!"

Aber insgesamt war Roberto zuversichtlich. Er zeigte mir ein neueröffnetes familienbetriebenes Restaurant nach dem anderen. „Sehen Sie dort! Da ist eins!" Es war eine Pizzeria. „Da sind noch mehr!" Er zeigte auf mehrere Pizzerien. Offensichtlich servierte man den dünnen Boden des Kapitalismus' auf Kuba mit oder ohne Pepperoni.

Roberto meinte, dass schon sehr bald die ersten privaten Einzelhändler aufmachen würden. Er glaubte fest an den neu eingeführten konvertierbaren Peso, dessen Wechselkurs die Regierung mit 1 : 1 zum Dollar festgelegt hatte. Dieser Peso würde sich Robertos Meinung nach als nationale Währung durchsetzen. Roberto war sogar von den neuen Gebühren begeistert, die die Regierung erhoben hatte, wie beispielsweise Mautgebühren auf den Autobahnen. „Dann werden wir vielleicht besseren Service bekommen", sagte er hoffnungsfroh. Er erzählte mir, dass sich die Wirtschaft „seit ihrem Tiefpunkt 1994 erholt hat, ein bisschen", und dass sich dieser Umstand in erster Linie der Tüchtigkeit der kleinen Privatunternehmer verdankte. „Das einzige, was die Regierung noch kontrolliert, sind die Steuern", sagte Roberto.

Doch in diesem Punkt irrte er. In seiner Silvesteransprache 1996 vor der kubanischen Nationalversammlung erklärte Fidel Castro die Wirtschaftsreform folgendermaßen: „Wir haben den Raub legalisiert." Als Nächstes hat er dann tatsächlich eine Einkommensteuerpflicht für alle Selbständigen angekündigt. Und es wird wohl noch schlimmer kommen. Raul Castro, Fidels Bruder, hat beim Zentralkomitee der Kommunistischen Partei vorgesprochen und sich lauthals über die wirtschaftlichen Veränderungen, die ausländischen Einflüsse und die Kleinunternehmer, die reich werden wollten, beschwert. In einem Bericht der K P-Zeitung über die Sitzung des Zentralkomitees war daraufhin zu lesen: *„La sicologia del productor privado ... tiende al individualismo y no es fuente de conciencia socialista."* Wie immer man das übersetzen will, für die Geschäftsleute klingt es nicht besonders gut. (Die Parteizeitung ist übrigens nach der Yacht benannt, auf der Castro 1956 heimlich nach Kuba kam. Diese Yacht hatte man einem Amerikaner abgekauft, der sie auf den Kosenamen einer lieben Verwandten getauft hatte. Castro hat das irgendwie nicht begriffen, und so kommt es, dass das zentrale Organ der kubanischen Kommunistischen Partei *Granma* heißt.)

Nachdem ich Roberto am Abend mit hinreichend Trinkgeld versorgt hatte, ging ich mit einem europäischen Reporter, der seit Jahren auf Kuba lebte, in eine Bar auf der Ostseite des Hafens von Havanna. Dieser Reporter meint, die Wirtschaftsreform wäre schon wieder vorbei. Er sagte, dass die Regierung „immer noch betont, wie wenig 'lebensnotwendig' ausländische Investitionen sind", und dass sie „immer noch denkt, die staatlichen Betriebe könnten effizienter arbeiten". Er zitierte einen kanadischen Diplomaten: „Die Wirtschaftsreform hängt in ihrer Entwicklung unmittelbar mit der Lernkurve Fidel Castros in Sachen Wirtschaftswissenschaften zusammen. Und er ist ein langsamer Lerner."

Während wir uns unterhielten, betrat eine junge Kubanerin die Terrasse der Bar. Sie ignorierte uns auf eine sehr unnuttige Weise, setzte sich auf einen Stuhl in Hörweite von uns und gab sich dem Anblick der abendlichen Stadtsilhouette hin. „Einer Touristin würde ich das abnehmen", flüsterte der Reporter, „aber Kubanerinnen gehen nicht der schönen Aussicht wegen in Dollarbars."

Es GIBT EINEN ZWEIG in der kubanischen Volkswirtschaft, der allgegenwärtig und spannend ist und höchst effizient arbeitet: die Polizei. Eines Tages fuhr ich durch das Vedado-Viertel und versuchte verzweifelt, links abzubiegen. Da sich absolut keine legale Möglichkeit bieten wollte, verlor ich irgendwann die Geduld und missachtete eines der endlosen Linksabbiege-Verbotsschilder. Ungefähr einen Kilometer weiter trat ein Polizist auf die Fahrbahn, winkte mich heran und stellte mir einen Strafzettel aus. In den Formularen der Autovermietungen gibt es ein Extrafeld, auf welchem derlei Übertretungen vermerkt werden. Bei Rückgabe des Mietwagens wird das Bußgeld von der Kaution abgezogen.

Die Allwissenheit der Verkehrspolizisten war mir unheimlich, zumal ich auf dem Weg zu einem Dissidenten-Pärchen war. Nun, „Dissidenten" ist vielleicht ein wenig übertrieben, denn eigentlich hatten die beiden nichts verbrochen. Sie wollten lediglich Kuba verlassen. Deshalb waren sie nach Schweden gereist und hatten einen Asylantrag gestellt. Doch die überaus generöse schwedische Flüchtlingspolitik verweigert sich Flüchtlingen aus progressiven, sozialistischen Staaten, die Millionen Dollar an Auslandshilfe von Schweden erhalten. Also wurden die beiden zurückgeschickt. Und hier kamen sie prompt in Teufels Küche – wo sie auch blieben.

Sie wohnten in einem schäbigen Hochhausturm mit einem kaputten Aufzug und Uringestank im Treppenhaus. Die Glühbirnen aus den Lampenfassungen der Fluren waren gestohlen worden, ebenso wie das Fensterglas aus den Flurfenstern. Dabei war dies noch eine der besseren Adressen in Havanna. Die Wohnung hatten sie von einem der Elternteile geerbt, der ein hochrangiger Bediensteter der Revolutionsregierung gewesen war. „Kommen Sie am Freitag", hatte das Paar gesagt. „Dann haben wir keine Stromausfälle."

Sie hatten fünf Zimmer – kleine Zimmer (um in der Küche einen Pfannkuchen mit einem Wurf wenden, hätte man sich auf den Flur stellen müssen), aber immerhin fünf Zimmer – und ein Bad (das war praktisch, wenn es mal Wasser gab). Außerdem waren nicht übermäßig viele der Lamellen in den Jalousiefenstern zerbrochen. Carlos und Donna – das sind natürlich nicht ihre richtigen Namen – stammen aus Familien, die einmal sehr wohlhabend gewesen waren (und diese Familien reden nun nicht mehr mit ihnen). Das kleine, schmale Wohnzimmer war vollgestopft mit wuchtigen, dunklen Möbeln aus einer Zeit, da die Räume noch großzügiger geschnitten waren. Das Ganze mutete wie ein Thanksgiving-Essen für zwölf Personen an, das jemand in eine Mikrowelle gequetscht hatte. Ich bekam leichte Platzangst, obwohl ich fünf Stockwerke hoch war und das Meer sehen konnte.

Carlos und Donna durften keine Arbeit annehmen, dabei sprechen sie jeder vier Fremdsprachen und wären die idealen Fremdenführer oder Dolmetscher für auswärtige Akademiker, Philanthropen, Konferenzgäste und Filmfestivalbesucher, die in Scharen über die Insel latschen. Sie alle sind bei ihrer Suche nach internationaler Verständigung oder Sonnenbräune auf sprachkundige Hilfe angewiesen.

„Man muss Dollars verdienen, sonst hat man keine Chance", meinte Carlos. „'Dollars oder Leben' sagen die Leute." Er zeigte mir das Heftchen mit ihren Rationszuteilungen, das für alles und jedes eine eigene Kategorie hatte, vom Tabak bis zur Kleidung. 1996 gab es für jede Familie nur einen Liter Speiseöl pro Monat. Eier waren derzeit reichlich vorhanden – sechzehn Stück pro Monat bekamen die beiden. Und sie erhielten auch zwei Stücken Seife im Monat, das heißt: in manchen Monaten. Fleisch gab es so gut wie gar nicht und wenn, war es praktisch ungenießbar. „Die Fleischindustrie wurde komplett verstaatlicht", erklärte Carlos. Bei der Verstaatlichung passiert mit den Waren dasselbe wie mit männlichen Elternteilen bei der Scheidung: Plötzlich sind sie fast nie da, und wenn sie kommen, sind sie nicht zu gebrauchen. Kubaner bekommen in den Geschäften mit rationierten Gütern nicht einmal richtigen Kaffee. Alles was sie kriegen können, sind Kaffeebohnen gemischt mit anderen Bohnen, die normalerweise in eine Tortilla gehören. Das schmeckt genauso wie es klingt und verursacht grausige Magenkrämpfe.

Für die wenigen legalen Genussmittel auf Kuba – Kaffee, Rum, Zigarren – braucht man nicht nur Dollars, sondern viele Dollars. Und selbst dann kann man nicht sicher sein, was man bekommt. Die Monte-Cristo-Coronas, die ich in einem staatseigenen Geschäft kaufte, zogen und schmeckten wie schmelzende Filzstifte.

Carlos und Donna waren noch ein weiteres Mal mit dem Gesetz in Konflikt geraten. Außer dem verabscheuungswürdigen Vergehen, umziehen zu wollen, hatten sie sich auch noch mit Dollars erwischen lassen. Bis Mitte 1993 war es Kubanern verboten, Dollars zu besitzen. In Anbetracht der Kaufkraft des Pesos kam das einem Verbot, Geld zu besitzen, gleich. Damals hatten Carlos und Donna sechzig Dollar in einem Buch gefunden, das ihnen ein Verwandter vererbt hatte. Daraufhin hatten sie sich ihre besten Sachen angezogen, waren zu einem Strandhotel gegangen und hatten, da sie fließend Französisch sprachen, probiert, sich als Touristen auszugeben. „Wir wollten einen richtigen Kaffee trinken", erzählte Donna. Aber der Hotelkellner ließ sich nichts vormachen. Wahrscheinlich hatten die zwei Seifenstücke pro Monat sie verraten – immerhin ist das deutlich mehr, als der durchschnittliche französische Tourist benutzt. Als Carlos und Donna nach Hause zurückkamen, wurden sie verhaftet.

Eine Gefängnisstrafe blieb ihnen erspart, was mit ihren guten Verbindungen zu ausländischen Diplomaten zusammenhängen mochte. Dennoch drohte man ihnen immerhin mit einer Haftstrafe von fünf bis sechs Jahren. Und ein Jahr später wurden sie zum Blockkommandanten beordert – einem der zahlreichen Regierungsinformanten, die es überall auf Kuba gibt – der ihnen nochmals mit Haft drohte.

„Alle waren froh, als Dollars endlich legal wurden", sagte Carlos. „Ich fand es nur bedrückend, dass so viele Leute für Jahre eingesperrt gewesen waren, weil sie ein oder zwei Dollar besaßen. Dass ich trotzdem keinen Hass auf das System habe, ist so eine Art Selbstschutz: Ich will mich nicht vom Hass zerfressen lassen."

„Als klar war, dass wir nicht fort konnten", sagte Donna, „waren wir eine ganze Zeit lang vollkommen verzweifelt. Dann haben wir uns in der kirchlichen Wohltätigkeitsarbeit engagiert, vor allem in den kirchlichen Krankenhäusern. Das hat uns wieder einen Sinn gegeben."

„Wir sind jetzt zufrieden", fügte Carlos an.

Kinder haben die beiden nicht, weil sie sich dafür zu ausgegrenzt aus der kubanischen Gesellschaft fühlten. Carlos weiß nicht einmal, ob seine Eltern noch leben. Außerdem bietet Kuba einem Kind nicht die Zukunft, die sich die meisten von uns für ihre Kleinen wünschen. (Jedenfalls nicht, wenn sie uns nicht gerade einmal wieder in den Wahnsinn treiben.)

„Die Revolution hat auch Gutes gebracht", sagte Carlos, „zumindest anfangs. Es wurden anständige Häuser für alle gebaut, aber eben mit Mitteln, die man anderen gestohlen hatte. Die Gesundheitsfürsorge ist umsonst – und das ist sie allemal wert. Ich kann zwar zum Arzt gehen, doch der kann nichts für mich tun. Deshalb unterhält die katholische Kirche ihre eigenen Kliniken. Schulbildung und Studium sind ebenfalls kostenlos. Aber das ist die pure Indoktrination und hat mit Bildung nicht viel zu tun. Außerdem müssen die Studenten bei der Zuckerrohrernte mitarbeiten, und sie ruinieren die Landwirtschaft, weil es sie nicht interessiert. Sie wissen gar nicht, was sie da machen."

Carlos und Donna liegt daran, den Leuten klar zu machen, was für ein schreckliches und beängstigendes Land Kuba ist. „Uns geht es nicht um Rache", erklärt Donna. „Wir wollen die Erinnerung bewahren. Die Menschen werden zu schnell vergessen haben, wie schlimm es war, so wie sie es in Russland schon getan haben. Am wichtigsten aber ist, dass sie sich erinnern, warum es so werden konnte."

Da gab es reichlich zu vergessen. Der Sozialismus hat sich auf Kuba von seiner hässlichsten Seite gezeigt. Hunderte kleiner Lichter des Batista-Regimes waren hingerichtet worden, und Tausende landeten im Gefängnis. Homosexuelle, Zeugen Jehovas und AIDS-Infizierte kamen in Konzentrationslager. Regierungskritiker wurden in die interne Verbannung, wenn nicht gar in die Irrenhäuser geschickt. Die Menschenrechtsgruppe von Americas Watch gibt an, dass es auf Kuba „prozentual zur Bevölkerung mehr politische Gefangene gibt, als in irgendeinem anderen Land". Freedom House, eine amerikanische pro-demokratische Organisation, deren ideologisches Spektrum von Jeane Kirkpatrick bis Andrew Young reicht, berichtet: „Es gibt stichhaltige Beweise für Folterungen und Hinrichtungen in den Gefängnis und den psychiatrischen Kliniken ... Menschenrechtsaktivisten vor Ort bestätigen, dass zwischen 60.000 und 100.000 Gefangene aller Kategorien in über 100 Gefängnissen und Internierungslagern gefangen gehalten werden." (Das sind prozentual beinahe doppelt so viele wie im wegsperrfreudigen Amerika.) Wie viele der Kategorien sind politisch? Nun, vom sozialistischen Standpunkt aus betrachtet, alle. Und jeder normale Kubaner landet mit an Sicherheit grenzender Wahrscheinlichkeit irgendwann im Gefängnis, denn laut Amnesty International werden nach kubanischem Recht „ungesetzlicher Umgang", „mangelnder Respekt", „Gefährdung der Öffentlichkeit", „gesetzeswidrige Veröffentlichungen" und „Widerstand" als Straftaten geahndet. Castro selbst war unter dem alten Regime für einige Zeit im Gefängnis. 1954 schrieb er in einem Brief nach draußen: „Wir brauchen viele Robespierres auf Kuba."

Ich wusste um das Gefahrenpotenzial, das hinter der Idee des Sozialismus' steckt, doch ich fragte mich nach wie vor, warum dieses Potenzial sich auf Kuba so stark in den Vordergrund drängt und in Schweden nicht. Ich wollte von Carlos und Donna wissen, ob es einen grundlegenden Unterschied zwischen der kubanischen und anderen Auffassungen von Sozialismus gibt. Oder lag es einfach daran, dass die falschen Leute den kubanischen Sozialismus kontrollierten?

„Weder noch", antwortete Carlos. „Es hat etwas mit Macht zu tun. Sie haben die absolute Macht. Überlegen Sie mal, was Sie tun würden, wenn Sie die totale Kontrolle über alle hätten."

ICH GEBE ZU, DASS ICH DIESE VORSTELLUNG nicht so sonnig finde, und dabei bin ich nicht einmal Sozialist. Sozialisten sehen die Gesellschaft als ein riesiges, verklebtes Knäuel, und es gibt nichts – nicht einmal die intimsten Details des Privatlebens – was sich der Kontrolle des sozialistschen Regimes entziehen kann. Denken wir nur an die schwedische Ministerin für Verbraucher, Religion, Jugend und Sport. Der Sozialismus ist per se eine totalitäre Philosophie.

Während sich die schwedischen Sozialisten bis zu einem gewissen Grad in Zurückhaltung üben, tun es die kubanischen kein bisschen. Die kubanischen Behörden nehmen sich das Recht heraus, in sämtliche Lebensbereiche der Menschen einzudringen – diesbezüglich ähneln sie Kenneth Starr vor dem Geschworenengericht. Nichts ist ihnen zu trivial, als dass sie sich nicht einmischen wollten. Stellen wir uns einmal vor, wie es aussähe, wenn wir die marxistische Theorie auf Rock'n'-Roll anwenden. Genau das nämlich tut die *Union de Escritores y Artistas de Cuba*, kurz: UNEAC, der offizielle Verband aller Kreativen. Karl Marx schreibt in *Das Kapital*: „Nichts kann einen Wert haben, ohne zugleich ein Gebrauchsgegenstand zu sein. Wenn etwas nicht brauchbar ist, ist die Arbeit sinnlos, die auf die Produktion verwandt wurde, und kann somit weder als Arbeit anerkannt werden noch einen Wert schaffen." Beethoven würde sich im Grab umdrehen, wenn er das hörte.

Professor Dr. Jose Loyola, der laut Visitenkarte „*Compositor y Musicologo*" sowie „*Vice Presidente Primero*" der UNEAC war, erklärte mir das Prinzip der Nützlichkeit. Insbesondere schilderte er mir die Bemühungen, kubanische Elemente in den Rock'n'Roll zu integrieren, um diese Musik von den imperialistischen Einflüssen der USA zu reinigen. Wie soll das gehen, „Sex and Drugs and Cha-Cha-Cha"? Professor Loyolas Büro lag in einem wunderschönen Stadthaus aus dem 19. Jahrhundert – die ideale Bude für einen Rockstar. Zuvor hatte ich einen echten kubanischen Rockstar besucht, Santiago Seliu (der einer der wirklich namhaften Stars der Musikszene sein musste, da ich nirgends eine Kassette oder CD von ihm auftreiben konnte, und auf Kuba grundsätzlich die guten Sachen zuerst vergriffen sind). Felius Bleibe hatte ausgesehen wie eine Studentenhöhle.

Das Stadthaus der UNEAC war durch billige Raumteiler und die allseits beliebten, wackligen Chromstühle verschandelt. Den Rest erledigten die zahllosen Fidel-Castro-Fotos, die überall dort hingen, wo eigentlich Kunst hingehörte. Während ich in dem Büro des Professors saß, das ehedem ein Esszimmer gewesen war, brach die Stromversorgung mehrfach zusammen.

Ich fragte ihn, welche Aufnahmebedingungen Musiker erfüllen mussten, wenn sie in den Verband aufgenommen werden wollten. Er erzählte mir, dass sie eine schriftliche Bewerbung mit Lebenslauf, einer Liste ihrer wichtigsten Konzerte, erhaltener Preise und Auszeichnungen sowie Aufnahmen ihrer Stücke einreichen mussten. Dann wurde eine Kommission aus drei oder vier „Prestigemusikern" gebildet, die entschieden, ob ein Kandidat angenommen wurde oder nicht. So funktioniert das in anderen Branchen schließlich auch.

SOLO-GITARRE MIT BAND, „THE DRIVEWAYS"
GESPIELT: AUFNAHMERAUM VON STIEFMAMA;
OFFENE JAM-SESSION BEIM KIRCHENBASAR
THE PATHETIC BEARD COFFEE SHOP
VIELE EINLADUNGEN, HAUPTSÄCHLICH VON DER POLIZEI
IN SEATTLE
ANLAGE: SELBSTGESCHNITTENES DEMOBAND „LIFE SMELLS"

Mick? Elton? Lassen wir die rein?

Ich fragte, was die UNEAC für ihre Mitglieder tut. „Das Prestige der Organisation öffnet viele Türen", sagte Professor Loyola. „Wir fördern die Arbeit der Künstler und kümmern uns um ihre, ähm, materiellen Probleme." Mit anderen Worten: Wer kein Mitglied der UNEAC ist, der verhungert.

„Was passiert, wenn man nicht Mitglied ist?" fragte ich.

„Tja, die meisten Künstler sind keine", antwortete Professor Loyola. „Auf Kuba gibt es vierzehntausend professionelle Künstler, und nur viertausend von ihnen sind bei uns Mitglied. Die anderen zehntausend haben das staatliche Kulturministerium, das ihre Arbeiten fördert." Man kann sich lebhaft vorstellen, wie tolerant diese Förderung gehandhabt wurde.

„Welche Probleme haben Musiker auf Kuba?" wollte ich wissen.

„Materielle Probleme."

„Materielle Probleme?"

„Naja", sagte der Professor Doktor, „wenn wir Geschäfte hätten, wo sie ihre Instrumente kaufen könnten, wäre es wohl leichter."

„Kann sein", sagte ich.

„Einige Musiker bekommen vom Kulturministerium Instrumente", fügte er hinzu, ehe er das Thema wechselte. „Früher hatten wir eine Menge autodidaktische Musiker, aber inzwischen gibt es richtige Ausbildungen. Wir bieten sogar eine Weiterbildung für die Autodidakten an." Was für ein Jammer, dass es so etwas nicht in den Südstaaten gab, zu Zeiten von Huddie Ledbetter und Lightnin' Sam Hopkins. Sie wären vielleicht nicht so „downbeat" gewesen, wenn man ihnen eine Stelle bei den New Yorker Philharmonikern angeboten hätte.

„Was tut die UNEAC, wenn ein Künstler Schwierigkeiten mit der Regierung bekommt?"

„Wenn er im Recht ist, helfen wir ihm. Und wenn nicht, helfen wir ihm, auf den richtigen Weg zurückzufinden", sagte Professor Loyola mit vollkommen selbstverständlicher Miene.

SEIT 1959 HILFT DIE KUBANISCHE REGIERUNG allen möglichen Leuten „auf den richtigen Weg zurückzufinden", womit sie die Volkswirtschaft in den Ruin getrieben hat. Das Ruinöseste an diesem Ruin ist, dass niemand ermessen kann, welches Ausmaß er hat.

Es gibt keinerlei verlässliche Wirtschaftsstatistiken. Möglicherweise wird Schweden nur dadurch davor bewahrt, in kubanische Verhältnisse abzurutschen, weil die Schweden geradezu besessen davon sind, ehrliche Rechenschaftsberichte über einfach alles, was die Regierung tut, zu veröffentlichen. Die Kubaner widerstehen dieser Versuchung erfolgreich. Die kubanische Regierung ist zu der Erkenntnis gekommen, dass nichts dafür spricht, die Wahrheit über die wirtschaftlichen Verhältnisse zu offenbaren – nicht einmal sich selbst gegenüber. Und was die Schwarzmarkt-Wirtschaft betrifft, so legen kubanische Kriminelle ebenso wenig Jahresberichte vor wie andere Kriminelle.

SÄMTLICHE KUBANER, sogar die offiziellen Stellen, gehen davon aus, dass die Wirtschaft seit den Achtzigern um mindestens ein Drittel geschrumpft ist. Aber ein Drittel von was? Das Bruttoinlandsprodukt pro Kopf wird beispielsweise für das Jahr 1995 von abtrünnigen kubanischen Wirtschaftswissenschaftlern mit 2.058 Dollar angegeben, von der Regierung mit 2.902 Dollar, von linksgefärbten amerikanischen Akademikern mit 3.245 und – und das ist die höchste Schätzung – vom amerikanischen Handelsministerium mit 3.652 Dollar. Gegenwärtig dürfte die Zahl bei 1.200 Dollar liegen, wenn man der kubanischen Nationalbank glauben will, oder bei 1.480 Dollar, wenn man lieber der CIA glaubt. Laut *Columbia Journal of World Business* liegt sie sogar nur bei 900 Dollar. Genaues weiß niemand, ebenso wie keiner sagen kann, wie viel der Peso wert ist.

Der offizielle Wechselkurs entspricht dem des neuen *konvertiblen Pesos*, aber das zu glauben, täuscht nicht einmal die kubanische Regierung vor. Der Schwarzmarktkurs lag im Mai 1996 bei 21 Pesos pro Dollar. Doch das kann auch nicht stimmen, weil er zwei Jahre zuvor bereits bei 150 Pesos pro Dollar war, und amerikanische Dollar weder weniger begehrt noch verfügbarer geworden sind. Der Lateinamerika-Experte Douglas M. Payne ist überzeugt, dass der kubanische Geheimdienst den Schwarzmarkt unter seine Kontrolle gebracht hat. Vielleicht benutzt die Regierung aber auch den konvertiblen Peso – der, obwohl in grellen tropischen Farben gehalten, eine Kopie amerikanischer Banknoten ist – um die Wechselstuben zu fluten. Die merkwürdigsten Dinge können passieren, wenn eine Regierung noch korrupter ist als ihre finstersten Untergebenen. Nur ein Schwachsinniger würde US-Dollar gegen etwas tauschen, das von der kubanischen Regierung gedruckt wurde – mit Ausnahme von Visa. „Es wird der Tag kommen, an dem das Geld keinen Wert mehr hat", hatte Castro dereinst in einem Anfall marxistischen Utopiedenkens geäußert. Scheinbar war es ihm damit ernst gewesen.

Man erfährt mehr, wenn man sich auf Kuba umsieht, anstatt Fantasie-Rechnungen aufzustellen. Also ging ich zum Ausstellungsraum des Handelsministeriums, welcher die ganze Pracht der Exportwirtschaft birgt. Zur Schau gestellt waren Kokosnussschalen, die wie Schildkröten aussehen sollten, und Körbe, die offensichtlich von Leuten mit Baseballhandschuhen an geflochten worden waren. Außerdem gab es Werbeplakate für vollkommen unbekannte Rumsorten, Bilder von Che Guevara und Flickenpuppen in diversen Größen und Variationen.

Handwerklich mögen die Kubaner nicht besonders geschickt sein, doch in puncto Schuldzuweisungen bringen sie ein beachtliches Talent mit. An ihrer Misere ist angeblich die Sowjetunion Schuld. Dieser Vorwurf ist insofern berechtigt, als der Zusammenbruch der Blockstaaten für die Kubaner einen Verlust von 4-6 Milliarden Dollar jährlich an Zuschüssen, Subventionen und Handelsabkommen bedeutete. Umgelegt auf die kubanische Bevölkerung entspricht das einem Dollar pro Person pro Tag. Man kann auf Kuba für weniger als einen Dollar am Tag leben – doch jetzt *mussten* sie es plötzlich alle.

Selbstverständlich erhielten die Sowjets eine Gegenleistung für ihre Großzügigkeit. Sie bekamen Zucker, Kobalt und Nickel. Das ist der Grund, weshalb man in Moskauer Restaurants während der Achtziger jederzeit einen Teller gezuckertes Kobalt oder Nickel kriegen konnte. Darüber hinaus schätzten es die Kubaner, dass die Sowjets den Vereinigten Staaten gewaltig auf die Nerven gingen. Und die Castro-Regierung genoss den Luxus vollendeter Trägheit. Sie kassierte tonnenweise Geld von der Sowjetunion und riss sich die gesamte kubanische Industrie, den Handel und das Land unter den Nagel. Die Schweden leihen sich ihren Wohlstand, aber die Kubaner stehlen ihn sich.

Also ist die Sowjetunion Schuld an der kubanischen Armut, weil sie auseinanderbrach, was wiederum heißt, dass es eigentlich Amerikas Fehler war. Wie immer. Die Kubaner geben den Amerikanern seit Inkrafttreten ihrer Unabhängigkeit im Jahre 1902 die Schuld für alles und jedes – wahrscheinlich schon seit Columbus damals den falschen Kurs nahm und eben kein amerikanischer Bürger wurde. Selbst als José Marti für die Unabhängigkeit von Spanien kämpfte, beschimpfte er die USA als das wahre „Monster". Dabei lebte er zu der Zeit in den Staaten.

Mein Fremdenführer Roberto erzählte mir, dass die Explosion des Kriegsschiffs *Maine* nichts weiter war als „ein Vorwand der Amerikaner, um sich in den Spanisch-Kubanischen-Krieg einzumischen". Dass Kuba nur dadurch gewinnen konnte, scheint im Nachhinein unerheblich.

Andererseits waren die Vereinigten Staaten alles andere als ein Traumnachbar gewesen. „Momentan bin ich so wütend auf die kleine kubanische Republik, dass ich diese Leute am liebsten von der Erdoberfläche verschwinden lassen würde", verkündete Teddy Roosevelt 1906. Die amerikanischen Militärkräfte besetzten Kuba von 1899 bis 1902 und von 1906 bis 1909. Die nächste Militärintervention fand 1912 statt, und man hat unzählige Male mit weiteren gedroht. Hinzukam die Schweinebucht 1961, wohin die USA Stellvertreter geschickt hatte, und ein Handelsembargo, das seither in Kraft ist. Für die Kubaner muss es zwangsläufig so aussehen, als wollten die Amerikaner Roosevelts Drohung wahrmachen.

Die Kosten, die dieses Embargo allein 1996 verursachte, werden von den Kubanern auf 38 bis 40 Milliarden Dollar geschätzt. Zufälligerweise ist dieser Betrag deutlich niedriger als der, den sie von der Sowjetunion dafür erhielten, dass sie Dinge taten, die ihnen dieses Embargo einbrachten. Aber wir sollten uns nicht mit Kleinigkeiten aufhalten – wir sprechen hier schließlich über Politik, nicht über Vernunft. 1996 kam dann das Gesetz über kubanische Freiheit und demokratische Solidarität, auch: Helms-Burton-Gesetz, benannt nach den beiden amerikanischen Politikern, die es durch den Senat boxten. Dieses Gesetz wurde mit großer Mehrheit angenommen, was teilweise damit zusammengehangen haben mochte, dass die Kubaner unmittelbar zuvor zwei Privatflugzeuge von Exilkubanern abgeschossen hatten, die die Angewohnheit hatten, Flugblätter über Havanna abzuwerfen. Wahrscheinlich enthielten diese Flugblätter gefährliche Informationen über Matratzenpreise in Miami. Das Helms-Burton-Gesetz erweiterte das Embargo, indem es nicht nur gegen diejenigen Sanktionen verhängte, die Handel mit Kuba trieben, sondern auch gegen diejenigen, die Handel mit Leuten trieben, die mit Kubanern handelten, oder die Kontakt mit ihnen, ihren Freunden oder ihren Haustieren hatten – oder so ähnlich. Auf jeden Fall war es hart.

Und die Kubaner kochten vor Wut. In ganz Havanna wurden die Wände mit Karikaturen von Senator Jesse Helms als Hitler, Uncle Sam als Hitler und noch einmal Jesse Helms als Hitler bemalt. Offenbar wussten die Kubaner nicht, wie Dan Burton aussah. – Wenn ich es genau überlege, weiß ich es auch nicht.

Natürlich ist dieses Embargo albern. Es liefert Castro eine wunderbare Entschuldigung für alles, was auf Kuba schief geht. Außerdem ist freies Unternehmertum das einzig wirksame Gegengift bei krankhaftem Sozialismus. Wir sollten den amerikanischen Firmen also nicht verbieten, Geschäfte auf Kuba zu machen, sondern sie vielmehr zwingen, es zu tun. Lasst sie von der Marine an Land bringen, wenn nötig. Obwohl ... das haben wir schon einmal versaut (oder besser: verschweinebuchtet?).

Die Kubaner wiederum müssen sich den Vorwurf gefallen lassen, dass sie unangemessen auf die amerikanische Provokation reagieren. Es gibt einen kleinen Inselstaat, der ebenfalls neben einem großen und mächtigen Land liegt, von dem er seit Jahrzehnten mit Invasionsdrohungen und Handelsembargos provoziert wird. Und Taiwan hält sich wacker.

ICH GING MIT ZWEI AMERIKANISCHEN Zeitungsjournalisten zu einem Interview mit dem kubanischen Wirtschaftswissenschaftler Hiram Marquetti, seines Zeichens Professor an der Universität von Havanna und Berater diverser staatseigener Betriebe und Regierungsstellen. Ich war neugierig darauf, wie sich ein „Experte" äußern würde, der weder die Erlaubnis hatte, Fakten zu nennen, noch sie zu kennen.

Marquetti blickte uns ernst an und sagte, das US-Embargo hätte Kuba 42 Milliarden Dollar gekostet, womit er den vom Berater des kubanischen Außenministeriums, Pedro Prada, genannten Betrag um ein paar Milliarden Dollar aufstockte. Pradas Buch *Island Under Siege* ist auf Englisch in den Andenkenläden der Hotels erhältlich – mitsamt anhängender Liste der „Blockadegegner", wo Danny Glover, Cindy Lauper und Cheech Marin namentlich aufgeführt sind.

Marquetti blickte noch ernster, als er gestand, dass die Lage finster wäre. In einigen Bevölkerungsgruppen zeigte die Mangelernährung verheerende Folgen, sagte er. Während der letzten Jahre hat der durchschnittliche Kubaner 35 Prozent zuwenig Vitamin A zu sich genommen, 40 Prozent zuwenig Eisen und 15 Prozent zuwenig Vitamin C. Letzteres ist erstaunlich, wenn man bedenkt, dass auf Kuba Zitrusbäume wachsen wie Unkraut. Marquetti blickte noch viel ernster, als er sagte: „Der größte Teil des verfügbaren Einkommens wird für Lebensmittel verbraucht, normalerweise über 50 Prozent. Wir brauchen den freien Markt, um den Bedarf zu decken." Aber er sagte auch, dass dieser freie Markt und die Dollars, die er einbringt, „nicht notwendig etwas mit der wirtschaftlichen Öffnung zu tun haben". Er behauptete, die „Dollarisierung" bezöge sich ausschließlich auf den staatlichen Zukauf von „neuer Technologie, Managementfachkräften und Zugang zu neuen Märkten". Angeblich hatte das Ganze nichts mit richtigen Kubanern zu tun, die richtiges Geld haben wollten.

„Die gesamten ausländischen Investitionen seit 1992, einschließlich noch nicht in Kraft getretener Verträge, belaufen sich auf 2 Milliarden Dollar", sagte Marquetti, der mit einem Mal stolz wirkte. Allerdings glaubt mein europäischer Freund, dass die eigentliche Zahl eher bei 750 Millionen Dollar liegen dürfte, und in einem Artikel des *New York Law Journal* liegt die Schätzung bei gerade mal 500 Millionen Dollar. „Die Nickelminen bringen 50 Millionen Dollar im Jahr allein an Löhnen, aber diese Zahlen geben wir gewöhnlich nicht in der Öffentlichkeit bekannt, aus Sicherheitsgründen", sagte Marquetti verschwörerisch.

Die Zeitungsjournalisten begannen sich zu langweilen. „Welche Auswirkung hat die Dollarisierung auf die Familien und die Gesellschaft?" fragte einer von ihnen. Marquetti ließ sich nicht beirren: „Erstens: Ausländische Investitionen. Zweitens: Ankurbelung des Fremdenverkehrs. Drittens: Öffnung für den Außenhandel." Maria war trampen, und ein Ausländer hat ein Investment in sie getätigt. Das ist Teil der Ankurbelung des Fremdenverkehrs. Und – meine Herren! – war sie offen für den Außenhandel ...

„Was ist mit den Prostituierten?" fragte der andere Journalist, als hätte er meine Gedanken gelesen. „Es gibt Gerüchte, dass die Regierung hier ein Auge zudrückt, weil Prostitution Devisen bringt."

Von einer Sekunde zur anderen sah Marquetti ziemlich menschlich aus – um genau zu sein, geradezu enthusiastisch. „Sie sind sehr günstig", sagte er. „Sie sind gebildet und sie sind sehr jung und schön. Kuba ist ein Land, dass die Touristen mit billigem Sex lockt." Es fehlte nicht viel, und er hätte gezwinkert. Dann bemühte er sich wieder um einen ernsthaften Gesichtsausdruck. „Die Krise hat negative soziale Auswirkungen, aber die lassen sich durch repressive Maßnahmen nicht korrigieren." Schließlich verteilen die Mädchen keine Flugblätter mit Matratzenpreisen. „Wir bemühen uns um andere Lösungswege, wie beispielsweise Schulbildung." Hatte er nicht gerade gesagt, sie *sind* schon gebildet? „Einige Jugendliche auf Kuba sehen die Lösung ihrer wirtschaftlichen Probleme eben in der Prostitution."

Worin Hiram Marquetti die Lösung seiner wirtschaftlichen Probleme sah, wurde deutlich, als er uns seinen Bericht über die kubanische Volkswirtschaft anbot – für fünf Dollar pro Exemplar.

VOR DER REVOLUTION lag das Pro-Kopf-Einkommen auf Kuba bei 374 Dollar im Jahr; das entspräche heute etwa 1.978 Dollar. Kuba ist ärmer als es damals war, obwohl die Armut etwas breiter verteilt ist. Die Castro-Regierung ist genauso unehrlich wie ihre Vorgängerin. Dass die moderne Korruption eher von der Gier nach Macht als von der nach schnödem Mammon gelenkt ist, macht es noch schlimmer. Und verbotener Sex ist nach wie vor zu haben, wenn man es schafft, die Nutten an den Liftboys vorbei zu schmuggeln.

Immer mehr Leuten zu ermöglichen, Nutten an Liftboys vorbei zu schmuggeln, ist bislang das Einzige, was sich die kubanische Regierung zur Besserung der Wirtschaftslage hat einfallen lassen. Nachdem die Sowjethilfe verpufft und der Zuckerpreis tiefer gefallen war als der für Blumentopferde, hielten sie den Tourismus für die letzte Rettung. Ungefähr 700.000 Touristen kommen jährlich nach Kuba. Das bedeutete eine Steigerung von 100 Prozent seit 1990. Die Regierung ging davon aus, dass ausländische Firmen bis zum Jahr 2000 zusätzliche 2,4 Milliarden Dollar in den Fremdenverkehr investieren würden, womit sich die Zahl der Hotelzimmer auf der Insel verdoppeln ließe. Und ich tippe, dass in jedem dieser Zimmer jemand wohnen würde, der mindestens so verrückt ist wie ich.

Denn wenn Kuba etwas überhaupt nicht beherrscht, dann ist es das Tourismusgeschäft. Als ich im Hotel Nacional eincheckte, gab man mir als Erstes das Zimmer des Managers, in dem er auch wohnte. Dann bekam ich ein anderes Zimmer, aber da funktionierte die Schlüsselkarte nicht. Der Page tauschte die Karte aus. Im Zimmer ließ sich der Safe nicht öffnen, was insbesondere auf Kuba verdrießlich ist, da man nicht mit Kreditkarte bezahlen kann und entsprechend viel

Bargeld herumschleppt, von dem man verständlicherweise gern einen Teil im Safe deponiert, statt das ganze Bündel kreuz und quer durch die Stadt zu tragen.

Als ich nach mehreren *Mojitos* auf mein Zimmer zurückwankte, funktionierte die Schlüsselkarte wieder nicht. Ich ging hinunter in die Halle, um eine andere zu holen. Dann wartete ich zehn Minuten auf den Aufzug. Die neue Schlüsselkarte passte auch nicht, der Aufzug brauchte wieder zehn Minuten, und schließlich musste mir das Zimmermädchen öffnen.

Im Morgengrauen des nächsten Tages wurde ich von mehreren aufmunternden Anrufen des staatlichen Fremdenverkehrsdienstes geweckt, dessen Büro im Erdgeschoss des Hotels war. Cuba-Trot, Havan-a-Vacation oder wie auch immer sie hießen boten mir einen Fahrer, einen Dolmetscher, einen Fremdenführer und noch ein paar andere Sachen an – vielleicht einen Zirkuselefanten, der gesattelt und geschniegelt bereitstand um mich überall hin zu bringen, wo ich hin wollte, außer zurück ins Bett? Ich hatte nichts von alldem bestellt.

In den frühen Morgenstunden des darauffolgenden Tages rief die Vermittlung an und teilte mir mit, ich solle „unverzüglich an die Rezeption kommen". Als ich unten ankam, sagte mir der Mann hinter dem Tresen: „Es war nichts." Ich fuhr wieder nach oben, und meine Schlüsselkarte passte nicht. Im Morgengrauen des dritten Tages rief jemand an, der sich verwählt hatte, am vierten Morgen war es irgendwer, der unglaublich gut und viel Französisch sprach.

Zumindest war ich jeden Tag zeitig zum Frühstück auf den Beinen. Ich bestellte jedes mal Kaffee, Toast und Orangensaft, und ich bekam immer etwas anderes. Dann reiste ich weiter nach Trinidad an der Karibikküste, wo ich in einem Strandhotel wohnte. In den frühen Morgenstunden läutete das Telefon – als ich mich meldete, wurde aufgelegt. Ich bestellte Kaffee, Toast, Orangensaft und bekam Kaffee, Orangensaft und ein Käsesandwich mit Ketchup. Am nächsten Morgen um 7 Uhr erschien ein Zimmerkellner unaufgefordert an meiner Tür und brachte mir einen Teller mit Brötchen, wie sie gewöhnlich zum Abendessen gereicht werden. Als ich auscheckte stand ein ziemlich verärgertes kanadisches Pärchen an der Rezeption. „Sie haben uns eine Nachricht gegeben, auf der stand ‚Anruf aus Toronto' und sonst nichts. Da denken wir natürlich, zu Hause ist etwas passiert, und als wir nach Stunden endlich durchkommen, stellt sich heraus, dass überhaupt niemand für uns angerufen hat. Dieser Spaß hat uns fünfzig Dollar gekostet, ist Ihnen das klar?"

NACH TRINIDAD FUHR ICH über die Autopista, eine sechsspurige ... vierspurige ... manchmal zweispurige ... Mit den Sowjets blieb der Bau buchstäblich auf der Strecke, die überdies keinerlei Fahrbahnmarkierungen aufweist. Die Autopista führt von Havanna in südöstlicher Richtung quer über die Insel. Es herrschte so wenig Verkehr, dass die Kühe mitten auf der Straße standen und das Gras abfraßen, das in den Asphaltrissen wuchs. Mir war, als durchlebte ich gerade einen radikalökologischen Tagtraum, bis ich an einem ostdeutschen Sattelschlepper vorbeifuhr, der für die kilometerlange schwarze Abgaswolke verantwortlich war – es war kein Traum gewesen.

Beim Autofahren auf Kuba muss man furchtbar aufpassen, allerdings weiß man nie, worauf. Da wären einmal die Schlaglöcher, von denen einige so groß sind, dass man bequem einen Kaffeetisch und vier Stühle hineinstellen könnte. Dann sind da die Leute, die plötzlich auf die Fahrbahn springen und verzweifelt, manchmal gar gefährlich energisch versuchen, einem eine einzelne Zwiebel zu verkaufen. Oder einen Knoblauchzopf. Oder ein bleichen, schmierigen Klumpen. Fett? Pudding? Ein Pfund Fleisch? (Wie sich herausstellte, handelte es sich um hausgemachten Käse.)

An jeder größeren Kreuzung standen massenweise Anhalter, diesmal keine Prostituierten, sondern gewöhnliche Leute, bisweilen ganze Familien, die mitgenommen werden wollten. Die öffentlichen Verkehrsmittel auf Kuba sind eine blanke Katastrophe. *Fodor's* Fremdenführer kommentiert: „Stellen Sie sich darauf ein, dass Sie auf den nächsten verfügbaren Bus bis zu drei Tage warten müssen." Zwischen den Menschen mit den hochgereckten Daumen standen die Verkehrspolizisten. Sie stoppten alle Autos und Lastwagen (mit Ausnahme derjenigen, die ein *Tourista*-Nummernschild hatten) und zwangen sie, Anhalter mitzunehmen.

Die Bullen helfen einem beim Trampen – das war endlich die Revolution, wie sie mir vor dreißig Jahren vorgeschwebt hatte, als ich ziemlich viel Marihuana rauchte. Das heißt: nicht ganz. Der Grund dafür, weshalb so viele Leute am Ende der Welt stehen und auf eine Mitfahrgelegenheit warteten, war der, dass sie hierher verfrachtet worden waren, um bei der Zuckerernte mitzuarbeiten. Und ich erinnere mich nicht, dass in meinem Traum vom Arbeiterparadies wirkliche Arbeit vorgekommen war.

Die Zuckerernte lief während meines Aufenthalts auf vollen Touren. Besser gesagt: Sie hätte auf vollen Touren laufen sollen, tat es aber nicht. Ich bin zwar kein Agrarexperte, aber ich denke doch, dass an Zäunen zu lehnen, mit den Händen in den Hosentaschen herum zu spazieren und auf parkenden Traktoren zu rauchen nicht unbedingt zu den effizientesten Methoden gehören, Zuckerrohr zu schneiden.

Dafür hatten die Kubaner viel Arbeit und Energie in das Malen von Propagandasprüchen gesteckt. SOZIALISMUS ODER TOD prangte an nahezu jeder Straßenüberführung. Vielleicht sollte es die US-Regierung auch mal mit ein paar markigen Slogans probieren. Mein Vorschlag wäre: AMERIKA – ES IST NICHT NUR SCHEISSE.

Was die Auswahl „Sozialismus oder Tod" angeht, so tendierte ich nach einigen Wochen auf Kuba eher zur zweiten Alternative. Die Antwort der Castro-Regierung wäre wahrscheinlich folgendermaßen ausgefallen: Tod? Kein Problem. Das lässt sich arrangieren. Aber *zuerst* kommt der Sozialismus!

Ich verließ die *Autopista* und fuhr auf einem löchrigen Asphaltstreifen durch die Escambray-Berge. Die Sonne ging gerade unter, als sich plötzlich der Verkehr verdichtete – gigantische russische Lastwagen, die ziellos, scheinwerferlos und unter konsequenter Missachtung des Rechtsverkehrs durchs Gebirge knatterten. Als ich die Gefahrenzone schadlos hinter mich gebracht hatte, war ich kurz vor Cienfuegos. Im *Fodor's* Reiseführer hatte ich gelesen: „Die Leute in Cienfuegos preisen es als ‚*la Linda Ciudad del Mar*' (die bezaubernde Stadt am Meer)." Sie lügen. Von hier aus bis zur Küste fuhr man fünfundzwanzig Kilometer durch Sumpfgebiet, über eine Straße, auf der sich Tausende Krebse tummelten. Jedes mal, wenn ich einen überfuhr, ertönte ein Geräusch wie damals, als ich zehn war und zwei Wochen an einem Plastikmodell des Schlachtschiffes *Missouri* gebaut hatte, auf das mein barfüßiger Vater im Dunkel trat. Die Straße roch wie fünfundzwanzig Kilometer Krebssalat, dessen Verfallsdatum abgelaufen ist.

Es war 10 Uhr abends, als ich bei meinem Strandhotel, dem Ancon, ankam, aber das Buffet war noch geöffnet. Sie servierten Krebssalat. Ich ging an die Bar.

A M MORGEN GLITZERTE DAS MEER, der Sand schimmerte und das Käsesandwich mit Ketchup kam. Krebsrot gebrannte Feriengäste tollten in der Brandung, das heißt: sie standen am Strand und überlegten, ob sie in der Brandung tollen sollten, da sie beim letzten Herumtollen mehrere Stachelrochen gesehen hatten.

Im Ancon wohnten hauptsächlich Kanadier mittleren Alters, welche die typisch kanadische Vorstellung von Spaß im mittleren Alter hatten. Die bestand in erster Linie darin, sich am Buffet Krebssalat-Nachschub zu holen. Die Architektur des Ancon war modernistisch, die Zimmer bequemistisch und das Essen ziemlich essensähnlich.

Es gibt deutlich schlechtere Touristenunterkünfte auf Kuba, genau genommen sind alle anderen schlechter als das Ancon. Auf der Hitliste hat es den ersten Platz verdient. Ich hatte mir andere Strandhotels in der Nähe von Trinidad angesehen, und ich war auch zu jenen gefahren, die an den *Playas del este* außerhalb Havannas lagen. Die meisten waren trist, einige feucht und schmutzig. Und eines war ein Verbund winziger Fertigbauhütten mit Außenwaschbecken und Sammelduschen – es erinnerte an das Gelände einer Mietoilettenfabrik.

Kuba steht ganz unten auf der Liste der internationalen Ferienziele. Wenn Sie das nächste Mal vor einem schnöseligen Pariser Kellner sitzen, der Ihnen die

Plats du jour herunterbetet, als würde er Ihnen aus großer Höhe auf den Kopf pinkeln, können Sie Ihre Rachegelüste mit der Aussicht beflügeln, dass eben jener Kellner im kommenden August an Kubas *Costa del Flohsack* hocken und in einer Zementbude Schweinefutter serviert bekommen wird.

Ich habe mich in der näheren Umgebung von Trinidad umgeschaut und den Iznagaturm besichtigt. Es ist ein neo-klassizistischer Bau aus dem frühen 19. Jahrhundert, mit sieben bogenförmigen Säulen, die sich nach oben verjüngen. Die filigrane Bauweise bei einer Gesamthöhe von beinahe sechzig Metern lässt beim Betrachter den Eindruck entstehen, der Turm könnte jeden Moment davonfliegen – wie ein klassizistisches Raumschiff. Der Zweck dieses wunderschönen und raffinierten Kunstwerks von architektonischer Meisterklasse, dessen Bau volle zehn Jahre in Anspruch nahm, war der, die Sklaven daran zu hindern abzuzwitschern. Der Plantagenbesitzer stellte sich dazu ganz oben auf den Turm und überwachte düsteren Blickes jeden ihrer Schritte. Dieser Tage wird der Turm nicht mehr benutzt. Dank des Blockkommandantensystems kontrolliert sich das bewegliche Arbeitsmaterial von allein.

Ich fuhr durch das *Valle de los Ingenios* („Das Tal der Zuckermühlen" wird es romantischerweise genannt) und zurück über die Escambray-Berge. Bis 1967 gab es hier eine Anti-Castro-Guerilla, wobei die Regierung es vorzog, sie „Banditen" zu nennen. In Trinidad hatte man in einer ehemaligen Kirche eine Gedenkstätte mit dem bezaubernden Namen „Museum über den Kampf gegen die Banditen" eingerichtet. Vielleicht sollte man in den USA eine Filiale eröffnen – als Örtlichkeit scheint mir Dan Rostenkowskis altes Kongressbüro passend.

In dem Museum war allerdings nicht viel zu sehen. Das Prachtstück der Ausstellung war ein zertrümmerter Ausflugsdampfer, den man wahrscheinlich irgendwann der CIA abgenommen hatte. An Deck waren zwei Maschinengewehre montiert, die eindeutig nach modernster sowjetischer Waffentechnologie aussahen und in befremdlichem Gegensatz zu den Holzschrauben standen, die man für die Montage verwendet hatte. Der Rest der Ausstellung wurde vornehmlich durch Fotografien bestritten, die kubanische Soldaten zeigten, welche „den Banditen zum Opfer gefallen waren". Einer dieser armen Soldaten hieß bezeichnenderweise O'Really.

Ansonsten war in Trinidad auch nicht viel zu sehen. Es ist sehr alt, aber das muss man eben mögen. Die Stadt wurde 1514 von Diego de Velazquez, dem Conquistador von Kuba, gegründet. Eigentlich bot Kuba einem Eroberer wenig zu erobern. Vielleicht wäre er mit „Confiscador" treffender beschrieben gewesen. Die Stadt Trinidad erlebte im 18. Jahrhundert ihre Blütezeit, als sich ihr Hafen zur ersten Adresse für den Sklavenhandel gemausert hatte. Kurz darauf wurden dann bessere Sklaven-Entladevorrichtungen in Cienfuegos gebaut. Seither hat sich in

Trinidad nicht viel geändert, und das versetzt die Reiseführer in Euphorie. Der *Fodor's* lässt sich lang und breit darüber aus, dass diese „wunderschöne, koloniale Enklave" nicht „verschmutzt wurde durch Werbung, Autos, Souvenirläden, Dutzende Restaurants und Hotels, und Touristenhorden, die sich durch die Straßen wälzen". Was im Klartext ungefähr heißt, dass während der vergangenen zweihundert Jahre hier niemand einen müden Centavo verdient hat.

Die Gebäude um den zentralen Marktplatz waren ausgebessert und relativ frisch gestrichen. Diejenigen, die nicht um den zentralen Marktplatz lagen, nicht. Praktisch alle Bauten waren eingeschossig, aneinandergeklatscht nach dem Motto „wird schon halten", und dazwischen lag Straßenpflaster, dessen einzelne Steine schon knapp vor dem zulässigen Höchstmaß für Handgepäck lagen.

Ich verirrte mich auf dem Rückweg zum Hotel. Die Straßen wurden immer enger, und die Leute, die sich darin aufhielten, vermittelten mir nicht gerade den Eindruck, als wären sie besonders erfreut, weil die UNESCO Trinidad zu einem Bestandteil des Welterbes ernannt hatte. Eigentlich sahen sie eher deprimiert und fies aus. Ich erntete weit mehr eisige Blicke und Pfiffe, als mir lieb waren, und während ich noch im Stillen zu mir sagte „ich möchte hier nicht unbedingt anhalten müssen", musste ich unbedingt anhalten.

Der Anlasser heulte vergebens, denn die Zündung hatte ihren Geist aufgegeben. Eine ganze Traube verarmter Kubaner versammelte sich um meinen Wagen. Hektisch blätterte ich in meinem *Berlitz*-Reiseführer nach „Beschwichtigenden Bemerkungen". Dann stellte ich fest, dass die Geräusche um mich herum verstummt waren. Die Menschen um den Wagen lächelten mich an. Und sie lächelten nicht so wie ich gelächelt hätte, wenn ich Latino wäre und mir in meinem Territorium ein vor Geld strotzender Dummkopf vor die Füße gefallen wäre. „*El auto es busto*", erklärte ich und öffnete die Motorhaube auf die entschlossene Art, die wir Männer so gern an den Tag legen, wenn wir nicht wissen, was wir tun (sollen).

„*Mi amigo es mecanico*", sagte ein Mann aus der Menge. Gemeinsam mit zwei Freunden packte er die Stoßstangen und schob den Wagen die Straße hinunter um die Ecke. Dort trat ein kräftiger Kerl aus einem Haus, der ungefähr meines Alters war. Während er sich den Vergaser näher ansah, kümmerte sich die Menge um den Rest. Ein Jugendlicher schleppte Werkzeug herbei. Ein anderer setzte sich auf den Fahrersitz und testete die Zündung nach Anweisung des Großen. Zwei junge Männer rollten ein Fass Benzin die Straße hinauf und kippten ein bisschen davon in den Tank. Ein alter Mann kam aus einem der benachbarten Häuser und brachte einen Kanister mit Wasser. Er prüfte die Batterie und füllte bei der Gelegenheit gleich die Scheibenwaschanlage. Ein anderer Mann kam herbei und prüfte den Verteilerkopf. Er zog jeden einzelnen Gummiring heraus und sah genau in die Kappe. Ein dritter Mann nahm sich die Benzinleitung vor, deren Durchlässigkeit er mittels Saugtest prüfte, was einen unschönen Belag auf der Einfahrt des hilfsbereiten „mecanico" hinterließ. Der nahm derweil die Benzinpumpe auseinander. Der Mann an der Verteilerkappe verschwand für kurze Zeit, um mit neuen (oder neu-ergatterten) Verteilerköpfen wiederzukommen, die er auf die zerschlissenen Zündkerzen setzte. Derweil prüften die anderen den Kühler und den Ölstand. „Ich habe eine Tante in Union City, New Jersey", sagte jemand. Mehr Englisch beherrschte niemand von ihnen.

Eine Stunde später schüttelte der Große den Kopf. Er konnte nichts mehr tun. Mir kam das in gewisser Weise entgegen, da mein Auto innen bereits aufdringlich nach toten Krebsen roch, und ich von FlubaTours im Hotel ein anderes bekommen würde. Auf mich kam nun allerdings ein diplomatisches Problem zu: Meine Mechanikerhorde wollte kein Geld von mir annehmen. Ich könnte, so entnahm ich den Dolmetscherkünsten des eingetroffenen Taxifahrers, das Benzin bezahlen. Benzin war schwer zu bekommen. Aber was die Arbeit am Auto betraf – sie hatten es ja nicht repariert. Aber für die Zeit, die sie damit verbracht hatten, sollten sie entlohnt werden, beharrte ich. Sie starrten verlegen auf den Boden. Zeit ist wahrscheinlich das Einzige, was jeder Kubaner im Überfluss besitzt. Meine darauffolgenden Verhandlungen standen den Bemühungen Jimmy Carters, den Friedensnobelpreis zu erringen, in Nichts nach und ergaben immerhin, dass ich sie auf 50 Dollar hoch handeln konnte.

Che Guevara glaubte fest daran, dass der Sozialismus einen „neuen Menschen" schaffen kann. Das sollte jemand sein, der nicht mehr nur für die eigenen Bedürfnisse arbeitet, sondern für das Wohl der Menschheit. Eventuell galten all die Hinrichtungen, Verhaftungen, die Schikane und die Erniedrigungen in Kuba einzig dem Zweck, diesen „neuen Menschen" zu erschaffen – das wäre dann jemand, der sich so verhält wie der große Kerl bei meiner Autopanne. Nur war der keiner von denen, denn an seiner Werkstatt prangte ein großes Schild mit der Aufschrift: „VIERUNDZWANZIG STUNDEN PARKEN – ICH REPARIERE IHRE AUTOS, MOTORRÄDER UND FAHRRÄDER". Er hoffte auf den kapitalistischen Imperialismus – auf Englisch.

6

VOM BEATNIK ZUM STUDENTEN
DER WIRTSCHAFTSWISSENSCHAFTEN:
Einführung in die Wirtschaftswissenschaften als Ersatzdroge

NACHDEM ICH MICH ZWEI JAHRE auf verschiedenen Märkten umgesehen, mich mit den gesellschaftsrelevanten Aspekten der unterschiedlichen Wirtschaftssysteme beschäftigt und meine Nase in anderer Leute Angelegenheiten gesteckt hatte, kam ich zu dem Schluss, dass ich mir nochmals die Frage stellen sollte: „Worüber rede ich hier eigentlich?" Also wandte ich mich wieder den Büchern über Wirtschaftstheorie und den Collegetexten für Ökonomiestudenten zu, sogar dem schrecklichen Werk von Samuelson, *Economics.* Und diesmal ... fand ich es leider immer noch öde. Und ich war immer noch hoffnungslos überfordert. Dennoch schien mir diese Langeweile mittlerweile interessanter geworden zu sein, wenn man das so ausdrücken kann. Und mein Unverständnis basierte auf einer besseren Informationsgrundlage.

Über Volkswirtschaft zu lesen, nachdem man sie sich in Aktion angesehen hat, ist als würde man die Montageanleitung für ein Weihnachtsspielzeug lesen, nachdem man es zusammengebaut hat. Einige der Abbildungen machen plötzlich Sinn – obwohl das Ganze nach wie vor ein heilloses Kauderwelsch ist, und das Spielzeug nicht funktioniert.

Ich behaupte nicht, dass ich die Wirtschaftswissenschaften verstehe. Dafür beginne ich zu begreifen, wie sie verstanden werden. Das sieht nach zwei Semestern an einem normalen College so aus:

I.   Es gibt eine Menge Grafiken.
II. Die sollte ich mir merken.
III. Oder ich besorge mir den Test vom letzten Jahr.

Nach mehreren Drinks an einer herkömmlichen Bar sieht es so aus:

I. Es gibt nur eine begrenzte Anzahl materieller Güter auf der Welt, und irgend-jemand hat mir meinen Anteil weggeschnappt.
II. Jedes Gehalt ist Unterbezahlung.
III. Geschäfte zu machen, ist kriminell.
   A. Einzelhändler sind Diebe.
   B. Großhändler sind Zuhälter.
   C. Fabrikbesitzer sind Sklaventreiber.
IV. Vermögen ist immer eine Folge von betrügerischer Verschwörung unter:
   A. Juden.
   B. Japanern.
   C. Piraten mit Designerkrawatten an der Wall Street.

Das entspricht größtenteils dem Wirtschaftverständnis von Sozialisten. Vielleicht kranken die sozialistischen Staaten des 20. Jahrhunderts daran, dass sich die Sozialisten morgens eine kleine Dröhnung verpassen, ehe sie sich Wirtschaftsdingen zuwenden. Oder aber sie sind nachhaltig verwirrt, weil sie Texte von professionellen Wirtschaftswissenschaftlern gelesen haben. Das Wirtschaftsverständnis der Jünger von John Maynard Keynes beispielsweise lässt sich folgendermaßen umreißen:

DIE KEYNESIANISCHE GLEICHUNG — ÜBER DIE BEZIEHUNG ZWISCHEN KONSUMAUSGABEN UND GLEICHGEWICHTETER EINKOMMENSVERTEILUNG

Der Gleichgewichtszustand des Einkommens (Y) entspricht der Summe der Ausgaben [Konsum (C) plus Investition (I) plus Haushaltsausgaben (G) plus die Summe aller Exporte (X) minus Importe (M)] mal 1 geteilt durch den kalkulierbaren Hang zum Sparen (mps), wenn mps gleich 1 minus dem kalkulierbaren Hang zum Verbrauch (mpc). Also:

$$Y = \frac{[1]\ [C + I + G + (X - M)]}{1\,mpc}$$

ZUGEGEBENERMASSEN FÄLLT ES SCHWER, anhand obiger Formel einfache wirtschaftliche Fragen zu lösen, wie beispielsweise: Soll ich meinen Bonus als Festgeld anlegen oder lieber neue Stereoboxen kaufen?

Betrachten wir die Ökonomie im Allgemeinen, sind wir alle – ob Piraten mit Designerkrawatten, Albaner, Schweden oder Kubaner – entmutigt. Sie ist um ein Vielfaches schlimmer als ein Selbstbau-Dreirad vom Weihnachtsmann. Wir fühlen uns, als stünden wir vor einer riesigen Apparatur, von der wir weder wissen, was wir damit anfangen sollen, noch wie wir es anfangen. Genau genommen fühlen wir uns, als wollte uns jemand durch diese Apparatur jagen. Wir sind der Weizen, der Zucker und der Kakao, die an die Keksfabrik geliefert werden und am anderen Ende dieser Maschine garantiert gemahlen, vielleicht geschrotet und hoffentlich mit Zuckerguss wieder herauskommen.

Doch obwohl wir uns so fühlen, benehmen wir uns anders. Sobald wir uns einer wirtschaftlichen Aktivität hingeben – wenn wir etwas kaufen, verkaufen, schnorren oder arbeiten – verhält sich jeder von uns, als wüsste er, was er tut. Das macht sogar Fidel Castro. Das *Forbes*-Magazin schätzte seinen Nettowert im Juli 1997 auf 1,4 Milliarden Dollar.

Wir verstehen also doch etwas von Ökonomie. Wir glauben nur, dass wir nichts davon verstehen. Und manchmal haben wir leider Recht.

WIRTSCHAFTSWISSENSCHAFTLER GEBEN VOR, sich mit Produktion, Verteilung und Verbrauch zu beschäftigen. Doch Produktion erfordert Fertigkeiten und kann daher nicht von Professoren gelehrt werden, weil sie dazu wissen müssten, wie man etwas macht. Verbrauch wiederum ist Privatangelegenheit und somit tabu. Immerhin berührt er so sensible Bereiche wie die Menge an Toilettenpapier, Kondomen, Tiefkühlpizza, die mitten in der Nacht allein und direkt aus der Mikrowelle verzehrt wird, und Zigaretten, die man im Carport raucht, weil der Ehepartner meint, man hätte sie sich schon vor Monaten abgewöhnt. Also tendiert die Wirtschaftswissenschaft dahin, sich auf die Verteilung zu konzentrieren.

Und wenn Ökonomen von „Verteilung" reden, meinen sie die Verteilung von allem und jedem, und nicht etwa nur die von Tiefkühlpizzen und den Mikrowellengeräten, in denen man sie auftaut. Ihnen geht es auch um die Verteilung von Rohmaterialen, wie die Saat und den Dünger für den Pizzabelag und die Petrochemikalien, aus denen man die Holzdekor-Laminathüllen für Mikrowellen macht. Dann kommt die Verteilung von Arbeitskraft – der Aufwand für das Tiefkühlen von Pizza und die Montage von Mikrowellen. Und schließlich die Verteilung des Kapitals – jenes Geldes, für das man Kunststofflaminate kauft und Supermarktpizza, die nach selbigem schmeckt. Nicht zu vergessen die Verteilung von Ideen. (Wessen Idee war es eigentlich, Ananasstückchen auf eine Pizza zu legen?) Selbst Raum und Zeit werden verteilt, denn beides verkaufen uns die Lebensmittel- und Elektrogerätehändler. Sie lagern die Dinge, die wir brauchen, an einem Ort, wo wir hinkommen können, wenn wir können und, siehe da, schon haben wir einen dickmachenden Mitternachtsimbiss.

Alle zur Verteilung kommenden Dinge werden „Wirtschaftsgüter" genannt. Für einen Ökonomen trifft dieser Begriff auf all jene Dinge zu, an denen „Knappheit" herrschen kann. Und die ökonomische Definition von Knappheit ist so dehnbar, dass praktisch alles als knapp bezeichnet werden kann. Luft ist ein Wirtschaftsgut, denn wenn sie verschmutzt wird, müssen wir Geld für Katalysatoren und bleifreies Benzin ausgeben, damit sie wieder sauber wird. (Wie wir hörten, plant Woody Harrelson eine Sauerstoffbar in Los Angeles.) Doch auch wenn Luft umsonst ist, haben wir eine begrenzte Lungenkapazität, um sie aufzunehmen. Vor allem, nachdem wir heimlich im Carport Camels gepafft haben. Luft ist ein Wirtschaftsgut für unsere Körper, und wir hoffen, dass sie wirtschaftlich damit umgehen – indem sie den Sauerstoff in die Blutbahn oder sonstwohin leiten und nicht nur zur Produktion von geräuschvollen Darmwinden nutzen.

Aus der Warte eines Ökonomen ist alles außer Bedürfnissen knapp. Wilde sexuelle Fantasien sind keine Wirtschaftsgüter, doch sie werden welche, sobald wir sie verwirklichen wollen (wie gut diese Güter dann am Ende sind, steht auf einem anderen Blatt). Güter sind begrenzt; Bedürfnisse sind unbegrenzt. Diese Feststellung führt die Ökonomen zu dem Schluss, dass der eigentliche Zweck der Volkswirtschaft darin besteht, den bestmöglichen Weg zu finden, wie endliche Güter unendliche Wünsche decken können (das klappt bei den wilden sexuellen Fantasien übrigens nie).

Während die Ökonomen sich diesem hehren Ziel widmen, verbringen sie reichlich Zeit damit, über etwas nachzugrübeln, dass sie „Effizienz" nennen. Unter Effizienz verstehen sie eine Situation, in der eine Wirtschaft von einem bestimmten Gut nicht mehr produzieren kann, ohne dafür die Produktion eines anderen zu drosseln. Wenn Sie zwei Jobs haben, dürften Sie arbeitstechnisch den Effizienzpunkt erreicht haben. Sie können in Job A nicht mehr Überstunden machen, ohne in Job B weniger zu arbeiten – sonst kriegen Sie Probleme mit dem Kinderschutzbund. Sie sind also effizient, egal was Ihre beiden Chefs sagen.

Ein beliebtes Beispiel der Ökonomen für Effizienz sind Gewehre und Butter. Eine Gesellschaft kann Gewehre und Butter produzieren, sagen sie, doch wenn sie mehr Gewehre produzieren will, muss sie die Butterproduktion – wegen der begrenzten Verfügbarkeit von Ressourcen, Kapital und Arbeitskraft – zurückfahren. Angesichts der hohen Effizienz der Waffenproduktion legt dieses Beispiel den Schluss nahe, dass Haubitzen von Kühen fabriziert werden. Und das ist nur einer von vielen Gründen, weshalb wir die Ökonomen nicht allzu ernst nehmen sollten.

Genau genommen wird der Punkt höchstmöglicher Effizienz nämlich niemals erreicht, wie sich unschwer an dem Beispiel der Kollegen bei unseren beiden Jobs nachweisen lässt. Ökonomen wissen nicht wirklich viel über Effizienz, und Nicht-Ökonomen ebenso wenig. Zweifellos haben die englischen Bürger im 18. Jahrhundert geglaubt, sie produzierten so viel Kohle und Strickwaren wie sie können. Ein zusätzlicher Bergmann hätte einen Sockenstricker weniger bedeutet. Dann erfand James Watt die Dampfmaschine, und plötzlich rollten sich die Kohleloren selbst durch die Bergwerke und in den Strickwarenfabriken wurde automatisch gestrickt. Alle hatten mehr Socken und mehr Kohle, um ein Feuer zu machen, vor dem man nasse, stinkende Socken zum Trocknen aufhängen konnte. Effizienz ist demnach keine konstante Größe, doch die Ökonomen können mit ihren Veränderungen nicht standhalten, weil sie Hausarbeiten korrigieren und die Zahl für Y herausbekommen müssen.

EINE SACHE, DIE DIE ÖKONOMEN mit Sicherheit wissen, ist, dass Wirtschaftswissenschaft in zwei Gruppen unterteilt ist, „Mikroökonomie" und „Makroökonomie". In der Mikroabteilung beschäftigt man sich mit individuellem wirtschaftlichen Verhalten, und in der Makroabteilung damit, wie sich eine Wirtschaft als Ganzes verhält. Das heißt: Die Mikroökonomie kümmert sich um die Dinge, bei welchen die Ökonomen besonders falsch liegen, und die Makroökonomie um solche, bei denen sie allgemein falsch liegen. Um es noch genauer auszudrücken: Die Mikroökonomie dreht sich um das Geld, das wir nicht haben, und die Makroökonomie um jenes, das der Regierung ausgegangen ist. Da diese beiden Probleme im richtigen Leben ständig ineinander greifen, habe ich sie in diesem Buch so verheddert gelassen, wie sie sind.

Aus irgendwelchen kühlen Gründen, die mir nicht einsichtig sind, unterscheiden die Ökonomen darüber hinaus zwischen „Aufwand" und „Ertrag". Aufwand sind die Arbeit, die Ressourcen und das Geld, welche wir benutzen, um den gewünschten Ertrag zu bekommen, wie etwa Geld, Ressourcen und Arbeit. Alle Erträge, selbst Mist, gebrochene Herzen und enorme illegale Profite entpuppen sich letztlich als Aufwendungen: Dünger, Filmdrehbücher und Kapitalinvestitionen in Videospielbuden in Tirana.

Zwei weitere überflüssige Differenzierungen sind „Angebot" und „Nachfrage". Diese Aspekte sind mit der „Knappheit" hinreichend abgedeckt. Es gibt haufenweise Nachfrage und kaum Angebote.

Die Ökonomen messen Angebot und Nachfrage anhand von grafischen Kurven. Wenn die Angebotskurve nach oben geht, geht die Nachfragekurve nach unten. Ist das wirklich wahr? Habe ich weniger Hunger, wenn ich weiß, dass ich ein ganzes Tiefkühlfach voller Pizzen habe? Meine bisherigen Erfahrungen mit der

Mikrowelle um zwei Uhr nachts sprechen dagegen. Können wir überhaupt wissen, wie sehr Leute etwas brauchen? Unser Sohn braucht „ganz, ganz, ganz unbedingt" ein Snowboard. Aber braucht er es wirklich, oder pfeffert er es nach den ersten drei Stürzen in die Carportecke, wo es die nächsten zwanzig Jahre bleibt? Was die Angebotskurve betrifft, zeigt uns der Effizienzbegriff, dass wir nicht wissen können, wie viele Snowboards wie billig produziert werden können. Im kommenden Winter kriegen wir sie womöglich gratis, wenn wir einen großen Burrito kaufen.

Nach unserer bisherigen Kenntnis der grundlegenden Prinzipien der Ökonomie wissen wir, dass Dinge knapp sind. Das wussten wir vorher auch. Glücklicherweise gibt es die weniger grundlegenden Prinzipien, die deutlich interessanter sind.

ZEHN WENIGER GRUNDLEGENDE PRINZIPIEN DER ÖKONOMIE

1. Der Markt irrt sich nicht

Ein Ding ist genauso viel wert, wie die Menschen dafür zu zahlen bereit sind, nicht mehr und nicht weniger. Wenn Sie Apple-Aktien besitzen und sie auf der NAS- DAQ für 1.000 Dollar das Stück anbieten, sind Sie eventuell brillant. Apple-Aktien können leicht 1.000 Dollar wert sein, und dann wären alle NASDAQ-Kunden Idioten, weil sie sie für lumpige dreißig Dollar kaufen. Immerhin ist ein Macintosh ein viel besserer Computer als ein IBM-PC. Aber, clever wie Sie sind, und dumm wie die anderen nunmal sind, sagt Ihnen der Markt, dass Ihre Aktien nicht verkauft werden. Und der Markt hat Recht. Eine Sache kann auch „preislos" sein. Sie würden lieber sterben, als Ihren Macintosh gegen einen IBM zu tauschen? Eigentlich ist das immer noch ein Preis, wenn auch ein überhöhter.

2. Dann sterben Sie eben. Die Dinge kosten trotzdem, was sie kosten.

Es ist sinnlos, Preise festlegen zu wollen. Dazu muss man ein Produkt haben, das nicht zu ersetzen ist, und sich mit sämtlichen Leuten einig sein, die dieses Produkt kontrollieren. Weil sie gierig sind, lassen sie sich auf eine Einigung ein, und aus eben demselben Grunde halten sie sich nicht daran. In diesem Punkt lag Samuelson im Weizen-Beispiel des ersten Kapitels falsch, denn genau hiermit lässt sich erklären, warum die OPEC-Mitglieder immer noch in Bademänteln herumlaufen und Kamele quälen.

Jeder fähige Drogendealer wird Ihnen bestätigen, dass man Macht braucht, um sich ein Monopol zu sichern. Für ein großes Monopol braucht man so viel

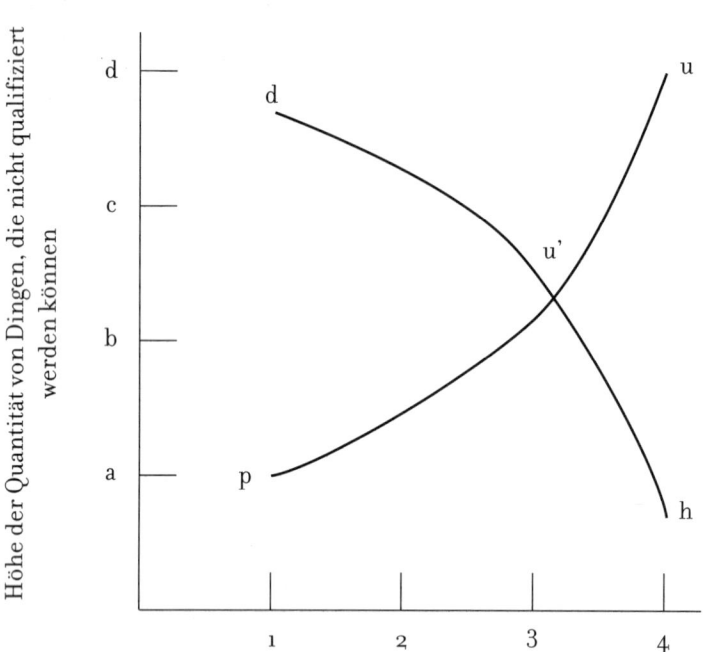

Qualität von Dingen, die nicht quantifiziert werden können

pu =   Anzahl der Seiten eines Lehrbuches für Wirtschaftswissenschaften, die
          Grafiken enthalten

du'h = Anzahl der Wirtschaftswissenschaftsstudenten, die im Hörsaal schlafen

Macht, wie sie normalerweise nur Regierungen haben, aber bei denen will es trotzdem nicht funktionieren.*

Die kubanische Regierung hat Macht im Überfluss und beschloss, dass Rindfleisch zu teuer ist. Also legte sie den Rindfleischpreis auf einem extrem niedrigen Niveau fest, und es verschwand aus den staatseigenen Geschäften für rationierte Waren. Infolgedessen müssen Kubaner Touristen belästigen, um Dollars zu bekommen, mit denen sie das Rindfleisch auf dem Schwarzmarkt zu dem Preis kaufen, den es wert ist.

Wenn Preise für Produkte unterhalb des Marktniveaus fixiert werden, verschwinden diese Produkte vom regulären Markt. Und wenn Preise für Produkte oberhalb des Marktniveaus fixiert werden, passiert das Gegenteil. Nehmen wir einmal an, die Kunden des Weizendepots am Stadtrand zahlen nicht genug für den Weizen. Die US-Regierung beschließt daraufhin, Weizen zu einem höheren Preis zu kaufen. Plötzlich gibt es überall Weizen, und es stellt sich heraus, dass alle möglichen Leute garbenweise Weizen auf ihren Dachböden liegen haben. Der vollkommen verdatterten und unfähigen Regierung steht der Weizen also bis zum Hals, und sie muss ihn weggeben. Die Empfänger des Gratisweizens, die vom Innenstadt-Weizenpreis-Förderprogramm, postieren sich an den Kreuzung und verschachern den Weizen, und die Autofahrer kaufen ihnen den Weizen zu genau dem Preis ab, den sie dafür zahlen wollen.

3. Sie können nicht Etwas für Nichts bekommen.

Das weiß jeder, der kein Politiker ist. In der letzten Zeit war es unter amerikanischen Politikern in Mode zu versprechen, dass die Regierungseinnahmen – die Steuern – gesenkt werden können, ohne die Regierungsleistungen – die Ausgaben – zu beeinträchtigen. Die Leistungen könnten sogar noch gesteigert werden. Das ließe sich durch Effizienzoptimierung bewerkstelligen, wurde behauptet, als ob alle Politiker die Dampfmaschine erfinden würden. Andererseits besteht Dampf hauptsächlich aus heißer Luft ... doch die richtig platten Witze überlasse ich lieber anderen.

Politiker tun sich schwer damit, das Prinzip des Etwas-für-Nichts aufzugeben; man kann damit so wunderbar Stimmen fangen. Natürlich kann eine Regierung vielen Leute etwas für nichts geben, indem sie wenigen Leuten viele Steuern aufbrummt. Auf diese Weise hat sich Schweden in die Bredouille geritten. Reiche Leute gibt es nie genug. Und außerdem sind die wirklich Reichen die mit den Buchhal-

---

* Es sei denn, Bill Gates kauft das Justiz- und Verteidigungsministerium. In dem Falle sollten Sie auf der Hut sein.

tern, Steuerberatern und den Konten in Luxemburg, die am Ende gar keine Steuern mehr zahlen. Doch selbst wenn sie es tun, wie brave Schweden, dann sind die Leute mit Geld auch diejenigen, die es verstehen, Systeme zu manipulieren. Deshalb tritt eben nicht jene Situation ein, die Samuelson in seinem Buch *Economics* prophezeit, wo „moderne Demokratien den Wohlhabenden das Brot wegnehmen und an die Armen verteilen", sondern vielmehr die, dass den Wohlhabenden das Brot abgenommen und dafür subventionierte Opernkarten zurückgegeben werden.

Eine Regierung kann den Menschen auch etwas für nichts geben, indem sie einfach mehr Geld druckt. Wie wenig das funktioniert, wissen wir seit der Weimarer Republik, seit Carters Amerika und seit Jelzins Russland – das Geld wird entwertet. Inflation kommt einer Besteuerung der umsichtigen Leute gleich, die ihr Geld in Sparverträgen und Schatzbriefen angelegt haben und nun zusehen dürfen, wie ihre Ersparnisse dahinschwinden. Inflation ist eine Subventionierung jener „miesen Trickdiebe", die sich für schwachsinnige Spekulationen Geld geborgt haben, das sie zurückzahlen, wenn der Geldwert auf ein lachhaftes Niveau gesunken ist. Und sie ist eine Strafe für die Alten und die armen Schlucker, die von festen Einkommen leben müssen und kaum damit rechnen dürfen, ihre erhöhten Lebenshaltungskosten mit dem Pfand für Bierflaschen zu decken, die sie aus Mülleimern klauben.

Natürlich kann eine Regierung ihren Leuten etwas für nichts geben, indem sie Schulden macht. Sie leiht sich Geld und zahlt es mit Zinsen zurück. Das ist offensichtlich idiotisch, aber genau so wird es seit Jahrzehnten in den Vereinigten Staaten gehandhabt. Haushaltsschulden haben gegenüber Inflation und hohen Steuern den Vorteil, dass man erst später mitbekommt, wie weh sie tun. Dann allerdings führen sie zwangsläufig zu Inflation oder hohen Steuern oder beidem. Besonders verdrießlich an Staatsverschuldungen ist, dass mit dem geborgten Geld nichts Sinnvolles unternommen wird. Was wir dem Staat leihen, investiert er in Projekte wie das Innenstadt-Weizenpreis-Förderprogramm, anstatt die Forschung und Wissenschaft darauf anzusetzen, einen genmanipulierten, weizenfressenden Tintenfisch zu züchten, der aus dem wertlosen Getreide wertvolle Calamares macht.

4. Man kann nicht alles haben.

Wenn man seine Ressourcen nutzt, um etwas Bestimmtes zu erhalten, kann man dieselben Ressourcen nicht für etwas anderes verwenden. Tut man es doch, nennt man das Betrug (oder Kreditkartenkauf). Ökonomen nennen es „alternative Kosten". Verwendet man sein Geld, seinen Verstand und seine Zeit zu einem bestimmten Zweck, bringt man sich zugleich um die Gelegenheit, diese drei Dinge zu einem anderen Zweck zu nutzen. Diese Kosten narren die Leute, weil sie unsichtbar sind. Beeindruckt sind wir nur von dem Geld, das ausgegeben wird. Voller Ehrfurcht bestaunen wir die neue Zentrale des Bundesweizenrates in Washington D.C., nicht aber die riesigen Tintenfisch-Schwärme, die von den Weizenfeldern der Nation leben – denn die sind nicht da. Der Ausgabenschwerpunkt der Regierung liegt also nicht auf den Steuern, der Inflation oder den Schuldzinsen. Was sie am teuersten zu stehen kommt, ist das, was sie nicht tut.

Schweden ist ein Paradebeispiel dafür. Die Schweden mögen, was ihre Regierung tut. Sie betrachten ihr Land und sehen hübsche Regierungsgebäude, nette Regierungsprogramme und großzügige Sozialleistungen. Was sie nicht sehen ist, was aus Schweden hätte werden können, wenn die Regierung all das Geld in die Wirtschaft investiert hätte. Zwischen 1968 und 1969, bevor der Sozialismus mit den Schweden durchging, war das Bruttoinlandsprodukt pro Kopf um 5,7 Prozent gewachsen. Was wäre geschehen, wenn sie bei diesem Wachstum geblieben, oder es sogar gesteigert hätten – hinreichend diszipliniert und organisiert sind die Schweden allemal. Was also wäre passiert, wenn ihr Bruttoinlandsprodukt pro Kopf während der vergangenen dreißig Jahr um jährlich 6 Prozent gewachsen wäre? Die Schweden, die heute um 27 Prozent ärmer als die Amerikaner sind, wären dreimal so wohlhabend wie wir. Sie hätten ein Bruttoinlandsprodukt pro Kopf von mehr als 66.000 Dollar, womit sie weltweit das reichste Volk wären. Und mit einer Gesamtbevölkerung von gerade mal 9 Millionen, könnte Schweden zur stärksten Wirtschaftsmacht der Welt avancieren. Volvo könnte die Daytona 500 gewinnen, Saab hätte Weltraumstationen, IKEA würde die Häuser der Hollywoodstars einrichten und schwedische Massagetherapie wäre die am weitesten verbreitete medizinische Behandlungsform der Erde.

5. Was man kaputtmacht, muss man bezahlen.

Sich von versteckten Kosten an der Nase herumführen zu lassen, ist eine der Quellen wirtschaftlicher Fehlinterpretationen. Beispielsweise werden Kriege als wirtschaftliche Stimulanzien bezeichnet. Der Zweite Weltkrieg hätte „Amerika aus der Depression gezogen". Deutschland und Japan haben nach dem Krieg „Wirtschaftswunder" erlebt. Irgendjemand vergisst die Kosten, die das millionenfache Töten und Verwunden verursacht haben. Außerdem: Wenn Zerstörung der Schlüssel zu größerer wirtschaftlicher Produktivität wäre, nähmen sämtlich Investoren an der Wall Street Sprachkurse in Albanisch.

6. Gut ist nicht so gut wie besser.

Beinahe genauso schlimm wie unbemerkte Kosten sind Errungenschaften, die zu viel Aufmerksamkeit erhalten. Es ist schön, wenn alle Menschen Arbeit haben. Computer vernichten Arbeitsplätze. Wir könnten Vollbeschäftigung garantieren,

wenn wir alle Computer – und die Elektrizität obendrein – aus den Telefongesellschaften verbannen und stattdessen Leute anheuern, die durch die Stadt laufen
oder rund um den Globus fliegen, um unseren Freunden und Geschäftspartnern
auszurichten, was wir ihnen sagen wollen.

Als James Watt die Dampfmaschine erfand, wurden Tausende zehnjährige
Jungen arbeitslos, die die Kohleloren durch die Stollen geschoben haben. Andererseits hatten sie damit die Freiheit, andere Dinge in Angriff zu nehmen – wie
zum Beispiel elf zu werden.

7. Die Vergangenheit ist Vergangenheit.

Zu viel Aufmerksamkeit wird auch auf Geld verwandt, das bereits ausgegeben wurde. Im Wirtschaftsjargon heißt dieses Geld „einmalige Produktionskosten". Es ist
unerheblich, dass Sie Ihre Gewinne aus dem Verkauf der Apple-Aktien für 1.000
Dollar das Stück in ein Projekt zur Genmanipulation von Tintenfischen gesteckt
haben. Erheblich ist einzig, ob Sie mit diesen Tintenfischen Geld verdienen, beziehungsweise die Leute davon überzeugen können, dass Sie es irgendwann werden, damit sie Anteile an Ihrer albernen Tintenfischfirma kaufen. Das nennt man
„Grenzdenken", was ziemlich das genaue Gegenteil von dem sein soll, was wir uns
normalerweise vorstellen, wenn wir jemanden als „Grenzdenker" bezeichnen.

8. Bauen Sie's, und die Leute werden kommen.

Ralph Waldo Emerson sprach von besseren Mausefallen, wobei die Vorstellung,
dass funktionierende Mausefallen die Leute dazu bringen, jemandem vor Begeisterung die Bude einzurennen, unschöne Rückschlüsse auf die häusliche Hygiene
im 19. Jahrhundert nahe legt. Die Idee, die dem zugrunde liegt, wird in Fachkrei-
sen als Saysches Theorem bezeichnet (benannt nach dem französischen National-
ökonomen Jean Baptiste Say, 1767-1832): „Jede Produktion schafft sich ihre
Nachfrage selbst." Je mehr, desto besser. Jeder Anstieg an Produktivität innerhalb einer Gesellschaft macht diese um genau so viel reicher wie sie sein muss,
um die produzierten Güter kaufen zu können.

Das funktioniert sogar in der verkorksten kubanischen Volkswirtschaft. Die kubanischen Behörden erlaubten einen begrenzten Freimarkthandel mit Lebensmitteln, was zu einer erhöhten Lebensmittelproduktion geführt hat. Trotz der extremen Armut der Kubaner blieben die Händler nicht auf ihren Lebensmitteln sitzen.

9. Jeder wird bezahlt.

Die Menschen müssen für das, was sie tun, etwas bekommen, wenngleich das, was
sie brauchen oder wollen, nicht unbedingt Geld sein muss – es kann auch Sex sein

oder Seelenheil oder die Möglichkeit, marxistische Theorie auf Rockmusik anzuwenden. Alles ist Geschäft.

Das ist die „öffentliche" Auffassung von Volkswirtschaft. Einer ihrer Vordenker, James M. Buchanan, erhielt 1986 den Nobelpreis für Wirtschaftswissenschaften in Anerkennung seiner Arbeit über Politik als wirtschaftliche Aktivität. Der angestrebte Profit der Politiker ist eine Erhöhung der Macht. In dieser Beziehung sind die Sozialisten in Schweden oder auf Kuba ebenso gierig wie die Piraten der Wall Street oder Albaniens.

Um ihr „Machteinkommen" zu verbessern, müssen Politiker mehr Gesetze erlassen, die Bürokratie erweitern und den Einflussbereich der Regierung vergrößern. Machteinkommen war es auch, was die schwedische Ministerin Marita Ulvskog eigentlich meinte, als sie mir sagte: „Man muss den Wählern etwas anbieten." Natürlich kann dieses Etwas in Geld gemessen werden – in dem Geld, das das Volk in Form von Steuern, Haushaltsschulden oder Inflation an die Regierung gibt. Auf jeden Fall behauptet ein Politiker, der vorgibt, den Regierungsapparat verkleinern zu wollen, nicht mehr und nicht weniger, als dass er sich selbst die Brieftasche stehlen will.

10. Jeder ist ein Fachmann.

Eines der wichtigsten wirtschaftlichen Prinzipien, das erfüllt werden muss, wenn wir reicher (oder mächtiger oder sonstwas) werden wollen, ist die Spezialisierung, sprich: die „Arbeitsteilung". Milton Friedman illustriert das anhand eines Bleistifts. Ein Bleistift ist ein einfaches Objekt, und doch gibt es keinen einzigen Menschen auf der Welt, der einen selbst machen könnte. Dazu müsste er ein Bergmann sein, der nach dem Graphit graben kann, ein Holzfäller, der Zedern fällen kann, und ein Zimmermann, der ein Bleistiftgehäuse formen kann. Darüber hinaus müsste er wissen, wie man gelbe Farbe herstellt und sie aufsprüht, wozu er Kenntnis im Bau von Farbsprühanlagen bräuchte. Anschließend müsste er sich wieder auf den Weg unter Tage machen, um das Erz abzubauen, das er für das Metalldings braucht, in dem der Radiergummi steckt, eine Schmelzhütte errichten, um das Erz zu verarbeiten, eine Walzanlage und eine Werkzeugmaschinenfabrik bauen, um das Dings am Bleistift zu befestigen. Außerdem müsste er einen Kautschukbaum im Hinterhof haben. All das kostet eine Menge Geld. Einen Bleistift kauft man für neun Cents.

ARBEITSTEILUNG IST ERSTAUNLICH und faszinierend, so lange wir nicht über sie nachdenken. Wenn wir darüber nachdenken, reduziert sie sich – wie die meisten Wirtschaftprinzipien – auf etwas, das wir mit unserem gesunden

Menschenverstand erfassen können. Dennoch gibt es Wirtschaftsphänomene, die sich unserem Verstand zu versperren scheinen. In seinem Buch *Neue Ideen von toten Ökonomen* schreibt Todd G. Buchholz: „Ein kühner Naturwissenschaftler bat einen namhaften Wirtschaftswissenschaftler, ihm eine ökonomische Grundregel zu nennen, die weder offensichtlich noch überflüssig ist." Als Antwort erhielt er „Ricardos Theorie der komparativen Kosten".

Der britische Ökonom David Ricardo (1772-1823) behauptete wie folgt: Wenn man X besser kann als Z und es eine zweite Person gibt, die Z besser kann als X, aber zugleich X und Z besser beherrscht als die erste Person X, dann sollte ein Wirtschaftssystem die zweite Person *nicht* dazu ermutigen, beides zu tun. Beide Personen (und die gesamte Gesellschaft) erzielen den größeren Nutzen, wenn jede nur das tut, was sie am besten kann.

Zur Veranschaulichung wollen wir einmal die Hypothese aufstellen, dass ein guter Krimi in seinem gesellschaftlichen Nutzen gleichwertig ist mit einem Popsong. (Ein Krimi oder ein Popsong = 1 Einheit Gesellschaftlicher Nutzen.) John Grisham ist ein besserer Autor als Courtney Love. John Grisham ist zugleich (vorausgesetzt er kann den Kamm blasen oder ähnliches) ein besserer Musiker als Courtney Love. Nehmen wir einmal an, dass John Grisham ein hundertmal besserer Autor ist als Courtney Love und ein zehnmal besserer Musiker. Nehmen wir des Weiteren an, dass John Grisham innerhalb eines Jahres 100 Krimis schreiben (darauf würde ich wetten) oder zehn Lieder komponieren kann. In derselben Zeit könnte Courtney Love einen Krimi schreiben oder fünf Lieder komponieren.

Verbrächte John Grisham 50 Prozent seiner Zeit damit, vorhersagbare Krimihandlungen zu ersinnen, und die restlichen 50 Prozent mit dem Kamm, wäre das Ergebnis am Ende 50 Krimis und 25 Popsongs mit insgesamt 75 Einheiten GN. Wenn Courtney Love 50 Prozent ihrer kostbaren Zeit nutzte, um ein Textverarbeitungsprogramm zu malträtieren und die anderen 50 Prozent mit der Erzeugung von Lärm in Aufnahmestudios, kämen dabei 1 halbfertiger Krimi und 2,5 Popsongs heraus, mit einem GN-Gehalt von 3 Einheiten. Beide Künstler zusammen brächten es auf ein GN-Ergebnis von 78 Einheiten.

JOHN GRISHAM UND COURNEY LOVE VERBRINGEN
JEDER GLEICH VIEL ZEIT MIT SCHREIBEN UND KOMPONIEREN

	THRILLER		SONGS		GN-PRODUKTION
John Grisham	50,0	+	25,0	=	75
Courtney Love	0,5	+	2,5	=	3
Gesamt:					78

JOHN GRISHAM VERBRINGT SEINE GESAMTE ZEIT DAMIT,
AUF SEINE LAPTOP-TASTATUR EINZUDRESCHEN UND
COURTNEY LOVE DIE IHRIGE MIT JAULEN UND GITARRESAITENZUPFEN

	THRILLER		SONGS		GN-PRODUKTION
John Grisham	100	+	0	=	100
Courtney Love	0	+	5	=	5
Gesamt:					105

Verbringt John Grisham aber 100 Prozent seiner Zeit mit dem Erfinden flacher Charaktere und Courtney Love 100 Prozent ihrer Zeit mit dem Herbeijaulen der Nachbarskater, wären 100 Krimis und 5 Popsongs, ergo 105 Einheiten gesellschaftlicher Nutzen, das Ergebnis.

(Nur um die Verwirrung komplett zu machen, möchte ich darauf hinweisen, dass Courtney Love 40 Prozent ihrer Produktivität einbüßt, wenn sie ihre Zeit zwischen Musik und Schreibkunst teilt, während John Grisham gerade mal 25 Prozent seiner Produktivität verlustig ginge. Courtney hat also einen „vergleichsweisen Vorteil" beim Musikmachen, weil ihre versteckten Kosten höher wären, wenn sie nicht bei dem bleibt, was sie am besten kann.)

David Ricardo wendet seine Theorie vom vergleichsweisen Vorteil in erster Linie auf den Außenhandel an. Die Japaner machen bessere CD-Player als wir und wären unter Umständen *fähig*, bessere Popmusik zu machen, aber wir profitieren beide davon, CDs von Sony zu kaufen und Courtney Love auf Japantournee zu schicken. Und wenn sie dort bleibt, ist Amerika eindeutig im Vorteil.

VERGLEICHSWEISER VORTEIL ist eines der wenigen Beispiele dafür, wie weit sich die Wirtschaftswissenschaft von menschlicher Intuition entfernen kann. Besonders bemerkenswert ist, dass hier tatsächlich Mathematik vonnöten ist, wenn man diese Theorie verstehen will. Wir glauben zwar, dass Ökonomie durch und durch Mathematik ist, weil die meisten Lehrbücher mit Formeln und Grafiken gespickt sind. Doch wir können uns ein Standardwerk der Ökonomie ansehen (und das habe ich getan), ohne auf eine einzige mathematische Formel zu stoßen: Adam Smiths Untersuchung über die Natur und die Ursachen des Nationalreichtums. In seinem Werk über Neue Ideen zitiert Buchholz Alfred Marshall, einen führenden Ökonom des späten 19. Jahrhundert (zugleich Mathematiker) mit folgenden Worten:

(1) Man benutze Mathematik eher als eine Art Kurzschrift denn als Mittel zur Untersuchung. (2) Man bleibe bei der Mathematik, bis man am Ende der

Untersuchung angelangt ist. (3) Man übersetze die Zahlen in Sprache. (4) Dann illustriere man alles mit Beispielen aus dem täglichen Leben. (5) Nun verbrenne man die mathematischen Formeln.

Wir müssen keine Mathematiker sein, um Volkswirtschaft zu verstehen, da diese sich nicht mit abstrakten Grundregeln beschäftigt, sondern mit Mikrowellen, Kuhhaubitzen, Dampfmaschinen, nassen Strickwaren, Snowboards, Mausefallen und Courtney Love auf Dauertournee in Japan. Und damit wären wir bei einem weiteren Aspekt der Ökonomie angelangt, der sich dem gesunden Menschenverstand auf den ersten Blick zu entziehen und uns im täglichen Leben sämtliche Spielarten der Mathematik abzuverlangen scheint: Geld.

WARUM IST DIESES SCHMUTZIGE, zerknüllte und dekortechnisch überfrachtete Stück Papier mit dem Abbild eines verrufenen Präsidenten fünfzig Dollar wert, während jenes saubere, weiße, weiche und perfekt gefaltete Stück Papier so wenig Wert hat, dass ich mir damit gerade die Nase geputzt habe? Und was genau ist überhaupt ein „Dollar"? Wenn es sich dabei um etwas handelt, das ich wirklich haben möchte, warum nehme ich dann lieber fünfzig schmierige alte Dollar anstatt eines hübschen neuen? Bei anderen Dingen verhält es sich doch auch nicht so – zum Beispiel bei Hunden.

Aber Geld ist kein niedliches kleines Hündchen; es ist eigentlich gar kein richtiges Ding. Geld ist ein Symbol für Dinge im Allgemeinen, ein Symbol dafür, wie sehr man sie braucht oder wünscht, und ein Symbol dafür, wie viel man davon bekommt. Geld ist die mathematische Kurzschrift für Wert (und wenn man Alfred Marshall glaubt, verbrennen wir es am Ende).

Was ist dann Wert? Die kurze Antwort auf diese Frage ist: „kompliziert". Wert variiert je nach Zeit, Ort, Umständen und danach, ob das Hündchen den Teppich ruiniert hat. Und dann gibt es noch einige Dinge, bei denen es schwierig wird, ihnen einen Wert beizumessen. Deshalb benutzen wir Geld auch nicht bei allen Tauschvorgängen. Kinder bekommen Nahrung, Kleidung und Schutz von ihren Eltern, und dafür erhalten ihre Eltern ... Kinder. Wichtige emotionelle, philosophische und rechtliche Differenzierungsvorgaben gibt es für Sex und bezahlten Sex, obwohl der gesellschaftlich akzeptable Sex normalerweise auch ein Abendessen und eine Kinokarte kostet.

Wir brauchen unentwegt Wirtschaftsgüter, aber wir müssen dafür nicht immer Geld aufwenden, was insofern gut ist, als unsere Spezies über die längste Zeit gar keines hatte. Geld gab es nicht, besser gesagt: was immer es gab, war Geld. Wenn ich Ihnen eine Kuh für sechs Ziegen verkaufe, belasten Sie mit dem Kauf Ihre Ziegenkarte.

Was immer zur Bemessung von Wert benutzt wird, so es denn selbst einen Wert hat, ist „geldwerter Rohstoff". Gesellschaften, die keine Fünfzig-Dollarnoten hatten, nahmen sich ein oder zwei Rohstoffe als Zahlungsmittel. Die Azteken benutzten Kakaobohnen, die Nordafrikaner Salz (daher „Salär"), mittelalterliche Norweger Butter und getrockneten Dorsch – und ihre Geldautomaten sahen aus wie ...

Einige Rohstoffe eignen sich besser als Geldersatz als andere. Filmstars wären ein schlechter Ersatz für Geld. Ein Pärchen von ihnen herumzutragen ist anstrengend, außerdem macht es eine Menge Schweinkram, wenn man ihnen ein Bein abhacken muss, um Wechselgeld herauszugeben. Teure Metalle hingegen sind sehr geeignet, weshalb man sie über 5.000 Jahre benutzt hat.

Metall als Geldersatz wird nach Gewicht bemessen. Eine Münze ist nichts weiter als ein Stückchen Metall, dessen Gewicht aufgedruckt wurde. Vom Wiegen bis zur Münzprägung ist es eigentlich nur ein kleiner Schritt, der aber dennoch mehrere Jahrtausende in Anspruch nahm. Niemand wollte den anderen glauben, dass sie das richtige Gewicht aufdruckten.

Als die Münzen endlich erfunden *wurden*, stellte sich heraus, dass dieses Misstrauen durchaus berechtigt gewesen war. Die ersten westlichen Münzen wurden im Königreich Lydia geprägt, das heute zur Türkei gehört. Sie bestanden aus einer Mischung von Gold und Silber, die man „Electrum" nannte. Nur ein Chemiker (die es damals noch nicht gab) wäre imstande gewesen, den Goldgehalt einer solchen Münze zu bestimmen. Der König von Lydia, Kroesus, kam zu sprichwörtlichem Reichtum.

In China verwandte man Bronze als Währung, und eine falsche Gewichtsangabe stand unter Todesstrafe. Es dürfte ziemlich vielen Leuten an den Kragen gegangen sein. Ein Pferd kostete während der Han-Dynastie (206 v.Chr. – 220) 4.500 Bronzestücke und während der Tang-Dynastie (618 – 907) 25.000.

Kaiser, Könige und selbstverständlich auch schwedische Kabinettsminister haben Ausgaben. Für eine Regierung ist es nur von Vorteil, wenn sie ihre Ausgaben mit lustigen Währungen begleichen kann. Hierin liegt mit ein Grund, weshalb sich der gesunde Menschenverstand vom Gelde beleidigt fühlt: Die Regierung stellt damit komische Dinge an.

Ein weiterer Grund ist, dass wir keine richtigen Stoffe mehr als Geld benutzen müssen. Wir nehmen Papierstücke, auf denen versprochen wird, dass sie den Wert richtiger Stoffe haben. Sie stellen sozusagen „fiduziarisches Geld", „Treuhandgeld", dar – abgeleitet vom lateinischen Wort *fiducia*, Treue.

In Europa hielt das Papiergeld im 13. Jahrhundert still und leise Einzug. Es bestand in Wechseln, die italienische Kaufleute untereinander austauschten, und in Empfangsbescheinigungen von Goldschmieden, denen man sein Geld zur Aufbewahrung anvertraut hatte. Diese Form der Währung begegnet uns bis heute, wenn wir einen Travellerscheck einlösen.

Öffentliches „Treuhandgeld" wurde erstmals in – das hätte man sich denken können – Schweden gedruckt. Dieses schwedische geldwerte Mittel waren Kupferplatten, so dass man mit Fug und Recht von einem großen Vermögen als einem **großen** Vermögen sprechen konnte. 1656 begann die Stockholm Banco mit der Ausgabe von bedruckten Banknoten. Dummerweise gab sie zu viele Noten aus, und die Regierung ging pleite – aus demselben Grund wie sie heute pleite ist.

1716 half der Schotte John Law der französischen Regierung beim Aufbau der Banque Royale, die Geldscheine ausgab, deren Wert mit dem Grundbesitz westlich des Mississippi besichert war. Die Banque Royale gab zu viele Banknoten aus, und die französische Regierung ging pleite – aus demselben Grund wie sie heute pleite ist. (Mit Blick auf die Bankskandale, die sich in weiterer Zukunft noch abspielen würden, hatte man John Law mittlerweile zum „Duc d'Arkansas" ernannt.)

Das wirkungsvollste westliche Experiment in Sachen Papiergeld steuerte Amerika bei. Der Zweite Continental Congress* von 1775 beschloss nicht nur die Einführung von Papiergeld, sondern verabschiedete gleich das dazu passende Gesetz, wonach es bei Strafe verboten war, die Annahme von Banknoten zu verweigern. Der Continental Congress gab zu viele Banknoten heraus, und ... langsam erkennt man ein Muster.

Treuhandgeld stützt sich immer auf eine Ware, auch wenn diese Ware bisweilen nicht ganz ehrlich ist, was ihren tatsächlichen Wert betrifft. Die Geschichte hat gezeigt, dass Gold als Sicherungsware für Geldwert besonders beliebt ist. Bis zum 19. Jahrhundert basierten die führenden Währungen der Welt auf Gold, angeführt von der führendsten der führenden Währungen: dem britischen Pfund. Es herrschte eine Zeit monetärer Stabilität und, denn das eine ist ohne das andere nicht denkbar, wirtschaftlichen Wachstums. Es gibt Leute, die meinen, wir sollten zum Goldstandard zurückkehren, und die haben längst nicht alle schmale Koteletten, dicke Gürtelschnallen und leben in waffengeschützten Lagern in Idaho. Geld sollte *irgendetwas* wert sein, und da ist Gold genau so geeignet wie jeder andere Stoff.

Wären da nur nicht die unendlich verwirrenden Beziehungen zwischen Geld und Wert. Der hohe Wert des Goldes ist eine gesellschaftliche Überlieferung aus einer Zeit, da glänzende und unbescholtene Dinge (und Menschen) rar gesät waren. Gold kann jederzeit aus der Mode kommen; es braucht nur eine Generation

---

* Versammlung der nordamerikanischen Staaten, die 1776 ihre Unabhängigkeit vom Commonwealth erklärten. Anm. d. Übers.

heranzuwachsen, die – zum fassungslosen Entsetzen ihrer liebenden Eltern – Gold als zutiefst unmoralisch und ordinär ansieht, ungefähr so wie es die heutigen Zwanzigjährigen mit Kalbfleisch halten. Und Gold ist ein Produkt. Es bestünde also die Möglichkeit, dass man es in deutlich größeren Mengen erhalten kann. Den Spaniern ist das schon passiert. Als sie die Neue Welt eroberten, rissen sie tonnenweise Gold an sich, schmolzen es ein und jagten es durch die Münzgießerei. Sie hatten nicht begriffen, dass sie nur immer mehr Geld produzierten, aber nichts, wofür sie es ausgeben könnten. Zwischen 1500 und 1600 erlebte Spanien eine Preissteigerung von vierhundert Prozent.

Angesichts des überbordenden Reichtums der amerikanischen Meere, Felder und Wälder entschied sich Spanien für das Gold. Das ist in etwa so klug, als raubte jemand eine Bank aus und nähme sich nur die Einzahlungsbelege.

Gold als Grundlage für eine Währung ist unvernünftig, aber das eigentliche Problem mit Treuhandgeld liegt – aus der Perspektive von Regierungen – darin, dass es unbequem ist. Eine Währung, die in Ware umgerechnet werden kann, begrenzt die Anzahl der Währung, die gedruckt und ausgegeben werden darf. Mithin sollte die Regierung mindestens über einen Teil der Waren verfügen, wenn sie nicht riskieren will, das ihre Banknoten zum Lacher werden – „Das ist ja wohl keinen Continental wert!"

Wenn nun aber eine Regierung schummeln kann, was die Warenmenge hinter ihrer Währung angeht – wie im Fall Stockholm Banco, Banque Royal und Continental Congress geschehen – warum kann sie es dann nicht auch bei allen anderen Dingen? Anstatt ein Gesetz zu verabschieden, das festlegt, ein Dollar wäre Menge X von der und der Ware wert, könnte man doch ein Gesetz erlassen, das besagt, ein Dollar ist einen Dollar wert, oder? Das wäre dann „Fiat-Geld" (kommt auch aus dem Lateinischen und steht für den Zwang, ein billiges, unzuverlässiges Auto fahren zu müssen) und entspricht ziemlich exakt den gegenwärtigen Weltwährungen.

Fiat-Geld wird durch nichts gedeckt als das Vertrauen darauf, dass Regierungen nicht solange planlos Geld drucken, bis wir es anstelle von Dingen benutzen, die mehr Wert sind, zum Beispiel Kleenex. Unser aller Vertrauen wiederum ist durch die Weimarer Republik, durch Carters Amerika und Jelzins Russland nachhaltig erschüttert worden. Das Einzige, was uns heute vor gänzlich wertlosem Geld schützt, ist der Umstand, dass wir kaufen und verkaufen können. Wir können unseren Vorrat an Vermögen aus dem eingebildeten Dollarwert in fiktiven Yenwert, in mysteriösen Anlagenwert, in illusionäre Immobilienwerte wandeln, und so fort. Unsere relative Freiheit, keinen bestimmten Geldwert nutzen zu müssen, bewahrt die ausstellenden Behörden – nicht vor *Unehrlichkeit*, das wäre übertrieben – vor unbescheidener Unehrlichkeit.

ICH HABE MICH EINER GROSSEN DOSIS Wirtschaftstheorie ausgesetzt, weil ich letztlich zu dem Schluss gekommen war, dass Geld ebenso wichtig ist wie Liebe und Tod. Also nahm ich mir vor, alles über das Geld zu lernen. Leider musste ich feststellen, dass Geld seltsam, wenig griffig und praktisch nicht definierbar ist. Dann begriff ich allmählich, wie wenig Volkswirtschaftstheorie mit Geld zu tun hat: Sie dreht sich um Werte. Leider sind Werte relativ und höchst persönlich – das heißt: sie ändern sich laufend. Geld kann keinen Wert haben, und Wert kann keinen festen Preis haben. Ich hätte mir niemals Gedanken darüber machen sollen, dass ich keine Ahnung von dem hatte, worüber ich sprach. Ökonomie ist die Wissenschaft vom Nicht-wissen-worüber-man-spricht.

Als ich die Volkswirtschaften in der Praxis studierte, meinte ich, mehr über ihre theoretischen Grundlagen wissen zu müssen. Und als ich die theoretischen Grundlagen studierte, war ich überzeugt, dass ich lieber wieder zur Praxis zurückkehren sollte.

Wenn ich weiterhin versuchen wollte, Ökonomie zu verstehen, musste ich mich wieder ihrer Wirklichkeit zuwenden – ein hervorragendes Beispiel für diese Wirklichkeit ist Russland. Im gegenwärtigen Russland gibt es Volkswirtschaft in allen erdenklichen Variationen: gut und böse, kapitalistisch und sozialistisch. Sie wird unter Konditionen ausgeübt, die beständig schwanken zwischen Anarchie und totalitärer Beschränkung. Die Menschen, die die Gesetze machen, haben zu viel Macht und dennoch nicht genügend Macht, um der Gesetzlosigkeit Herr zu werden. Russland ist der Traum von einer Fallstudie. Das gilt natürlich nur, wenn man zufällig kein Russe ist.

7

WIE MAN EIN WIRTSCHAFTSSYSTEM
(SOFERN VORHANDEN) REFORMIERT
(ODER AUCH NICHT)

WENN ES UM RUSSLAND GEHT, gibt wenigstens niemand mehr vor, er wisse, worüber er redet. Kein wirtschaftswissenschaftliches Lehrbuch bereitet den Besucher auf seine Russlanderfahrung vor. Keine der zahlreichen wirtschaftswissenschaftlichen Ausrichtungen hat kommen sehen, was in Russland geschehen ist. Kann eine Gesellschaft, die über Generation blindes Vertrauen in die fragwürdigen Wirtschaftsvorstellungen ihrer Regierung gesetzt hat, in eine freie Marktwirtschaft übergehen, ohne daran zu zerbrechen? Kann ein Trümmerhaufen vom Typ Kubas sich in ein Wall-Street-Fegefeuer wandeln, ohne zwangsläufig in albanischem Chaos zu versinken? Und gibt es für sie einen Mittelweg wie die verhunzte schwedische Wirtschaft? Sämtliche Russlandexperten der Welt (von welchen die meisten Russen sind) mühen sich um eine Antwort auf diese Fragen. Doch Russland ist „ein Rätsel, das sich hinter einem Mysterium verbirgt, welches in ein Vexierbild gewickelt, in ein Taschentuch geknotet, in eine Decke gehüllt und in einem Karton mit erdnussgroßen Styroporkugeln gestopft wurde", sagte Winston Churchill, so ähnlich jedenfalls.

Die Russen mögen sich unserer Denkweise, unserer Lebensweise und unseren Ansichten anpassen. Sie können sich der großen internationalen Gemeinschaft für Recht, Gesetz und Fortschritt anschließen. Ihre Reaktion kann aber ebenso gut die sein, die ein Graffiti an einer Moskauer Fabrikmauer zeigte: FUCK YUO.

DAS ERSTE MAL war ich im Juli 1982 in Russland, wo ich nicht nur in der Dämmerstunde der Breschnew-Ära eintraf, sondern buchstäblich in der Dämmerung. Auf dem 55. Breitengrad sind die Sommertage lang und strahlend, aber in Moskau strahlte nichts. Keine Ladenfronten waren beleuchtet, keine Autoscheinwerfer waren zu sehen, besser gesagt: keine Autos. Die Straßen hatten Laternen, aber die lagen so weit auseinander wie Patti-Smith-Alben. Die endlos langen Wohnblocks wirkten, als hätte man sie absichtlich verdunkelt. Konnte es sein, dass Russland unbewohnt war? Oder gab es hier einfach nicht viel zu wohnen, sodass sie für heute schon alle damit fertig waren? Der Rote Platz war schummrig. Der Kreml war düster, und die Moskwa zog als undurchsichtige Brühe unter baufälligen Brücken hindurch. Die UDSSR war verflixt dunkel, wenn man bedachte, dass eigentlich noch Tag war.

1996 kehrte ich nach Russland zurück, um Moskau in einem Lichtermeer vorzufinden – dessen Löwenanteil die Camel-Lights-Reklame beisteuerte. Die Leuchtbuchstaben der Zigarettenmarke prangten auf den Dächern der Hochhäuser. Auf den Hauswänden unter ihnen blinkten die Werbelogos von Sony, Coke, Levi's, Visa, Pizza Hut, Sprint und Nike. Die Freiheit hatte in Russland Einzug gehalten.

Nun ja, eine Freiheit zumindest. Den Bürgern der Sowjetunion waren zahlreiche Menschenrechte aberkannt gewesen, und jetzt hatten sie eines davon zurückbekommen: Das Recht auf den Anblick von Außenwerbung. Vielleicht war das nur eine kleine Freiheit, aber das weiß ich nicht so genau. Ohne Werbung sind die Bedürfnisse und Absichten nicht sichtbar. Was können die Leute kriegen? Was wollen sie haben? Wohin bewegen sie sich? Sie könnten sich gerade in die Schlange für den Titanic-Film stellen. Sie könnten sich aber auch anstellen, um mich zu denunzieren. Was hat bei diesem Publikum Erfolg? Was nicht? Eine Regierung kann behaupten, die beliebteste Eissorte wäre Spargel. Woher will ich das wissen? Und was ist in all diesen Gebäuden? Was passiert darin? (Die Antwort auf diese Frage war 1982 – in einem Land ohne Gewinn oder Verlust, mit kaum etwas zum Verkaufen und noch weniger zum Kaufen – einfach: „Nichts.")

Heute passiert viel in Moskau. Menschenmengen bewegen sich forsch durch die Innenstadt. Die Masse ist tatsächlich in Masse vorhanden. Und diese Masse geht vorwärts. Allerdings geht jeder Einzelne von ihnen in eine andere Richtung, weshalb man dringend zur Vorsicht raten muss. Der Fußgängerüberweg ist in Russland noch niemandem eingefallen. Die Autos, Lastwagen und Busse donnern in Lawinengeschwindigkeit über die Kreuzungen. Und der Autoverkehr hat keinerlei Ähnlichkeit mehr mit dem präkambrischen Verkehrsaufkommen der Sowjetunion. Seinerzeit hätte man sich seelenruhig vor einem der Gefährte aufstellen und ihm beim Auseinanderfallen zusehen können, sobald es einen auch nur berührte. Heute fahren Volvo-Sattelschlepper, Mercedes-Limousinen und kleine Opel-Coupés über die … krach … schepper … zigtausend Schlaglöcher auf den Straßen, wobei sie eine Staubwolke verursachen, die aufs Vortrefflichste mit dem allgegenwärtigen Abgasgestank und dem Dröhnen und Hämmern von Bulldozern und Schlagbohrern harmoniert.

Diese Stadt poltert, lebt, schwingt und raucht. Vor allem Letzteres; man kann sich in Moskau an jeder beliebigen Stelle eine Kippe anstecken, ohne dass irgendjemand in Hüsteln verfällt oder peinliche Grimassen zieht. Diese Menschen sind beschäftigt. Sie haben ihre Leben zu leben. Und diese frappierende Lebendigkeit hat eine erstaunliche Wirkung auf Moskau: Die Stadt ist beinahe schön.

Die Kommunisten wollten Moskau zu einer Vorzeigestadt machen, was ihnen in ihrem vierundsiebzigjährigen Versuch nicht gelungen ist. Von Stalin bis Chruschtschow war die Bauweise einem Stil unterworfen, der sich aus einem tragikomischen Klassizismusverständnis nährte. Die architektonischen Raffinessen der Alten wurden in schlecht gegossenem Beton, aber dafür in dreifacher Größe nachgeäfft. So kommt es, dass man winzige Behördenbüros betritt, die hinter Bogengängen würdig den Champs-Elysées stehen, oder an heruntergekommenen Wohnblocks vorbeifährt, deren Fronten von gigantischen Säulen gerahmt sind.

Die Hauptstraßen der Stadt sind so breit, dass ein Profi-Tennisspieler Mühe hätte, einen Ball auf die andere Seite zu schlagen. Egal wo man in Moskau hin will, man braucht mindestens einen halben Tag. Das liegt daran, dass die Straßen nicht unter dem Gesichtspunkt angelegt wurden, irgendjemand könnte irgendwohin wollen, sondern: Wo kann man die eindrucksvollsten Paraden abhalten. Und die Ampelschaltung ist darauf ausgelegt, dass drei Luftwaffenbataillone und einhundert Raketenwerfer innerhalb einer Grünphase passieren können.

Wenigstens hat man jetzt etwas, um sich die Wartezeit zu vertreiben. Man kann Essen gehen. Moskau ist randvoll mit guten Restaurants. Meinen ersten Abend verbrachte ich im Restaurant des Hotel Metropol, einem besonders stattlichen Speiselokal mit Springbrunnen in der Mitte und genügend Platz, um ein Modellflugzeug fliegen zu lassen. Ein vollständiges Orchester spielte auf (unter anderem eine Instrumentalversion von Billy Joel's „Honesty"). Sicher haben Sie schon von Tiffany-Lampen gehört. Was das Metropolrestaurant zu bieten hatte, sah aus wie eine ganze Tiffany-Decke. Die französische Küche war so exquisit, dass ich mit dem Knoblauchatem von meinen Weinbergschnecken ein Gästehandtuch auf dem Hotelzimmer zum Schmelzen brachte.

Am darauffolgenden Abend speiste ich im Uncle Gillie's, wo man perfekte kalifornische Küche servierte. Mein Hühnchen hatte scheinbar nicht nur ungehinderten Freilauf genossen, sondern darüber hinaus Aroma-Therapie und Stress-Beratung. Den Abend darauf ging ich ins Il Pomodoro, dessen italienisches Essen derart authentisch war, dass nicht einmal die Corleone-Familie Anlass zur Kritik gefunden hätte – deren russische Pendants übrigens in nicht geringer Zahl an den Nachbartischen aßen. Dann gab es noch das Starlite Dinner, das in den Staaten gebaut und in einzelnen Abschnitten eingeschifft worden war. Hier war selbst das Wasser aus den USA importiert. Großartige Hamburger – und weltweit das einzige Restaurant, in dem ausschließlich Republikaner speisen. Banker von überall her hockten in Nadelstreifenanzügen in den Nischen und nickten mit den Köpfen zu den Four Tops.

„Morgen Abend möchte ich Kaviar, Blinis und Borschtsch", sagte ich zu meinem Begleiter Dimitri Volkov, einem Korrespondenten der *Sevodnya*. „Wo ist denn mal ein russisches Restaurant?"

„Die gibt es hier nicht", antwortete Dimitri.

Und russische Waren gibt es in den Läden ebenso wenig – mit Ausnahme von Wodka, Fischeiern und ein bisschen Touristen-Nippes. Dafür gibt es einen triftigen Grund. Der russische Kram taugt nichts. Selbst die kleinsten, simpelsten Sachen stinken und nerven. Nehmen wir nur das Beispiel, ein russisches Streichholz benutzen zu wollen: Man streicht eines an und packt es zurück in die Schachtel. Mit genau so großer Wahrscheinlichkeit funktionieren alle anderen Streichhölzer in der Schachtel. In vergangenen Zeiten schmeckte das Mineralwasser nach Seife, die Seife zerfledderte wie nasses Toilettenpapier, das Toilettenpapier konnte man für gröbere Schmirgelarbeiten an Möbeln benutzen, die Möbel waren so bequem wie ein Stapel Konservendosen, die Konservendosen waren so prickelnd wie ein Solschenizyn-Roman und ein Solschenizyn-Roman brachte einen in den Knast, wenn man damit erwischt wurde. Heute haben die Russen Markenartikel für sich entdeckt. Man mag das belächeln. Aber es gibt immerhin einen Grund, weshalb wir, wenn wir nach Florida reisen, keine Ocala-Cola trinken.

Stellen wir uns einmal vor, wie sich die amerikanischen Kaufgewohnheiten änderten, wenn Sears plötzlich bis unter die Lampenschnur mit wundervollen Produkten aus der Zukunft angefüllt wäre – Schreibmaschinen, die von selbst wunderschöne Sätze formulieren, sichere Autos, die doppelt so schnell fahren wie unsere bisherigen, Schuhe, die uns sexuell unwiderstehlich machen. Das ist es, was die Russen derzeit erleben.

Besonders die Schuhe. Schuhe sind in Moskau das, was T-Shirts für Jimmy-Buffet-Fans sind. Sie sind die unangefochtenen Herrscher der Schaufenster, insbesondere Damenschuhe – Pumps, Pantoffeln, Sandalen, Stiefel – allesamt mit den höchstmöglichen Absätzen, sogar die Holzschuhe und Espadrillos. Hohe Hacken und strumpflose Beine, die bis hinaufreichen zu superkurzen Röcken, bestimmen das Moskauer Straßenbild. Selbst die Polizistinnen und Soldatinnen halten ihre Knie in den Wind. Naturgemäß ist die Kleidung nicht in allen Fällen dem modischen Expertenrat entsprechend. Bisweilen erinnert das Bild eher an Wurst am Stock, aber was soll's. Dies ist das Land, in dem ich 1988, als mich meine Journalistentätigkeit zum Reagan-Gorbatschow-Treffen verschlagen hatte, einen Beinahe-Aufstand in der Schuhabteilung des GUM-Kaufhauses miterleben durfte. Dutzende von Frauen prügelten sich um die Gelegenheit, bulgarische Turnschuhe zu erstehen.

Jetzt ist das GUM ein ganz und gar amerikanisches Einkaufszentrum, mit Ausnahme des vierundsiebzigjährigen Gewächshausdaches, das der konsequenten Instandhaltung unter dem Sowjetregime mit zahlreichen Leckagen verdankt. Unter diesem Dach tummeln sich über einhundert Einzelhändler, die von hohen Absätzen bis hin zu keinen Strümpfen alles verkaufen.

Darüber hinaus kann man sieben Tage die Woche, vierundzwanzig Stunden am Tag in Tausenden Sperrholz-Plexiglas-Kiosken und -Läden einkaufen, die nach guter Tirana-Manier in den Parks, unter den Brücken, auf den Bahnsteigen der Eisenbahn und U-Bahn und auf allen Fahrbahnrändern aufgestellt wurden, die breit genug sind, um einen Hund auszuführen. Gut die Hälfte dieser Verkaufsstände handelt mit dem üblichen Minimalprogramm: Zigaretten, Getränke und Raubkopien von Musikkassetten.

IM GEGENSATZ ZU TIRANA besitzt Moskau allerdings ein McDonald's. McDonald's war teuer. Alles in Moskau – mit Ausnahme der 30-Cents-U-Bahn – war teuer. Die Getränke, das Essen und die Hotels waren genauso teuer wie in Monaco. Und die Einzelhandelspreise waren um nichts besser als im übrigen mehrwertsteuer-geplagten Europa. Dabei lag das Durchschnittseinkommen bei gerade mal 143 Dollar pro Monat. Vorausgesetzt, dass keiner flunkert. Was natürlich alle tun.

Russische Unternehmer zahlen 35 Prozent Bundessteuer, zuzüglich 20 Prozent Mehrwertsteuer, zuzüglich regionaler Steuer bis zu 45 Prozent. Das macht zusammen 100 Prozent, weshalb ein Großteil der Geschäfte über die „inoffizielle Volkswirtschaft" abgewickelt wird. Und die kann ziemlich inoffiziell sein. In Moskau ruft man sich ein Taxi, indem man keines ruft. Man winkt irgendeinen Autofahrer heran, der, wenn er sich danach fühlt, einen Preis aushandelt und einen dahinfährt, wo man hin will.

Nur haben einige Leute in Russland kein Auto und auch sonst nichts. Großmütter betteln auf den Straßen. Die alten Menschen in Russland sind pleite. Renten wurden bescheiden angepasst, während die Inflation geradezu empörend unbescheiden war. 1988 war ein Rubel noch 1,59 Dollar wert. Mitte 1996 war ein Dollar 5.020 Rubel wert. Und obwohl die Regierung Geld im Überfluss druckte, ging es ihr aus. Am Ende des ersten Quartals 1996 konnten keine Renten mehr gezahlt werden. Plötzlich waren überall bettelnde Rentner zu sehen.

Mittlerweile hatten sich die Dinge ein wenig gebessert, aber es gab immer noch eine weitverbreitete Armut in Russland. Ich sprach mit dem Ökonomen Sergej Pawlenko, dem Direktor des staatlichen Arbeitszentrums für Wirtschaftsreform. Er schätzte die Armutsrate auf 25 Prozent. Man könnte das mit den 1991 von den Kommunisten angegebenen 10 Prozent vergleichen. Das tut man aber besser nicht. Pawlenko vermutet, dass die Differenz auf den unterschiedlichen Begriffen von Armut gründet. Die US-Regierung markiert die Armutsgrenze für eine vierköpfige Familie bei 15.569 Dollar jährlich, die Sowjet-Regierung setzte sie bei fünfundsiebzig Rubel pro Monat an. Gemäß dem offiziellen Wechselkurs wären das 119,05 Dollar. Allerdings war der offizielle Wechselkurs für den Rubel ein ebensolcher Scherz wie der für den kubanischen Peso. Der Schwarzmarktkurs lag zur fraglichen Zeit bei zehn bis fünfzehn Rubel pro Dollar, womit fünfundsiebzig Rubel in Wahrheit zwischen 5 und 7,50 Dollar wert waren. Außerdem konnten die Leute unter der kommunistischen Regierung so oder so nichts kaufen, weshalb sich ihre Vermögenswahrnehmung darauf reduzierte zu wissen, wie viel Nichts sie bekommen könnten, wenn sie es bekommen könnten.

Doch der hohe Preis der Freiheit in Russland ist nicht allein auf die hohen Preise zurückzuführen. Heutzutage kann man in Russland jederzeit überfallen, ausgeraubt oder gar erschossen werden – wenn man es darauf anlegt. Moskau ist nach 9 Uhr abends nicht mehr sicher wie ein Grab. Allerdings kann man nicht von einer allgemeinen Zunahme der Kriminalität sprechen, da es sich in Russland eher um eine Ausweitung des organisierten Verbrechens handelt. Die ist jedoch beeindruckend. Das US-Außenministerium schätzt, dass in Russland jährlich 50.000 Morde begangen werden. Über die Hälfte davon werden nie aufgeklärt. Laut Sergej Pawlenko werden allein in Moskau täglich vier Geschäftsleute umgebracht.

Und *Geschäftsleute* ist das Schlüsselwort. Russland verfügt bislang noch nicht über ein etabliertes Zivilrechtssystem, weshalb Verträge nur geltend gemacht werden können, wenn man ihnen mit dem entsprechenden Nachdruck zur Geltung verhilft. Wo in New York ein Haufen Prozesse ins Spiel kommen, sind es in Moskau Kugeln. Statt von Anwälten verpestet, ist die russische Gesellschaft von Killern verseucht. Welche Variante die schlimmere ist, kann man natürlich dahingestellt sein lassen.

Die englischsprachige Moskauer Wochenzeitung *Living Here* veröffentlichte einen Führer für die Clubs und Bars der Stadt, in welchem ein typisches *vorovskoj mir*, eine „Welt der Diebe"-Kneipe, wie folgt angegeben wird:

Marika
Eintritt: Männer 20 Dollar, freier Eintritt für Frauen
Pro: Hier treffen Sie die Elite der koksenden Femmes fatales von Moskau, die Sie konsequent ignorieren wird; die Krönung Ihres unterhaltsamen Abends wird darin bestehen, dass man Ihnen Ihre einzige Verabredung abspenstig

macht und Ihr Leben von sturzbetrunkenen Mafiosi und ihren unrasierten Schlägern bedroht wird.

Contra: Sie haben Ihre Würde zu verlieren; und Sie wollen leben.

Was immer in Russland an finanziellen oder Warentransaktionen vonstatten geht, unterliegt der Kontrolle des organisierten Verbrechens. Im Verein mit der endlosen politischen Drahtzieherei und der Korruption und Mauschelei innerhalb der Behörden führt das zu einer Atmosphäre, die ... immer noch netter ist als die in den Folterzellen des KGB.

An meinem ersten Abend im post-kommunistischen Moskau schlenderte ich nach einem üppigen Dinner durch die belebten nächtlichen Straßen in Richtung einer Bar namens Hungry Duck. Sie befindet sich in einem riesigen, kreisförmigen Raum, der entfernt an Chicagoer Warenterminbörsen erinnerte. Allerdings konnte so etwas hier zuvor nicht gewesen sein, da es in der UDSSR keine Waren gegeben hatte, für die man hätte Termingeschäfte tätigen können. Weiß der Himmel, welchen Zweck dieser Raum dereinst gehabt haben mag, der gegenwärtige Zweck war auf jeden Fall hinlänglich klar: Ungefähr eintausend junge Amerikaner, Russen, Deutsche, Briten, Franzosen, Australier und Japaner tummelten sich hier. Sie waren die Infanterie der internationalen Konzerne, die in jüngster Zeit nach Moskau einmarschiert waren – die Vorkämpfer von Anne Klein, Brooks Brothers und Konsorten, die mit ihren Mousepads die Frontlinie des Kapitalismus sicherten, gönnten sich einen Donnerstagsabend-Bildschirmschoner. Glückliche junge Menschen, die in einer wogenden Masse Brust an Brust standen, während fünfzig Leute auf dem Bartresen tanzten und kichernde Kellnerinnen freien Wodka ausschenkten, den ein Getränkekonzern gestiftet hatte, um für eine neue Marke zu werben. Krawatten wurden abgerissen, Blusen aufgeknöpft und verschüttete Bierlachen von schlabbernden Schuhbändern zu Schaum gepeitscht. Arme flogen durch die Luft, Beine flogen durch die Luft. Ganze Körper flatterten durch die Nikotinschwaden über der Menge. Aus gigantischen Lautsprechern, die Stalin gefallen hätten und in einer Lautstärke dröhnten, dass man ihn damit von den Toten erwecken könnte, erklang Coolios „Gangsta's Paradise".

WÄHREND MEINES AUFENTHALTES in Russland standen Wahlen an. Bedeutsame Wahlen. Es war das erste Mal in der 1100-jährigen Geschichte des Landes, dass ein Staatschef mit demokratischen Mitteln frei gewählt werden sollte. Und diese Wahl könnte für viele andere Länder ebenfalls von großer Bedeutung sein, denn sie war ein Kopf-an-Kopf-Rennen zwischen Boris Jelzin, dem Mann, der beinahe im Alleingang die Parkkralle des Bolschewismus vom nunmehr frei rotierenden Schneereifen der russischen Gesellschaft entfernt hat (um es metaphorisch auszudrücken), und Gennadi Suganow, einem verdammten Kommunisten.

Stand die Sowjetunion vor einer Wiedervereinigung? Würde das Terrorregime wiederkommen? Stimmten sich die Russen wieder stimmlos? Würden die Panzer wieder rollen? (Die Militärkommandanten müssten saftige Bestechungsgelder zahlen, wenn sie ihre Panzerwagen in der Nähe von Moskaus Nobelrestaurants parken wollten.) Oder würde Russland auf dem schmalen, engen Pfad der modernen politischen Ökonomie voranschreiten, um am Ende zu einem gewaltigen „Singapur-auf-dem-Eis" zu werden? (Man stelle sich mal Li Kwan Hiu vor, der seinen Rohrstock gegen einen ausgewachsenen Russen erhebt.)

Die einzigen Leute, die die bevorstehenden Wahlen der Russen vollkommen kalt zu lassen schienen, waren die Russen. Selbst die loyalsten Partisanen unter ihnen, die Wahlkampfhelfer und Kandidatenberater leiteten ihre Antwort auf meine Fragen nach der Wahl mit einem Schulterzucken ein – jenem Schulterzucken, das nur russische Schultern zustande bringen. Ich fragte einen russischen Freund, wer der nächste Präsident von Russland würde. Er zuckte mit den Schultern und sagte: „Jelzin."

„Mit welchem Stimmenvorsprung wird er gewinnen?"

„Ich habe nicht gesagt, dass er gewinnen wird. Ich habe gesagt, dass er der nächste Präsident wird."

G ANZ GLEICH OB EIN RUSSISCHER PRÄSIDENT vom Volk gewählt wird oder sich selbst wählt, die ihm damit zufallende Staatsmacht ist enorm. Und mit ihr einher geht eine Regierungsträgheit, die ihresgleichen sucht. Daher konnte man davon ausgehen, dass entweder nichts verändert würde, egal wer die Wahl gewann, oder die Veränderungen so oder so einträten, egal wer die Wahl gewann. Die Russen wussten es nicht, und sie waren viel zu sehr damit beschäftigt, ihren Lebensunterhalt zu verdienen, als dass sie Lust gehabt hätten, darüber nachzudenken. Sollten Suganow und seinesgleichen das Rennen machen, würden die korrupten Überbleibsel der Sowjetbürokratie, die sogenannten Schmuddelkraten, die Geschicke des Landes lenken. Wenn Jelzin wieder an die Macht käme, würden die Korruptionspartner der Schmuddelkraten, nämlich die Aufsteiger der organisierten Kriminalität, die man euphemistisch als „Neue Russen" bezeichnet, reicher und reicher.

Diese neuen Russen sind ein erstaunlicher Haufen. Die Männer tragen Dreiteiler, deren Nadelstreifen so breit und leuchtend sind wie die Streifen, die auf Autobahnen Fahrspurwechsel verbieten. Der Abstand zwischen den Schulterpolstern entspricht dem von Traktorkotflügeln und wird nur noch von jenem zwischen den Reversspitzen übertroffen, die neben dem Anzugträger wehen wie überdimensionierte Flügel. Die Krawatten sind genauso breit wie die Begleiterinnen der neuen Herren. Jene wiederum kleideten sich meinem Eindruck nach eher spärlich, dafür teuer. Offensichtlich kauften sie in den Boutiquen von Palm Springs alles, was an ihnen kleben blieb, denn ihre Kleider saßen so eng, dass sie wie aufgeklebt wirkten – fleischbetont, egal wie viel Fleisch es zu betonen gab. Die Frisuren lassen sich am treffendsten mit „Gewitterwolkenstil" beschreiben, und der Hang zur überreichen Applikation von Schmuck jedweder Couleur war sowohl in der Form als auch in der Häufung erstaunlich. Im Juni 1996 gab David Bowie ein Konzert in Moskau, von dem man anschließend berichtete, dass das lauteste Geräusch das Klappern von Juwelen gewesen wäre.

Die meisten der neuen Russen hatten, wie die Schmuddelkraten auch, gute Beziehungen zur alten Sowjetregierung unterhalten. Sie waren der sozialistischen Bestie so nah gewesen, dass es für sie nur logisch erschien, sich nach dem Sturz an dem Kadaver gütlich zu tun.

Als ich eines Abends mit Dimitri Volkov ein paar Drinks nahm, sagte ich: „Vielleicht hättet Ihr in Russland klar Schiff machen sollen. Wäre es nicht sinnvoll gewesen, nach dem versuchten Staatsstreich von 1991 alle Kommunisten zu hängen?"

„Nein", antwortete Dimitri. „Was hätte es gebracht, wenn Goebbels Himmler gehängt hätte?"

WIE IN SO VIELEN LÄNDERN DER WELT, halten sich auch in Russland die Gegensätze zwischen Alt und Neu. Allerdings sind es hier nicht jene Kontraste, die die Telefongesellschaften so gern zu Werbezwecken nutzen – wie etwa die Zenmeister, die sich gegenseitig leere Faxseiten zusenden. Vielmehr wirken die Gegensätze in Russland unheimlich. In der Wahlnacht besuchte ich einen Rundfunksender, der für die Berichterstattung zuständig war. Die Aufnahmestudios und Büros waren durch ein Rohrpostsystem miteinander verbunden, was dem Toshiba-Laptop auf dem Schreibtisch des Radiosprechers eine groteske Note verlieh. Dieser brandneue Laptop ließ das Gebäude um ihn herum aussehen, als hätten es Affen gebaut. Affen auf Sendung. Das Studio war nicht älter als fünfzehn Jahre, trotzdem bröckelte der Putz, die Bodenfliesen waren krumm und brüchig, die Wände waren rissig und die Fenster passten nicht mehr in ihre Rahmen. Der Flurteppich kräuselte sich in lange, muffige Wollschlangen. Und mitten drin, auf einem wackligen Tisch, dessen Kunststoffoberfläche so beulig war wie eine Reliefkarte des Urals, stand der kleine Toshiba und tat etwas, das kein anderes Ding in der Sowjetunion jemals getan hatte: Er funktionierte.

Die Schuld am Wildwuchs der Inkompetenz gab ich dem Marxismus, bis ich eines Tages in die Basiliuskathedrale ging, diesen Berg von einem persisch anmutenden Dom, in blendenden Farben angemalt. Er ist das Wahrzeichen für Russland und für TV-Auslandskorrespondenten, die nicht müde werden, sich davor aufzustellen und uns zu erzählen, wie gut sie über alles hier Bescheid wissen. Dabei lassen sie jedoch aus, dass das Innere dieses Wahrzeichens ein angestaubtes Durcheinander von Katakomben und Abseiten ist, schlecht gebaut und dürftig gestaltet – das ganze Ding ist nichts weiter als ein Haufen Steine und Holz, der eher an eine Matschburg von Kinderhand denn ein Monument architektonischer Größe erinnert.

Iwan der Schreckliche hatte sie 1552 nach dem Vorbild der Kathedrale von Chartres bauen lassen. Die Legende besagt, dass er die Architekten nach vollendeter Arbeit blenden ließ, damit sie keine weitere Kathedrale bauen könnten. Vielleicht hätte er damit noch ein bisschen warten sollen – bis der Innenausbau fertig war. Verdient hatten sie auf jeden Fall ein paar kräftige Schläge auf den Kopf – und zwar mit Lehrbüchern für die Konstruktion von Bögen und Gewölben.

Ansätze von Barbarei halten sich in Russland hartnäckig. Rudel wilder Hunde streunen durch die Moskauer Straßen. Eines lebte direkt am Roten Platz, wo die Wetoschnij-Straße abging; die Hintertüren der Läden im GUM-Einkaufszentrum führten auf diese Straße. Ein anderes Rudel wohnte hinter dem besten Hotel am Ort, hinter meinem, in einer kleinen Gasse, die unter meinem Fenster vorbeiführte. Sie kläfften die ganze Nacht und schliefen den ganzen Tag, was mich dazu veranlasste, am hellichten Nachmittag meine Flügelfenster aufzureißen und mehrere Stunden lang „Sitz! Aus! Pfui!" zu brüllen.

Russland besitzt aber auch neuere Geschmacklosigkeiten. Lenin ist nach wie vor im Kreml ausgestellt – wie ein schlechter ideologischer Salat unter eine Glasglocke. Es kommen nicht mehr viele Leute, um den toten Irren zu besichtigen, doch die Soldaten bewachen ihn mit unveränderter Ernsthaftigkeit. Da ihre Macht ebenso ungemindert ist wie die anderer Regierungsautoritäten in Russland, können sie einem auch heute noch das Leben zur Hölle machen, wenn man vor dem Sarkophag lacht oder ihm gar das entblößte Hinterteil herausstreckt.

Wenige Tage nach der Wahl nahm ich den Nachtzug nach St. Petersburg. Als ich gegen Mitternacht abfuhr, herrschte immer noch Dämmerung. Ich nickte in meinem Abteil kurz ein, und als ich um 4.30 Uhr wieder erwachte, schien bereits die Sonne. Ich hockte mich auf mein Schlafwagenbett, betrachtete die verschlafene Landschaft ringsum und nippte an einem scheußlichen Aprikosenwein, den ich versehentlich an einem Kiosk gekauft hatte. Die Wiesen, Sümpfe und Birkenwälder lagen im Morgendunst, alles war von Wiesenkerbel überwuchert. Das 20. Jahrhundert spiegelte sich in den winzigen bäuerlichen Siedlungen einzig in den

Wellblechdächern und den sporadisch auftauchenden, einsamen Stromkabeln. Die Bauernhäuser waren aus Holzbalken gebaut, mit wuchtigen Giebeln und Dachvorsprüngen. Die Fenster waren tief eingelassen und die Rahmen mit Handschnitzereien verziert.

In Stockholm gibt es ein Museum, das Skansen, in welchem sehr ähnliche Hütten ausgestellt sind. Dort hatte ich gesehen, dass sie aus dem 16. Jahrhundert datierten. In Russland lebten die Leute immer noch darin. Die Kartoffelpflanzen wuchsen bis zu den Eingangstüren. Offene Brunnen und Seitengebäude standen auf den Höfen. Ich zählte genau einen Lastwagen und ein Motorrad. Dies ist der Teil Russlands, der Westeuropa am nächsten liegt. Das ist die Strecke, die die beiden wichtigsten Großstädte des Landes verbindet. Und geschlagene zwei Stunden lang sah ich aus dem Zugfenster, ohne eine einzige geteerte Straße zu entdecken.

In St. Petersburg ging ich am nächsten Vormittag in den Winterpalast. Vom Palastplatz aus gesehen, wirkte er überaus beeindruckend, was sich allerdings änderte, je näher ich herankam. Ich folgte exakt dem Pfad, den die Bolschewiken wahrscheinlich nicht genommen haben, als sie den Winterpalast stürmten, der in Wirklichkeit weder vom Zar noch seinen Günstlingen bewacht wurde, sondern von ein paar Mitgliedern der provisorischen Regierung. Aber in Sergej Eisensteins Film *Oktober* machte sich dieses Bild sehr gut, was deutlich mehr ist, als man vom Winterpalast selbst behaupten kann. Er ist in diesem Ruf-mal-den-Rasenmähdienst-Grün gestrichen, das hier und da von schmutzigem Weiß und billiger Goldlackierung durchbrochen ist. Hässliche Statuen und plumpe Urnen zieren die Simse im oberen Stock, hinter denen ganze Familien von Dienstboten gelebt hatten, die mit so anspruchsvollen Aufgaben betraut waren wie etwa, die königlichen Wasserrohre vor dem Zufrieren zu bewahren, indem sie heiße Kanonenkugeln in die Zisternen fallen ließen. Sie bauten ihre Hütten zwischen den Schornsteinen und hielten Ziegen, die sich von dem Gras ernährten, das auf dem Dach wuchs.

Der Palast wurde 1754 von Bartolomeo Rastrelli entworfen. Er hat die meiste Zeit seines Lebens in Russland verbracht, und das sieht man. Der Stil ist Versuchmal-Barock, und an einfallslosem Dekor, groben Details und verunglückten Proportionen bietet er einfach alles, was sich Stalin 200 Jahre später wünschen würde.

Die Eremitage im Inneren ist nicht viel besser. Sie beherbergt spektakuläre Meisterwerke – El Grecos *Apostel Petrus und Paul*, Leonardo da Vincis *Madonna Benois* und Rembrandts *Kreuzabnahme*. Andererseits gibt bei einer solchen Masse von Kunst, wie sie hier hängt, allein die Menge vor, dass sich das eine oder andere spektakuläre Werk darunter befinden muss. Die übrigen Bilder sind zum größten Teil überflüssig. Es sind Bilder von Titian-Schülern, die seine Miete ermalten, von Peter Paul Rubens' Ateliergehilfen, meterweise Watteaus, saalweise niederländische Genremalerei, die durchweg mittelmäßig und schlechter ist, und ein Haufen Fragonards, die besser mit Marie Antoinette auf der Guillotine gelandet wären. All diese Oeuvres sind dicht an dicht an die Wände geklatscht und hängen wechselweise – je nach Tageszeit – im prallen Sonnenlicht.

Die Eremitage ist eine Art Volkshochschul-Kunstkurs für Zaren. Katharina die Große hatte die europäische Sammlung „im Paket" aufgekauft und nach St. Petersburg verschiffen lassen, um sie in ihre Privatgemächer zu hängen. „Nur die Mäuse und ich bewundern all dies", höhnte sie dereinst.

Russland war vor Iwan dem Schrecklichen noch nicht einmal auf Mittelalterniveau angelangt. Dann führte er den Feudalismus im späten 15. Jahrhundert ein, in einem Land, dessen kleine Grundbesitzer als *smerd*, „Stinker", tituliert wurden. Renaissance und Reformation fielen schlicht aus. Es gab weder eine Aufklärung noch eine Romantik, keine Menschenrechtserklärungen und keine Parlamentsreformen. Was an Industrieller Revolution bis hierher vordrang, wurde sogleich auf ein Minimum reduziert und später von den Kommunisten bis zur Unendlichkeit verbogen. Russland erlebte keine wilden Zwanzigerjahre, keinen Fünfzigerjahre-Boom, keine swingenden Sechziger und keine Ich-Generation. Es folgte nur eine Die-anderen-Generation auf die andere. Wenn man in der Eremitage steht, wird einem nachhaltig bewusst, wie weit außerhalb der westlichen Zivilisation Russland steht.

NATÜRLICH IST AMERIKA auch ziemlich weit weg, wenn man es aus der bildungsgeschichtlichen Warte betrachtet. Deshalb versteht ein Amerikaner instinktiv das große, lächerliche, ausufernde und plumpe St. Petersburg: Es ist ebenso eine künstliche Stadt wie unsere Hauptstadt – aus dem Nichts in die Landschaft gebaut, noch dazu auf Sumpfgebiet, das ähnlich wertlos sein dürfte wie das im District of Columbia. Gemein ist beiden Städten, dass sie von ausländischen Kunstbanausen ersonnen und erbaut wurden, die ein Faible für beeindruckende Perspektiven und einen Hass auf Parkplätze hatten.

St. Petersburg wurde 1703 von Zar Peter dem Großen gegründet, der einen Stützpunkt für die russische Marine wollte. Russland hatte eigentlich keine Marine, und das Land, auf dem sie ihren ersten Stützpunkt erhalten sollten, gehörte den Russen nicht einmal. Dieser Teil der Ostseeküste war schwedisch-besetztes Territorium und ging erst 1721 mit dem Friedensvertrag von Nystad an Russland. Das Klima war furchtbar. Es gab weder etwas zu essen noch Baumaterial. Die Newa trat in regelmäßigen Abständen über die Ufer. Zudem hatte Russland bereits eine Hauptstadt mit Regierungssitz, und niemand war besonders versessen darauf, sie zu verlassen.

Peter der Große ließ sich von diesen Umständen ebenso wenig entmutigen wie ein guter Amerikaner, mit dem einzigen Unterschied, dass er russische Methoden anwandte, um die Startschwierigkeiten zu überwinden. Er verbannte 40.000 Arbeiter in den Sumpf. Sie starben an Kälte, Hunger und Infektionen. Im darauffolgenden Jahr verbannte er weitere 40.000. Sie starben an Kälte, Hunger ... und so fort. Annähernd sechzig Jahre lang mussten jede Kutsche, jeder Planwagen, jedes Boot, jede Barkasse und jeder Schlitten, die nach St. Petersburg kamen, Zoll in Form von Bausteinen zahlen – nicht unbedingt Dinge, die man gern zusätzlich auf die Troika lädt. 1712 beorderte der Zar 12.000 Familien in die neue Hauptstadt, wo sie „Häuser aus Balken, Latten und Putz nach alter englischer Bauart errichten sollten", die erste „thematische" Städteplanung in der Geschichtsschreibung.

Zwar fielen diese Bauten binnen kürzester Zeit Feuer und Zerfall zum Opfer, aber St. Petersburg wahrt bis heute den trügerischen Schein eines 18.-Jahrhundert-Pendants zu einem gigantischen Neubauviertel. Die Wohnhäuser sollen wie kleine italienische Villen aussehen, sind aber so dicht aneinander gebaut, dass sie eher einer verunglückten Appartmentanlage gleichen. Die Zarenfamilien hatten ihre Buden quer über die ganze Stadt verteilt – Sommerpalast, Winterpalast, Kleine Eremitage, Neue Eremitage – die alle den Eindruck erwecken, aus einem Schnäppchenmarkt für Paläste zu stammen. Und dann gab es in St. Petersburg Unmengen Kanäle. Manchmal wird es das „Venedig des Nordens" genannt – allerdings nicht häufig. Es entspricht wohl mehr dem Venedigtraum eines amerikanischen Immobilienhais: „Gib mir einen größeren Graben und vergiss die Kanus."

St. Petersburg ist eine große Stadt. Auf dem Palastplatz könnte man ohne weiteres Autorennen veranstalten. Die Isaak-Kathedrale ist so groß, dass der Hausherr selbst sich darin winzig vorkäme, wenn er käme. Die Etagenflure im Grand Hotel Europa sind derart verschlungen, dass man sie mit Leichtigkeit als Teilchenbeschleuniger nutzen könnte. (Zweifellos ließen sich spannende neue Quarks entdecken, wenn Protonen mit Zimmerkellnern kollidieren.)

Und die Russen sind ein großes Volk – große Körper, große Gestik, große Stimmen. Sie sind sogar enorm groß. Als durchschnittlich großer Amerikaner kommt man sich in Russland vor wie eine Turnerin bei einem Lkw-Fahrertreffen. Und dabei sind dies Russen, die sich von Kartoffeln, Nierenfett und Brot ernähren, das man als Bootsanker verwenden kann. Nicht auszudenken, wie sie nach einer Generation vitamin- und proteinreicher Kost aussehen. In zwanzig Jahren dürften sich die Amerikaner fragen, ob der gewonnene Kalte Krieg eine Niederlage beim Superbowl wirklich wert war.

Für einen Amerikaner, der an das niedliche kleine Westeuropa gewöhnt ist, scheint Russland wie ... nun, sicher nicht wie eine frische Brise, weil es hier doch reichlich *smerdig* ist, aber ein bisschen wie Post von zu Hause. Obwohl sie solche Nachrichten enthält wie „der Hund ist gestorben", ist es immer noch Post von daheim. Es gibt einige sehr amerikanische Dinge in Russland, obschon seine Geschichte im gleichen Maße arm und unglücklich war wie die unsrige reich und vielversprechend. Der Historiker Ronald Hingley hat einmal gesagt, Russland wäre geprägt von „der seltsamen russischen Tendenz, Tragödie mit gehobener Farce zu mischen". Aber Hingley ist Brite, was kann er also wissen? Für amerikanische Ohren klingt das jedenfalls nicht auffallend russisch, sondern eher wie eine Beschreibung der Clintonregierung.

Wo ich gerade bei dem Thema rollender Kürbisköpfe auf den Korridoren der Macht bin, sollte ich erzählen, dass ich mir das Haus angesehen habe, in dem das Attentat auf Rasputin verübt wurde. Der schwülstige und potthässliche Jussupowpalast gehörte einer Familie, der so ziemlich alles andere in Russland ebenfalls gehörte. Rasputin, ein sibirischer Bauer, war ein Fernsehprediger. Da das Fernsehen damals noch nicht erfunden war, musste er die Leute einzeln beschwindeln. Er suchte sich Alexandra aus, die Gemahlin des letzten russischen Zaren. Es ist ein Jammer, dass Alexandra nicht lange genug lebte, um sich mit Nancy Reagan über Horoskope auszutauschen.

Einige Berater des Zaren beschlossen, dass Rasputin verschwinden müsse. Der junge Prinz Felix Jussupow erklärte sich freiwillig bereit, die Honneurs zu machen. Felix hatte eine Vorliebe dafür, sich als Transvestit zu kleiden. Als er an die Universität ging, nahm er einen Koch, einen Chauffeur, einen Kammerdiener, eine Haushälterin und einen Reitknecht mit sich. Offensichtlich wurde er von Hause aus nicht sonderlich knapp gehalten. Ich wartete die ganze Zeit darauf, dass mir der Reiseleiter erzählte, Felix hätte Rasputin umgebracht, um Jodie Foster zu beeindrucken.

Der Prinz lockte also Rasputin in den Jussupowpalast und fütterte ihn mit zyanidgewürztem Kuchen und Wein. Es tat sich nichts. Deshalb schoss Felix ihm eine Kugel ins Herz. Der Scharlatan schien sein Leben auszuhauchen, doch als Felix eine Stunde später zur Leiche zurückkehrte, langte Rasputin nach oben und würgte den Prinzen. Jussupow schaffte es, sich zu befeien, und Rasputin rannte in den Garten, wo ein Komplize des Prinzen drei weitere Kugeln auf ihn abfeuerte. Dann legten sie den bewusstlosen Rasputin in den Kofferraum eines Wagens und fuhren ihn zu einem Nebenarm der Newa, wo sie ihn durch das aufgestoßene Eis ins Wasser warfen. Doch er war immer noch nicht tot. Sein Körper wurde ein ganzes Stück flussabwärts gefunden, wo er sich an einen Brückenpfeiler klammerte. Rasputin war der Richard Nixon der russischen Politik. Da sage mir mal einer, dass unsere Länder keine Gemeinsamkeiten haben!

VERGLEICHT MAN DIE FREIE MARKTWIRTSCHAFT mit kollektivistischen Systemen, liegt die Versuchung nahe, zu viel zu beweisen. Der Sozialismus ist genauso wenig die einzige Ursache für das russische Stümpertum wie das Laissez-faire die einzige Ursache für die albanische Neigung zum Diebstahl ist. Ökonomie ist viel zu kompliziert, als dass man sie auf derart simple Behauptungen von Ursache und Wirkung reduzieren kann.

Ökonomie ist vor allem viel zu kompliziert für jemanden, der die Russen vorschnell als ein abtrünniges Volk von Yankees abtut. Vielleicht bekam ich einfach zu wenig Schlaf. Es war gerade Sonnenwendenzeit – die Weißen Nächte – und bis 3 Uhr morgens herrschte Tageslicht. Selbst danach wurde es nicht richtig dunkel. Die Nacht reichte nur bis Haushöhe, und darüber glühte der Himmel.

Während der Weißen Nächte ist zwischen Abendessen und Frühstück alles putzmunter auf den Straßen unterwegs. Es gibt massenhaft Konzerte und Tanzveranstaltungen, und Busladungen von Kadetten bringen ihre Bräute auf den Palastplatz, um zur Mitternacht die Sonne zu bejohlen. Die Menschen auf den Straßen sind ausnahmslos freundlich und vergnügt, was eine deutliche Abweichung von ihren ansonsten recht amerikanischen Manieren ist. Die Russen benehmen sich gemeinhin wie Amerikaner – und was für Amerikaner … ihre Umgangsformen sind deckungsgleich mit denen von amerikanischen Hochleistungssportlern.

Russen können, wollen und würden sich niemals für irgendetwas anstellen. An jedes Drehkreuz, jede Kino- oder Theaterkasse, jede Supermarktkasse drängen sie sich von allen Seiten heran wie Ferkel an ihre Muttersau. Sie haben keinerlei Sensibilität für persönliche Distanz. Sie bringen es fertig, über den menschenleeren Roten Platz zu kommen, um einem direkt auf den Zehen zu landen.

Jedwede Frage oder Wunsch, selbst in den „westlichsten" Hotels oder Restaurants, wird mit einem lustlos überraschten Starren und einer Sparsamkeit beantwortet, die nur knapp an Sprachlosigkeit vorbeischrammt.

„Servieren Sie heute Suppe?"

Kellner zögert, runzelt die Stirn, überlegt verärgert. „Ja."

„Was für Suppe?"

„Verschiedene Suppen."

„Können Sie mir sagen, welche Suppen?"

„Tagessuppe."

Wenn kleine Jungen einen vorbeifahrenden Zug sehen, zeigen sie ihm den Stinkefinger. Eine Reisebüroangestellte von Intourist beantwortete die Frage, ob es lohnenswert wäre, Chabarowsk zu besuchen: „*Pfft*. Keine Ahnung. *Ich* war noch nie da."

Ich fragte die Telefonvermittlung: „Könnten Sie mich mit den Vereinigten Staaten verbinden?"

Die Antwort: „Vielleicht."

Mein Vorschlag für eine post-sowjetische Tourismus-Werbekampagne: „Russland – boxen Sie sich rein!"

Leute, die vor 1991 nicht in Russland waren, halten die russische Unhöflichkeit für ein Produkt der neuen Freiheit. „Ich denke, die Russen *fühlen* sich jetzt einfach frei genug, um unhöflich zu sein", sagen sie. Sie irren sich. Die Umgangsformen waren zu Zeiten der UDSSR noch schlimmer, und sie waren umgeben von einer Atmosphäre permanenter Erschöpfung und allgegenwärtigem Argwohn. Darüber hinaus waren die Hälfte der Leute betrunken – eine verkommene, hilflose, wo-bleibt-das-Koma Betrunkenheit, die ich auf dieser Reise so gut wie nirgends sah, außer gelegentlich im Spiegel.

Also macht der Sozialismus die Menschen unhöflich. Und der Kapitalismus macht die Menschen unhöflich. Doch in Schweden, wo die Leute sowohl als auch haben, sind alle höflich. Da kenn sich einer aus.

ICH GAB ES AUF und unternahm eine Bootsfahrt zu einem Palastkomplex, den Peter der Große erbauen ließ – Peterhof, nach Peter benannt, wie alles, was Peter benannt hat. Hier standen vier oder fünf Residenzen, die allesamt zu groß waren, als dass man darin residieren wollte. Die eine war sogar zu groß, um sie ohne Mittagspause zu besichtigen.

Springbrunnen, Kaskaden und sonstige Wasserwerke fanden sich in den Parkanlagen zuhauf. Der gemeine Gartenschlauch hat diesen Dingen einiges von ihrem Reiz genommen, stellte ich fest. Wir haben in unserem Garten etwas, womit wir das Wasser in den wunderbarsten Fontänen in die Luft sprühen können, und damit kann man sogar seine Frau nass spritzen. Außerdem haben wir Elektrizität. Gischt, Spritzer und kunstvolles Geplätscher dürften weit mehr *Ohhs* und *Aahs* geerntet haben, als die Betrachter wussten, dass Hunderte von Leibeigenen mit gefüllten Wassereimern bergan krochen, um sie zu erzeugen.

Seit dem letzten Weltkrieg werden die Fontänen von Peterhof restauriert. An einigen der Wasserspeier sind Hinweisschilder mit der Aufschrift DIE DRACHEN WURDEN VON DEN NAZIS GESCHÄNDET befestigt. Das muss ein denkwürdiger Anblick gewesen sein. Als Hitlers Truppen sich nicht länger mit dem sexuellen Missbrauch von Gartendekorationen zufrieden geben wollten, zerstörten sie die von Peterhof bei ihrem vergeblichen Versuch der Unterwerfung des damaligen Leningrad.

Ich ging in den entsetzlichen Thronsaal und sah mir den vergoldeten Rokoko-

Stuck an, der überall an Wänden und Decken klebte. Ein Dutzend immens roter Kronleuchter, die nach der Paradiesvorstellung einer Nutte entworfen sein dürften, verschandelten den Raum über Kopf. Unten wucherte ein hässliches Parkettpuzzle von gewaltigem Ausmaß in alle Richtungen. Man hatte eigens Personal gehabt, dessen Aufgabe darin bestand, in dicken Wollsocken über den Boden zu glitschen, damit der Glanz erhalten blieb. Der Thron selbst war aberwitzig, und darüber hing ein Porträt von Katharina der Großen, umrankt von Personifikationen der Gerechtigkeit, der Wahrheit und der Tugend, und noch ein paar anderen Dingen, die Katharina nicht einmal erkannt hätte, wenn sie sie gebissen hätten.

Ein Nachmittag in Peterhof reicht vollkommen aus, um die Bolschewistische Revolution zu verstehen, deren Motive 1917 besonders den verhungernden Marinesoldaten der Kronstadtflotte, den erfrierenden Soldaten an der Ostfront des Ersten Weltkrieges und den enteigneten Bauern, die die Wassereimer für die Springbrunnen heranschleppen mussten, eingeleuchtet haben dürften. Ich war bereit, höchstpersönlich in die Revolution einzusteigen, wenn man mir die Gelegenheit gegeben hätte, den Thron aus dem Fenster zu werfen, mit den Kronleuchtern eine Schießbude zu eröffnen und auf dem Parkett mit einer Handgranate Steine-springen-lassen zu spielen.

DAS PROBLEM IST NUR, dass die Bolschewiken solche Dinge nicht tun. Und als es die Deutschen machten, verbrachten die Bolschewiken die nächsten viereinhalb Jahrzehnte damit, den Schaden sorgfältigst zu beheben. So etwas geschieht, weil Marxisten geistesgestört sind.

Der Marxismus hat eine große Wirkung auf das gesamte Jahrhundert gehabt, und selbst nach dem Fall des Sowjetblocks ist er in den Köpfen der Menschen gegenwärtig geblieben, weshalb wir bisweilen vergessen, wie wahnwitzig die Vorstellungen seiner geistigen Väter sind.

Karl Marx war davon überzeugt, dass der Mensch durch Ökonomie geschaffen wird und nicht umgekehrt. Seelenlos sozusagen. Nebukadnezar, Jesus, der Hunnenkönig Attila, Leonardo da Vinci, George Washington, Albert Schweitzer und Alanis Morissette wären demnach nichts als unterschiedliche Versionen des Investmentexperten Warren Buffett. Und die Menschheit bewegt sich, gleich Warren Buffetts Berkshire Hathaway Company, wirtschaftlich voran. Für Marx war Geschichte eine unvermeidliche Evolution ökonomischer Systeme. Erst kam Schnappen und Greifen, gefolgt von Jagen und Sammeln, dann Feudalismus, Kapitalismus und am Ende wird es wieder auf Schnappen und Greifen hinauslaufen, was man in der kommunistischen Utopie nach Herzenslust betreiben darf.

Marx vertrat vehement die Ansicht, dass diese ökonomischen Systeme alles bestimmen. Da er in einem kapitalistischen Zeitalter lebte, war um ihn herum alles, was er sah, ein kapitalistisches Symptom: Ehe, Familie, Religion, Regierung, Staat. Sobald der Kommunismus kam, würden all diese Symptome verschwinden. *Uff!* Keine Ehefrauen und keine Kinder mehr, und man muss Sonntags nicht mehr in die Kirche, sondern darf solange Golf spielen. Es sei denn, Golf zählt ebenfalls zu den kapitalistischen Symptomen, in welchem Fall man ziemlich belämmert mit seinem *Niblick* in der Hand auf dem Rasen stünde und nichts anzufangen wüsste.

Der Glaube an die ökonomische Determiniertheit aller Dinge ist letztlich nichts anderes, als dass man einen Preis für seine Mutter festlegt. Wie ich im letzten Kapitel ausführte, ist ein guter Wirtschaftswissenschaftler durchaus imstande, das zu tun, wenn man etwas Druck auf ihn ausübt. Aber Marx war kein guter Wirtschaftswissenschaftler. Er hatte sich der Theorie vom Wert der Arbeit verschrieben, die den Wert eines Produktes anhand der dafür aufgewendeten Arbeitskraft bemisst. Danach wäre ein Loch im Boden mehr Wert als ein Gedicht. (Zugegebenermaßen traf das auf das Gros der Gedichte in der Sowjetunion zu.)

Des Weiteren glaubte Marx, dass mit der Abschaffung von Privatbesitz und dem Einzug des Kommunismus die gesamte Menschheit sich zu einer riesigen, geschlossenen und alles bestimmenden sozioökonomischen Kooperative vereinte. Er hatte allerdings keinen Schimmer, wie es dazu kommen sollte. Seinen Andeutungen zufolge ließe sich das Ganze in einer Art großer, spontaner und rührseliger Woodstockmanier bewerkstelligen. In Russland bewerkstelligte man es mit Waffen.

Es gibt ein Problem mit solchen riesigen, allmächtigen und allgegenwärtigen Organisationen (besser gesagt: ein weiteres neben den Millionen Menschen, die für deren Erschaffung ermordet werden). Worin genau besteht ihre Aufgabe? Karl Kautsky, ein anderer führender Irrer in der Riege der linksgerichteten Theoretiker des 19. Jahrhunderts, sagte: „In einer sozialistischen Gesellschaft, die letzthin ein einzelnes, gewaltiges Industrieunternehmen ist, müssen Produktion und Planung ... ebenso organisiert sein, wie sie in modernen, großen Industrieunternehmen organisiert sind." Und was bitte produziert so ein modernes, großes Industrieunternehmen? Game Boys? Inneren Frieden? Fellatio? Süßigkeiten? Wenn es keine vernünftigen Preise gibt, wie will man wissen, was produziert werden sollte? Wenn es kein Privateigentum gibt, wie kommt man an diese Produkte heran? Wenn es keine Produkte gibt, wie wollen dann Märkte entstehen? Wenn es keine Märkte gibt, wie will man dann Preise bestimmen?

Zwischen 1918 und 1921 versuchte die Leninregierung allen Ernstes, ein geldloses System einzuführen. Versuchen Sie das mal mit Ihrem Sparbuch. „Mal sehen, ich habe die Teller vom Geschirrspüler abgehoben und die Kinder bei der Tagesstätte eingezahlt ..."

Denkt man sich den Vernunftsmechanismus von Angebot und Nachfrage weg, werden alle Produktions- und Konsumentscheidungen am Ende ... von Joseph Stalin getroffen. Stalin ging so weit zu behaupten, dass Wirtschaftspolitik eine Angelegenheit des Kremls wäre und sich die Ökonomen gefälligst herauszuhalten hätten.

D AS ABSURDE SOZIALISMUSVERSTÄNDNIS hat die Sowjetunion in einen Riesenschlamassel gebracht und ruiniert Kuba bis heute. Eine Reise nach Russland ist für den Amateur-Ökonomen ungleich interessanter als eine nach Kuba, weil in der ehemaligen Sowjetunion allmählich zutage tritt, in welchem Ausmaß sozialistisches Denken eine ganze Volkswirtschaft brachlegen kann. Michail Gorbatschow schreibt in seinen Memoiren: „Die Kosten für Arbeit, Treibstoff und Rohmaterial pro Produktionseinheit lagen um das Zwei- bis Zweieinhalbfache höher als in den Entwicklungsländern, in der Agrarwirtschaft sogar um das Zehnfache höher. Wir haben mehr Kohle, Öl, Metalle, Zement und andere Materialien (außer synthetischen) als die USA produziert, doch unsere Endprodukte erreichten nicht einmal die Hälfte des Wertes amerikanischer Produkte."

Diese Endprodukte waren keinesfalls unbedeutend. Die Sowjetunion hat Mondraketen und Atombomben gebaut und ausreichend AK-47, um sämtliche barfüßigen Deppen in den Dritte-Welt-Staaten zu NRA-Mitgliedern auf Lebenszeit zu machen. Zumeist allerdings beschränkte sich die sowjetische Industriemacht auf die Vorgaukelung von Produktivität, die sich als Hamsterrad entpuppte. Die Russen schilderten das so: „Wir bauen gigantische Maschinen, die Kohle und Erz fördern. Dann verbrennen wir die Kohle, um das Erz zu schmelzen, das wir zum Bau gigantischer Maschinen benutzen, die Kohle und Erz fördern."

Selbst wenn sowjetische Fabriken Nützliches und Sinnvolles produzierten, bot die Planwirtschaft Mittel und Wege, Sinn und Nutzen im Nachhinein zunichte zu machen. Dazu bediente sich die Regierung sogenannter Planzielkontrolleure, die den Bruttoertrag der Fabriken überwachten. Das sah dann so aus, dass diese Kontrolleure den Fabrikmanagern sagten, was sie in welcher Menge produzieren müssten, und wie das ausging, weiß jeder, der schon einmal mit Bürokraten verhandelt hat, die nur anderen Bürokraten gegenüber verantwortlich sind.

Die Schwierigkeiten gründeten nicht etwa darin, dass die Fabrikbesitzer den Anweisungen der Planzielkontrolleure zuwider handelten, sondern darin, dass sie ihnen aufs Wort genau folgten. Bekam eine Schuhfabrik Befehl, 1.000 Schuhe zu produzieren, produzierte sie 1.000 Babyschuhe, weil diese am günstigsten und einfachsten zu produzieren waren. Auf den Befehl, 1.000 Herrenschuhe zu fertigen, produzierte sie sie alle in einer Größe. Wenn man sie anwies, 1.000 Schuhe in unterschiedlichen Ausfertigungen für Herren, Damen und Kinder zu produzierte, produzierte sie 998 Babyschuhe, einen Pump und einen Budapester. Den Auftrag über 3.000 Pfund Schuhe erfüllte sie, indem sie ein enormes Paar Zementturnschuhe fertigte.

Die Fabrikmanager taten dies nicht, weil sie besonders blöd oder böse waren, sondern weil für sie ihr Lebensunterhalt, ihre Zukunft und manchmal ihr Kopf und Kragen auf dem Spiel standen. Sie mussten keine Kunden zufrieden stellen. Sie mussten auch keine Aktionäre glücklich machen. Sie mussten das Planziel erfüllen – koste es, was es wolle.

Rohmaterial und Maschinen zur Erfüllung des Planziels zu bekommen, war für Fabrikmanager ein ähnlich aussichtsloses Unterfangen wie ein Waldspaziergang in Zementturnschuhen für Verbraucher. Die Fabriken durften keinen direkten Handel miteinander treiben. Alle Transaktionen wurden über das staatliche Planungskomitee (treffenderweise GOSPLAN abgekürzt, als gehörte der Plan direkt in die Gosse) und das Staatskomitee für Material- und Technikversorgung (GOSNAB – wir kommen der Gosse immer näher). Diese staatlichen Organe arbeiten mit derselben Effizienz wie alles andere in der Sowjetunion. Deshalb gewöhnten sich Fabrikmanager an, beim Auftrag, 1.000 Schuhe zu produzieren, 1.000 Tonnen Leder zu bestellen. Auf diese Weise hofften sie, wenigstens ein paar Fetzen Kuhhaut zu ergattern. Wurde wider Erwarten zu viel geliefert, prima, dann konnte man das überschüssige Material abzweigen.

Zwischen den Fabriken entstand ein seltsamer Schwarzmarkt für Tauschhandel, auf dem unnötige Rohmaterialien verschoben wurden, mit denen man unerwünschte Waren produzierte. Um diesen Markt herum entstand eine neue Bürokratenklasse, die *Tolkatschi* – Schieber, die die Tauschgeschäfte arrangierten. Im Wesentlichen waren die *Tolkatschi* Wirtschaftskriminelle. Zahlreiche der stinkreichen neuen Russen waren unter der Sowjetregierung *Tolkatschi* und sind es noch, da die gegenwärtige russische Regierung nach wie vor in den verkorksten Wirtschaftsmechanismen des Sozialismus festhängt.

Die Mitglieder der sowjetischen Managementelite waren zum Lügen und Stehlen gezwungen gewesen. Da war es nur eine Frage der Zeit, bis sich die Arbeiter an ihnen ein Beispiel nahmen. Die Diebstahlquote innerhalb der Produktionsgenossenschaften nahm geradezu schwindelerregende Ausmaße an. 1990 berichtete die Akademie der Wissenschaften der UDSSR, dass „die Verluste bei Arbeitsprodukten annähernd 70 Prozent erreichen" und die „Verluste bei der Verwendung von Arbeitsmitteln [d.h. Werkzeuge und Material] 40 bis 50 Prozent betragen".

Wer hierin einen Widerspruch zu den marxistischen Lehren auszumachen meint, wird sich wohl oder übel noch einmal durch die Marx-Lektüre quälen müssen – insbesondere durch seine Theorie über den Mehrwert. Laut Karl Marx entspricht der Wert einer Sache der Arbeit, die für ihre Produktion aufgewendet werden muss. Der Betrag, für den eine Sache verkauft wird, abzüglich des Betrages, den der Arbeiter für seine Arbeit daran erhält, entspricht jenem kapitalistischen Wucher, der allen braven Sozialisten zutiefst zuwider ist. Die Mehrwerttheorie besagt, dass ich jedes mal, wenn ich jemanden anstelle, ihn ausbeute. Wenn ich jemanden bezahle, damit er meinen Wagen repariert, gibt ihm das in seiner Eigenschaft als mein Mechaniker das Recht, mein Auto zu stehlen.

Die verheerende Korruption im heutigen Russland wurde nicht durch den Zusammenbruch des Marxismus-Leninismus verursacht. Sie wurde von Marx und Lenin verursacht.

NUN JA, ZUMINDEST ZUM TEIL. Russische Staatsführer zeichneten sich spätestens seit den Tagen von Iwan „Geldbeutel" (1328-41) dadurch aus, dass sie alles klauten, was ihnen unter die Augen kam. Erst unter Peter dem Großen wurde eine offizielle Entlohnung der Staatsdiener eingeführt. Bis dahin hatte man von ihnen erwartet, dass sie sich „vom Staatsgeschäft allein ernähren könnten". Als der Marquis de Custine 1839 Russland bereiste, traf er ein Mitglied der Zarenfamilie, welches ihm sagte: „Ich hörte, dass in Frankreich selbst der höchste Adlige für eine Schuld von zweihundert Francs ins Gefängnis kommen kann; das ist abscheulich: Wie anders ist es da doch in unserem Land! In ganz Russland findet man keinen Händler, der sich traute, uns unbegrenzten Kredit zu verweigern."

Die Korruption, Inkompetenz und Grobheit dieser Welt kann nicht allein dem Sozialismus angelastet werden. Vielmehr sollte man der Fairness halber zugestehen, dass sozialistische Gesellschaften Solidarität unter den Menschen zu schaffen scheinen. So zeigt es sich zumindest in Schweden. Und auch auf Kuba ist unter der Bevölkerung eine starke Solidarität auszumachen, wenngleich diese sich in erster Linie auf solidarisches Hungern und solidarische Wut beschränkt. Der Sozialismus mag vom volkswirtschaftlichen Standpunkt aus ein Rohrkrepierer sein, aber er erzeugt eine Atmosphäre der Brüderlichkeit.

Das glaubte ich so lange, bis ich im sibirischen Irkutsk ankam. Der Intourist-Reiseführer, der mich am Flughafen abholte, war schätzungsweise Anfang zwanzig, also der Typ „Jüngerer Bruder". Ivor war freundlich, kontaktfreudig und ...

„Sie werden sehen, hier gibt es keine Nigger", sprach dieses Produkt sozialistischer Kindheit und Bildung.

Wir standen in der kleinen Gepäckausgabehalle, wo wir auf meinen Koffer warteten. Wir unterhielten uns über die Wahlen und über Ivors großes Glück als Übersetzer. Er war noch nie in Moskau gewesen, und nun würde er demnächst das russische Olympiateam nach Atlanta begleiten.

„Um Himmels willen, Ivor!" sagte ich. „Sie *dürfen* dieses Wort nicht benutzen. Es ist eine schwere Beleidigung."

„Begehen die schwarzen Menschen in Amerika denn nicht eine Menge Verbrechen?"

„Ivor, in Amerika begehen *alle* Menschen eine Menge Verbrechen. Sie dürfen diesen Ausdruck trotzdem nicht verwenden. Er steht für Borniertheit und Hass."

„Aber stimmt es nicht, dass die meisten Amerikaner keine Schwarzen mögen?"

„Nein!" entgegnete ich. Ich überprüfte mein Gewissen auf die Glaubwürdigkeit dieser Aussage. „Amerikaner haben keine Vorurteile. Und wir sind dabei, sie zu überwinden."

Ivor blickte mich ungläubig an. Er war viel zu russisch, um sich vorstellen zu können, dass es für manche Menschen problemlos sein kann, herumzulaufen und, nun ja, *anders* zu sein als andere. In diesem Land galt Warschau als eine exotische Stadt im Süden, deren heißblütigen Bewohnern mit äußerstem Misstrauen zu begegnen ist.

Den Russen haftet, unabhängig davon ob sie gerade kapitalistisch oder sozialistisch sind, etwas von Leuten an, die am helllichten Tag durch die Gegend stolpern. Sie verfügen über beinahe 18 Millionen Quadratkilometer Fläche, und trotzdem scheinen sie selten vor die Tür zu treten. Mein Sechs-Stunden-Flug nach Sibirien dauerte zwei Tage. Wir stellten uns sechs- oder achtmal vor dem Boarding-Schalter auf, ehe wir endlich ins Flugzeug gelassen wurden. Das Linienpersonal war vollkommen absorbiert in Kommunikationsaustausch über Walkie-Talkies. Offenbar reichten ihnen einzelne Pannen nicht – sie wollten sie koordinieren.

„Nichts klar im Cockpit."

„Roger. Das Gepäck ist auch schon verschwunden."

„Die Platzreservierungen sind alle durcheinander."

„Warte mal, warte mal – das Catering ist noch nicht im Chaos."

Glücklicherweise darf man in Russland seinen eigenen Wodka, Mixer und Glas in die Lounge mitbringen – den eigenen Hund und das eigene Pony übrigens auch. Und selbst wenn nicht, was konnte mir passieren? Wollten sie mich vielleicht nach Sibirien schicken?

Unglücklicherweise hatte ich versäumt, mir die Zwei-Tage-Flasche einzupacken. Ich versuchte, an Bord einen Drink zu bestellen.

„Wodka."

„Was?"

„Wodka. Das habt Ihr erfunden. Wod-ka."

„Wasser?"

Ich sah in meinem *Berlitz* nach. Das russische Wort für Wodka lautet *Wodka*.
Die Stewardess brachte mir einen steinharten Schokoriegel und ein Glas Limonensaft.

IVOR ZEIGTE MIR IRKUTSK, eine Stadt mit einer halben Million Einwohner,
die 4.200 Kilometer östlich von Moskau liegt, auf halbem Weg zum Pazifik. Die
modernen Bauten in der Stadt waren entsetzlich, aber die kleinen, alten, heruntergekommenen Viertel waren nett. Alle Häuser aus dem 19. Jahrhundert waren aus Holz, allerdings auf Beverly-Hillbillies-Niveau. Die massiven Balken aus
sibirischer Lärche waren so perfekt gesägt, dass man die Fugen beinahe nicht sah.
Die Kupferdächer zierten kunstvolle Ziegelschornsteine. Beeindruckende Laubsägearbeiten schmückten Fenster und Türen. So könnte der Ort ausgesehen haben, an dem Abraham Lincoln aufgewachsen ist – wäre seine Mutter Martha Stewart gewesen.*

Ein Pionier wie der gute Abe hätte sich in Sibirien heimisch gefühlt. Der Ferne Osten Russlands hat etwas von unserem Wilden Westen – dieselben Pelzhändler, Goldgräber, Siedler und das Abschlachten der Menschen, die ursprünglich
dort lebten – wohlgemerkt mit der typisch russischen Prise alltäglichen Wahnsinns. Die zeichnet sich schon daran ab, dass die Siedler bis heute nicht *fertig* sind
mit Siedeln. Bislang hat gerade mal der Streifen entlang der sibirischen Eisenbahn eine Bevölkerungsdichte von mehr als einem Dutzend pro Quadratkilometer vorzuweisen. Die russische Version eines Planwagenkonvois hält sich hartnäckig seit jenen Zeiten, da ein kosakischer Hochlandgammler namens Jermak 1582
die nervigen Tartaren verjagte.

Sibirien wirkt einen Tick überheblich. Für eine Stadt voller Hinterwäldler hatte Irkutsk entschieden zu viele Opernhäuser, Theater, Museen und akademische
Institute. Das mag in dem Umstand begründet sein, dass über Jahrhunderte hinweg alle Schlaumeier, Reformer, unverbesserlichen Idealisten und altklugen Gutmenschen ihren vorzeitigen Ruhestand hier verbrachten. Das muss man sich ungefähr so vorstellen, als würden alle George-McGovern-Wähler nach Lubbock, Texas, geschickt. Für die Einheimischen wäre das sicher ein zwiespältiges Vergnügen.

Ivor war ein Einheimischer und betrachtete die ausufernde Weite der Wildnis
außerhalb der Stadt als ein weiteres zwiespältiges Vergnügen. Wir fuhren eine
Stunde lang in südwestlicher Richtung am Angarafluss entlang zum Baikalsee.

---

*Martha Stewart ist ein amerikanisches Möbel-, Design- und Bekleidungshandelshaus, das sich am Landhausstil orientiert.

Dort konnten wir von einem Aussichtspunkt auf einem Felsen über Tausende Quadratkilometer unberührten Nadelwald blicken. Mich überkam jene egoistische Euphorie, die urbanen Menschen zu eigen ist, wenn sie unbewohnte Fläche sehen. Ich dachte: „Nichts! Hier gibt es nichts! Hier gibt es nichts außer MIR!"

„Hier gibt es nichts außer Bären", sagte Ivor. „Wir nennen es den Bärenwinkel."

„Müllwinkel" wäre passender gewesen, denn die Lichtung war von Abfällen und Schrott übersät. Der höchste Felsen war bis zur Hälfte in Altglas begraben.

„Sah es hier zu kommunistischen Zeiten auch schon so aus?" fragte ich.

„Aber sicher", sagte Ivor. Es gibt demnach keinen Kausalzusammenhang zwischen ideologischer und ökologischer Säuberung.

Mir fiel auf, dass Stofffetzen an die Büsche und Bäume geknotet waren. „Wozu soll das gut sein?" fragte ich Ivor.

„Oh, dieser Ort ist den Burjaten heilig; sie sind mongolisch", antwortete er und sah mich prüfend an, da er nicht sicher war, ob „mongolisch" eventuell auch ein Unwort sein könnte.

Einige andere Besucher – russische – kamen an dem Aussichtspunkt an. Wie ich feststellte, waren es genau zwölf Leute, die mit drei Autos vorfuhren. Sie waren jung und angezogen, als wollten sie auf einen Ball gehen – um 11 Uhr morgens. Alle tranken Wodka und Champagner in besorgniserregender Menge. Anschließend schleuderten sie die leeren Flaschen gegen den Altglasfelsen und brausten in Höchstgeschwindigkeit davon. Auf einem der Autodächer war ein Paar Goldfolienringe drapiert.

„Eine Hochzeit", erklärte Ivor. „Wenn bei uns Leute heiraten, fahren sie über Land und trinken."

Was in etwa dem entsprach, was sie taten, wenn sie gerade nicht heirateten. Wir selbst hielten es nicht anders. Wir fuhren in beachtlichem Tempo zum Baikalsee und tranken unterwegs.

Der Baikalsee ist ein umwerfender Absacker – 636 Kilometer lang und an der breitesten Stelle über 80 Kilometer breit. 80 Prozent des russischen Trinkwasservorkommens, also 20 Prozent des weltweiten, befinden sich hier – das ist mehr als alle Großen Seen zusammengenommen aufbringen. Das Wasser ist berühmt für seine Reinheit. Es ist so klar, dass man hinuntersehen kann bis auf … nichts, da er über 1,5 Kilometer tief ist und entsprechend dunkel.

Am Rand der Uferstraße dösten Kühe. „In Sibirien kann man nicht allzu viel anfangen", sagte Ivor.

„Aber es ist wunderschön", sagte ich.

„Hmm", sagte Ivor.

Eine so eindrucksvolle und beinahe unberührte Region wie die des Baikalsees sollte vielleicht unter öffentlichen Schutz gestellt werden – als Park oder Naturschutzgebiet. Und dennoch stimmte der Kapitalist in mir Ivor zu. Beim Anblick der blanken, vollkommen ruhig daliegenden Wasseroberfläche erschienen vor meinem geistigen Auge Wasserskiläufer, Motoryachten, Segelboote und kleine Bötchen mit Außenbordmotoren.

Ich ging auf dem steinigen Strand bis zum Wasser und tauchte den großen Zeh hinein. Huuh! Verdammt! Brrr! Man sollte das hier zum Naturschutzgebiet erklären.

Wir fuhren den Hügel ein Stück weiter hinauf zum Baikal Hotel, das weltweit eine der schönsten Aussichten zu bieten hat. Restaurant und Bar sind im Untergeschoss.

Beim Mittagessen unterhielt ich mich mit einigen anderen Intourist-Kunden, vier Russen aus Irkutsk, die einen Tagesausflug hierher machten. Sie hatten eine Menge Fragen an mich. Was hielt ich von den gegenwärtigen Intrigen in der Duma? Wie dachte ich über die Regierungsreform? Welche geopolitische Haltung würde ich Russland empfehlen? Ich war gnadenlos überfordert. Aber ich vermute mal, wenn die nächstgelegene Welthauptstadt, die man erreichen kann, Ulan Bator heißt, greift man nach jedem Strohhalm – selbst wenn er in Gestalt eines unterbelichteten Gaffers daherkommt. Da ich Amerikaner war, erwartete man von mir, alles über die Probleme der Freiheit zu wissen. „Sie haben seit über zweihundert Jahren eine Demokratie", seufzte ein Irkutsker. Er klang, als hielte er Selbstbestimmung für ein via Mutation und Selektion zu erwerbendes Privileg – wie ein gegenüberstehender Daumen.

Die Russen hatten ein paar Fragen, die ich tatsächlich beantworten konnte. „Gibt es in Amerika wirklich Cowboys?" (Sie waren begeistert, als ich es bestätigte.) „Benutzen Sie in Amerika immer noch Münzen?" (Die größte russische Münze war zu dem Zeitpunkt 1/50 Cent wert.) Selbstverständlich hatte auch ich naive Fragen. „Wie *geht* es Russland heute? Ich meine, wissen Sie ... Geht es den Leuten besser oder schlechter?"

DAS KONNTE ICH NÄMLICH beim besten Willen selbst nicht sagen. Ich hatte entsetzliche Geschichten über die wirtschaftliche Lage gehört, doch in Moskau und Petersburg schien die Wirtschaft zu florieren. Andererseits sind dies die wohlhabendsten Städte des Landes, und in meiner Eigenschaft als Tourist habe ich mich vornehmlich in den besseren Vierteln bewegt. Russland nach ein paar Wochen Besichtigungstour durch die namhaftesten Städte beurteilen zu wollen, ist ungefähr so blindwütig, als wollte man Amerika beurteilen, nachdem man die Madison Avenue zwischen der 57. Straße und dem Whitney Museum gesehen hat.

Irkutsk atmete noch den Hauch der alten Sowjetunion, grau und schäbig wie es war, aber hier und da gab es Anzeichen für beginnenden wirtschaftlichen Aufschwung. Recht passable Wohnhäuser wurden gebaut, und auf den Straßen sah man japanische Autos. Das Intourist-Hotel bot echte Gastfreundlichkeit, und das Restaurant servierte echtes Essen. Dutzende privat geführter Läden waren eröffnet worden, einschließlich eines kleinen Lebensmittelgeschäfts direkt neben einem der alten Martha-Stewart-Holzhäuser. Die Auswahl in diesem Geschäft hätte glatt von Martha Stewart selbst stammen können: zehn verschiedene Sorten Teegebäck aus Hongkong.

Was das ländliche Russland betrifft, bin ich mir nicht sicher, ob es jemals anders aussah. Wahrscheinlich hat Dschingis-Khan dasselbe gesehen wie ich, nur dass er anhielt, um es niederzubrennen.

Ich war restlos durcheinander. Russland war reicher als es bei meinen Reisen 1982 und 1988 gewesen war. Trotzdem behaupteten Experten und Statistiken das genaue Gegenteil. Gemäß dem russischen Staatskomitee für Statistik belief sich das Bruttoinlandsprodukt auf gerade mal 61 Prozent des Wertes von 1989. Selbst Russen konnten nicht gleichzeitig mehr *und* weniger haben, oder? Die Weltbank schätzte, dass ein Drittel der russischen Bevölkerung unterhalb der Armutsgrenze lebte: Einer von drei Russen kippte um vor Hunger. Davon war aber nichts zu sehen. Vielmehr konnten drei von drei Russen ein paar Stunden auf dem Laufband vertragen. Tatjana J. Jarigina, die stellvertretende Vorsitzende des Duma-Komitees für Arbeit und Sozialpolitik, behauptete, dass ein Viertel aller Russen keine Arbeit finden könnten. Um die achtunddreißig Millionen Leutchen saßen auf ihrem Hintern und hatten nichts zu tun – dabei waren die Tagesausflügler aus Irkutsk so ziemlich die einzigen Russen gewesen, die ich beim Nichtstun beobachtet hatte.

Was meinten sie dazu? „Oh, es geht uns jetzt besser." „Viel besser." „Viel, viel, viel besser geht es uns jetzt." Der Vollständigkeit halber sollte ich erwähnen, dass wir während des Mittagessens eine ganze Flasche Wodka getrunken hatten, und es *ging* uns besser. Tatsächlich aber war eine meiner vordringlichsten Fragen beantwortet durch eine Frage, die mir meinerseits von den Russen gestellt wurde. Sie gehörte nämlich in eine Kategorie Wissensdurst, wie sie nur noch in wenigen Nationen vorkommt. „Sagen Sie mir", fragte mich einer der Männer mit jenem tiefen Ernst, der sich nach zu viel Alkohol am helllichten Tag einstellt, „wo ist das Leben härter? In den Vereinigten Staaten oder in Russland?"

DIE GEGENWÄRTIGE WIRTSCHAFTSLAGE in Russland mit den volkswirtschaftlichen Gegebenheiten zu Zeiten der Sowjetunion vergleichen zu wollen, ist als wollte man rechnen, indem man Zahlen abschmeckt. Die Sowjetunion hatte eine Form von Statistik entwickelt, die ähnlich abenteuerlich war wie Lenins Idee von der geldlosen Ökonomie. Anstatt wie die meisten anderen westeuropäischen Nationen das Bruttoinlandsprodukt als Bemessungsgrundlage zu akzeptieren – d.h. den Wert aller im Land produzierten Waren und allen Besitzes – konterten die Kommunisten mit etwas, das sie Bruttomaterialprodukt nannten. Um es vereinfacht auszudrücken: Das Bruttomaterialprodukt ignorierte alle Leistungen und zählte die Produkte jedes mal, wenn sie bewegt wurden.

Nicht dass das irgendetwas ausgemacht hätte. Die sowjetischen Statistiken waren sowieso kubanisch in ihrer Unglaubwürdigkeit. Die Zahlen, die zur Berechnung des Bruttomaterialproduktes herangezogen wurden, stammten alle aus den Federn der Planziel-Kontrolleure und waren mithin glatte Lügen.

Darüber hinaus wurden die Erträge in Rubel angegeben – einer Währung, deren Wert gen Null tendiert. Besser gesagt: Die Währung schwankte gegen Ende des Sowjetregimes zwischen bis zu zwölf verschiedenen Werten. Es gab den internationalen Rubel mit einem Wechselkurs von ca. 1,75 Dollar; den Handelsrubel, der für Import-/Exportgeschäfte benutzt wurde und irgendwo bei siebenundfünfzig Cent herumdümpelte; den Auktionsrubel, dessen Wert die ausländischen Banken durch Käufe und Verkäufe permanent neu austarierten; den Unternehmensrubel, der ausschließlich für Produkte bestimmter sowjetischer Industriebereiche benutzt werden durfte ... und so fort. Die Russen trauen dem Rubel bis heute nicht. Ein Kassierer in St. Petersburg verweigerte die Annahme meines 1.000-Rubel-Scheins. Ich schätze, das lag daran, dass er einen kleinen Riss hatte, wodurch er möglicherweise in eine niedrigere Wertklasse rutschte.

Wir können nicht sagen, was von der Sowjetwirtschaft übriggeblieben ist und was nicht, da wir nur rudimentäre Kenntnis von ihr hatten. Wir wissen allerdings, dass der Stromverbrauch insgesamt um nur 18 Prozent zurückgegangen ist, was sich mit der von der Regierung behaupteten Reduktion des Bruttoinlandsproduktes nicht recht verträgt. Des Weiteren wissen wir, dass die Schwarzmarktaktivitäten angestiegen sind, jedoch nicht um wie viel. (Erstaunlich, wie wenig man über die Geschäfte von Leuten herausbekommen kann, wenn sie ständig von kleiderschrankgroßen Schlägern flankiert sind.) Ich unterhielt mich mit der Wirtschaftsberaterin des kommunistischen Präsidentschaftskandidaten Gennadi Suganow. Sie gab an, eine Expertin in Sachen „Schwarzmarktwirtschaft" zu sein, und sagte mir, dass ihren Schätzungen nach 45 Prozent der gegenwärtigen Industrie- und Handelsaktivitäten außerhalb der Bücher stattfänden.

Einigem von dem, was mit dem Kollaps der Sowjetregierung in der Versenkung verschwunden ist, weint wohl niemand eine Träne nach. Beispielsweise entdeckte ich in einem alten Reiseführer eine Passage, die klagt, dass „eine riesige Holz- und

Papiermühle die unberührten Gewässer des Baikalsees verseucht". Von diesem Ungetüm war bei meinem Ausflug zum Baikalsee nichts mehr zu sehen gewesen. Ebenso muss man einige andere angebliche Regresse seit der Sowjet-Ära im Nachhinein eher als Anzeichen von Progression werten. Von 1986 bis 1990 produzierte der Teil der Sowjetunion, der das heutige Russland ausmacht, durchschnittlich ca. 105 Millionen Tonnen Getreide pro Jahr. Heute liegt die Gesamtproduktion bei ca. 69 Millionen Tonnen. Aber während der letzten Jahre des kommunistischen Regimes mussten jährlich an die 27 Millionen Tonnen importiert werden, wohingegen Russland heute zu den größten getreideexportierenden Ländern der Welt zählt. Das mutet nur auf den ersten Blick paradox an, nicht mehr, wenn man einen zweiten Blick auf die Transport- und Lagerungsgepflogenheiten unter der Sowjetregierung wirft. Sage und schreibe 60 Prozent der produzierten Nahrungsmittel gingen auf dem Weg vom Acker zum ackernden Bruder verlustig.

Nun ist die russische Volkswirtschaft auch in den Neunzigern nicht frei von Ausfallerscheinungen. Da gab es die brieftaschensprengende Inflation, die 1992 mit 1.353 Prozent zu Buche schlug. Als die Sowjetunion auseinanderbrach, gab es da schließlich die ehemaligen Republiken, die sämtlich über Zentralbanken verfügten, welche wiederum üppigen Gebrauch machten von ihrem Recht, Rubel zu drucken. Infolgedessen hatte Russland binnen Kürze sozusagen vierzehn in Scheidung lebende Ehefrauen, von denen jede eine Kreml-Kreditkarte hatte.

Erschwerend hinzukam, dass viele der größten Produktionsgenossenschaften den Bach heruntergingen. Die Autos, die Kühlschränke und die Fernseher, die bis dahin in der UDSSR produziert worden waren, waren Sperrmüll. Deren Produktion hatte sich nur deshalb so lange halten können, weil das sowjetische Einzelhandelssystem derart verkorkst war, dass zuvor niemand Gelegenheit gehabt hatte, ihre wahre Qualität mittels Erwerbs zu prüfen. Zehntausende von Arbeitsstellen gingen verloren, oder, was noch schlimmer war, blieben erhalten, aber dafür blieben die Gehaltszahlungen aus.

Von Rechts wegen hätte Russland eigentlich in einer Großen Depression landen müssen, ähnlich dem Schlamassel, der Hitler-Deutschland oder, im Falle der Vereinigten Staaten, wimmernde, nasale Woody-Guthrie-Songs hervorgebracht hat. Aber Russland sang mysteriöserweise nicht „This Land Is Your Land". Und Russland war bewundernswert stabil, gemessen an den politischen Nahkämpfen des vorangegangenen Jahrzehnts.

Mit der Wiederwahl von Jelzin hatten sich die Russen für eine so-gut-wie demokratische und eine das-kommt-dem-nahe freimarktwirtschaftliche Regierung entschieden. Und die Finanzlage dieser Regierung war gar nicht so schlecht. Die Inflation hatte sich bei 1,5 bis 3 Prozent pro Monat eingependelt, was Amerikaner, die alt genug sind, um Richard Nixons Lohn-Preis-Kontrolle zu erinnern, nicht weiter verwundert. Die Staatsschulden nahmen sich im prozentualen Verhältnis zum Bruttoinlandsprodukt besser aus als in irgendeinem anderen europäischen Land – bis auf Luxemburg. Das allerdings mag damit zusammengehangen haben, dass nur ein Verrückter oder der Internationale Währungsfonds Russland Geld geliehen hätte. Trotz alledem stand Russland mit einer Verschuldung von 34 Prozent des Bruttoinlandsproduktes gegenüber Amerika mit 70 Prozent und Schweden mit 100 Prozent geradezu glänzend da. Und dabei belief sich das Haushaltsdefizit auf 4 Prozent, womit es dem Durchschnitt der EU-Länder entsprach. Alles in allem versperrt sich die Wirtschaftssituation in Russland jeglicher standardisierter Analyse.

RUSSLANDS WIRTSCHAFT VERSPERRT SICH jeglicher standardisierter Analyse, weil sich ihre Zahlen nicht mit standardisierten Methoden erfassen lassen. Die industriellen Erträge haben sich seit 1990 halbiert, während der Exporthandel blüht. Das Land verzeichnet einen Handelsüberschuss von 19,9 Milliarden Dollar.

Für 1996 wird ein Exportvolumen von 88,3 Milliarden Dollar angegeben – hauptsächlich Holz. Zellulose, Schwermetalle, Kohle, Öl und Gas. Demnach war die Gewinnung von Bodenschätzen nie so erbärmlich gehandhabt worden, wie es sich anhörte. Dafür war die darauf aufbauende Industrie eine blanke Katastrophe. Als die Sowjetunion kollabierte, stellte sich heraus, dass die russischen Produktionsgenossenschaften Rohmaterialien zuhauf horteten; man veranschlagte damals einen Wert von ca. 700 Milliarden Dollar – und das in einem Land, wo einfach alles knapp war. Diese sinnlose Hortungswut resultierte jeweils hälftig aus realpolitischem und aus herkömmlichem Zynismus. Die Führungsköpfe der alten Sowjetunion glaubten, der Atomkrieg wäre zu gewinnen, und sie nahmen sich vor zu überleben, um die Welt (die nun natürlich sozialistisch wäre) neu aufzubauen. Ich vermute, diese Welt sollte aus Holz, Zellulose, Schwermetallen, Kohle, Öl und Gas gebaut werden. Die Fabrikmanager haben diese wahnwitzige Lagerhaltung gern mitgemacht, weil sie sie in die Lage versetzte, über das Tolkatschi-System dringend benötigtes Material auf dem Schwarzmarkt aufzutreiben. Bis heute halten sich einige russische Industriezweige nur dadurch über Wasser, dass sie wie die Schießhunde die Vorräte aus Zeiten des Kreml'schen Größenwahns bewachen, um sie je nach Bedarf für sich zu verwerten.

Bliebe die Frage: Wenn es einen Handelsüberschuss gab, warum verliert der Rubel weiter an Wert? Russland hat eine neue Währung ausgegeben und sich somit gegen weitere Anfeindungen durch Regionen wie Müllenistan geschützt. Trotzdem fällt der Wechselkurs des Rubels beständig.

Der Grund dafür liegt allein in der Tatsache, dass der Ertrag der „schwarzen Wirtschaft" unmessbar bleibt. Nehmen wir beispielsweise den Handelsüberschuss. Gemäß den staatlichen Import-/Exportzahlen hat Russland nicht mehr als 59,8 Milliarden Dollar seines jährlichen Exportvolumens in den Import investiert. Somit verbleibt ein Pro-Kopf-Überschussbetrag von mehr als einem durchschnittlichen Monatslohn. Wo ist dieses Geld geblieben? Auf jeden Fall landete es nicht im Ausgleich von Haushaltsdefiziten, sonst hätte der Internationale Währungsfond Russland nicht über drei Jahre jährlich 10 Milliarden Dollar leihen müssen. Zugleich sanken die Realvermögen-Investitionen seit 1993 um 36 Prozent. Die Russen gaben ihr ganzes Geld heimlich, still und leise aus.

Das meiste Geld investierten sie in ausländische Waren, die von kleinen Einzelhändlern ins Land gebracht wurden und die weder zahlen- noch wertmäßig erfasst sind. 1996 war es erlaubt, zollfreie Importgüter im Wert von bis zu 2.000 Dollar nach Russland einzuführen, und kein echter Russe, der aus dem Ausland zurückkehrte, unterschritt diesen Wert auch nur um einen Cent. Kleidung, Spielwaren und Kleingeräte waren in Sackleinenbeuteln verpackt, so dass die Gepäckausgabehallen auf russischen Flughäfen aussahen, als wären Hunderte Nikoläuse in Zivil unterwegs. Unzählige Russen bestritten auf diese Weise ihren Lebensunterhalt. Sie hießen *Tschelnokij*, was so viel bedeutet wie „Zubringer". Sie beschafften ihre Importwaren in der Türkei, in Polen, in Italien, in Süd-Korea, in Ägypten, in Thailand, in Dubai – wo immer das, was sie suchten, am günstigsten war. Der Flughafen von Ancona im Osten Italiens verzeichnete 1995 38.677 russische Fluggäste. Die Tschelnokij kauften und verkauften gegen bar, vollkommen unbehelligt von Steuern, Einfuhrzöllen, Lizenzen oder sonstigen parasitären Auswüchsen handeltreibender Gesellschaften.

In Russland kann man auf zweierlei Weise einkaufen gehen. Entweder man bummelt die Hauptstraßen entlang, wo man dieselben Läden mit denselben Markenprodukten wie in Amerika findet. Oder man geht um eine Ecke, eine kleine Gasse hinunter und von hier aus auf einen der großen, gepflasterten Hinterhöfe zwischen den gewaltigen Wohnblocks der Stadt.

Von diesen „Handelszentren" erfuhr ich erst, als ich in St. Petersburg eine kleine Seitenstraße entlangging und zufällig mitbekam, dass am Ende eines kleinen, dunklen Durchgangs reges Treiben herrschte. Als ich näher kam, tat sich vor mir ein gigantisches Manhattan aus Pappkartons auf. In anderen armen Ländern wohnen die Menschen in solchen Pappsiedlungen, in Russland machten sie dort Geschäfte. Alle erdenklichen Waren aus der ganzen Welt gab es, zumindest alle billigen – angefangen vom chinesischen Dosenschinken bis zur malaysischen Unterhose. Natürlich war dieser Markt illegal, doch das schlug sich einzig darin nieder, dass zwei beängstigend große Schläger einen Dollar Eintritt von mir kassierten.

Hier erledigten die normalen Russen ihre Einkäufe. Sie kamen her, um sich mit dem Notwendigsten zu versorgen. Sie kamen her, um den neuentdeckten Freuden des Überflusses zu frönen. Und ich hoffe, dass sie auch ein bisschen deshalb herkamen, um die Leute vom staatlichen Komitee für Statistik wie Trottel aussehen zu lassen.

AM TAG NACH MEINER RÜCKKEHR vom Baikalsee stieg ich in die Transsibirische Eisenbahn Richtung Wladiwostok. Ich hatte mich im Intouristbüro nach den verschiedenen Reisemöglichkeiten erkundigt. „Wie ist es mit den Zügen?" fragte ich die Angestellte. „Macht eine Fahrt mit der Transsibirischen Eisenbahn Spaß?"

Sie starrte mich an. „Es ist eine bleibende Erinnerung", sagte sie.

Kann man wohl sagen – vier Tage und drei Nächte ohne einen einzigen Halt, der länger als achtzehn Minuten dauert, in spartanischen Waggons. Nein, ich meine eher trojanisch – wie im Innern des gleichnamigen Holzpferdes, nachdem ein ganzes Bataillon verschwitzter griechischer Soldaten darin eingepfercht gewesen war, und zwar für vier Tage und drei Nächte.

Die öffentlichen Verkehrsmittel in Russland sind für die Geruchsempfindlichen unter uns wenig geeignet. Ich möchte niemandem zu nahe treten, aber ich bin nun einmal Journalist mit gewissen Pflichten und als solcher könnte ich es nicht mit meinem Gewissen vereinbaren, wenn ich meinen Lesern die Information vorenthielte, dass Russen stinken. Es umgibt sie der klassische, feucht-muffige Geruch getragener Sportsachen, die einen Sommer lang im Kofferraum gelegen haben. Und das besserte sich nicht unbedingt auf dem Weg von Irkutsk an den Pazifik, da die Waschräume in russischen Zügen keine Badewannen, keine Duschen, kein Warmwasser, keine Seife, keine Handtücher und kein Toilettenpapier haben. Die Toiletten entleeren sich direkt auf das Gleisbett, wobei die Rohre so seitlich angebracht sind, dass sie dem zufälligen Betrachter am Wegesrand manch Überraschung bieten dürften.

Pro Waggon gibt es einen Waschraum von der Größe eines Hallenbadschrankes, und alles darin, einschließlich des Toilettensitzes, ist aus Walzblech. Da kein Abfluss im Boden ist, es dafür aber überall tropft und leckt, füllt sich der Kabinenboden binnen kürzester Zeit knöchelhoch mit allen möglichen Flüssigkeiten. Ich empfehle dem Reisenden, Desinfektionstücher mitzunehmen.

Die Abteile sind ein bisschen größer als die Waschräume und beinahe groß genug, um die vier Betten zu fassen, die hineingequetscht sind, sowie knapp eineinhalb der vier Erwachsenen, welche darin untergebracht werden sollen. Wer noch kleiner ist als Danny de Vito, kann sich auf den Liegen bequem ausstrecken. Die Abteilfenster lassen sich nicht öffnen, und es gibt weder Ventilatoren noch Sonnenrollos. Im Sommer scheint die Sonne im südlichen Sibirien achtzehn Stunden am Tag. Wenn man ein Abteil nach Süden erwischt, wie meines, kann man darin problemlos Kuchen backen. Einige der Fenster auf dem Gang lassen sich öffnen, so dass man sich ein wenig Erfrischung verschaffen kann, indem man den Kopf in den Fahrtwind herausstreckt. Einen Großteil Sibiriens habe ich mit wehenden Haaren und heraushängender Zunge gesehen – so wie ein Hund Arizona vom Auto aus sieht.

In jedem Waggon reisen zwei Damen mittleren Alters mit, deren Aufgabe augenscheinlich darin besteht, die Gänge auf und ab zu wandern und sicherzustellen, dass niemand raucht. Man darf im Zug trinken, man darf im Zug kotzen, man darf herumbrüllen, sich streiten und die ganze Nacht durchfeiern, man darf Kutteln auf Spirituskochern kochen, übelriechende Picknicks mit geräuchertem Fisch und Ziegenkäse veranstalten, aber man darf nicht rauchen. Wer rauchen will, muss sich draußen zwischen die Waggons stellen, wo er sich der Gefahr aussetzt, unter die Zugräder gestoßen zu werden, weil von hinten all die anderen Raucher drängeln. In Russland raucht schließlich jeder.

Dabei reiste ich in der 1. Klasse. In der 2. Klasse gehen die Gänge mitten durch die Waggons. An der einen Seite sind vier Liegen und an der anderen ist eine fünfte Liege oberhalb des Fensters. Unter dem Fenster sind zwei Sitzplätze mit einer Klappe dazwischen. Wenn man diese Klappe herauszieht, hat man eine sechste Liege. Seit den Sechzigern habe ich nachts nicht mehr so viele Leute aufeinander gesehen.

Russische Züge sind stinkig, schmuddelig, sauerstoffarm und unerträglich laut. Die Waggons schwanken dramatisch hin und her. Das Schienensystem ist von erbärmlicher Qualität, und überall klaffen riesige Lücken. Russische Züge machen nicht puff-puff-puff, sondern KA-WANK! KA-WANK! KA-WANK!

Irgendwann packte mich die Wut, allerdings nicht ob der Unbequemlichkeit und des mangelnden Services. Was mich rasend machte, war eher abstrakter Natur – dass sich jemand unterstanden hatte, einen Zug zu konstruieren ohne auch nur einen einzigen Gedanken an die Menschen zu verschwenden, die damit fahren müssen. Es musste eindeutig Bösartigkeit im Spiel gewesen sein. Bloße Nachlässigkeit lieferte keine Erklärung für diese Waschräume. In der alten Sowjetunion war es egal gewesen, ob jemand diese Zug mochte – ob überhaupt irgendjemand irgendetwas mochte. Die Leute hatten so oder so keine Wahl. Sie konnten nicht zur Konkurrenzbahn gehen. Sie konnten auch nicht mit einem Greyhound-

Bus fahren. Sie konnten noch nicht einmal nicht fahren – wenn man bedenkt, wer normalerweise warum nach Sibirien reiste. Also waren diese Züge von Anfang an nicht auf die Zufriedenheit der Reisenden ausgerichtet, sondern auf die der launenhaften Leute im Kreml sowie derjenigen, die ihre Launen technisch und organisatorisch umsetzten.

Dies ist der Inbegriff der Planwirtschaft. Daher sollte jeder ihrer Fürsprecher – von Gennadi Suganow bis hin zu Sidney Blumenthal – gezwungen werden, den Irkutsk-Wladiwostok-Zug mit der Zunge zu säubern.

MEINE REISE WAR ALLERDINGS nicht durchweg schrecklich – auch wenn keine politische Prominenz da war, die an den Kopplungen schlabberte. Ich hatte ein ganzes Abteil gebucht, so dass ich den ganzen Tag in Boxershorts herumhängen und meinen Flüssigkeitsverlust mittels Stolitschnaja ausgleichen konnte. Stolitschnaja schmeckte hier anders als in den Staaten. Vielleicht stellte die Fabrik nebenbei Farbverdünner her.

Ungefähr achthundert Meter weiter vorn im Zug befand sich ein Speisewagen, und obwohl die Küche dreckig genug war, um jederzeit zu einer Wurmfarm umfunktioniert zu werden, war das Essen gut. Ich wusste zwar nicht, was es darstellen sollte, aber es schmeckte. Es musste eine Art Geflügel sein, stark gewürzt, und hinterher war mir nur ein kleines bisschen schlecht.

Ich hatte mir in einem der kleinen Lebensmittelläden in Irkutsk Proviant besorgt. Und während der kurzen Halts konnte ich aussteigen und an den zahllosen Ständen auf den Bahnsteigen frisches Brot, eingelegtes Gemüse, Räucherfisch und – selbst in Ust'-Urluk an der Grenze zur Mongolei – Pepsi kaufen. Ich kaufte mir auch russisches Mineralwasser mit Kohlensäure. Es schmeckte wie Putzmittelkonzentrat, aber ich konnte die Flaschen schütteln und mit dem Inhalt die Kakerlaken abschießen, die unter meiner Liege Teegebäck aus Hongkong fraßen.

Ich kann immer noch nicht sagen, ob es heute allen Leuten in Russland besser geht. Den Leuten, die die Marktstände betrieben, ging es auf jeden Fall besser. Noch 1990 berichtete Cato, die liberalistische Expertenkommission, von derselben Zugstrecke: „An den wenigen abgelegenen Haltestellen stürmen die Bauern in die Züge und kaufen dem Personal, das sich gern ein paar Rubel dazuverdient, Orangen, Äpfel und Milch ab." Der Sturm hatte sich offenbar gewendet.

Alle paar Stunden tauchten ohne Vorwarnung kleine Städte in der Wildnis auf: Ulan-Ude, Mogatscha, Birobidschan. Es sind hässliche kleine Städte, mit riesigen Fabriken, wo normalerweise Vororte sind, und Wohnhäusern, wo man eigentlich Läden und Büros vermutet. Die Sowjets schienen dem Prinzip der Standardisierung in geradezu pathologischer Form verfallen gewesen zu sein, denn anders lassen sich die gigantischen Arbeiterwohnblocks, die selbst in Sibirien in jedem größeren Dorf stehen, nicht erklären. Die Städte im Osten Russlands dürften weltweit die einzigen sind, die eine wildwuchernde Ausbreitung ihres Stadtgebietes tatsächlich brauchen.

Und was für ein Ort um sich auszubreiten. Überall, wo das Auge hinsieht, atemberaubende Schönheit. Man braucht einen halben Tag, um das Südufer des Baikalsees abzuwandern. Sibirien ist einfach überwältigend – in jedweder Hinsicht. Im Baikalsee gibt es sogar Robben – 2.500 Kilometer vom Ozean entfernt. Den Weg von der Beringstraße hierher auf einem Paar Flossen zu bewältigen, dürfte eine Fahrt in der Transsibirischen Eisenbahn wie den puren Luxus erscheinen lassen.

Vom See aus Richtung Osten durchquerten wir zunächst sandige Ebenen und unfruchtbares Ödland, anschließend Wiesen und Birkenwälder auf einer Strecke, für die der Zug die ganze Nacht brauchte. Hätten die Irokesen so ein Land gehabt – und die freie Marktwirtschaft – sie hätten möglicherweise ein General Motors der Kanus aufgezogen.

Am Morgen fuhren wir über weites Grasland. Man konnte sich Mongolenhorden vorstellen, die am Horizont ritten, wenn man wollte. Ich zog es vor, mir Mongolen vorzustellen, die Golf spielten. Geschäftemachen – selbst die Geschäftemacherei im Profisport – ist allemal besser als Kriege zu führen. Sicher hätte man die Mongolen freundlicher aufgenommen, wenn sie gekommen wären, um sich als Profigolfer zu bewähren. (Und sie hätten wahrscheinlich alle Turniere gewonnen, wenn man bedachte, auf welchen Fairways sie trainieren konnten. Par 900.)

Wir kamen in das Jablonowi-Gebirge und in die Wildnis nördlich der Mandschurei, dem Amasarfluss folgend. Die Zugstrecke fädelte sich zwischen Berghöhen hindurch auf einem Bahndamm, den man direkt auf die Uferklippen des Flusses gebaut hatte. Der Amasar sah aus, als eignete er sich hervorragend für Wildwasserfahrten. Aber Russland war noch nicht an dem Punkt angelangt, da die Yuppies das Verlangen verspüren, an den Wochenenden ihr Leben zu riskieren. In einer derart mafia-durchsetzten Volkswirtschaft wie der russischen tun sie dies wochentags von 9 bis 5 schon zur Genüge.

Hinter den Bergen lag die Taiga, jenes nördliche Waldgebiet, das einen Teil von Russland bedeckt, der größer ist als Westeuropa. Anton Tschechow sagte: „Man achtet am ersten Reisetag nicht so sehr darauf; am zweiten und dritten Tag ist man überrascht; der vierte und fünfte Tag geben einem das Gefühl, man käme niemals aus diesem Monstrum der Erde heraus."

Natürlich war Tschechow im Grunde seines Herzens eher der kleinliche westeuropäische Typ. Für einen Amerikaner sieht die Taiga eher so aus, als hätte Gott beim Rezept für Nordmaine ein wenig die Beherrschung verloren. Das einzig Monströse an den russischen Wäldern ist, dass sie Erinnerung an Sommercamps wachrufen.

Nicht etwa dass man vom Zugfenster aus irgendwelche Aktivitäten von der Sorte „Alle-mal-mitsingen", „Fangt-die-Flagge" oder sonstiges gesehen hätte. Nichts. Russland ist zu weiten Teilen ein Land unbegrenzter *ungenutzter* Möglichkeiten. Wobei die russische Art, die eigenen Ressourcen nicht zu nutzen, nichts mit unberührter Natur oder deren Erhaltung zu tun hat. Die Schienenstrecke der Transsibirischen Eisenbahn war dicht gesäumt von Rudimenten halbherziger Siedlungsbemühungen: gewaltige Haufen von Balken und Trümmerberge aus Eisenträgern und Zementbrocken. Man könnte meinen, der gigantische sowjetische Industriekomplex hätte vergebens versucht, Sibirien industriell nutzbar zu machen, und aus lauter Ärger über das eigene Scheitern die angefangenen Bauten in Godzilla-Manier zerkrümelt und weggeworfen.

Einsame Grabstätten waren entlang der Strecke zu sehen, fein säuberlich eingezäunt und mit hübschen Grabsteinen versehen. Möglicherweise handelte es sich hierbei um die tragischen Opfer der Zugwaschräume -Leute, die zu dicht bei den Schienen gestanden hatten, als im Zug gerade jemand auf dem Topf saß.

Ich hätte meine Mitreisenden gern zu den Gräbern befragt, doch sprach niemand von ihnen Englisch. Sie waren freundlich und lächelten sogar manchmal, wenn sie verständnislos mit den Schultern zuckten, aber das tröstete mich kaum über die Tatsache hinweg, dass ich vier Tage lang mit keinem sprechen konnte. Für einen redseligen Iren wie mich kommt das einem kalten Entzug gleich.

Unsere Reiseroute führte uns durch die Flussebene des Amur, wo das Land offen dalag wie ein leeres Paradies. Alles schien hier perfekt für menschliche Siedlungen und Agrarwirtschaft – unberührtes Weideland, fruchtbares, unbestelltes Ackerland, Forellenströme, Wildvogelschwärme. Im Marschland blühte wilde Iris, deren Pracht weitestgehend ungesehen verging. Die Menschen haben so viel Wildnis zerstört, doch diese Wildnis wurde durch ihre Abwesenheit verschwendet.

Immerhin waren die letzten 650 Kilometer südlich von Wladiwostok urbar gemacht worden. Das heißt, alle fünfzehn bis zwanzig Minuten tauchte jemand auf. Meist war dieser Jemand eine Babuschka, eine dieser russischen Großmütter, die aussehen wie Boris Jelzin mit Kopftuch. Babuschkas hängten Wäsche auf, Babuschkas hackten Holz, Babuschkas im Bikini jäteten Unkraut, Babuschkas fuhren in Beiwagen von Motorrädern. Russland ist eine Nation von Großmüttern. Die Männer, die ich sah, beschränkten sich darauf, die Motorräder zu lenken, auf denen die Babuschkas mitfuhren – Motorräder schienen hier das einzige Fortbewegungsmittel zu sein. Ich sah nicht einmal Traktoren. Das Heu wurde noch von

Hand geschnitten. Auf einem der Felder stand ein bärtiger alter Mann, der auf seine Sense gestützt dem Zug nachblickte, und für meinen Geschmack übertrieben nach dem Sensenmann aussah. Russland schreit förmlich nach Modernisierung. Auf jeden Fall würde ich persönlich einen Alten im T-Shirt mit Sense-mit-Sense!-Slogan, in Shorts und mit Sonnenbrille bevorzugen, der seinem Acker mit Unkrautvertilger auf den Leib rückt.

Der Boden war gut, doch wie mit so vielem Guten in Russland, war auch damit nie etwas Gutes gemacht worden. Ich sah keine jungen Leute in dieser Gegend, die mit motorisiertem Ernte- und Mähgerät düstere Gestalten wie den Mann mit der Sense ersetzen könnten. Ich vermute, die jungen Leute waren alle in die Städte abgewandert, um dort ihr Glück zu machen.

NUN JA, IN RUSSLAND SIEHT MAN durchaus Reichtum und Ruhm, Schönes und Wahres, und all das. Und sie sind nicht allein den Jungen, den organisierten Kriminellen oder den Leuten mit guten Verbindungen vorbehalten. Es könnte das tollste Land der Welt sein – reicher, weiter und großartiger als unser eigenes. Russland hat hervorragende Chancen, große Möglichkeiten und ein wunderbares Potenzial – alles was man sich für eine große Zukunft wünschen kann. Dafür haben die Russen eine Vergangenheit, die in ihrem Schrecken schwerlich zu übertreffen sein dürfte. Heute haben sie die Freiheit, dieser Vergangenheit zu entfliehen, und die Mittel, die Gegenwart zu nutzen. Werden sie alles verderben?

Wahrscheinlich. Wie ihre Geschichte überdeutlich gezeigt hat, sind die Russen Menschen, und Menschen können alles verderben, wenn sie nur wollen. Hier, am Ende meiner Reise, war Wladiwostok – das Paradebeispiel für eine vertane Chance.

Die große Metropole des asiatischen Teils von Russland siedelt auf dem Gipfel einer Hügelkette mit Blick auf das Japanische Meer. Das Hochland umgrenzt einen der schönsten Tiefwasserhäfen des Fernen Ostens. Ein genialer Platz für eine Stadt – nur gibt es hier keine richtige. Wladiwostok ist wie St. Petersburg ohne Baudenkmäler, Paläste und Kunstsammlungen. Und es ist wie Moskau ohne Geld, Menschen und Spaß. Der russische Schriftsteller Gleb Uspenskij hat über Wladiwostok geschrieben, es wäre „wie San Francisco geworden wäre, wären die Bolschewiken jemals bis dort gekommen". Glücklicherweise wurden sie in Berkeley aufgehalten.

Eigentlich sollte Wladiwostok unter den ersten Handelsplätzen für Lebensmittel, Treibstoffe und Rohmaterialien an der Pazifikküste rangieren, was es wohl auch täte, hätte die Paranoia der sowjetischen Militärs nicht so groteske Früchte getrieben. So aber blieben die Docks bis 1990 für den Außenhandel verschlossen.

Heute ist die Stadt berühmt für chinesischen Grenzschmuggel, Mafiageschäfte und vermüllte Strände (Wladi*schrott*stok); darüber hinaus beherbergt sie ein japanisches Restaurant mit dem zweitschlimmsten vorstellbaren Namen: Nagasaki. Ungefähr die Hälfte der russischen Marinesoldaten hockt abgebrannt und unnutz im Hafenviertel herum. Die Leute, die Geld haben, die neuen Russen, bauen sich scheußliche Apartmentblocks, deren einzige architektonische Zierde leere Wodkaflaschen sind, die an den Balkonbrüstungen in den Putz eingelassen wurden.

Ich hatte mich einen Monat lang in Russland aufgehalten. Während dieser Zeit wurde mein Bild von weitgreifenden Reformen nachhaltig relativiert. Am Ende war ich an einem Punkt angekommen, da ich nur noch eine einzige grundlegende Reform wünschte – jene, nach der sich meine Dissidentenbekanntschaften Donna und Carlos auf Kuba gesehnt hatten. Ich wollte weg. Und nun zeigte sich, dass sich Russland zumindest in einem Punkt zu seinem Vorteil verändert hatte. Ich durfte weg.

8

WIE MAN ALLES ZU NICHTS MACHT —
TANSANIA

D IE SCHWIERIGSTE FRAGE in Russland ist die, wie man ein nationalökonomisches System reformieren kann. In vielen anderen Länder besteht die Schwierigkeit darin, wie man überhaupt erst eines schafft. Die Weltbank behauptet, dass über zwei Milliarden der Weltbevölkerung von 1 Dollar pro Tag und weniger leben müssen. Diese Menschen führen ein Leben, dessen einzige Bestimmung in der Selbsterhaltung liegt. Für sie beschränkt sich das Kaufen, Verkaufen und Handeln auf ein absolutes Minimum, weil sie so gut wie nichts zu kaufen, zu verkaufen oder zum Handeltreiben haben. Sie sind arm.

Und nirgends sind die Menschen so lange so arm gewesen wie in Afrika. Gemäß Weltbankstatistik liegen die zehn ärmsten Länder der Erde auf dem afrikanischen Kontinent. In keinem der dreiundfünfzig Mitgliedsstaaten der afrikanischen Föderation – nicht einmal im diamantenübersäten Südafrika oder im ölgetränkten Libyen – erreicht der allgemeine Lebensstandard ein akzeptables Niveau. Und dies ist der Kontinent, von dem aus die Menschheit ihren Ausgang nahm, wo die erste große Zivilisation geboren wurde. Es ist die Heimstätte des Menschen.

I CH REISTE IM FEBRUAR 1997 nach Tansania. Wahrscheinlich hat jedes Kind, dessen Eltern nicht reich sind, irgendwann den Spruch zu hören bekommen, „Wir sind in anderer Hinsicht reich". Tansania ist in vielerlei anderer Hinsicht reich.

Der Tarangire-Nationalpark umfasst 1.360 Quadratkilometer verzweigter Flusstäler, in denen die letzten großen Elefantenherden dieser Welt leben.

Nach Nordwesten erstreckt sich die Serengeti-Ebene, deren Artenvielfalt Weltruhm genießt und deren Weite atemberaubend ist. Die einzigen Erhebungen in dieser Ebene sind die Kopjes, wind- und regenpolierte Granithügel, die in der Größe von kleiner Terrasse bis hin zu Capitolmaß variieren. Vom Viktoriasee aus sieht man nachts Blitze über bis zu 130 Kilometer weit.

Der nahegelegene Ngorongorokrater ist ein umgekippter Zwilling des Kilimandscharo, ein gähnender Abgrund von 500 Meter Tiefe und 16 Kilometer Breite, an dessen Grund ein Miniaturuniversum aus Grasland und Regenwald liegt.

Eines frühen Morgens fuhr ich einen beängstigend steilen und zerfurchten Terpentinenweg hinunter in den Krater. Massai-Jungen brachten gerade an die hundert Stück Vieh hinunter zu einer Salzlecke. Die jungen Viehhirten waren in jeweils zwei Decken gekleidet, wovon die eine als Kilt und die andere als Toga getragen wurde. Sie hatten üppigen Perlenschmuck an Hälsen und Ohren. Jeder von ihnen trug einen langen Stock mit der kriegerischen Haltung, die kleine Jungen mit langen Stöcken an den Tag legen. Die Luft war klar und schneidend kalt, und der tiefblaue Himmel begann eben erst, sich zu erhellen. Die Kuhglocken bimmelten wie weit entfernte Musik. Es gibt wahrscheinlich Schlimmeres, als ein Massai-Junge zu sein, der in der Morgendämmerung Vieh in den Ngorongoro-Krater treiben muss. Obwohl die übliche Massai-Diät von geronnener Milch und Rinderblut für einen Amerikaner meines Alters zu arm an Ballaststoffen sein dürfte.

In Tansania herrscht den ganzen Tag und die ganze Nacht Stoßverkehr unter den Tieren: Büffelstau, Zebraverstopfung und starkes Gnuaufkommen. Überall springen die Thomsongazellen mit ihren markanten schwarz-weißen Streifen an der Seite herum, die Fragen hinsichtlich der Patentrechte von Nike aufwerfen. Warzenschweine flitzen mit steil aufgerichteten Bürzelschwänzen durch die Gegend und grunzen fortwährend in einem Tonfall, als wollten sie sich bei einem imaginären Schiedsrichter über ein fieses Foul im Schweineball beschweren. Die Hyänen mischen sich mit von Nonchalance übertünchter Unberechenbarkeit in kleinen Grüppchen unter die anderen Tiere – wie Rockergangs in Einkaufszentren. Die Flusspferde liegen dicht an dicht in den Wasserlöchern und schlafen den ganzen Tag – schnarchend, stinkend. Die korrekte Übersetzung des griechischen Namens „Hippopotamidea" lautet übrigens nicht „Flusspferd" sondern „erster Gatte des Flusses". Und mittendrin dösen die Löwen, die alle ein bis zwei Tage erwachen, um der Natur den ökologischen Gefallen zu erweisen, die Alten, Kranken und Schwachen zu töten. (Ob sie wohl jemals debattieren, welches von den dreien sie vorziehen? „Also vielleicht bin ich snobistisch, aber ich finde, krankes Gnu schmeckt diesen Sommer etwas zu scharf, wie reifer Käse.")

TANSANIA MAG WIE EIN ZWEITES BEULAH* erscheinen – vorausgesetzt man belässt es dabei, die Nationalparks zu bewundern, und kehrt bei Sonnenuntergang ins Hotel zurück. Das funktioniert. Ich habe einen albernen Artikel

---

* Beulah, hebräisch für „liebes Weib", vgl. Jesaja über Zion 62,4: „Man soll dich nicht mehr nennen ‚Verlassene' und dein Land nicht mehr ‚Einsame', sondern du sollst heiße ‚Meine Lust' und dein Land ‚Liebes Weib'; denn der HERR hat Lust an dir, und dein Land hat einen lieben Mann." Anm. d. Übers.

aus der Wochenend-Reisebeilage der New York Times vom 2. März 1997, indem sich eine journalistische Witzfigur darüber auslässt, dass er mit seiner Frau im Charterflugzeug zum Ngorongoro und zur Serengeti geflogen wäre, „und wir waren bei unserer Rückkehr wie benommen von dem Artenreichtum und der Weite dieses Gebietes."

Lässt man die touristische Benommenheit beiseite, ist Tansania ein durch und durch armes Land. Ich kam am Kilimandscharo-Flughafen an, der dicht am Meer liegt, womit die Liste der bemerkenswerten Dinge an diesem Flughafen vollständig aufgezählt wäre. Es war Abend und für die Transatlantikflüge Zeit zu landen. Das tat mein Flug, und das war's. Das Flughafengebäude war ein klassischer Entwicklungshilfebau aus den Siebzigern, dessen Putz überall dort, wo er nicht abgebröckelt war, vor sich hin schimmelte. Sicherlich dürfte es weltweit einer der wenigen Flughäfen sein, in und an dem man keine Uhr findet. Vor dem Ausgang stehen keine pfeifenden Taxifahrer und bettelnden Kinder. Es kostet 50 Cents Eintritt in das Gebäude, und das können sie sich nicht leisten.

Ein Safariführer namens John holte mich in dem Minivan ab, in dem wir die nächsten paar Wochen verbringen sollten. Es war ein klappriges, eierndes, steißbeinfolterndes Gefährt. Irgendwie gelang es John dennoch, es während unserer zahlreichen Exkursionen am Laufen zu halten (bis auf einige Platten, hier und da im Schlamm stecken bleiben und eine Kofferraumklappe, die an einer einsamen Stelle in der Massaisteppe aufsprang, als wir genau zwischen einem Löwen und einer aufgebrachten Elefantenkuh standen).

Wir fuhren anderthalb Stunden durch die rauchgraue afrikanische Dämmerung, wobei *rauchgrau* keineswegs als reine Farbassoziation zu verstehen ist. Gemäß offizieller Zahlen der tansanischen Regierung werden 90 Prozent des Energiebedarfs durch offene Feuer gedeckt. Die Tansanier verarbeiten Rohstoffe, kochen und heizen auf dieselbe Weise, die wir Hamburgern am Wochenende angedeihen lassen.

Wir erreichten die Außenbezirke von Arusha, der größten Stadt im Norden des Landes. Hier befand sich ein weiteres spakiges und verfallenes Zeugnis der Hilfe für die Dritte Welt – das beste Hotel am Ort. Keine Klimaanlage, keine Fliegenfenster und in der Bar war auch nicht viel los.

Am nächsten Morgen fuhren wir in die Stadt: eine lose Sammlung niedriger, stuckverzierter Bauten, die hier und da von hohen Regierungsgebäuden im klassischen Spendenhilfelook durchbrochen war. Die Hälfte der Geschäfte im Stadtzentrum machte irgendwas, wovon man glaubte, dass Touristen es mögen würden, der Rest verkaufte gebrauchte Kühlschränke. Den spärlichen und schleppenden Verkehr bestritten Landrover aus der Kolonialzeit und große, jämmerliche Lastwagen mit obskuren asiatischen Herstelleremblemen auf den Kühlergrills. Einige dieser Laster transportierten Agrarprodukte, andere Menschen. Ziemlich viele standen fahruntüchtig am Wegesrand und unter ihnen lagen Männer, die entweder versuchten, die Motoren wiederzubeleben oder – was weit häufiger der Fall war – schliefen. In der Mitte der Stadt, in einem Kreisverkehr, auf dem ein einsamer Bus scheinbar ziellose Runden drehte, stand ein beachtliches Monument auf einer Kreisverkehrinsel, das darauf hinwies, dass Arusha geographisch exakt in der Mitte zwischen Kairo und Kapstadt liegt. Im übertragenen Sinne ist das kein Vorwurf, den man Arusha machen könnte.

Außerhalb des kleinen Ladenbezirks waren die Straßen von Buden aus Sperrholz und Palmenblättern gesäumt, deren Bezeichnungen bisweilen den Mund zu voll nahmen („HOLLYWOOD BAR"). Andere trieben bescheidenen Handel mit Sperrholz und Palmenblättern. Diejenigen Kaufleute, die nicht einmal das Material für die Buden erschwingen konnten, verkauften noch bescheidenere Waren: Stücke von Fahrradmänteln und in Streifen geschnittene Fahrradschläuche. Am Stadtrand gab es ein kleines Industriegebiet, allerdings war keine Spur von Industriebetrieb auszumachen. Auf dem Marktplatz tobte das Leben, wenngleich sich im Verhältnis zur Menschenmenge entschieden zu wenig Waren entdecken ließen. John lachte und zeigte auf das Zelt einer christlichen Erweckungsbewegung, das direkt neben einer Brauerei aufgeschlagen worden war.

Tansanische Männer trugen verschlissene Hemden und Hosen in eigenwilliger Kombination, die offensichtlich aus einer Altkleidersammlung stammten. Aber immerhin hatten sie bei der Auswahl mehr Geschmack bewiesen, als man es von den meisten Rockmusikern in Seattle behaupten kann, und sie benutzten eindeutig mehr Waschmittel. Tansanische Frauen trugen T-Shirts und Blusen, aber auch *Kangas* – lange, buntbedruckte Baumwolltücher, die in zwei Stücke für Rock und Wickeloberteil zerschnitten werden. Die *Kangas* waren durchweg blitzsauber und tadellos, selbst wenn die Frauen von den Feldern kamen (in puncto Feldarbeit waren sie so gleichberechtigt, dass man mit Fug und Recht von „bevorzugter Behandlung" sprechen konnte). Tansania ist auf jeden Fall kein schmutziges Land – so lange man Staub nicht als Schmutz wertet.

Es ist auch kein verwahrlostes Land. Es gibt keine Scharen von Verkrüppelten und Kranken, keine Almosensammler, keine Fremdenbelästigung und keine Hinweise auf gewalttätige Regierungsautoritäten. Tansania gehört nicht in die Gruppe der gesellschaftlich zerrütteten Nationen, obschon ich mir nicht sicher bin, inwieweit ich das als Kompliment meine. Eventuell mangelt es ihnen einfach an dem nötigen Bargeld für Alkohol, Drogen und Waffen.

Die Leute in Arusha dabei zu beobachten, wie sie ihren – zumeist nicht vorhandenen – Tätigkeiten nachgingen, hätte weit deprimierender sein müssen als es tatsächlich war. George Eliot hat es in ihrer Beschreibung der englischen Armen vor 150 Jahren treffend ausgedrückt: „Der bleierne, leere Blick unüberwindbarer Not." Im Blick der Tansanier lag hingegen ein Zwinkern. Die Frauen schritten die Straßen entlang und trugen all ihren materiellen Besitz bei sich. Der war zwar gering, doch immer noch umfangreich genug, wenn man ihn auf dem Kopf tragen wollte. Dennoch lächelten die meisten von ihnen. Die *Kangas* leuchteten in den schillerndsten Farben und flatterten im Wind. Die Stoffe waren mit Slogans und Sprüchen bedruckt, wie PENYE KUKU WENGI HAKUMWAGWIMTAMA: „Trockne die Hirse nicht bei den Hühnern." Die Kinder eilten so munter und vergnügt aus der Schule nach Hause, als erwartete sie dort eine ganze Pausenhalle voller Computerspiele und *Anastasia*-Videos. (Die tansanischen Schulkinder tragen übrigens alle Schuluniformen – falls irgendjemand der Vorstellung huldigen sollte, dass Vorschriften die Antwort auf jedes Übel sind.) Allein schon die Namen in diesem Land sprühen vor Fröhlichkeit: der Lebensmittelhändler heißt „Ohne Konkurrenz", der Schuhputzstand „Neuer Toyota-Schuhglanz", der Supermarkt „Service und Servus" und ein Überlandbus trägt die Aufschrift „Na und". Die Ladenbesitzer sind sogar noch freundlich, wenn sie Vorkehrungen gegen unerquickliche Begleiterscheinungen des Handels ankündigen. Im Schaufenster eines Ladens hing ein Schild mit dem Hinweis:

Du bist mein Freund
Ja
Du bist mein Verwandter
Ja, danke
Aber mein Geschäft kennt dich nicht

Einige Wochen nachdem ich das Land verlassen hatte, besuchten Hillary und Chelsea Clinton Arusha im Rahmen einer Stippvisite auf dem afrikanischen Kontinent. Die dumme junge Tochter des Präsidenten der Vereinigten Staaten verkündete auf dem Kilimandscharo-Flughafen vor Publikum, dass Amerika „ein großes Problem mit Leuten hat, die nicht an ihre Zukunft glauben. Junge Frauen und Männer ... es gibt so viel Hoffnungslosigkeit." Die Tansanier waren zu höflich, um sie mit Gegenständen zu bewerfen.

Außerhalb der Stadt waren die Menschen noch ärmer. Arusha ist grün, da es vom Mount Meru bewässert wird, einem kleinen Bruder des Kilimandscharo, der sich 4.500 Meter hoch über der Stadt erhebt. Der Boden ist fruchtbar, aber die Bauernhöfe sind erbärmlich: ein Bananenbaum hier, eine Maniokpflanze dort, hier ein Maisstängel, dort eine Bohnenranke und zwischendurch mal ein einsames Huhn (sowie zahlreiche Kinder, die es jagen). Ausgehöhlte Holzbalken hingen der Länge nach in den Bäumen. Ich hielt sie für irgendeine Art Fetisch, war aber schlau genug, John zu fragen. Es sind Bienenstöcke. Ein ganzes Kapitel des *Tansanischen Nationalhaushalts* ist der Bienenzucht gewidmet. Die Menschen können sich keinen Zucker leisten. Als ich dort war, lag der Preis bei achtunzwanzig Cents das Pfund.

Der durchschnittliche Landbesitz tansanischer Bauern beläuft sich auf gerade mal drei Hektar. Die Familien leben in kleinen Hütten, deren Dächer aus dünnen Blechplatten sind, oder in Ein-Zimmer-Bunkern aus plumpen, schiefen Zementklötzen, die die Leute einzeln in Holzrahmen gießen.

Weiter westlich ist der Boden karg – felsig, trocken und unfruchtbar wie ein Treppenhaus. Das Einzige, was hier wächst, sind Ziegen. Die Menschen verfügen nicht einmal über den Luxus von richtigen Hütten. Die winzigen Häuschen haben Strohdächer und Reisigwände, deren Zwischenräume mit kleinen Steinchen ausgefüllt werden. Diejenigen Familien, die es sich trotz der Wasserknappheit leisten können, „verputzen" die Wände mit Schlamm.

An den Straßenrändern hocken Frauen, die mit kleinen Hämmern Felsbrocken zerklopfen. Kiesel sind in Tansania handgemacht – was den Wert der Arbeitskraft in dieser Region illustrieren mag. Kleine Jungen stehen mit resoluter Miene mitten in der Einöde, zu ihrer Seite kleine Jutesäcke mit Holzkohle, die die vorüberfahrenden Lastwagen nicht verbrennen und die Fußgänger und Fahrradfahrer nicht transportieren können. Falls sich jemand fragen sollte, wo all die alten, dickreifigen amerikanischen Fahrräder mit einem Gang und Rücktrittbremse abgeblieben sind, die Huffys und die Schwinns: Sie sind in Tansania, komplett wieder hergerichtet und ausgestattet mit Katzenaugen, Schmutzfängern, raketenförmigen Batterielampen und Lenkerkörben, in denen kleine Kinder sitzen.

Die Straße zum Rift Valley* ist asphaltiert und wegen des geringen Verkehrsaufkommens kaum ausgefahren, dafür allerdings nicht breiter als eine Gasse. Von Makuyuni („Platz des Feigenbaumes" – und es gibt hier nicht einen einzigen) aus führen die Straßen zu den größten Touristenattraktionen Tansanias: dem Ngorongoro-Krater, der Olduwaischlucht und der Serengeti. Die Asphaltstraße endete unsinnigerweise in Makuyuni. Wir fuhren Richtung Westen durch das Rift Valley auf einer Straße, die aus losen Felsbrocken aufgeschüttet war – als führe man an der Außenmauer eines Hauses in Neu-England entlang. Binnen kürzester Zeit waren wir so durchgerüttelt, dass John von der Straße herunter auf das dürre Buschland auswich. Hier waren wir innerhalb von Minuten in eine graue

*Zentral- bzw. Ostafrikanisches Grabensystem, Anm. d. Übers.

Staubschicht gehüllt und flogen in den Sitzen auf und ab, wann immer wir in irgendwelche Kuhlen oder gegen Felsblöcke fuhren. John bog auf die Straße zurück, bis wir es nicht mehr aushielten, dann wieder herunter in den Busch. So reisten wir zum Ngorongoro in einem Zickzackkurs zwischen der Scylla afrikanischer Topografie und der Charybdis tansanischer Straßenbaukunst – insgesamt eine Strecke von etwas über fünfzig Kilometern, für die wir drei Stunden brauchten.

Die Massai im Rift Valley leben nach wie vor mit ihrem Vieh in Korralen aus Dornenzweigen, in deren Mitte die Familien flachdachige Hütten aus Stroh und Kuhdung bewohnen, deren Eingänge aus Löchern in Kriechhöhe bestehen.

Über den zynischen griechischen Philosophen Diogenes geht die Sage, er habe in einem Fass gehaust. Vermutlich war er sogar glücklich darüber, dass er aus der Hand trinken konnte und sich somit eines weiteren belastenden Besitztums entledigen konnte: seines Bechers. Aber er hatte ein Fass, was immerhin ein ziemlich komplexes technisches Konstrukt ist. Gemessen an dem, wie manche Tansanier leben, war Diogenes ein Rabattkunde.

STATISTISCH GESEHEN gibt es ärmere Länder als Tansania; besser gesagt: Länder, die so chaotisch sind, dass ihre Statistiker längst auf die Bäume geflohen sind – Liberia, Somalia, Kongo – und solche, die sich vollkommen abschotten – Nord-Korea – weshalb niemand genau weiß, was in ihnen los ist. Auf jeden Fall rangiert Tansania ganz unten auf dem Boden des vorgenannten Fasses, welches hier sowieso aus einer Industrienation importiert werden müsste. Laut Entwicklungsbericht der Weltbank von 1996 ist Tansania ärmer als Uganda, ärmer als der Tschad und ärmer als das gottverlassene Burundi. Haiti ist um 80 Prozent reicher als Tansania. Papua-Neuguinea ist annähernd zehnmal so vermögend, ungeachtet der Tatsache, dass einige seiner Einwohner eben erst das Rad entdeckt haben.

Tansania ist so arm, dass man seine Armut kaum mehr in Zahlen fassen kann. Fünfundachtzig Prozent der Arbeiterschaft sind in der Agrarwirtschaft beschäftigt, sofern *beschäftigt* überhaupt das richtige Wort ist. Sie bauen Dinge an. Sie essen sie auf. Damit kann man weder Steuererstattungsanträge beim Finanzamt noch Aktienregistrierungen an einer Börse erreichen, die es in Tansania nicht gibt. („Geld und Kapitalmärkte" sollen „in nächster Zukunft" kommen, verlautbarte das Finanzministerium).

Um Tansanias Bruttoinlandsprodukt ist eine unerfreuliche ökonometrische Diskussion entbrannt. Die offiziellen Zahlen (basierend auf nebulösen Bevölkerungszahlen und einem tansanischen Shillingkurs, der irgendwo zwischen wenig und nichts pendelt) ergeben einen ungefähren Wert von 128 Dollar pro Person pro Jahr. Die Weltbank schätzt ihn bei 117 Dollar und die CIA gibt ihn im *World*

Factbook von 1997 mit 650 Dollar an. Allerdings sollte man berücksichtigen, dass die letzte Zahl von einer Organisation stammt, die das Bruttoinlandsprodukt der Sowjetunion auf beinahe demselben Niveau ansiedelte wie das Großbritanniens – und das immerhin noch 1989. Die CIA stützt sich auf eine Rechenmethode, die als „Kaufkraftparität" bezeichnet wird. Diese Kaufkraftparität soll gewährleisten, dass die geringeren Lebenshaltungskosten in ärmeren Ländern bei der Ermittlung des Bruttoinlandsproduktes berücksichtigt werden. Das ist dann ungefähr so, als würde Ihr Chef Ihnen erklären: „Ich gebe Ihnen keine Gehaltserhöhung, sondern empfehle Ihnen, in ein weniger beliebtes Wohnviertel umzuziehen – dann sparen Sie nicht nur Mietkosten, sondern auch die Kosten für Ihr Auto, sobald Ihnen jemand den Wagen geklaut hat."

Bleiben wir also bei Tansanias eigenen Zahlen – schließlich ist es ihr Land: 128 Dollar pro Kopf. Schon erkennen wir die Fehleranfälligkeit utopischer Wirtschaftsbilder. Wenn wir soziale Gerechtigkeit walten ließen – sprich: das Einkommen dieser Nation zu gleichen Teilen an alle verteilen – bekäme jeder fünfunddreißig Cents am Tag. Das entspricht (unter Anwendung der Kaufkraftparität, aber das nur nebenbei) einer halben Stange Sportsman-Zigaretten und 250 Gramm getrocknete Bohnen.

Ich nannte diese 35-Cents-Zahl einem amerikanischen Freund, der ausrief: „Himmel! So viel kann man täglich auf der Straße finden." In Tansania sicherlich nicht. Da liegt überhaupt gar nichts auf oder neben der Straße. Was wir wegwerfen – zerbrochene Plastikteile, kleine Blechstücke, Abschnitte von Kupferdrähten – sammeln die Massai ein und arbeiten es in Perlenketten und -armbänder ein. Diese werden dann von alten Frauen für circa 1 Dollar pro Stück an Touristen verkauft. Der Verkauf eines einzigen Schmuckstücks sichert mithin das Bruttoinlandsprodukt für drei Tage.

Wahrscheinlich gibt es bessere Methoden, extreme Armut zu messen, als ausgerechnet das Bruttoinlandsprodukt. Tansania hat eine Einwohnerzahl, die etwas unterhalb der von Kalifornien liegt, ist dabei fast doppelt so groß und hat genau 2.257 Kilometer Asphaltwege. Der District of Columbia hat 1.776 (obwohl der Fairness halber erwähnt werden sollte, dass die Schlaglöcher in unserer Hauptstadt deutlich schlimmer sind als in der Tansanias). Für 29 Millionen Menschen gibt es 85.756 Telefonanschlüsse. Ein Handy-Netz, sagte man mir, gäbe es ab „nächsten Monat"; für diesen Zeitraum wird auf den meisten Festnetzleitungen dann auch ein Wählton erwartet. Außerhalb der Städte gibt es gar keine Telefone, sondern nur drei Kurzwellensender.

Eines Abends saß ich in der Hotelbar und lauschte den heulenden, kreischenden Verzerrungen eines Amateurfunkempfängers, über welchen ein panischer

Ehemann aus der Serengeti erklärte, dass der Jeep des Reiseleiters in einen Hyänenbau gestürzt wäre und er fürchtete, seine Frau habe sich die Wirbelsäule gebrochen. Daraufhin wurden wirre Pläne geschmiedet, die Frau Hunderte von Kilometern nach Nairobi in Kenia zu fliegen, um sie dort medizinisch versorgen zu lassen. Bei der letzten Zählung hatte man einen Arzt auf 28.271 Tansanier errechnet, und ich vermute, dass 28.270 Leute vor der armen Frau mit dem gebrochenen Rückgrat drangekommen wären.

Nur 260.171 tansanische Haushalte und Geschäfte hatten einen Stromanschluss, welcher mit der Berechenbarkeit und Häufigkeit eines Lottogewinns Strom in die Häuser brachte. Und da wir gerade bei Häufungen sind: Der durchschnittliche Tansanier erhält 2,14 Postsendungen pro Jahr. 1990, das jüngste Jahr, in dem die tansanische Regierung es geschafft hat, solche Sachen zu zählen, importierte das Land 3.314 Autos, 2.385 Fahrzeuge mit Vierradantrieb und 6.445 Lastwagen. Anzahl der im Land produzierten Fahrzeuge: Null.

Fünf Prozent der tansanischen Jugendlichen besuchen eine höhere Schule (obwohl das immer noch besser ist als der prozentuale Anteil amerikanischer High-School-Schüler, die im Unterricht aufpassen). Die durchschnittliche tansanische Familie gibt 70 Prozent ihres Einkommens für Nahrungsmittel aus. In Kuba, wo man behauptet, das US-Embargo hungerte die Menschen aus, sind es 50 Prozent. Und eine US-amerikanische Familie investiert gerade mal 14,5 Prozent ihres Geldes in Nahrung – 6.592 Dollar; das entspricht 1.739 Big Macs mit einer großen Portion Pommes, und es erklärt vielleicht, warum die Amerikaner so fett sind. Tansanier sind es nicht. Gemäß Weltbankstatistik sind 29 Prozent der tansanischen Kinder unter fünf Jahren untergewichtig.

W ARUM IST TANSANIA SO ARM? Der Staat ist nicht im Entferntesten überbevölkert. Zwar besteht das Land zu weiten Teilen aus trockenen Ebenen und Ödland, doch es ist nicht unfruchtbar – eher wie ein South Dakota am Meer. Tansania exportiert Nahrungsmittel. Agrarprodukte machen 75 Prozent der Außenhandelserträge aus. Vierzig Prozent des Landes sind Wiesen oder Weideland, genug um den regionalen Bedarf an Fleisch zu decken, das auf dem tansanischen Speiseplan so gut wie gar nicht vorkommt. Darüber hinaus hat Tansania Bodenschätze: Zinn, Phosphate, Eisenerz, Kohle, Diamanten, Edelsteine, Gold, Erdgas und Nickel gibt das CIA World Factbook an, und das U.S. State Department fügt in seinem Country Commercial Report von 1997 noch Salz, Gips und Kobalt hinzu. Zudem vermutet man ein enormes Potenzial an Energiegewinnung mittels Wasserkraft. (Ich habe tatsächlich eine Menge Wasser den Berg hinunter fließen sehen – aber das tut es nun einmal.)

Tansania ist weitestgehend von den zahlreichen Kriegen – Bürgerkriegen und anderen – verschont geblieben, die den Rest der südlich der Sahara gelegenen afrikanischen Staaten erschüttert haben. Es hat lediglich einen kurzen bewaffneten Konflikt mit Uganda gegeben, anlässlich der durchaus löblichen Forderung nach Idi Amins Machtenthebung. Ansonsten herrscht seit der Unabhängigkeit Frieden, auch im Land. Tansania kämpft nicht mit Stammesstreitigkeiten. Julius K. Nyerere, ein Lehrer von hoher Gesinnung und ausgeprägtem Selbstbewusstsein, hat das Land durch die ersten vierundzwanzig Jahre seiner Unabhängigkeit geführt. Er war ein erklärter Gegner des Stammeswesens und fand wesentliche Unterstützung in der Tatsache, dass es in Tansania über 120 Stämme gibt. Kein Stamm ist stark genug, um sich die Vorherrschaft zu erstreiten. Neben den allgemein bekannten Massai gibt es die Ha, die Hehe, die Gogo, etc., etc. Es ist schon idiotisch, jemanden umzubringen, weil er ein Serbe oder Kroate ist, aber einen Menschen zu töten, weil er ein Gogo ist, wäre für die sensiblen und ausgeglichenen Tansanier viel zu absurd.

Tanganjika, wie es ehedem hieß, hat keine allzu bitteren Kolonialerfahrungen machen müssen, wenn man es an den leidvollen Geschichten anderer Kolonien misst. Die Deutschen kamen spät, erst 1885, und gingen früh, 1918, nachdem sie den Ersten Weltkrieg in den Sand gesetzt hatten. Während dieser kurzen Zeit bekämpften die Einheimischen die Kolonialherren – im Hehe-Aufstand von 1891, im Maji-Maji-Krieg von 1905 und in einer Vielzahl weiterer beherzter Rebellionen (mit lustigen Namen). Die Briten übernahmen Tanganjika eher als Völkerbund-Protektorat denn als Kolonie, weshalb den Tanganjikern prassende Kaffeepflanzer, dem Wahnsinn verfallene weiße Großwildjäger und Isak Denisen erspart blieben, die stattdessen Kenia unsicher machten. Der Widerstand gegen die britische Herrschaft ging gewaltfrei und wohlorganisiert vonstatten. 1961 verließen sie das Land endgültig, mit einem Minimum an Heulen und Zähneklappern.

Tansania plagt sich aber mit anderen Übeln, die angeblich die Schuld an der Armut in der Dritten Welt tragen – zum Beispiel Korruption. Die gibt es in Tansania. Die gibt es jedoch ebenfalls bei Newt Gingrich und Al Gore. Wildwuchernde, korrupte Vetternwirtschaft unter Politikern allein macht ein Land noch nicht arm. Ebenso wenig wie koloniale Ausbeutung. Virginia und Massachusetts waren auch Kolonien und wurden wüster ausgebeutet als Tansania.

Dann wäre da noch der sozioökonomische Rückstand, die Verspätung, mit der jene Ideen Einzug hielten, welche in den entwickelten Ländern die Industrialisierung einläuteten. Andererseits war Tansania, zumindest die Küstenregionen und mit ihnen die Inseln – wie Sansibar – durch die Muslime bereits seit dem 8. Jahrhundert mit den Naturwissenschaften, der Mathematik und Technik vertraut. Das sind immerhin 800 Jahre bevor in Amerika jemand ankam, der lesen, schreiben und das Kleine Einmaleins konnte. Zugegebenermaßen ging es den Arabern einzig darum, Sklaven zu fangen und Elfenbein zu stehlen. Doch welche Vorboten der Zivilisation waren jemals irgendwohin gekommen, um Kirchenbasars-Kuchen zu verteilen? Die Armut in Tansania bleibt ein Rätsel.

Bildungsmangel ist natürlich ein Problem. Doch die Zahl der Analphabeten wird derzeit auf 32 Prozent geschätzt, und selbst wenn diese Schätzung optimistisch sein sollte, ist sie im Verhältnis ungleich niedriger als die der Europäer zu Beginn der Industriellen Revolution ausfiel. Außerdem ist Analphabetentum nicht gleichbedeutend mit Dummheit. Die hinterwäldlerischsten Tansanier sprechen ein oder zwei Stammesdialekte plus Kisuaheli plus, in den meisten Fällen, Englisch. In meinem Hotel am Rande des Ngorongoro fragte ich den Barkeeper, warum Tansania so arm ist. Er antwortete, „Bildungsmangel", und hielt mir daraufhin einen fünfzehnminütigen Vortrag über die Unwägbarkeit der Wechselkursentwicklungen, der mich ziemlich alt aussehen und ernsthafte Zweifel an seiner Theorie hegen ließ.

EINE ANTWORT WÄRE, dass Tansania gar nicht arm ist – gemessen an den bisherigen Erfahrungen der Menschheitsgeschichte. Zugegebenermaßen ist ein solcher Maßstab im Ansatz brutal, doch solange wir nicht von intelligenteren Wesen fremder Planeten heimgesucht wurden, haben wir keinen anderen. Die Weltbank behauptet, dass 48 Prozent der ländlichen tansanischen Bevölkerung und 11 Prozent der Stadtbewohner in „absoluter Armut" leben, welche die Weltbank damit definiert, dass „das Einkommen unterhalb des Niveaus liegt, das angemessene Ernährung, Unterbringung und Befriedigung persönlicher Bedürfnisse sicherstellt". Wann und wo auf dieser Welt wurde den Armen jemals Kost und Logis garantiert, geschweige denn „Befriedigung persönlicher Bedürfnisse"? Gemäß den Zahlen der OECD ist das gegenwärtige Bruttoinlandsprodukt pro Kopf übereinstimmend mit dem Japans oder Brasiliens zu Beginn des 19. Jahrhunderts, und halb so hoch wie das Indiens oder Chinas von 1950.

Tansanier leben genauso wie die meisten Menschen über lange Zeit gelebt haben, nachdem wir aufhörten, Affen zu sein. Nein, sie leben besser. Die durchschnittliche Lebenserwartung liegt bei 52 Jahren. In den Vereinigten Staaten war sie 1911 bei 52,6 Jahren. Die Säuglingssterblichkeit ist bei 84 auf 1.000 Geburten. Die amerikanische war noch 1920 bei 85,8.

Nachdem wir das Rift Valley durchquert hatten, fuhren John und ich zur Olduwai-Schlucht, wo Louis und Mary Leakey ihrem archäologischen Auftrag nachgehen, das Alter der Menschheit aufzuzeigen. Vor über einer Million Jahren streifte der *homo erectus* durch die offene Savanne, die sich seither nicht wesentlich gegenüber dem heutigen Tansania verändert hat – übrigens ebenso wenig wie er selbst, denn er ähnelte dem modernen Menschen mindestens so stark wie Neil Young.

Die Werkzeuge der Hominiden, die im Olduwai-Museum für Touristen ausgestellt sind, lassen gewisse Zweifel an der Lebensweise unserer Urahnen aufkommen. Man muss schon Fachmann sein, um zu erkennen, dass es sich hierbei tatsächlich um „Werkzeuge" handelt und nicht um simple Steine, die an ungewöhnlichen Stellen auseinandergebrochen sind. Selbstverständlich gibt es immer noch die Möglichkeit, dass die Leakeys uns alle auf den Arm nehmen und der konservative Oberchrist Ralph Reed doch Recht hat mit der Behauptung, die Menschheit wäre durch ein göttliches Wunder am letzten Mittwoch gegen Mittag erschaffen worden. Aber warum kam dann nichts darüber in den Nachrichten? Wie dem auch sei, was Großvater Erectus in seinem altsteinzeitlichen Hobbykeller zur Arbeit benutzt hat, regt dazu an, noch einmal darüber nachzudenken, was Armut eigentlich bedeutet. Auf jeden Fall würde ich mir nicht das Geringste daraus machen, im afrikanischen Busch mit nichts weiter als ein paar scharfkantigen Steinen ausgesetzt zu sein – noch nicht einmal für eine Stunde, und wenn ich wüsste, dass John in der Nähe parkt und unseren Picknickkorb dabeihat.

DIE MENSCHHEIT WURDE in einen bestimmten Naturzustand hineingeworfen, und diese Natur, wie ich bedauernd feststellen muss, ist im volkswirtschaftlichen Sinne erbärmlich unterentwickelt. Die letzten wildlebenden Rudeltiere sind traurige Erinnerungen daran, dass es nur zwei Wege gab, etwas zu bekommen: entweder einigte man sich über den Preis oder man schlug sich die Köpfe ein. Die Gnus scheinen der zweiten Option zugetan. In Ermangelung jedweder Jackettinnentaschen können sie weder Bargeld noch Kreditkarten bei sich tragen. In der Tierwelt haben nur Beuteltiere Behältnisse für Wertgegenstände bei sich und die blockieren sie mit ihren Jungen. Wie man sich vorstellen kann, tun sich ungeahnte Schwierigkeiten auf, wollte jemand mit blinden, haarlosen Kängurus Tauschhandel treiben.

Das Fehlen von Handelsmitteln ist ein Grund, weshalb Gnus nicht sonderlich produktiv sind, das Fehlen von Verstand ein anderer. Beinahe das Einzige, was Gnus tun können, um ihre Produktivität zu steigern – die von Dung und mehr Gnus – ist, mehr zu fressen. Das erledigen sie allerdings mit Bewunderung abnötigender Konsequenz. Sie stehen den ganzen Tag herum und stecken bis zu den Ohren im Grünzeug. Nun haben Blätter und Grashalme für sie in etwa den gleichen Nährwert wie für uns. Versuchen wir uns also auszumalen, wie viel Salat und

Weizenkleie wir vertilgen müssten, wenn wir zunehmen wollen. Nun übertragen wir diesen Wert auf ein 500-Pfund-Gnu.

Manchmal schlafen die Gnus, aber leider nicht sanft und friedlich. Eine bedeutende Minderheit der Geschöpfe in der afrikanischen Steppe zählt weder zu den Gras- noch zu Blattfressern und gehört auch keinem Tierschutzbund an. Diese Kreaturen sind natürlich manchmal hungrig. Und schon ist es vorbei mit der Ruhe. Einen 500-Pfund-Koloss von einem Pflanzenfresser zu hetzen, muss ein ausgezeichnetes Konditionstraining sein. Wie John mir erzählte, töten Leoparden und Geparden bisweilen nur zum Spaß – eine Eigenschaft, welche sie mit manch einem geringeren Jäger teilen. Daher wachen Gnus des Nachts immer wieder auf. Und was tun sie, wenn sie aufgewacht sind? Sie fressen. Und sie paaren sich selbstverständlich auch. Einmal im Jahr – oh, Segen der Sinnlichkeit! Zwischendurch sind sie permanent unterwegs, um etwas zu fressen zu finden. Sie ziehen zu den Wasserstellen, doch da lauern die Krokodile, die Löwen, die Schakale, die Wildhunde, die Hyänen und Minibusse voller Touristen, die gekommen sind, um dem blutigen Naturschauspiel beizuwohnen. Mehr gibt es zum Lebensstil der Gnus nicht zu sagen. Die Jungtiere tollen herum und spielen miteinander, aber das gewöhnen sie sich ziemlich schnell ab.

DIE NATUR IST ARM, und die Tansanier sind nicht einmal ansatzweise hinreichend von ihr entfernt. Auf unserer Rückfahrt aus der Serengeti kamen John und ich an einem kleinen Flughafen vorbei. Auf der Landebahn hockten Geier – eigentlich nie ein gutes Zeichen. Wir fuhren weiter ins Rift Valley zu einem sumpfigen Dorf namens Mto-wa-Mbu, was so viel bedeutet wie „Moskitofluss". Dieser Name ist ungefähr genauso treffend, wie Kansas „flaches Land" zu nennen.

Wir besuchten den Markt: Ein belebtes Gewühl – mit Lebendkulturen – aus schwankenden Hütten und gewagt aufgeschichteten Gemüsetürmen. Ich notierte mir ein paar Preise. Andernorts hätte mein Verhalten Unmut und Ärger hervorgerufen, aber die Tansanier blickten schließlich auf drei Jahrzehnte zurück, während derer übereifrige Entwicklungshelfer und Akademiker mit Dritte-Welt-Forschungsdrang ebenso aufgetreten waren wie ich. Sie beherrschten das Spiel aus dem Effeff, und binnen Minuten standen mir drei oder vier Leute zur Seite, die anscheinend nichts zu tun hatten, und führten mich über den ganzen Markt. Die Händler nannten freimütig ihre Preise, wobei sie eine Klarheit und Geschwindigkeit an den Tag legten, die sich vor der New Yorker Börsenmakler keineswegs verstecken müsste.

Der Markt roch. Ganz Tansania roch nach einer Mischung aus verrauchter, saurer Milch mit einem Hauch von Kompost und Fleischresten. Erstaunlicherweise war das kein richtig unangenehmer Geruch. Doch der Duft des Erfolges war es ganz gewiss nicht.

Entlang der Hauptstraße mutete Mto-wa-Mbu wie eine Geisterstadt im Wilden Westen an – sofern man Cowboys ein sicheres Gespür für Farbe unterstellte, und sie geblieben wären. Denn entgegen dem äußeren Eindruck war „Moskitofluss" alles andere als eine Geisterstadt. Die krummen, verfallenen kleinen Hütten waren aus Holzbalken. Diese Bauweise ist gemeinhin nicht unbedingt „wacklig", wird es aber, wenn es an Mörtel mangelt und man auf den Gebrauch einer Wasserwaage oder eines Lots verzichtet. Dann kann man einen schönen Kartenhaus-Effekt erzielen.

Sämtliche kleinen tansanischen Städte sind in einem grausamen Zustand. Es ist geradezu erstaunlich, wie schlecht die simpelsten Dinge gearbeitet sind: Zäune, Pforten, Fensterrahmen, Türen sind in verheerender Verfassung – von den Toiletten möchte ich gar nicht sprechen. Alles ist behelfsmäßig, improvisiert und windschief (die Toiletten sind ein bautechnischer Amoklauf). Wir Amerikaner haben bei allem Gemecker über Massenproduktion vollkommen vergessen, welche Präzision die Maschinenfertigung gewährleistet. *Handarbeit* bedeutet häufig, mit zwei linken Händen gemacht. Werfen Sie mal einen Blick auf die Regale in Ihrer Garage. Und nun stellen Sie sich vor, Sie sollten einen Baumstamm und eine Machete zur Hand nehmen und die Dinger selbst bauen.

In Tansania werden eine Menge Dinge angefangen, die niemand je zu Ende bringt. Überall stehen Häuser, die keine Dächer haben – dürftig aufeinandergeschichtete Steine, die der Belastung eines Blechdaches niemals standhielten. Die Frontseiten der Häuser sind gestrichen, die Seiten- und Rückwände grundsätzlich nicht. Das Land sieht aus, als hätten es Hippies erbaut. Und in gewisser Weise trifft das auch zu.

Julius Nyerere wurde zwei Jahre nach Timothy Leary geboren. Als Professor Leary 1962 begann, den Genuss von LSD in Harvard salonfähig zu machen, wurde Nyerere, genannt *Mwalimu*, „der Lehrer", zum Präsidenten von Tanganjika gewählt. Nun kann man Nyerere nicht vorwerfen, er wäre ein Junkie gewesen. Er lebte weitestgehend abstinent (obwohl er vierundzwanzig Enkelkinder hat), aber sein Kopf war von den wirren Ideen dieser Generation in mancherlei Hinsicht ebenso vernebelt wie Tims.

Nyerere war ein Anhänger eben jenes Kollektivismus, der in unserem Jahrhundert so viel Unheil angerichtet hat. In Tanganjika wurde daraus ein besonders abgehobenes und unsinniges Sozialismuskonzept geboren: *ujamaa*, „Familiarität". Die Auszüge aus Nyereres Schriften lesen sich wie ein Rap im Dreivierteltakt, in dem jemand erklärt, er wolle sich aufmachen, eine Tofuanbaukommune zu gründen: „Unsere Landarbeit soll in der Hauptsache in Kooperativen organisiert werden, die zum Wohle aller arbeiten ... Spezialisierung einzelner wird möglich sein, wenn beispielsweise eines der Mitglieder Tischler ist." Kapiert. „Wenn jedes Individuum selbstständig ist ... dann ist die ganze Nation selbstständig." Heftig.

1967 wurde das Entwicklungsprogramm für „Sozialismus und Selbstvertrauen" in Arusha vorgestellt, das die unmittelbaren Ziele sowie die aberwitzigen Ideale der *ujamaa* enthielt und die Zukunft der tansanischen Nationalökonomie in Landwirtschaft und Viehzucht sah. Dem Programm zufolge wäre Industrialisierung absolute Geldverschwendung. Der *Mwalimu* tönte: „Wir machen einen großen Fehler, wenn wir Geld – etwas, was wir nicht haben – zum vorrangigen Instrument für unsere Entwicklung machen." Entwicklung wäre auch etwas, was sie nicht haben.

Issa G. Shivji, ein Rechtsprofessor der Universität von Daressalam, hat einen zusammenfassenden Artikel über *ujamaa* geschrieben: „Es gab zwei zentrale Prämissen bei dieser Ideologie: Gleichheit aller Menschen und Entwicklungsglaube." Gleichheit bezieht sich auf die fünfunddreißig Cents pro Tag, die ich bereits erwähnt hatte. Entwicklungsglaube klingt wie eine üble Variante von Scientology. „Das Problem", fährt Shivji fort, „war, dass *ujamaa* von keiner klaren Sozialtheorie getragen wurde", und dass die tansanische Regierung „diese Politik konsequent und beständig verfolgte."

In anderen Worten: *ujamaa* war von derselben Logik beseelt wie die meisten anderen Theorien der Sechziger. Man kreierte Slogans wie das verdächtig nach Hitler klingende Motto „*Uhuru na Kaz*", das in der Übersetzung noch hitlerischer wird: „Freiheit und Arbeit". Bis 1986 gab es staatlich festgesetzte Preise. 1981 waren die Bauern gezwungen, ihr Getreide für einen Preis an die Regierung zu verkaufen, der bei 20 Prozent des Marktpreises lag, und der allein war schon so niedrig, dass man ihn den Getreidebauern in Iowa besser verschweigt. Die nationale Industrie wurde verstaatlicht und ausländische Betriebe enteignet. Die Kompensationszahlungen hierfür erfolgten, laut Bericht des US-Außenministeriums, „extrem langsam und schwerfällig". Das Gros der Handelsaktivitäten im Lande fiel derselben Schwerfälligkeit zum Opfer, allerdings ganz und gar nicht langsam. Als Erstes traf es die ostindischen und arabischen Minderheiten. Das Geschichtsbuch der tansanischen Schule umschreibt es: „Die Monopolstellung der indischen Großhändler wurde abgeschafft."

Es begann ein Programm der „Verdörflichung", was wohlwollend formuliert bedeutete: „Hey, schafft euch einen Jägerzaun an". Die ländliche Bevölkerung sollte dazu überredet werden, in 8.000 „familiäre Dörfer", *ujamaa vijiijini*, umzuziehen, wo der Staat sie mit Wasser und Bildung ausstatten würde und nebenbei ein Auge auf sie haben könnte. Diese geplanten Kommunen entwickelten sich jedoch nicht plangemäß: Das Wasser kam nicht, die Schulen kamen nicht und die Leute, die Wasser und Schulen nutzen sollten, kamen auch nicht. Bis zum Ende der Siebziger hatte man mehr als 65 Prozent der Landbevölkerung in den *Ujamaa-Vijiijini*-Gulag deportiert. Aber diese Leute waren nun einmal Tansanier, also gingen sie einfach wieder weg und bauten sich ihre Hütten im Busch.

Doch damit hatten sich die nebulösen Ideen keineswegs erschöpft. In dem Buch *Ideology and Development in Africa* (Ideologie und Entwicklung in Afrika), eine enervierend ausgewogene Veröffentlichung der Yale University Press aus den frühen Achtzigern, ist nachzulesen: „Es gab eine klar umrissene Umstrukturierung der medizinischen Auslagen, weg von den teuren, westlich orientierten Heilmethoden und hin zu einer ländlich ausgerichteten, paramedizinischen und vorsorgenden Gesundheitsfürsorge. 1974 war der Anteil des Gesundheitsbudgets, der an die Krankenhäuser ging und in den späten Sechzigern noch bei 80 Prozent gelegen hatte, auf 50 Prozent gesunken", mit Ergebnissen wie der Hyänenhöhlen/Wirbelsäulenbruch-Krise, die ich über den Kurzwellenempfänger mitgehört hatte.

Unterdes fiel die tansanische Volkswirtschaft in sich zusammen. Gemäß offiziellen Zahlen der tansanischen Regierung ist das Bruttoinlandsprodukt noch nicht einmal auf dem Stand von 1976 angekommen. Und die Kaufkraft des gesetzlich vorgeschriebenen Mindestlohnes hat zwischen 1969 und 1987 um 80 Prozent nachgegeben. Folglich wäre eine weitere Antwort auf die Frage, „Warum ist Tansania so arm?", *ujamaa* – sie haben es so geplant.

SIE HABEN ES GEPLANT, und wir haben es bezahlt. Die reichen Staaten fungierten als Rückversicherer der wirtschaftlichen Idiotie in Tansania. Es ist ein ganz bestimmter Schlag leichtgläubiger und ich-zentrierter Menschen, die mit der Vergabe von Auslandshilfe betraut werden (z. B. der ehemalige Weltbankchef Robert McNamara. Ich lege den Geschworenen die Entscheidung in die Hände.) Solche Menschen wurden in Gegenwart des bescheidenen und wortgewandten Julius Nyerere, der ihnen all seine wunderbaren Pläne darlegte, weich wie Butter. Der amerikanische Politikwissenschaftler Professor Ali Mazrui nannte das „Tansaphilie". Inmitten der abstoßenden Verdörflichung wurden Tansania 300 Millionen Dollar jährlich an offizieller Direkthilfe („Official Direct Assistance" oder ODA, wie es die butterweichen und weichhirnigen Fachleute nennen) – und 1975 war der amerikanische Dollar ein fetter Dollar. Pro Tansanier waren das zwanzig Dollar, und es würde mich nicht wundern, wenn dieser Betrag die Kosten für den Bau einer vijiijini-Hütte und das Einfangen und Hineinverfrachten eines Tansaniers deckte.

Länder wie Schweden waren geradezu verzückt angesichts der *ujamaa*-Version ihres frömmlerischen Sozialsystems – noch dazu mit besserem Wetter und ohne die ewigen kleinen Fleischbällchen auf Zahnstochern. In der ersten Hälfte der Neunziger schickten die Schweden, Norweger und Dänen mehr als 320 Millionen Dollar jährlich nach Tansania, mithin das Neunfache der amerikanischen Entwicklungshilfe.

Dann war da noch die zuvor erwähnte Weltbank, die von den USA, Japan und anderen reichen Nationen finanziert wird. Ihr Auftrag besteht darin, Geld an unterentwickelte Regionen auszuleihen, und mir ist vollkommen schleierhaft, warum sie mir kein Geld leiht, weil ich in einigen Regionen so unterentwickelt bin wie es nur irgend geht. Die Weltbank berechnet ungefähr dieselben Zinsen wie mein Vater, wenn ich einen Zwanziger von ihm pumpe. 32 Prozent der von der Weltbank geförderten Projekte bezeichnet jene selbst als gescheitert. Somit arbeitet die Weltbank mit der gleichen Effizienz wie die Bausparkassen während der Reagan-Präsidentschaft. Und offensichtlich teilt sie auch deren moralische Grundsätze – andernfalls hätte sie die Verdörflichung kaum gutgeheißen. Aber nicht genug damit, dass sie diese aberwitzige Idee unterstützungswürdig fand, sie hatte in einem der zahlreichen Bände mit wichtigtuerischen Wirtschaftsratschlägen, mit welchen die internationalen Organisationen den Globus verpesten, einen ganz ähnlichen Vorschlag geäußert. Wie würde es uns wohl gefallen, wenn uns die Organisation für ein vereintes Afrika erzählte, dass wir unsere Vororte verlassen und in die Innenstadt ziehen sollen?

Die Weltbank lieh Tansania Unmengen Geld. Weitere Unsummen wurden von anderen freundlichen Hilfsorganisationen beigesteuert. Mittlerweile beläuft sich die Auslandsverschuldung Tansanias auf einen Betrag, der dem Zweifachen aller im Land produzierten Waren pro Jahr entspricht. Tansania steht mit 7,4 Milliarden Dollar in der Kreide. Das Geld wird zurückgezahlt, wenn ... wenn Talkmeister Rush Limbaugh UNO-Generalsekretär wird.

Aber keine Sorge, der Internationale Währungsfond ist an dem Fall dran. Sobald ein Land Schwierigkeiten bekommt, weil es sich zu viel Geld bei der Weltbank und anderen Institutionen geliehen hat, darf es den Internationalen Währungsfond anpumpen. Die verlangen nichts weiter als das Versprechen, dass man sich mehr oder weniger an den Regeln der Freien Marktwirtschaft orientiert und nicht mehr wertloses Papiergeld druckt als unbedingt nötig – schon „hilft" der IWF.

Tansania steckt bis zum Hals in Hilfe. Das Land erhielt Kredite, Fördermittel, Aufbauprogramme, Hilfsprojekte, ein komplettes Eisenbahnnetz von der chinesischen Regierung (knapp 2.000 Kilometer Schiene ohne irgendein Ziel) und natürlich auch reines Bargeld. Gemäß offizieller Weltbankzählung von 1994 machten ausländische Hilfen 29,1 Prozent des Bruttoinlandsproduktes von Tansania aus, was mehr als der tansanische Regierungshaushalt war. Was immer die Regierung tut, wir bessergestellten Bürger der Welt zahlen die Zeche. Und das seit nunmehr siebenunddreißig Jahren.

Der Afrikagelehrte Sanford Ungar hält Tansania für „das meistgeförderte Land in ganz Afrika". Während der Zeit unmittelbar nach der Unabhängigkeit bekam Tansania eine halbe Milliarde Dollar jährlich an Entwicklungshilfe. Zwischen 1970 und 1989 kamen, laut Schätzungen der CIA, noch 10,8 Milliarden Dollar hinzu. Nach Weltbankangaben erhielt das Land zwischen 1990 und 1994 weitere 5,4 Milliarden Dollar. Das macht zusammen über 20 Milliarden, wobei diese Zahl die Wertveränderungen durch Inflation noch nicht einmal berücksichtigt.

Von John erfuhr ich, dass Farmland in Tansania ungefähr eine Million Shilling auf 4.000 Quadratmeter kostet, das sind 1.650 Dollar. Es gibt 29 Millionen Tansanier, also hätte man für 20 Milliarden Dollar jeder Familie beachtliches Farmland kaufen können. Und sie hätten alle dort weitermachen können, wo sie vor *ujamaa* aufgehört hatten.

JOHN UND ICH FUHREN über die Steinschlagstraße durch das Rift Valley zurück. Als er bemerkte, dass ich grün im Gesicht war, sagte John: „Safari heißt ‚beschwerliche Reise'". Wirbelstürme von der Größe eines Baseballstadions fegten über die Massaihütten hinweg. Die Massai würdigten diese fliegenden Schmutzstrudel keines Blickes, während uns die Hochgeschwindigkeitsdreckmauern mit voller Wucht trafen und unseren Wagen mit Staub und Sand füllten. Das Rift Valley entstand durch die Kontinentalverschiebung. Afrika wird allmählich auseinander gezogen. Eines Tages wird Tansania einfach abtreiben von Ruanda, Burundi, dem Kongo und Uganda. Und die Tansanier haben es verdient. Sie haben eine Menge Dinge verdient.

Was sie allerdings mit Sicherheit nicht verdient haben ist das, was ihnen seit 1961 widerfahren ist. Die Schlammwelle des *ujamaa* ist zwar verebbt, hat jedoch so unerquickliche Dinge zurückgelassen wie die schreckliche Straße nach Makuyuni, auf der wir uns befanden. Und das verquirlte Gedankengut des *ujamaa* treibt nach wie vor als intellektueller Unrat durch die Köpfe der tansanischen Regierenden. Der Haushaltsbericht behauptet beispielsweise unter „Agrarkultur", dass die Regierung die „private Produktionsbeteiligung" fördere, und unter „Land", dass sie „die *gleichberechtigte* Vergabe und den gleichberechtigten Anspruch auf Landerwerb für alle Bürger" anstrebe. Das heißt, man darf sein eigenes Land bebauen, und alle anderen dürfen es auch. Das Geschichtsbuch für die Schulen enthält eine tadelnde Wirtschaftsanalyse, die nach einer Mischung aus Marxismus und beleidigter Leberwurst klingt: „Die General Tyre Corporation hat in Arusha eine Reifenfabrik errichtet, die den gesamten Osten Afrikas beliefern sollte. Kurz darauf hat ein anderes Unternehmen, Firestone, eine ähnlich Fabrik in Nairobi gebaut. Das löste Konkurrenz von imperialistischem Kapital aus." Und selbst John, der eigentlich sehr vernünftig war, sagte: „Wir haben haufenweise Bananen, aber wir fangen nichts mit ihnen an – wir benutzen sie ausschließlich als Nahrungsmittel."

Ich sagte: „Bitte?" Immerhin erzählte mir John, dass niemand sich getraut hatte, die Massai in die *ujamaa*-Dörfer zu verfrachten. Man mag vom Jagdsport halten, was man will, aber Leute, die zum Spaß Löwen töten, sind schlichtweg besser gewappnet gegen politische Irrungen und Wirrungen.

Lobenswerterweise hat Julius Nyerere sich beim Volk entschuldigt, was mehr ist, als die meisten der Sechziger-Jahre-Ikonen zu tun bereit waren. Als er 1985 auf eine weitere Kandidatur für die Präsidentschaft verzichtete, sagte er in seiner Abschiedsrede: „Ich habe versagt. Das müssen wir eingestehen."

V ON MAKUYUNI AUS FUHREN WIR zum Tarangireflussbecken am äußeren Rand der Massai-Steppe. Die Massai sind ein ausgesprochen gesundes und hochgewachsenes Volk, obwohl sie selbst nach tansanischen Maßstäben unter extrem harten Bedingungen leben. Es ist bei ihnen üblich, den Kindern ein paar Zähne auszuschlagen, damit sie im Falle von Wundstarrkrampf besser gefüttert werden können. Die Fütterung von flüssiger Nahrung stellt für die Massai keine große Entbehrung dar, da ihr Hauptnahrungsmittel ohnehin fette Fleischbrühe ist. Für die meisten anderen Völker käme das einem Selbstmord per Speiseplan gleich, und selbst die Massai leiden scheinbar hin und wieder an Verdauungsproblemen. Anders jedenfalls kann ich mir nicht erklären, warum sie die Europäer –*iloredaa enjekat* nennen, „die ihre Fürze in die Kleider sperren". Die Massai vermeiden weitestgehend Hosen oder andere westliche Bekleidungsgegenstände. Sie bleiben bei ihren karierten Umhängen. Vom Krabbelkind bis zur Großmutter haftet ihnen eine martialische Aura an, und kein Mensch tritt ohne Lanze oder Schlagstock vor die Hütte. Demzufolge mutet es recht bizarr an, einen Massai bei einer gewöhnlichen Tätigkeit wie Radfahren, mit einer umgedrehten Abwaschschüssel auf dem Kopf die Straße entlanggehen oder eine Limo trinken zu sehen – als erwischte man die Joint Chiefs of Staff* beim Skateboardfahren. Und die Massai wissen, wie man verschiedene Karomuster kombiniert – Ralph Lauren wird Geschichte sein, sobald die Massai auf die Idee kommen, sich Startkapital zu besorgen und ein Modeunternehmen zu gründen.

* Behörde innerhalb des US-Verteidigungsministeriums, deren fünf Mitglieder die wichtigsten Militärberater des Präsidenten sind. Anm. d. Übers.

NUN KOMMEN WIR ZU EINER FRAGE, die weit tragischer ist als „Warum sind die Tansanier so arm?", nämlich die: „Warum kümmert es uns?" Ein Wirtschaftswissenschaftler würde antworten, dass eine Massai-Kollektion von Löwentötersportmode den Preis von Ralph Laurens Polobekleidung nach unten zwingen könnte, wovon wir, die Verbraucher, profitierten. Aber der Gedanke, dass die Produktivität anderer zu unserem Nutzen sein könnte, wird von den meisten Nichtökonomen weder verstanden noch akzeptiert. Es wäre schön, wenn unsere Sorge angesichts der tansanischen Armut einem ujamaa-ähnlichen Altruismus entspränge – oder vielleicht auch nicht, wenn man bedenkt, was ujamaa angerichtet hat. Wie dem auch sei, Altruismus gegenüber Fremden trägt zumeist sentimentale und flüchtige Züge, wie etwa das Ausfüllen eines vorgedruckten Spendenüberweisungsformulars für das Kinderhilfswerk. 20 Milliarden Dollar sind allerdings nicht mehr sentimental oder flüchtig. Zu Zeiten des Kalten Krieges gaben wir Tansania natürlich Geld, weil wir uns dachten: „Wenn wir sie dafür bezahlen, dass sie Sozialisten sind, werden sie wenigstens keine Kommunisten. Wo da der Unterschied ist, werden wir ein andermal erörtern." Heute aber müssen wir wohl der hässlichen Wahrheit ins Auge blicken, dass uns an den Tansaniern vor allem ihre coolen Tiere interessieren.

Ich bilde da keine Ausnahme. John und ich verbrachten die meiste Zeit damit, zusammen durchs Land zu fahren und die Tierwelt zu bestaunen. Unser Minivan hatte eine Art Schiebedach auf Stelzen, das man nach oben aufklappte. Ich stand also während der Fahrt im hinteren Teil des Wagens, hielt mich an den Metallstangen des Sonnendachs fest und wurde auf und ab geschleudert. Für den neutralen Beobachter dürfte ich das Bild eines idiotischen Kolonialherren in einer mechanischen Sänfte geboten haben. Von unten rief John mir Dinge zu wie „Elefant!", worauf ich mit sinnfälligen Aussprüchen wie „Tatsache!" antwortete, weil wirklich gerade ein Elefant sechs Meter vor unserem Wagen die Straße überquerte, ohne auf den Verkehr zu achten. Es war ein gewaltiger einzelner Bulle. Sein Rücken war mit einer dicken Staubschicht bedeckt, mit der die Elefanten sich vor Ungeziefer schützen. In diesem Fall war der Staub rot und sammelte sich in den tiefen grauen Falten, wie bei einer in die Jahre gekommenen Schauspielerin, deren rissiges Make-up ihr wahres Alter preisgibt. Die Stoßzähne des Bullen waren so lang wie Spielplatzrutschen und so dick, dass sie für Billardsalons und Klaviertasten gar nicht mehr infrage kamen. Dieser Bursche hätte Bowlingkugeln aus Elfenbein liefern können, sofern es heutzutage überhaupt noch denkbar wäre. Er war das beeindruckendste Geschöpf, das ich je gesehen hatte – ungefähr eine Minute lang. Dann bekam er vollkommen grundlos eine noch beeindruckendere, gigantische Erektion. (Zumindest hoffte ich, dass sie grundlos war, da ein wildes

Verlangen nach unserem Minivan nicht unbedingt die Antwort auf meine Träume gewesen wäre.) „Fünftes Bein", sagte John. Afrika ist nicht das Land, um persönliche Unsicherheiten zu pflegen.

Der Elefant ging in einen Wald, um die Rinde von Chinarindenbäumen abzuknabbern und die Äste als Zwischenmahlzeit zu vertilgen. Elefanten hinterlassen ein heilloses Chaos in den Wäldern. Sie hinterlassen praktisch überall ein heilloses Chaos. Wer das gesehen hat, versteht warum sie in einem Land, dessen Menschen sich abmühen müssen, bescheidene Ernteerträge aus der Erde zu locken, getötet werden. Und nicht nur von Wilderern. In Nordamerika lieben wir Elefanten, weil sie dort nicht unsere Tomatenpflanzen zertrampeln oder unsere Staudenrabatten niederwalzen und auch nicht unsere Faxmaschinen und PCs in den Boden stampfen.

Auf der anderen Seite des kleinen Waldes, in sicherer Entfernung von den Touristenwegen, waren drei weitere große Weidetiere: Spitzmaulnashörner. Ehedem gab es in Tansania Tausende Nashörner. Das ist vorbei, seit die Wilderer Jagd auf sie gemacht haben, weil asiatische Männer mittleren Alters glaubten, dass ihre pulverisierten Hörner potenzfördernd wären. Als bräuchte die Welt Asiaten mittleren Alters mit Dauerständern.

Kaffernbüffel gibt es nach wie vor in Hülle und Fülle. Ihre Hörner scheinen nichts für Asiaten tun zu können. Und sie sind schwerer zu töten. Wenngleich der Kaffernbüffel letztlich nur ein Rind ist, so ist er doch riesig und reizbar – die Lara Croft unter den Rindern und genau das, was sich eine Milchkuh zwischen Mastbox und Schlachthof als kühnen Retter erträumt.

Die meisten Tiere waren nicht scheu. Sie hatten wahrscheinlich erkannt, dass die rundfüßigen, lärmenden Dinger auf den Straßen weder kratzten noch bissen und – zumindest von außen – nicht sonderlich gut schmeckten. Wir konnten bis auf Parkschein-Einsteck-Entfernung an ein paar junge Löwen heranfahren, die auf der Sandbank eines Wasserloches lagen.

„Das sind dumme männliche Jungtiere", sagte John (der wie ich um die Fünfzig war) in einem Tonfall, der die Möglichkeit irgendwelcher anderen männlichen Jungtiere gleich welcher Gattung ausschloss. „Sie jagen erbärmlich schlecht. Ein Weibchen hätte sich hinter die Sandbank gelegt und nicht mittendrauf." Das schien die Löwen nicht weiter zu kümmern. Wir schienen sie überhaupt nicht weiter kümmern. Und auch das herbeipreschende halbe Dutzend anderer Jeeps und Busse voller Touristen, die gesehen hatten, dass wir etwas gesehen hatten, ließ sie vollkommen kalt.

Eine Reise in die Wildschutzgebiete Tansanias ist alles andere als einsam und meditativ. Was immer ich sah, wurde gleichzeitig von Dutzenden anderer Stadtmenschen begafft, die hinreichend Videoband verfilmten, um eine Langzeitserie mit unscharfen Tierbildern zu bestücken. Aber die Touristen bringen Geld. Und Geld ist es, was man braucht, um die Parks und Reservate halbwegs unbeschadet zu erhalten und Munition zu kaufen, mit der man auf Wilderer schießen kann. In dem Moment, da die Tiere den Gaffern lebend weniger wert sind als den Bauern, Hirten und Rhinozeroshorn-Erektionsschmugglern tot, wird es mit dem *Ruf der Wildnis* vorbei sein. (Nebenbei bemerkt – so romantisch es auch klingen mag – wie einsam möchten wir wohl in Gegenwart von drei dummen männlichen Junglöwen sein?)

Einer der Löwen erhob sich, ging ein paar Schritte zur Seite, pinkelte und legte sich, ohne die geringste Rücksicht auf die Gefühle gebildeter Westler mit einem Faible für die Eleganz der afrikanischen Tierwelt, mitten in seine Pfütze.

Beim nächsten Wasserloch sahen wir ein Löwenpaar in der Mittagshitze dösen. Eine Herde Gnus stand um sie herum. Offensichtlich waren sie durstig, fürchteten jedoch die fatalen Konsequenzen, falls sie noch dichter kämen. „Von Zeit zu Zeit vergisst es eines von ihnen", sagte John.

Das Löwenmännchen lag auf dem Rücken ausgestreckt und rührte sich nicht. Das Weibchen lag auf dem Bauch und atmete schwer. „Sie haben sich gerade gepaart", erklärte mir John. „Löwen paaren sich zuerst alle sechs Minuten und dann in größeren Abständen, alle halbe Stunde, alle Stunde, alle paar Stunden, und so weiter, über sieben Tage." Die primitive Ökonomie der Natur hat auf der anderen Seite also auch gewisse Kompensationen.

John verfügte über vielfältige Informationen, das Geschlechtsleben der Tiere betreffend. „Wissen Sie, warum es so wenig Giraffen gibt?" fragte er mich, als wir eines Tages ein paar von ihnen erblickten. „Sie haben keine natürlichen Feinde", fuhr er fort. „Ihre Hufe sind zu scharf und ihre Beine zu kräftig, anders als bei den Gnus oder Zebras. Aber Gnus und Zebras gibt es überall zuhauf." Er machte eine Pause, um die Spannung zu steigern. „Ihr Reiseführer wird Ihnen das nicht verraten, aber Giraffen sind homosexuell." Kaum dass er diese Worte ausgesprochen hatte, fielen sich zwei Giraffen, von denen ein Tier zweifelsfrei weiblich und das andere ebenso zweifelsfrei männlich war, um den Hals (und dieser Ausdruck trifft es hier so genau wie sonst selten).

„Bei *diesen* Giraffen liegen Sie falsch", sagte ich. „Sie werden sich gleich paaren."

„Noch nicht", korrigierte mich John.. „Erst muss sie ihn treten."

Außer befremdlichen Beischlafritualen hielt die primitive Natur noch einige andere Freizeitgestaltungsmöglichkeiten bereit, zumindest für einige Arten. Auf einer Uferwiese am Tarangire sahen John und ich eine Horde von über hundert Pavianen. Sie benahmen sich wie, naja, wie Affen eben. Sie schmusten, trödelten ziellos in der Horde herum, kratzten ihre Köpfe und andere Körperteile, stolperten an den ebensten Stellen, überschlugen sich, drehten Däumchen und plapperten bei all dem pausenlos. Worüber, vermag ich nicht zu sagen. John erzählte mir, dass sie zu den Leibspeisen der Großkatzen gehören. Paviane unterscheiden sich nicht groß von uns zu Zeiten des *Australopithekus*, und ich fragte mich, ob das praktisch wir vor vier Millionen Jahren waren. Falls ja, entwarfen sie wahrscheinlich gerade einen Plan, wie sie sich an ihren Hauptfeinden rächen könnten. „Sobald wir weit genug entwickelt sind, übernehmen wir den natürlichen Lebensraum und *pflastern ihn dicht.*"

ICH HOFFE, ES IST NICHT AUSGERECHNET JETZT so weit. Tansanias Artenvielfalt hält zahlreiche Exemplare von so atemberaubender Schönheit bereit, dass selbst der hartgesottenste Stubenhocker und Großstadtmensch zum schmalzigen Naturschwärmer mutiert. So erging es mir jedenfalls, als ich eine Gepardin mit ihren vier, wenige Wochen alten Jungen unter einer Gummiakazie liegen sah. Die Gepardin hatte eine frappierende Ähnlichkeit mit meiner ersten großen Liebe an der St.-Ursula-Schule, Conni Nowakowski – die selbe zarte Gesichtsbräune, die hohen Wangenknochen, die leicht noch oben gebogene Nasenspitze und haargenau die selben Augen. Connie starb, als sie noch nicht einmal vierzig war, und es würde mich überhaupt nicht wundern, wenn sie als Gepardin wiedergeboren wäre. Sie hatte eine Vorliebe für dramatische Selbstinszenierungen, und dieser Mantel hätte ihr schon damals verteufelt gut gestanden. Wie es allerdings irgendeinem Gepardenmännchen gelungen sein sollte, ausgerechnet mit Connie Nowakowski, die sich schon für harmloses Petting zu schade war, vier Junge zu bekommen, ist eines der Mysterien der Natur.

EIN GESCHLAGENES VIERTEL von Tansania ist Naturschutzgebiet. Bei einem so armen Land zeugt das von beachtlichem Umweltbewusstsein, wobei daraus nicht voreilig zu schließen ist, dass das Großwild von jedweder Ausbeutung verschont bliebe. „Kann man Gnus essen?" fragte ich John.
„Ja."
„Und Kaffernbüffel?"
„Ja, ja."
„Ich wette, Gazellensteak ist lecker."
„Aber ja."
„Taugen die Warzenschweine zum Verzehr?"
„Ja", antwortete John. „Köstlich!"
Nach Elefanten wollte ich lieber nicht fragen. Löwen sind jedenfalls abscheulich. Ich hatte schon einmal ein Löwensteak in einem deutschen Restaurant in, wo

sollte es auch sonst sein, Springfield, Massachusetts. Es schmeckte aufdringlich nach Leber.

Die Erhaltung der tansanischen Naturschutzgebiete kommt nicht nur den International Wildlife Fund teuer zu stehen. Der Preis, den die Einheimischen zahlen, ist ungleich höher. Zahlreiche Landstriche sind durch die Tsetsefliege mit der Schlafkrankheit verseucht. Die Verwüstungen, die diese Fliege über das Land bringt, übertreffen sogar noch jene, womit uns andere Überträger von Schlafkrankheiten infizieren: der Tsetseprofessor, der Tsetseboss oder der Tsetseautor der Kommentare in der *New York Times*. Die Schlafkrankheit ficht die Tiere zwar nicht an, aber sie tötet Menschen und – was wirtschaftlich für Tansania wahrscheinlich noch schlimmer ist – das Nutzvieh. Der Reiseführer des Sierra-Club für Ostafrika schreibt dazu: „Ein Großteil der afrikanischen Parks verdankt sein Überleben nicht einer Tierart, die die Menschen erhalten wollten, sondern einer, derer sie sich nicht entledigen konnten." Die Tsetsefliege ist nicht größer als die gemeine Stubenfliege, kann aber zubeißen wie ein wildgewordener Foxterrier. Dutzende fielen in unseren Minivan ein, wo sie unter den Sonnenblenden und hinter dem Rückspiegel Stellung bezogen um auf ihre Chance zum Angriff zu warten. Der einzige, halbwegs wirkungsvolle Schutz gegen sie ist Zigarettenqualm. In Ostafrika sollte man die Schachteln mit dem Aufdruck „Rauchen kann Leben verlängern" versehen.

Wenn uns ernsthaft daran liegt, die Artenvielfalt Tansanias zu schützen, müssten wir dringend etwas gegen die Armut der Leute dort unternehmen. Andernfalls darf man es den Tansaniern nicht verübeln, wenn sie eines Tages auf die Safaritouristen pfeifen, Ngorongoro-, Serengeti- und Tarangirenationalpark mit DDT besprühen und die Platte mit der *Bonanza*-Titelmelodie auflegen. Wer wäre nicht lieber Cowboy als Liftboy?

Genaugenommen ist es vollkommen unerheblich, aus welchen Gründen uns die tansanische Armut schreckt, wir sollten auf jeden Fall etwas dagegen tun. Wir können die Leiden der Menschheit nicht einfach ignorieren, und außerdem werden die, die da leiden, bald wir sein, wenn wir nicht aufpassen. Immerhin leben zwei Milliarden Menschen auf der Welt unter vergleichbaren Umständen. Diese zwei Milliarden werden über kurz oder lang mitbekommen, dass man in Florida Waffen kaufen kann, ohne sich unbequemen Fragen stellen zu müssen.

An meinem letzten Abend auf Safari setzte ich mich mit einer Armladung Serengetibier auf die kleine Terrasse vor meinem Hotelzimmer im Erdgeschoss. Eine blühende Hecke zog sich an der kniehohen Begrenzungsmauer entlang. Dahinter lagen Kilometer stockfinsteres Afrika. Da hörte ich etwas: *mampf-mampf* tönte es aus der dunklen Kulisse. Dann noch mehr, *mampf-mampf, mampf-*

mampf. Ich knipste das Licht in meinem Zimmer aus. Es war eine mondlose Nacht, und trotzdem meinte ich zu sehen, dass sich etwas bewegte. Ich holte meine Reisetaschenlampe, deren Lichtradius die Größe einer Fingerkuppe hat. Ich leuchtete in die Richtung, aus der die Geräusche kamen und sah ein Paar Augen. Es waren große, runde, rote Augen, die recht weit entfernt zu sein schienen. Dann ließ ich den Strahl der Lampe ein Stück zur Seite wandern, und dort war ein zweites Paar Augen. Daneben ein drittes. *Mampf-mampf, mampf-mampf.* Die Augen kamen langsam näher heran. Ich rannte zurück ins Zimmer und zog die Fliegentür zu. Als ob das etwas nützen würde. Die Glasschiebetür ließ sich bedauerlicherweise nicht bewegen. Ich kippte ein Serengeti hinunter und dachte ... ich weiß nicht, was ich dachte. Dann ging ich zurück auf die Terrasse und sagte: „Ähm ... hört mal zu, ihr Tiere ..." Den funzeligen Strahl der Taschenlampe richtete ich direkt auf das eine rote Augenpaar und ließ ihn wild hin und herspringen. Die Augen kamen näher, das Mampfen wurde lauter.

Sie näherten sich der niedrigen Terrassenmauer bis auf ungefähr einen Meter, dann hatte es für einen Moment den Anschein, als ob sie sich abwendeten. Und nun erkannte ich den gewaltigen Schädelumriss eines Kaffernbüffels, der die Bougainvillea abknabberte. Ich machte das Licht in meinem Zimmer wieder an. Hier stand also jenes Tier, das „die Jäger für eine der gefährlichsten Großwildarten halten" (sagte mein Reiseführer). Hier standen sogar drei solche Tiere, die sich alle drei benahmen wie Fußballhelden in der Cafeteriaschlange – wobei die Hotelgärtner in diesem Fall das Essen spendierten. Die Kaffernbüffel ließen sich nicht aus der Ruhe bringen, interessierten sich überhaupt nicht für mich und fraßen sich quer durch die kleine Hecke. Als sie bei der Nachbarterrasse angelangt waren, trank ich noch ein Bier. Das zeigt uns, wie friedfertig und harmlos selbst die gefürchtetsten Erdenbewohner sein können – wenn das Futter stimmt.

WIE SOLL TANSANIA REICH WERDEN? Nun, es gibt „eine Verbesserung der landwirtschaftlichen Erträge", um ein Lieblingsthema der Entwicklungshelfer aufzugreifen. Die britische Labourregierung hatte es damit nach dem Zweiten Weltkrieg schon einmal versucht; man nannte es den „Erdnussplan". Die Labourexperten hingen damals der wahnwitzigen Idee an, Tanganjika zum größten Erdnussexporteur der Welt aufzubauen – aber Erdnüsse sind und bleiben am Ende „Peanuts". Sie wählten drei große Gebiete aus, die für den Anbau aufbereitet werden sollten. Diese Aufbereitung gestaltete sich in Form einer zwischen zwei Traktoren gespannten Kette, die über das Buschland gezogen wurde. Hunderte Quadratkilometer Wildnis wurden zerstört. Sechsunddreißigeinhalb Millionen britische Pfund wurden in dieses Projekt investiert, was in etwa dem Staatshaushalt der Regierung von Tanganjika zwischen 1946 und 1950 entsprach. Dann erkannte man, dass sich in Tanganjika keine Erdnüsse anbauen lassen.

Der tansanische Haushaltsbericht enthält mehr Seiten über Agrarwirtschaft als irgendjemand jemals lesen möchte, mit Ausnahme eines Journalisten, den entsetzlicher Durchfall im Hotelzimmer festhält und dem sich als alternativer Lesestoff nur George Eliots *Die Mühle am Floss* bietet. Auffallend an diesem Bericht war die Erwähnung von *Landbesitz*, die einzig in dem Zusammenhang erfolgte, dass der Erwerb von Grundbesitz „langwierige bürokratische Vorgänge" mit sich brächte, gefolgt von diesem hoffnungslosen Geschwafel: „Ein neues Bodenrecht wird derzeit erarbeitet, um verbesserte Strukturen im Prozedere einzuführen." Julius Nyerere gab zu (als er sich mal wieder entschuldigte), dass es ein Fehler gewesen war, die kleinen Farmen, die *shambas*, zu kollektivieren. Allerdings ist dieser Fehler niemals korrigiert worden. John erzählte mir, dass die Farmen bis heute „informell" erworben werden müssten, wobei er dasselbe Wort benutzte wie die Russen. (Ein weiterer erwähnenswerter Satz im Haushaltsbericht las sich: „FISCHEREI – dieser Wirtschaftssektor kämpft immer noch mit dem Problem des Dynamitfischens.")

Ich hatte eine eindrucksvolle Kaffeeplantage am Fuß des Ngorongoro-Kraters gesehen, Gibb's Farm. Sie wird von Engländern unterhalten und besteht aus Tausenden säuberlich geschnittenen Kaffeebüschen, die in artigen Reihen Spalier stehen. Über die Plantage führt ein glattgeharkter Weg entlang eines Abflussgrabens mit geflochtenen Bastzäunen, die vor Erosion schützen. Ein Blumenmeer umgibt das Haupthaus, wobei diese Blütenpracht aus lauter widerspenstigen und dornigen afrikanischen Pflanzen besteht, die praktisch minütlich gewässert werden mussten. Die Engländer würden selbst die Aschehaufen des Hades begrünen, wenn man sie ließe.

Ich vermute, dass alle tansanischen Farmen so aussehen könnten wie Gibb's Farm, doch es stellte sich leider heraus, dass Gibb's Farm sich keineswegs über den Kaffeeanbau finanzierte, sondern über gehobene Touristenunterkünfte, die man dort eingerichtet hatte. Womit wir beim Thema Tourismus angekommen wären.

Gemäß dem *Country Commercial Guide* des US-Außenministeriums ist „Tourismus derzeit die zweitgrößte Deviseneinnahmequelle in Tansania, nach Kaffee." (Eigentlich sind die Auslandshilfen die größte Deviseneinnahmequelle. Aber was soll's; mit den Republikanern im US-Kongress und 13 Prozent Arbeitslosigkeit in Schweden dürfte es sich mit dieser Wachstumsbranche ohnehin bald erledigt haben.) Sämtliche Touristen, mit denen ich sprach, waren voll des hymnischen Lobes für Tansania – sobald sie sich von ihren Überlandfahrten erholt hatten und wieder sprechen konnten. Tansanias Touristenhotels machten 1995 205 Millionen Dollar Umsatz. Das sind aber nur 6,7 Prozent des Bruttoinlandsproduktes und mithin verdächtig nah an den 6 Prozent, die im Bereich „Transport und Kommunikation" umgesetzt wurden. Nun wissen wir bereits, dass es in Tansania keine nennenswerten öffentlichen Kommunikationseinrichtungen gibt, und was den Transport betrifft, lautet es im obigen Bericht des US-Außenministeriums: „Man braucht annähernd drei Tage, um auf dem Landweg von der Hauptstadt Daressalam zur zweitgrößten Stadt des Landes, Mwanza, zu gelangen." Die Distanz beträgt etwa 800 Kilometer.

Ich unterhielt mich mit dem Manager eines Luxushotels in Mto-wa-Mbu, einem Kenianer, den ich hier Shabbir nennen werde, und einem Tansanier, sagen wir: Mwambande, der einen sehr gut ausgestatteten Campingplatz in der Nähe betrieb. Shabbir sagte, dass es schwierig wäre, diese Feriendomizile am Laufen zu halten. Was sich gegenwärtig in seiner Küche abspielte, wäre „die Hölle". In einem anderen Hotel in Tansania hatte ich zuvor einen Kellner beobachtet, der offenbar frisch aus dem Hinterland rekrutiert worden war und sich angesichts einer Getränkedose mit Ringverschluss hoffnungslos überfordert zeigte. Ich fragte Shabbir und Mwambande, ob sie glaubten, der Tourismus könne ein Land wie Tansania reich machen. Shabbir verneinte. Er rechnete Vietnam größere Chancen aus. Mwambande war ebenso wenig überzeugt, wenngleich optimistischer. „Tourismus fungiert als eine Art Schaufenster", sagte er. „Es hilft, wenn Leute kommen und ein Land ansehen, in das sie investieren sollen."

Beide erzählten mir, dass der Tourismus Tansania selbst keine erwähnenswerten Profite brächte, weil das meiste Geld, das die Touristen ausgaben, „Jojogeld" war. Die Ausländer kamen mit ausländischen Fluglinien ins Land, deren Flugzeuge im Ausland gebaut waren. Sie übernachteten in Hotels, die mit ausländischen Baumaterialen errichtet worden waren, fuhren in ausländischen Wagen und aßen Lebensmittel, die aus dem Ausland importiert werden mussten. Das Geld rollt ins Land, bleibt einen Moment und rollt wieder hinaus.

Und einige dieser Ausländer sind tatsächlich reiche Leute. „Bietet ihnen die tansanische Regierung irgendwelche Anreize für Investitionen in Tansania?" fragte ich die beiden.

„Oh ja", sagte Mwambande, „wenn Sie hier eine Fabrik bauen, werden Sie für fünf Jahre von der Steuer befreit."

„Aber bei einem neuen Unternehmen rechnet man normalerweise fünf Jahre, bis es die ersten Profite macht", wandte ich ein. Mwambande und Shabbir lachten. „Und was geschieht nach der Steuerbefreiung? Wie sehen die Steuern dann aus?" fragte ich weiter. Vor lauter Lachen konnte keiner der beiden antworten.

In der Zeitung *The East-African* vom 10. Februar 1997 las ich einen Artikel über durchgreifende Regierungsmaßnahmen gegen illegale Touristenunternehmen. Ganz beiläufig wurden darin die üblichen Steuern erwähnt: „Hotelbetriebssteuern (20%), Warenumsatzsteuer auf Nahrungsmittel (15%), Warenumsatzsteuer auf Säfte und Kuchen (30%), Stempelsteuer (1% vom Umsatz), abzugsfähige Steuer auf Waren und Dienstleistungen (2%), Ausbildungssteuer (10% vom steuerpflichtigen Bruttolohn ausländischer Angestellter), Lohnsummensteuer (4% des steuerpflichtigen Bruttolohnes aller Angestellten), Berufsausbildungsabgaben (2% des steuerpflichtigen Bruttolohnes aller Angestellten)."

Den Tourismus kann man also getrost vergessen. Und wie sieht es mit dem Handel aus? Handel nützt schließlich allen. Wann immer ich etwas besitze, was Sie mehr wollen als ich, oder umgekehrt, und wir tauschen statt zu rauben, wird die Wirtschaft angekurbelt. Aber auch der Handel in Tansania hat so seine Probleme – wen wundert's. Die fangen an den Docks an. Ein weiterer Blick in den vorgenannten Bericht des allseits hochgeschätzten US-Außenwirresteriums verrät: „Die Zollbehörde stellt das größte Hindernis für Importeure in ganz Tansania dar. Verzögerungen in der Abfertigung und außergesetzliche Abgaben [man beachte die diplomatische Wortwahl] sind an der Tagesordnung." Verschärfend hinzu kommt, dass es den Tansaniern wie den Kubanern bis vor wenigen Jahren nicht erlaubt war, richtiges Geld zu besitzen. Sie mussten sich mit dem tansanischen Shilling bescheiden, den niemand haben wollte.

Die derzeitige tansanische Regierung (das heißt, die seit den letzten Scheinwahlen wiederbestätigte alte Regierung) gibt vor, eine „Handelsliberalisierungspolitik" zu betreiben. Allerdings scheint es dieser Regierung an einer konkreten Vorstellung dessen zu mangeln, was Handel eigentlich ist. Sie beschränkt sich auf das Lamentieren darüber, wie sehr die inländischen Unternehmen unter „der harten und häufig ungerechten Konkurrenz durch den Import leiden". Dabei ist gerade das der springende Punkt. Daheim in den Vereinigten Staaten würden wir bis heute in DeSotos herumfahren und auf zimmergroßen Lochkartenrechnern durch das Internet surfen, gäbe es die Japaner nicht. Die tansanische Regierung behauptet weiter, dass „der heimische Markt gegenwärtig von Importen mehr oder minder übersättigt ist." Sicher. Bis in die frühen Achtziger gab es im Land neun Computerinstallationen, und die Einfuhrsperre für Computer wurde erst 1994 endgültig aufgehoben.

Die Handelsliberalisierung scheint sich auch nicht auf die Leute zu beziehen, die den Handel treiben. Eine Geschichte in der Daressalamer Zeitung *Guardian* begann mit den Worten: „Kleine Händler an der Ali-Hassan-Mwinji-Straße ... erhielten gestern eine offizielle Aufforderung, ihre Stände in diesem Bezirk innerhalb von fünf Tagen abzubauen – wenige Stunden später hatte ein Bulldozer ihre Kioske dem Erdboden gleichgemacht." Und wo Bulldozer nicht helfen, wird noch in diesem Jahr die Mehrwertsteuer eingeführt. Zwischen 14,2 und 17,5 Prozent will der Staat vom Verkauf der meisten Waren und Dienstleistungen einfordern. Zumindest hört man in Tansania niemanden jammern, dass „man den Fortschritt nicht aufhalten" könne.

Dennoch gibt es Handel. Ich ging in das größte und teuerste Geschäft in Arusha, dem ich hier den Decknamen „Safari Scheune" geben möchte. Dort wurden Souvenirs an Touristen verkauft. Ein Massai im gewohnt beeindruckendem Umhang stand am Eingang Wache. Er sah genauso unglücklich aus wie ein Coldstream Guard*, der vor einem Laden mit Reizwäsche-Sonderangeboten Posten beziehen muss.

Die feilgebotenen Andenken waren allerdings wunderschön: Ebenholzschnitzereien von Nilpferden, Kaffernbüffeln und Giraffen. (Ob amerikanische Arbeitslose Eichhörnchen und Mäuse ebenso geschickt schnitzen können?) Und es gab im „Safari Scheune" die schönsten *Kangas*, die ich je gesehen hatte. Ich suchte mir einen mit orangenen Herzen und schwarzen Zickzacklinien aus, der verblüffende Ähnlichkeit mit Keith-Haring-Drucken hatte. SEMENI MNAYOJUA MSIKAE MKAZUA war entlang der Stoffkanten eingewebt. Ich bat die Verkäuferin, es für mich zu übersetzen. Sie errötete, was ihrem dunklen Teint einen kastanienbraunen Schimmer verlieh. John begann zu kichern. „Es heißt", sagte er, „‚Setz dich nicht mit gespreizten Beinen hin und erzähl alles, was du weißt.'" Außer den *Kangas* und den Schnitzereien verkaufte man kunstvoll gearbeiteten Perlenschmuck, wie ihn die Massai tragen, „tansanische" Edelsteine und eine unheimliche Auswahl von Masken. Und zwar unheimlich in jedweder Beziehung, mit überdimensionierten Zähnen und entsetzt aufgerissenen Augen, dazu verziert mit Büscheln von etwas, von dem ich nicht hoffen möchte, dass es echtes Menschenhaar war. „Wofür hat man diese Masken?" fragte ich eine andere Verkäuferin. Ich konnte schließlich nicht ohne Maske nach Hause zurückkehren, wollte aber doch vermeiden, aus lauter Unbedarftheit fragwürdige zeremonielle Gegenstände in mein Heim zu tragen.

„Meistens benutzt man sie bei Tänzen", antwortete die Verkäuferin.

„Was für Tänze macht man denn mit dieser?" Ich zeigte auf eine eindrucksvolle Maske mit einem weißgestreiften Gesicht, mit kastenförmiger Mund- und Nasenpartie.

Sie zögerte. „Tänze ... in der Nacht."

Ich kaufte eine Antilopenmaske.

---

* ältestes Regiment der britischen Army, Anm. d. Übers.

Ich unterhielt mich mit dem Besitzer des Ladens, den ich Nisar nennen werde. Ob seines Akzents und seiner Hautfarbe (und dem Prachtstück von einer Armbanduhr) schloss ich, dass er Ausländer sein müsste. Andererseits wusste ich bislang nur, dass zwar kaum Europäer in Tansania lebten, die Einheimischen selbst aber beinahe das gesamte Spektrum der Hautfarben abdeckten. Ein beträchtlicher Teil der Bevölkerung hat indische, persische oder omanische Vorfahren; hinzukamen zahlreiche afroarabisch-stämmige Familien und solche, die wer-weiß-was für Ahnen und Urahnen haben. Nisars Familie lebte seit sechs Generationen in Tansania.

Er erzählte mir, Julius Nyereres „Wirtschaftspolitik hat nichts genützt". Die britische Tradition des Understatement hat die Unabhängigkeit scheinbar schadlos überstanden. Bis auf wenige Ausnahmen. „Für ein Brot musste ich zwei Wochen anstehen", sagte Nisar. „Unter Nyerere war es egal, ob ich genug Geld für ein Dutzend Rolls Royces hatte, aber wenn ich einen Mercedes fuhr, kam ich für sieben Jahre ins Gefängnis – dafür musste ich im Gefängnis schmachten." Er konnte also Nyerere auf den Tod nicht ausstehen. Nein. „Nyerere hat die Stammeswirtschaft abgeschafft", erklärte Nisar und betonte, dass er mit keinerlei Vorurteilen aufgrund seiner nicht-afrikanischen Abstammung zu kämpfen hätte. Er lobte Nyereres Einführung des Kisuaheli für alle: „Es hat die Nation geeint."

„Safari Scheune" florierte, erzählte Nisar, weil „ich Geld nach Tansania gebracht habe, als andere sich fürchteten, auch nur einen Shilling zu investieren". Dieses Geschäft aufzubauen, war ein zähes Unterfangen gewesen. Nisars Beschreibungen der Arbeit mit tansanischen Handwerkern kam dem ziemlich nahe, was Shabbir vom Küchenpersonal seines Hotels berichtet hatte. Zudem hatte Nisar weder eine Steuerbefreiung noch irgendwelche Zuschüsse erhalten. Um die zu bekommen, hätte er nach Daressalam reisen und kostbare Zeit mit Warten vergeuden müssen: „,Der Minister ist hier.' ,Der Minister ist dort.' ,Der Minister ist für eine Woche außer Haus.' Es konnte bis zu einem Monat dauern, ehe man endlich an den Richtigen gelangte. Und ich bin hier eine Einmannshow." Dann fügte er hinzu (ohne *aber* oder *dennoch* oder *trotzdem*), „Tansania ist das beste Land in Afrika. Und ich war überall. Wenn es in Tansania Nahrungsmittelknappheit gibt, rebellieren die Leute nicht. Das war hier noch nie üblich. Sie überstehen es. Sie teilen alles, helfen einander. Wenn sie sich beklagen, dann organisiert. Sie halten Treffen ab. Die Leute sind sehr politisch. Aber nicht gewalttätig. Dies ist kein gewalttätiges Land." Er hielt einen Augenblick inne und schien zu überlegen. „Diese Leute", sagte er schließlich, „sind so verdammt faul."

NUN, FAUL WOHL NICHT DIREKT — nicht, wenn die Hälfte aller jungen Mädchen mit 20-Liter-Eimern auf dem Kopf herumwandern. Zwanzig Liter Wasser wiegen immerhin vierzig Pfund. Aber die Tansanier sind ländlich. Die Landarbeit ist hart und zeitintensiv, jedoch alles andere als flink. Maniokpflanzen kümmern sich einen feuchten Kehricht um Börsenschlusszeiten, und Hühner machen keine Qualitätskontrollen. Die Sonne nimmt sich abends keine Arbeit mit nach Hause. Entsprechend sind die Tansanier zwar politisch engagiert, aber nicht so, wie es sich ein Amerikaner gemeinhin vorstellt. Bei den Wahlen von 1955 hatte John für das Parlament kandidiert, die Union Assembly, und zwar für die oppositionelle NCCR. Er konnte sich nicht mehr erinnern, wofür die Initialen dieser Partei gestanden hatten. (Sie standen übrigens für „National Convention for Construction and Reform"* und ich rate Ihnen dringend, das über die nächsten zwei bis drei Absätze zu behalten.) Seit der Unabhängigkeit wurde Tansania von Nyereres CCM-Partei regiert (Chama Cha Mapinduzi, Revolutionspartei). Tansania ist ein Einparteienstaat, hat aber dennoch diverse politische Parteien. Laura Taylor, die Afrikakorrespondentin der kanadischen Zeitung *Ottawa Citizen*, sagte mir: „Jede Partei macht sich für eine saubere Regierung und gut ausgestattete Krankenhäuser stark, für anständige Straßen und höhere Ernteerträge, und sie alle sind gleich vage, wenn es darum geht, wie sie das alles erreichen wollen."

Obwohl das meiste ziemlich einfach zu bewerkstelligen wäre. Ich unterhielt mich mit einem Briten, der nach dem Zweiten Weltkrieg als Kolonialverwalter nach Ostafrika gekommen war. Ich sagte ihm: „Dieses Waschbrett zwischen Mtowa-Mbu und Makuyuni — da müssten sie doch lediglich einen Straßenbulldozer rüberschicken." (Der aus der Ali-Hassan-Mwinji-Straße war ja offensichtlich kurzfristig verfügbar.)

„Ach, nicht mal das", antwortete der Brite. „Früher haben sie einfach einen dicken Baumstamm an einen Traktor gebunden und sind damit einmal hin und her gefahren. Damit waren die Bodenwellen verschwunden. Man brauchte nur noch darauf zu achten, genug Abstand zur Staubwolke zu halten. Ich bin damals mit meinem kleinen MG bis an den Ngorongoro gefahren."

DAS FEHLFUNKTIONIEREN TANSANIAS birgt eine bizarre Komik, wenn man über den nötigen schwarzen Humor verfügt. Beispielsweise ist ein Ausstellungsstück im tansanischen Museum folgendermaßen beschildert:

---

* Nationalversammlung für Aufbau und Reform, Anm.d.Übers.

Die Sodaflasche (altmodisch)

Dieses ist eine Sodaflasche, wie sie bis 1959 gebräuchlich waren. Die Flasche enthält eine Murmel und einen Gummiring, die zusammen (im Idealfall) die Kohlensäure in der Flasche zurückhalten sollten.

Wenn man dann einen Blick auf das in Tansania abgefüllte Trinkwasser wirft, bemerkt man braune, gelatineartige Partikel, die in der (modernen) Flasche herumschwimmen.

John und ich besuchten einen hohen Funktionär der Handels-, Industrie- und Landwirtschaftskammer in seinem Amtszimmer in Arusha.

„Was genau macht die Handelskammer?" fragte ich ihn.

„Unser Schwerpunkt liegt auf der Werbung neuer Mitglieder", sagte der Funktionär.

„Unternimmt die Kammer irgendetwas, um Unternehmen nach Arusha zu locken?"

„So weit sind wir bisher noch nicht", antwortete er. „Ich denke, Arusha bietet bereits alles, um Unternehmen anzulocken."

„Außer Telefonen", wandte ich ein.

„Die Telefonleitungen werden im nächsten Jahr privatisiert werden", sagte er. „In Arusha leben zwei Millionen Menschen." Er dachte einen Moment nach. „In Arusha leben 300.000 Menschen. In puncto Wichtigkeit kommt die Stadt gleich nach Daressalam. Wenn alles gut geht, wird sie vielleicht die wichtigste Stadt."

„Haben sie irgendwelche Werbebroschüren?"

„Wir hatten eine Informationsbroschüre, aber in letzter Zeit wurden keine neuen gedruckt."

„Aber *was* macht denn dann die Handelskammer?"

„Wir sind eine Interessenvertretung", erwiderte er mit Nachdruck.

„Sind Sie bisher erfolgreich gewesen?"

„Das waren wir! Bis zu einem gewissen Grade. Die Handelskammer hat eine wichtige Rolle bei der Budgetformulierung gespielt. Wir wurden nach Daressalam eingeladen, um unsere Meinung vorzubringen. Dort haben wir uns darüber beschwert, dass die Postfachmieten von 3.000 Shilling auf 50.000 Shilling angehoben wurden."

„Hat man die Mieten daraufhin wieder gesenkt?"

„Nein."

Das Büro der Handelskammer befand sich in einem länglichen Schuppen mit Blechdach, der an die ehemalige Zentrale der East African Community oder EAC angebaut worden war. Letzterer Bau ist ein fantastisches Wahrzeichen großzügiger

Entwicklungshilfe-Baukunst: Der Waschbeton ist bis zur Unkenntlichkeit ausgewaschen, das Aluminium oxidiert, der rostfreie Stahl durchgerostet und die kleine leere Fahnenmastzeile in alle Windrichtungen auseinandergebogen. Die EAC war ein Versuch Tansanias, Kenias und Ugandas, einen gemeinsamen Markt zu bilden, und er scheiterte, als Kenias Präsident Daniel arap Moi begann, beleidigt zu sein, und Ugandas Diktator Idi Amin anfing, Menschen zu essen. Aber da in Afrika nun einmal nichts einfach verschwindet, was mit Auslandshilfe aufgebaut wurde, existiert auch die EAC weiter, wenngleich unter dem Deckmantel der East African Cooperation. Auf dem Parkplatz des stellvertretenden Geschäftsführers der EAC stand ein BMW. Auf dem des Geschäftsführers parkte eine neue Mercedeslimousine. Diese hohen Bevollmächtigten gehören zu jener Gesellschaftsschicht, die in Kisuaheli als *waBenz*, „Volk der teuren deutschen Wagen", bezeichnet wird. So nimmt das böse Spiel wenigstens für einige Leute ein gutes Ende.

Für andere wiederum nicht. Wenn John gerade keine Fremden durch's Land fährt, lebt er mit seiner Frau im Nordwesten Tansanias auf einer „informell" gekauften Farm in der Nähe der Grenze nach Burundi. Sie haben zwei erwachsene Söhne und hatten auch zwei kleine Töchter, doch die Fünfjährige starb wenige Monate bevor John und ich uns erstmals begegneten. Sie hatte Malaria. John brachte sie zur nächstgelegenen Krankenstation, wo man ihr eine enorme Dosis von irgendetwas injizierte, und sie fiel ins Koma. Nachdem sie fünf Tage lang bewusstlos gewesen war, meinten die Mediziner, sie bräuchte einen Luftröhrenschnitt, doch der nächste Chirurg war einhundert Kilometer weit weg. John sagte den Ärzten, sie sollten ihn über Funk ankündigen, und mietete sich einen Wagen. Die Fahrt dauerte den ganzen Tag. Als John mit seiner Tochter ankam, war der Chirurg – der einzige Chirurg *und* der einzige Arzt – nicht mehr in der Klinik. „Ach, der Doktor fährt immer gegen fünf Uhr nach Hause", sagte das Personal. „Holen Sie ihn her!" bat John. Und sie antworteten: „Wir wissen nicht, wo er wohnt." John mietete sich einen weiteren Wagen und suchte stundenlang. In der Zwischenzeit starb seine Tochter.

ICH FLOG IN DIE TANSANISCHE HAUPTSTADT, wo immer sie auch sein mag. „1973 wurde beschlossen, die Hauptstadt von Daressalam an der Küste nach Dodoma im Landesinneren zu verlegen ... ein desolates Dürregebiet", schreibt das *East Africa Handbook*. Der Umzug nach Dodoma wird „voraussichtlich zur Jahrtausendwende erfolgen", schreibt der *Globetrotter Travel Guide to Tanzania*. „Dodoma ist jetzt die offizielle Haupstadt von Tansania, nicht mehr Daressalam", schreibt der *Brant Guide to Tanzania*. „Einige Regierungsbüros sind nach Dodoma verlegt worden", schreibt das *World Factbook* der CIA von 1997. Und in einem Artikel des Daressalamer *Guardian* vom 27. Februar 1997 las ich: „Die Mitglieder der Niederlassung der Handels-, Industrie- und Landwirtschaftskammer in Dodoma baten die Regierung um eine offizielle Erklärung, dass Dodoma nicht die gesetzlich anerkannte Hauptstadt des Landes ist."

Wie dem auch sei, ich flog jedenfalls nach Daressalam. Ein freundlicher Soldat durchwühlte mein Handgepäck, entnahm mein Taschenmesser – das er leichthin zur potenziellen Waffe erklärte – und erzählte mir, die Frau mit dem Metalldetektor wäre seine Schwester und würde mich sehr gern begleiten. Dann wurde ich in einen „Warteraum für abfliegende Passagiere" geführt, wo ich die nächsten zwei bis drei Stunden ausharren sollte, bevor in Tansania irgendetwas Flugzeugähnliches aufgetrieben war. Hier konnte man warme, nicht-alkoholische Getränke kaufen – bei einer jungen Dame, die keinerlei Wechselgeld herausgeben konnte.

Als ich schließlich zu dem propellermüden Flugzeug ging, hörte ich John „Auf Wiedersehen!" rufen. Er hatte die ganze Zeit auf dem Dach des Flughafengebäudes in der Hitze gestanden, um mir zum Abschied zu winken.

Die Maschine flog über den Kilimandscharo. Hemingway beginnt sein Buch *Schnee auf Ebendiesem* damit, dass er den gefrorenen Kadaver eines Leoparden auf dem Gipfel beschreibt: „Niemand konnte jemals erklären, was den Leoparden in diese Höhe getrieben hatte." Ich tippe, dass er auf der Suche nach einem sauberen Badezimmer war.

In Dar – wie es erfahrene Reisende nennen – wurde ich von einem Fahrer namens Nzezele (spricht sich „Nzezele") in Empfang genommen. Daressalam ist eine Hafenstadt, die weder den Lärm noch die Lasterhaftigkeit mit anderen Häfen teilt. Das liegt wahrscheinlich am Ausbleiben von Schiffen und Seeleuten. Lediglich ein paar rostige Kähne sind im Hafen vertäut. Für den Warenverkehr zwischen Sansibar und dem Festland werden zumeist noch Daus* benutzt. Im Gleisbett des Hauptbahnhofs grasen Ziegen.

Dar protzt mit einigen stuckverzierten Bauten im Art-d-éco-Stil, allerdings mit arabischen Elementen: hufeisenförmige Torbögen und Zinnen auf den Dächern, sämtlich dringend renovierungsbedürftig. Es ist fast so, als wäre ein arabischer Scheich nach Miami Beach gekommen und hätte die Bauabteilung der Schulbehörde vom District of Columbia angeheuert. Stellenweise wurde die angestaubte Moderne durch staubige Glaskästen ersetzt. Hier und da sieht man Spuren von Geschichte, besser gesagt, von der hässlichen Stiefschwester der Geschichte – der Politik: der gedrungene Palast, den der Sultan von Oman bauen ließ, als er seinen Sitz von Sansibar hierher verlegt hatte, und eine kleine, ziegelgedeckte lu-

---

* Dau oder Dhau: Zweimastschiff mit Trapezsegeln, Anm. d. Übers.

theranische Kirche, die zur Hälfte aus Holz gebaut war und wie ein verirrtes bayerisches Molekül wirkte. Die vorherrschende Farbe in der Stadt ist Beige, jene Farbe, der der Muff von Mittelklasse und Langeweile anhaftet, aber Afrika kann ein bisschen bürgerliche Eintönigkeit durchaus gebrauchen. Direkt im Stadtzentrum gibt es einen Golfplatz.

Der Verkehr kriecht dahin, ohne sich im Geringsten von den zahlreichen Ampeln beeinträchtigen zu lassen, welche überall außer an den belebteren Kreuzungen stehen. Auf Bussen und Taxen kleben Fotos von Bob Marley. Die Fußgänger tragen T-Shirts mit Rastafari-Slogans. BACK TO AFRICA ist in Tansania – erstaunlicherweise – besonders beliebt.

An der Austernbucht etwas oberhalb gibt es einige hübsche Häuser, die *nicht* lächerlich hübsch sind. Außerhalb, in Kariakoo, gibt es Slums, die *nicht* fürchterlich slum-mäßig sind. Die Viertel, in welchen Nzezele mir riet, das Auto von innen zu verriegeln, hätten einen New Yorker nicht einmal veranlasst, seine Jackeninnentasche zuzuknöpfen. Ein hier lebender Schwede erzählte mir, dass er ein einziges Mal bestohlen worden war. Man hatte ihm ein enormes Bündel Shilling – im Gegenwert von etwa zwanzig Dollar – aus der Jeanstasche geklaut. Eine Menschenmeute hatte den Dieb gejagt, der das Geld prompt fallen ließ. Passanten hatten es aufgesammelt und nachgezählt, ob auch nichts fehlte. Die Leute, die den Mann verfolgt hatten, fingen ihn schließlich und prügelten ihn zu Tode.

In den Straßen von Daressalam gibt es weder Müll, noch Ratten, noch streunende Hunde. Man sieht ein paar Bettler, aber die gehen ihrem Beruf eher halbherzig nach. Daressalam hat einen klobigen Charme. Vom 19. bis 21. Februar fand hier die ‚Internationale Cashew und Kokosnusskonferenz' statt. (Eine blöde Nuss, wer da nicht dabei sein wollte.) Außerdem muss man eine Stadt einfach lieben, wenn sie eine Durchgangsstraße hat, die Bibi-Titi-Mohamed-Straße heißt.

NATÜRLICH HAT AUCH DARESSALAM seine Probleme. Die Stadt hat kein Wasser mehr. Frauen stehen zu Hunderten an den wenigen offenen Wasserhähnen an, wobei ihre bunten Plastikeimer der traurigen Szene einen grotesken Anschein von Heiterkeit verleihen. Der Grund für die Wasserknappheit liegt keineswegs in einer Dürreperiode oder einem anderweitig verursachten Mangel an Grundwasser. Nein, es gibt lediglich deshalb kein Wasser, weil das Leitungssystem der Stadt eine Leckagerate von 40 Prozent aufweist.

Am 19. Februar 1997 berichtete der *Guardian* über einen Korruptionsfall in der – man glaubt es kaum – Leichenhalle eines Krankenhauses: „Gewisse Personen hatten Einwände gegen Mitglieder des Krankenhauspersonals erhoben, wonach diese den Angehörigen die identifizierten Körper ihrer Verwandten nur gegen Gebühren oder andere Gegenleistungen übergaben." Das Krankenhaus war durch einen „Leichenstau" gezwungen gewesen, einige der Toten „außerhalb des Kühlraumes" zu verlegen, „Schwestern, Ärzte, Patienten und Passanten waren einem unerträglichen Gestank ausgesetzt, der ganze Fliegenschwärme aus allen Richtungen anlockte." Ein Bild neben dem Artikel zeigte den Müllwagen, der die Körper abholte.

Führt Armut zu solchen Vorfällen, oder führen solche Vorfälle in die Armut? Diese Frage zählt zu denjenigen, die Ökonomen noch nie beantworten konnten. Möglicherweise gibt es so etwas wie ein tief verwurzeltes kulturelles Versagen, das Tansania arm bleiben lässt. Doch selbst wenn dem so wäre, gibt es doch auch die gesetzlich und politisch herbeigeführten Pannen, die dafür sorgen, dass die Armut erhalten bleibt. Wir wissen nicht, ob wir Kulturen verändern können, zumindest nicht, ob wir sie zum Besseren verändern können. Aber wir wissen sehr wohl, dass wir andere Dinge ändern können. Den Einzelnen könnte mehr Freiheit und Verantwortung gegeben werden. Ich ging zur tansanischen Regierung um nachzusehen, was sie in diese Richtung unternahm.

UND HIER TAT SICH KURZFRISTIG ein Hoffnungsschimmer auf. Arme und heruntergekommene Länder sollten arme und heruntergekommene Regierungen haben. Doch die haben sie normalerweise nicht.

Und tatsächlich kommt der tansanische Regierungssitz mit einer ziemlich unangebrachten Opulenz daher. Das Anwesen, auf dem der Präsident lebt, verfügt über Haus und Gartenanlagen, neben denen Bill Clintons Residenz reichlich blass aussieht. Die Regierungsgeschäfte allerdings werden nach wie vor in den Kolonialverwaltungsgebäuden getätigt, die die Deutschen vor neunzig Jahren bauten, und staubgewischt wurde hier zuletzt unter Kaiser Willem.

Der Gebäudekomplex liegt an der Uferstraße (von den Deutschen in „Wilhelms-Ufer" umbenannt, von den Engländern in „Azania Front" umbenannt, von den Tansaniern in „Kivukoni Front" umbenannt). Auf den ersten Blick wirken die Gebäude wie ein großer Bahnhof, aus Holz mit Stuckverzierungen, in die sich ein paar architektonische Stilblüten eingeschlichen haben – arabeske Stürze und ziegelüberdachte Veranden. Wahrscheinlich handelt es sich um einen germanischen Versuch, einheimische Elemente aufzugreifen.

Ich ging zum Statistikamt, Büro des Präsidenten, Planungskommission. Es war 3.30 Uhr und gerade zu spät. Alle waren bereits gegangen, bis auf einen Mann, der in einem großen, staubigen Zimmer zwischen Stapeln von Regierungsveröffentlichungen und Pamphleten hockte. Ein beträchtlicher Teil der Dokumente war enorm vergilbt und stammte noch aus den Sechzigern. Sie standen zum Verkauf, aber aus irgendeinem Grund konnte der Mann sie nicht an mich verkaufen.

Dafür zeigte er mir andere Publikationen, die er mir wärmsten empfehlen konnte; darunter waren *Tanzanian Statistical Abstract* (aktuell erhältlich für 1994), *Tanzanian Budget* (jüngste erhältliche Ausgabe von 1994) und *National Accounts of Tanzania From 1976 to the Present* (was in diesem Fall 1976–1994 hieß)*. Anschließend hielt er mir einen feurigen Vortrag über die derzeitigen wirtschaftspolitischen Gegebenheiten in Tansania, von dem ich nicht allzu viel verstand. Während der amerikanische Akzent dazu neigt, alle Vokale zu einem *ah* zu verflachen, tendiert der tansanische Akzent dahin, sämtliche Konsonanten zu einem Mischlaut irgendwo zwischen *l, n, t, d* und *r* zu verwandeln. Immerhin verstand ich seine Schlussworte: „Bis dahin können Sie Hilfe hineinpumpen, und alles, was Sie bekommen werden, ist …", er deutete pantomimisch einen fetten Mann an.

Das Original eines solchen fetten Mannes saß an jenem Abend in der Hotelbar des Sheraton. Er trug einen Armanianzug in der größten Größe und jede Menge Schmuck. Ein dicker Tansanier ist ein überaus seltener Anblick, kommt aber vor, seitdem das Fahren von Mercedeslimousinen nicht mehr mit Gefängnis bestraft wird. Und wenn Afrikaner von einem „fetten Mann" sprechen, meinen sie das nicht metaphorisch. Dieser fette Mann hatte sein Handy, sein Filofax, seinen doppelten Johnny Walker Black und einen Stapel Dollarscheine vor sich auf den Tresen gelegt, wo er alles betont lässig zurückließ, während er zahlreiche Ausflüge zum Münztelefon machte, da Tansania noch kein Handynetz hatte.

Um 9.30 Uhr am nächsten Morgen ging ich wieder zum Statistikamt. Zu früh. Es war noch niemand dort. Ich konnte ungestört durch die Büros wandern, einem verblüffenden, dunklen Labyrinth aus kleinen Räumen und gewölbten Gängen. Die Bodenfliesen waren brüchig, und der Putz rieselte aus den Wänden. Alles wirkte bedrückend düster, bis ich die moderne Einrichtung und die Pinnwände mit den Kinderfotos, Zeitungscartoons und Urlaubsgrüßen von Kollegen bemerkte. Die Möbel sahen nach heruntergewohntem Ikea aus. Alles in allem wirkten die tansanischen Regierungsräume, als hätte man Kafka mit der Inneneinrichtung eines Jugendamts beauftragt.

Ich fand die richtige Person, die mir die statistischen Berichte verkaufen durfte, doch diese sagte mir, dass für mich sicherlich der *Rolling Plan and Forward Budget for Tanzania for the Period 1996/97-1998/99 Volume I**** interessanter wäre. „Die sind gerade stapelweise gedruckt worden", meinte er, aber er selbst hatte nicht einen. Mit seiner abenteuerlichen Wegbeschreibung machte ich mich auf

*„Auszüge aus der amtlichen Statistik für Tansania", „Tansanischer Haushaltsbericht", „Staatlicher Rechnungsbericht für Tansania von 1976 bis heute", Anm. d. Übers.
** „Flexibler Planungsbericht und Vorausschätzung des Finanzbudgets für Tansania für den Zeitraum 1996/97-1998/99 Band I", Anm. d. Übers.

zur nächsten Stelle, quer durch das Gebäude, bis ich vor dem angegebenen Büro stand, dessen Nummer mit Leuchtstift auf die Tür gemalt war. Hinter dieser Tür saß ein Bürokrat, der den angepriesenen Bericht in zigfacher Ausfertigung vor sich auf dem Schreibtisch hatte. „Stapelweise davon", sagte er nickend und zeigte auf die Stapel. Dann erklärte er mir, dass er nicht berechtigt wäre, sie zu verkaufen. „Sie müssen zur Planungskommission gehen", riet er mir. Dabei hatte ich geglaubt, genau dort zu sein.

Ich stieg in den Wagen zurück und sagte Nzezele, dass wir zur Planungskommission müssten. Er fuhr mich die dreißig Meter. Bei der Planungskommission sprach ich mit einem verdatterten Wachmann, einer verdatterten Sekretärin und noch einem anderen Verdatterten, der immerhin gewillt war, sich zu einer geheimen Erörterung meines Anliegens mit dem Boss zurückzuziehen. Hernach wies man mich an, einen langen Flur hinunterzugehen, auf dem eine Menge Motorräder standen und eine Menge Autoreifen lagen. Ich gelangte auf einen Innenhof, der den Blick auf besonders bröcklige Wände freigab. In der Nähe kochte jemand etwas Leckeres. Nun galt es, über ein morsches und verdächtig wackliges Treppenhaus mehrere Stockwerke nach oben zu steigen, dann über einen noch wackligeren Durchgang ins Nebengebäude – und schon fand ich mich im Büro des Leiters für Umweltplanung. Eine ratternde Klimaanlage sorgte in diesem Raum für eine unangenehm feuchte Luft. Der Beamte erklärte mir, dass er „nur sehr wenige" Budgetberichte hätte. Ich vertraute ihm unter dem Siegel der Verschwiegenheit an, dass ein Typ im Gebäude nebenan die Dinger stapelweise herumliegen hätte. Er machte sich eine Notiz. Möglicherweise hatte ich soeben einen Behördenkleinkrieg angezettelt.

Wie dem auch sei, der Leiter der Umweltplanungsbehörde sagte, er könne mir keinen Bericht geben. Ich muss daraufhin ziemlich enttäuscht ausgesehen haben, denn er bot mir eiligst an, seine persönliche Ausgabe bis zum nächsten Morgen auszuleihen. So verbrachte ich einen lustigen Abend im Hotelzimmer mit dem Abschreiben wesentlicher Teile des tansanischen Haushaltsberichts in meinen Notizblock.

Nicht dass ich viel verpasst hätte. Das Nachtleben in Daressalam gibt nicht viel her außer ein paar Touristen, denen am Strand die Turnschuhe geklaut werden. Außerdem ließ der *Rolling Plan and Forward Budget* einen weiteren Hoffnungsschimmer aufblitzen. Gleich auf der zweiten Seite steht: „Die Regierung hat ihre Rolle dahingehend neu orientiert, dass sie Entwicklungen ermöglichen will, statt, wie bisher, Entwicklungen selbst ‚zu liefern'." Nun mögen in der Formulierung die Pferde mit den Schreibenden durchgegangen sein, doch letzthin trifft sie das, was eine Regierung eigentlich immer tun sollte. An Kürze und Prägnanz dürfte sie jedenfalls alle Äußerungen aus dem Oval Office übertreffen, seit Nixon auf den Watergatebändern „Fuck" gebrüllt hat.

Überhaupt gibt es einige sehr ehrliche Passagen im tansanischen Haushaltsbericht: über die Reform im öffentlichen Dienst, „die 1992-93 eingeleitet wurde, um einer grob überbesetzten, unterbezahlten und kaum handlungsfähigen Personalstruktur entgegenzusteuern", und über die Armut – „Die Lebensumstände der Mehrzahl der Menschen, insbesondere in ländlichen Regionen, sind alarmierend". Es wird auch keine einfache, *Wir-brauchen-ein-Vijiijini*-Lösung offeriert. Der Bericht sagt, die „armutsbedingten Probleme" müssten „angegangen" werden, aber „das muss unter Wahrung der makroökonomischen Stabilität geschehen". In der Übersetzung klingt das in etwa so: „Die Armut zu beheben bedeutet, den Leuten erlauben, reich zu werden." Die schlauesten Köpfe der fortschrittlichen Nationen dieser Welt kamen bei Weitem nicht so schnell auf diese simple Gleichung.

Selbstverständlich birgt auch das tansanische Budget den einen oder anderen Pferdefuß – das fängt mit den abstrusen Vorschriften über Erwerb von Grundbesitz an, die ich bereits aus Erzählungen kannte. Darüber hinaus las ich schaurige Sätze wie: „Das Kontrollsystem für Ausgabenmanagment wird durch fünf weitere Unterfinanzverwaltungen verstärkt, womit die Gesamtzahl sich auf zehn erhöht." Insgesamt jedoch lässt sich der Bericht durchaus als löbliches und erfrischendes Beispiel einer für die Öffentlichkeit bestimmten Regierungsverlautbarung anführen.

D IE TANSANISCHE REGIERUNG hat eine Vorstellung oder zumindest eine ungefähre Ahnung davon, was zu tun ist – besser gesagt: was nicht zu tun ist. Häufig besteht die vorrangigste Aufgabe einer Regierung darin, die Leute in Ruhe zu lassen. Das bringt uns unweigerlich zu der Frage, was wir reichen Westler mit den Tansaniern tun sollten. Wir sollten sie ebenfalls in Ruhe lassen.

Und zwar nicht auf eine schäbige und billige Weise in Ruhe lassen. Es gibt unzählige karitative und sonstige wohlmeinende Organisationen, die wir in Tansania unterstützen könnten – vorausgesetzt, wir meinten es wirklich so gut wie wir vorgeben. Einzelnen Menschen könnten wir helfen. Aber kann man „einer Nation helfen"?

Offizielle Entwicklungshilfen haben Katastrophen finanziert und Abhängigkeiten geschaffen. Der ugandische Präsident Yoweri Musaweni sagte, sein Land „braucht nur zwei Dinge. Wir brauchen eine Infrastruktur und ausländische Investitionen. Das beides brauchen wir. Um alles andere kümmern wir uns selbst." Das ist die „wenn wir Schinken haben, können wir Rühreier mit Schinken essen, falls wir Eier haben"-Philosophie. Oder, wie Nzezele sagte, als ich ihm zum Abschied ein überhöhtes und eigentlich unverdientes Trinkgeld gab: „Wenn Sie wieder in Amerika sind und ein wenig Geld übrig haben, können Sie mir dann eine Armbanduhr schicken?"

Es war ein Fehler, unser Geld in eine diktatorische und dumme Regierung zu pumpen, doch um ein Vielfaches schlimmer war, dass wir mit unseren Vorstellungen von Zentralisierung, Wirtschaftsplanung und sozialer Gerechtigkeit über ein Land herfielen, das zum Zeitpunkt der Unabhängigkeit gerade mal 120 Universitätsabsolventen vorzuweisen hatte. Nicht dass die Tansanier unsere großen Ideen nicht verstanden hätten, sie verstanden sie zu gut. Ihnen fehlten lediglich die nötigen Erfahrungen um zu erkennen, wie schlecht die meisten großen Ideen sein können. Immerhin hatten sie noch keinen Freudianismus, keinen Keynesianismus, keinen Liberalismus, kein *www.heavensgate.com* und kein „Back to Africa" erlebt. Sie haben keine 10.000 Geisteswissenschaftler, die Nasenringe tragen und in Cafés herumlungern, weil es für sie keine Jobs gibt.

Einiges deutet sogar darauf hin, dass das Vorankommen in der Welt sich eher einem Mangel an großen Ideen verdankt. Man könnte es die Holzkopf-Theorie nennen. Die Vereinigten Staaten zählen wohl zu den erfolgreichsten Nationen der Geschichte, aber ganz sicher nicht zu den intelligentesten. Japan ist selbst zu Zeiten der Rezession eine führende Wirtschaftsmacht, und das obwohl wir hier von Leuten reden, die schwachsinnige Computerspiele lieben und deren höchste Kunstform das Haiku ist, eine alberne Gedichtform mit lächerlich nichtssagenden Inhalten wie:

Ein alter Teich.
Ein Frosch springt hinein.
Sitzt auf einer Gurke.

Tansania gehört zu den sogenannten „Entwicklungsländern", wobei die Bezeichnung den fragwürdigen Eindruck vermittelt, die Familie der Nationen hätte ihre Teenager – ganze Regionen, die launisch, mürrisch, ungeschickt und verpickelt, aber eigentlich liebenswert sind, eben nur gerade eine schwierige Phase durchmachen.

In gewisser Weise stimmt das sogar. Vierundzwanzig Stunden in Tansania sind wie ein Spickzettel zum Thema Adoleszenz. Da gibt es die vielversprechende Morgendämmerung im Tau. Alles ist schön. Alles ist frisch. Dann kommen der Staub und der Lärm. Alles erscheint in einem zu grellen Licht. Die himmelschreienden Unzulänglichkeiten des Lebens treten zu Tage und verwirren alles. Es stinkt entsetzlich. Und wenn man schließlich so weit ist, dass es einem endgültig reicht, wenn man überlegt, ob man den Internationalen Währungsfonds anrufen und um eine Art Schnellkurs bitten soll, legt sich das Land für achtzehn Stunden aufs Ohr.

9

WIE MAN AUS NICHTS ALLES MACHT

— HONGKONG

ES IST SCHWER ZU VERSTEHEN, warum ein friedliches, nicht übervölkertes Land trotz jeder Menge Kleingeld arm bleibt. Wie ein konfliktgebeuteltes, hoffnungslos überbevölkertes Land ohne jedwede Ressourcen reich wird, ist dagegen einfach. Die britische Kolonialregierung hat Hongkong zu einem Wirtschaftswunder gemacht, indem sie nichts tat.

Hongkong ist gegenwärtig das beste Beispiel für eine gelungene Politik des Laissez-faire. Der theoretische Ansatz einer Ökonomie des „Erlaubens" beinhaltet, dass ausnahmslos alles gestattet ist, wobei die Regierung sich nur dann einmischt, wenn es den Frieden zu erhalten, Rechte zu sichern und Eigentum zu schützen gilt.

Die Menschen in Hongkong besaßen die Freiheit, zu tun, was sie wollten. Und das war offensichtlich die Erschaffung eines brodelnden Chaos: überfüllt, lärmend, hässlich und die fabelhafteste Stadt der Welt. Diese Stadt ist ein einziges erstaunliches Durcheinander, bar jeglicher Zoneneinteilung, mit einem undurchschaubaren Gewirr von Straßen, die zu eng und zu vollgepfropft mit Verkaufsständen sind, als dass man sie entlanggehen könnte, zerfurcht von Boulevards, auf denen so viel Verkehr herrscht, dass man sie nicht überqueren kann. Hongkong ist eine vertikale Stadt, die innerhalb von 1.500 Metern zwischen dem Zentrum und dem Victoria Peak um 600 Meter ansteigt. Sie ist so steil, dass man Aufzüge anstelle von Gehwegen benutzt, und die einzelnen Viertel nach ihrer Höhenlage unterscheidet, wie z.B. „Mittelebene". Auch die Bauten sind vertikal, und zwar nicht nur die blitzenden Wolkenkratzer. Jedes Mietshaus, jede Lagerhalle ragt steil gen Himmel. Man kann es sich ungefähr so vorstellen wie die Wall Street am Hang des Kilimanscharo, oder, bei Regen, wie ein stark abschüssiges Venedig.

Regnen tut es hier mehrere Monate pro Jahr. Während des Monsuns herrscht ein Klima als ob Irland zu heiß gekocht würde. In sämtlichen Wohnhäusern und

Büros laufen die Klimaanlagen auf Hochtouren, weshalb man sich beständig zwischen zwei Extremen bewegt: Sauna und Kühlraum. Das Regenwasser überflutet das veraltete Kanalisationssystem, das unter den geschäftigen Straßen gurgelt und dampft. In Kombination mit einem überreichen, grenzenlosen Einkaufsangebot ergibt das einen Geruch aus Exkrement mit Emporio Armani.

Die Stadt quillt aus allen Nähten. Der Sham-Shui-Po-Bezirk von Kaulun verzeichnet eine Bevölkerungsdichte von über 425.000 Menschen auf eineinhalb Quadratkilometern – das sind achtzehnmal so viel wie New York. Im Landeanflug über die schmale Piste auf der Deponie von Kaulun sitzt man im Flugzeug unterhalb Wäscheleinenhöhe und fliegt so dicht an den Häusern vorbei, dass man die Frauen erkennen kann, die sich vor ihren Badezimmerspiegeln schminken. Man kann sogar sehen, ob der Lippenstift verschmiert ist.

Nicht für Geld und gute Worte findet man in Hongkong Raum, zumindest nicht für normal viel Geld und normal viele gute Worte. Eine Vierzimmerwohnung im Stadtzentrum kostet 1.000 Dollar Miete monatlich, und dabei sind die Schlafzimmer derart winzig, dass man darin nicht einmal mit sich selbst Sex haben kann. Solch ein trautes Heim hat normalerweise knapp 63 Quadratmeter, bei nicht ganz neun Metern Länge und siebeneinhalb Metern Breite. Die Fenster sind mit Papier verklebt, weil in Armlänge dahinter schon die des Nebenhauses sind. Was immer man in der Küche zubereiten will, sollte auf einer Spitze stehen können – eine Banane zum Beispiel. Und das sind die Mittelklassewohnungen. Die ärmere Bevölkerung ist auf Sozialwohnungen angewiesen, in denen drei Generationen auf viereinhalb mal sechs Metern leben.

Doch wenn Hongkongchinesen vor die Tür treten, dann nur in Versace und Dior – manchmal sogar echt. Hongkong ist eine Designhochburg, immer auf der Höhe des Trends; als dieser Trend Plateauschuhe forderte, konnte man einen unterhaltsamen Nachmittag damit verbringen, Teenagern an der Hollywood Road beim Umkippen zuzusehen. Obwohl der Verkehr auf den Hügelstraßen so dicht ist, dass man sich mit maximal fünf Stundenkilometern vorwärts bewegt, fahren die Männer Turboporsches. Der S-Klasse-Mercedes ist der Honda Civic von Hongkong, und für die Fußball-Muttis ist der Rolls mit Fahrer das, was andernorts der Minivan ist.

Mein Gott, ist diese Stadt reich. Zumindest überall dort, wo sie nicht verteufelt arm ist. Hongkong ist voll von „Armut inmitten von Überfluss", jenem Phänomen, dessen sich Auslandsjournalisten wie ich mit wachsender Begeisterung annehmen, wenn sie über Hongkong schreiben. Wir eilen von Interviews mit Tagelöhnern, die in billigen Absteigen kleine Verschläge bewohnen, was ihnen den Beinamen „Käfigmenschen" eingetragen hat, zu Abendessen im langweilig-exklusiven Happy Valley Jockey Club, wo ich einen in Hongkong äußerst seltenen Luxus genoss – Abstand zwischen den Tischen.

Aber die Armen, die man sieht, werden reich *werden*. Sie können sie fragen. Die alte Frau, die auf der Straße Trockenfisch verkauft, ist über Handy zu erreichen.

Das ununterbrochene Gepiepe der Handys übertönt beinahe den Lärm der Klimaanlagen. Und jedes mal, wenn ein Handyklingeln ertönt, unterziehen sich alle Menschen in Hörweite einer Selbstdurchsuchung: Sie klopfen sich von oben bis unten ab, bis sie den winzigen Apparat gefunden haben. Man braucht wochenlang nicht mit einem Anrufbeantworter zu sprechen, weil man eigentlich kein Telefon anruft, sondern eine Achselhöhle, eine Handtasche, eine Hemdentasche oder ein Bikinitop.

Das Handy muss sein, sonst könnte man ein Geschäft verpassen. Und ein Geschäft ist praktisch alles. Wenn man in einem Laden steht, fragt man „Was ist Ihr bester Preis?", dann „Was ist Ihr chinesischer Preis?" und so weiter. Eines Tages wollte ich in einem kleinen Restaurant eine Flasche Cognac kaufen. Der Besitzer zeigte mir eine Cognacmarke, die mir völlig unbekannt war, für 100 Dollar die Flasche, dann mit einer anderen, die nicht nur mir völlig unbekannt war, für 80 Dollar. Ich holte meine Freundin Annie, die in fließendem Kantonesisch auf den Wirt einredete, woraufhin wir eine Flasche Remy für ein Bild vom toten Colonel Grant bekamen. „Ich wusste nicht, dass Sie meine Schwester herbringen würden", sagte der Restaurantbesitzer. „*Hwa-aaah!*"

Letzteres ist ein kantonesischer Ausruf, der in der Bedeutung irgendwo zwischen *oi wej* und *vergissis* rangiert. Und dieser Ausruf fasst in ein Wort, was über Hongkong zu sagen ist – eine vollkommen fremde Stadt, die ausgesprochen leicht zu verstehen ist. Hongkong ist modern, immun gegen jedweden Anflug von Charme, blind für Ästhetik und gefangen in einer wilden, romantischen Leidenschaft für Zweckmäßigkeit. So etwas wie Tradition zeichnet sich lediglich in den windschiefen *Feng-Shui*-Elementen ab, jener chinesischen Kunst, Gegenstände so zu platzieren, dass sie Harmonie sichern und den Geist nicht stören. Ein Gebäude in Repulse Bay hat direkt in der Mitte ein riesiges, viereckiges Loch, damit ein bestimmter unsichtbarer Drachen vom Berg zum Meer gelangen kann. Für den Hongkong-Kenner drängt sich der Verdacht auf, es könnte sich hierbei um einen raffiniert eingefädelten Betrug handeln, bei dem Architekten und Bauunternehmer mit Hilfe eines abgehalfterten Weissagers ihre Honorare in die Höhe getrieben haben. Ein Teil der Bevölkerung von Hongkong vertraut wahrscheinlich auf die Geomantik, doch die dreizehn *Feng-Shui*-Bücher im Buchladen in New Hampshire ließen darauf schließen, dass es in Amerika weit mehr Leute tun.

Was sonst noch an malerischen Elementen in Hongkong vorhanden gewesen war, hatte man beizeiten abgerissen. Nur wenige winzige Regierungsgebäude aus der Kolonialzeit sind verschont geblieben. Die Mülldeponie hat das Hafenviertel dreihundert Meter weit in den Hafen von Victoria verschoben. Die Fähranleger versperren die Sicht auf das Meer, und die Flutwellen verfangen sich in einem tosenden kleinen Kanal zwischen Stadtzentrum und Kaulun.

Die Statue in der Mitte des Statue-Square ist die eines Geschäftsmannes, des Geschäftsführers der Hongkong-und-Shanghai-Bank im 19. Jahrhundert. Unmittelbar hinter dem Platz erhebt sich das Gebäude selbiger Bank. An diesem Bau hat sich der örtliche Glaube an den Funktionalismus derart ausgetobt, dass es beinahe rokokoähnliche Züge annimmt: ein massiger, aufgetürmter Stahlkomplex, dessen gesamte Konstruktion zwischen acht gewaltigen Türmen baumelt wie eine Hängebrücke. Wahrlich sehr funktionell, wenngleich nicht ersichtlich ist, welche Funktion gemeint war. Eventuell die, teuer zu sein, denn immerhin hat der Bau eine Milliarde Dollar verschlungen.

Ein Stück westlich steht das Jardine-House, ein aluminiumverkleideter Monolith mit Bullaugen-Fenstern – Tausend Arschlöcher wird es genannt. Im Osten steht der Turm der Bank of China, den I. M. Pei entworfen hat – lauter gigantische Diagonale und gewagte Winkel. Sein Zweck bestand darin, das höchste Gebäude Asiens zu sein, was es ungefähr fünf Minuten lang war, ehe es vom Central Plaza wenige Kilometer entfernt überrundet wurde. Beide wurden kurze Zeit später von den Zwillingstürmen in Kuala Lumpur ausgestochen – dem größten eingezäunten Bau der Welt.

Der Wettbewerb in Südostasien lebt. Und er lockt einige Typen an, die schlicht mit allem konkurrieren können, was ich jemals gesehen habe. Eines Abends saß ich beim Essen zwischen einer ebenso anstrengenden wie verrückten Frau vom Festland, die in New York lebte und mit gebrauchtem Motoröl handelte – ein fabelhaftes Dinner-Gesprächsthema – und einer korpulenten, genauso verdrehten Zicke, die irgendwo in Amerika auf der falschen Seite des Bahndamms aufgewachsen sein musste. Ich wandte mich ihr zu.

„Äch bän Konstberaterin", sagte sie.

„Wie war das?"

„Konstberaterin."

„Das klingt interessant. Wen kunstberaten Sie denn?"

Sie nannte den Namen eines saudischen Prinzen.

„Und welche Art Kunst gefällt dem Prinzen?" fragte ich.

„Reellisten, neunzähndes Jahondert – amrikaansche."

„Irgendeinen bestimmten Künstler?"

„Andrew Wyeth."

Ich hatte bislang den Eindruck gehabt, dass Andrew Wyeth noch lebte – was bei Künstlern aus dem 19. Jahrhundert eher selten vorkommt. Außerdem sollte man meinen, dass Hongkong nicht die erste Wahl ist, wenn man nach Bildern von Amerikanern sucht. Doch das kann man nie wissen. In Hongkong wird viel gehandelt, viel gekauft und viel verkauft.

Viel getrunken wird hier übrigens auch. Freitagsabends werden die Polizeiposten im Barviertel von Lan Kwai Fong verstärkt, nachdem sich die Fälle von Leuten häuften, die während der „Happy Hour" zerquetscht wurden. Niemand ist entspannt in dieser Stadt. Die einzig sichtbare Form des Müßiggangs kann man Sonntags sehen, wenn Tausende überarbeiteter philippinischer Dienstmädchen ins Stadtzentrum wandern, Stoff- und Plastikfetzen auf den Gehwegen ausbreiten und an den hässlichsten und heißesten Flecken der Stadt Picknicks veranstalten.

Die philippinischen Dienstmädchen leben in Hongkong. Sie verbringen ihre Freizeit in der Innenstadt, weil sie mit öffentlichen U-Bahnen, Straßenbahnen oder Bussen dort hingelangen können. Hongkong ist eine praktische Stadt, die sich den – betonierten – Tatsachen des Lebens keineswegs verschließt. So hielt der Stadtführer, den ich in meinem Hotelzimmer vorfand, einen Abschnitt bereit, der sich mit den Preisen für Prostituierte beschäftigte. Unter anderem wurde dort erwähnt, dass „einige der konservativen Hotels den männlichen Gästen nicht gestatten, nachts Bordsteinschwalben mit auf die Zimmer zu nehmen. Aber wie Sie sich sicherlich denken können, gibt es zahlreiche ‚billige Gästehäuser'."

Im Schaufenster eines Antiquitätenladens sah ich Elfenbeinfiguren der drei bekannten Affen: NICHTS SEHEN, NICHTS HÖREN, NICHTS SAGEN; hier gesellte sich allerdings ein vierter Affe mit den Händen über den Geschlechtsteilen hinzu: NICHTS FICKEN.

Hongkong ist eine nüchterne Stadt, bar jeglicher Heuchelei. Niemand nimmt hier ein Blatt vor den Mund. Die Einheimischen titulieren uns unverhohlen als *gweilo*, was so viel bedeutet wie ‚weißer Kobold' oder ‚fremder Geist' oder ‚Teufel' oder sonstwas, je nachdem in welchem Zusammenhang und welchem Tonfall es benutzt wird (als Kompliment ist es jedenfalls nie gemeint). Natürlich ist es erlaubt, sich nach Kräften zu revanchieren (sofern es in der Macht eines notorisch unterbelichteten *gweilo* steht, entsprechend zu kontern). Die Kantonesen können wirklich nicht zwischen *l* und *r* unterscheiden, was zu allerliebsten Missverständnissen führt. „Ach, du hast Kelly-Huhn bestellt?" fragte Annies *gweilo*-Ehemann Hugh. „Es heißt *Curry-Huhn*, du Tlottel", antwortete Annie.

Ich traf mich mit der Herausgeberin und der Verkaufsleiterin eines namhaften Wirtschaftsmagazins; beide Frauen waren erst Anfang zwanzig.

Die Herausgeberin: „Sie sind wirklich gut gekleidet."

Die Verkaufsleiterin: „Für einen Journalisten. Wie wir hörten, sind Sie ein bekannter Schriftsteller."

Die Herausgeberin: „In Japan."

Eine Stadt von Bewunderung abnötigender Offenheit. Eines Tages betrachtete ich Tierfiguren, die zur chinesischen Astrologie gehörten. Die alte Dame hinter dem Verkaufstresen fragte mich: „Welches Jahr Sie geboren?"

„1947."

„*Hwa-aaah*. Jahr des Schweins! Bringt Glück!"

„Ach was, ‚Bringt Glück! Bringt Glück!'", sagte ich. „Das sagen Chinesen doch dauernd zu *gweilo*s, wenn sie ihnen was verkaufen wollen. Hehlerware aus den Gräbern der Mingdynastie – ‚Bringt Glück!', Dosenthunfisch – ‚Bringt Glück!', Lacoste-Hemd – ‚Bringt Glück!'"

„Stimmt nicht!" konterte sie. „Einige Jahre schlecht."

„Zum Beispiel?"

„Jahr des Büffels."

„Und welches Jahr ist das?"

„Dieses."

DIESES" WAR 1997. Ich war nach Hongkong gereist, um dabei zu sein, wenn das weltbeste Beispiel für eine Wirtschaftspolitik des Laissez-faire an eines der letzten sozialistisch-totalitären Regime der Welt übergeben werden sollte.

Hongkong war (und man sollte den neuen Kommi-Führern der Gerechtigkeit halber zugestehen, dass sich daran bisher nichts geändert hat) das perfekte Gegenteil zum Sozialismus. Es gibt in Hongkong weder Ein- noch Ausfuhrzölle, keine Einschränkungen für ausländische Investitionen oder Überweisung von Profiten auf ausländische Konten. Auf Vermögenszuwachs und Zinsgewinne werden keine Steuern erhoben, ebenso wenig auf Umsätze. Und keine Steuerbefreiungen für halblebige Unternehmen, die es ohnehin nicht weit bringen werden.

Die Körperschaftssteuer beträgt in Hongkong 16,5 Prozent vom Gewinn. Die Einkommenssteuer liegt bei 15 Prozent vom Bruttolohn. Der Regierungshaushalt befindet sich konstant in den schwarzen Zahlen und verbraucht lediglich 6,9 Prozent des Bruttoinlandsproduktes (der US-Haushalt verschlingt immerhin 20,8 Prozent). Die Menschen in Hongkong waren nie die Lohnempfänger des Staats – sie besitzen ihn. Und über diesen Staat konnten sie frei verfügen. Sie durften ihn gegen die Wand fahren, an die Börse bringen, eine Ausbeuterfabrik daraus machen, ihn verleihen, verfeuern, verkaufen und sich daraus zurückziehen – wenn sie wollten, durften sie ihn auch einfach häppchenweise kaufen. (In den New Territories gibt es sogar den einen oder anderen kleinen Grundbesitz.)

Hongkong war niemals eine Demokratie. Dafür gewährten die pekuniären Freiheiten, die Möglichkeiten und Rechte der Menschen, mit ihrem Geld nach Gutdünken zu verfahren, eine individuelle Freiheit, die 1995 einer internationalen Expertenkommission den möglicherweise über-euphorischen Ausruf entlockte: „Hongkong ist das freieste Land der Welt."

Man darf nicht vergessen, dass die Leute unter anderem die Freiheit hatten, jederzeit in den finanziellen Ruin zu schlittern. In Hongkong gibt es weder gesetzlich vorgeschriebene Mindestlöhne noch Arbeitslosenhilfen, es gibt keine Tarife, keine Sozialhilfe, kein staatliches Gesundheitssystem und die öffentliche Wohlfahrt dürfte nicht einmal reichen, um eine durchschnittliche amerikanische Wohnwagensiedlung mit Satellitenantennen und Marlboro Lights zu versorgen. Bescheidene 1,2 Prozent des Bruttoinlandsprodukts werden in Hilfe für die Ärmsten oder Zuschüsse für gescheiterte Geschäftsleute gesteckt.

Das Leben ohne Netz und doppelten Boden hat die Menschen in Hongkong gelehrt, sich mit aller Kraft am Trapez festzuhalten. Die Arbeitslosenrate liegt unterhalb 3 Prozent. In Amerika kann man eine derart niedrige Rate nur mittels offener Kriege erreichen. In den USA beziffert man die „natürliche" Arbeitslosenrate bei 5 Prozent, wohingegen sie in Hongkong für viele einen natürlichen Tod durch Verhungern bedeutete. Aber die Leute sterben nicht. Wenngleich Rauchen in geschlossenen Räumen der Volkssport Nummer eins ist, beträgt die durchschnittliche Lebenserwartung neunundsiebzig Jahre. Das sind drei Jahre mehr als in den Vereinigten Staaten. Die Säuglingssterblichkeit hält sich mit der Nordamerikas die Waage. Und das obwohl Hongkong zu jenen Ländern zählt, die auf die Heilkraft zermahlener Perlen, getrockneter Seepferdchen und Hörnern toter tansanischer Rhinozerosse vertrauen. Wahrscheinlich sind in Hongkong selbst die Kleinkinder zu beschäftigt, um zu sterben.

Das Wirtschaftswachstum hält sich seit zwanzig Jahren konstant bei 7,5 Prozent, womit sich das Bruttoinlandsprodukt seit 1975 vervierfacht hat. Obschon in Hongkong gerade mal ein zehntel Prozent der Weltbevölkerung ansässig ist, rangiert das Land auf Platz acht der Weltrangliste für internationalen Handel und auf Platz zehn der Exporteure von Dienstleistungen.

Ich bin nicht ganz sicher, was ein „Exporteur von Dienstleistungen" eigentlich ist, es sei denn es handelt sich um einen fliegenden Dim-Sam-Bringdienst, aber die Statistik ist auf jeden Fall nett anzusehen und erklärt, warum der Kai-Tak-Flughafen die dritthöchsten Besucherzahlen weltweit verzeichnet und in der Abfertigung von Luftfracht an zweiter Stelle steht. Die einzige Start- und Landebahn des Flughafens reicht bis in den meist frequentierten Containerhafen der Welt.

Das Bruttoinlandsprodukt pro Kopf beträgt 26.000 Dollar, und das durchschnittliche Privatvermögen ist höher als in Japan oder Deutschland. Es ist sogar um 5.600 Dollar höher als das der ehemaligen Kolonialherren in Großbritannien, und nähert sich stetig dem der US-Amerikaner von 28.600 Dollar. Außer den Amerikanern sind nur noch die Leute in Luxemburg und der Schweiz reicher als die Hongkongchinesen. Und die letzteren beiden Staaten sind ebenfalls Länder, in welchen Kapital frei bewegt werden darf.

Zugegebenermaßen gab es die „Asienkrise", nachdem die obigen Statistiken erstellt wurden. Auch die Börse in Hongkong wurde davon in Mitleidenschaft gezogen. Indonesien, Thailand, Malaysia, Süd-Korea und Japan erleben seither eine Depression. Angeblich ist die gesamte asiatische Geschäftswelt am Boden. Jedoch kann ein finanzieller Kollaps, der sich auf einen einzigen Kontinent beschränkt, den Leuten von Hongkong kaum etwas anhaben.

Die Volkswirtschaft von Hongkong wurde im Zweiten Weltkrieg durch die japanische Besetzung zerstört, dann durch das UN-Handelsembargo gegen die Kommunisten von 1951 und ein weiteres Mal beinahe durch die Sorge über bevorstehende Übergabe an die Chinesen von 1997. Die Region wird in regelmäßigen Abständen von Taifunen heimgesucht, von Schlammlawinen überrollt, von gewaltigen Feuern in illegalen Siedlungen gegrillt und von nicht enden wollenden Flüchtlingsströmen niedergetrampelt. Hongkong hat keine Wälder, keine Minen, keine Ölfelder, keine nennenswerte Landwirtschaft und keine einzige freie Parklücke. Selbst das Trinkwasser muss importiert werden, weshalb die Menschen in Hongkong meist Cognac trinken – und davon pro Kopf mehr, als irgendwo sonst getrunken wird. Sie besitzen auch mehr Rolls-Royces pro Person. Und was soll's, wenn es dafür keine Parkplätze gibt? Sie heuern einfach einen arbeitslosen Neuankömmling vom Festland, der die ganze Nacht um den Block fährt.

WARUM HABEN AUSGERECHNET DIE BRITEN diese Perle freien Unternehmertums möglich gemacht? Wie kam es, dass sich die Briten so gut wie gar nicht in die Wirtschaft eingemischt haben? Das zu verstehen fällt umso schwerer vor dem Hintergrund dessen, dass daheim in London nach dem Zweiten Weltkrieg ein sozialistisches Parlament herrschte, das sich in alles und jedes einmischte. Dieses Parlament hatte es immerhin geschafft, die nationale Wirtschaft Großbritanniens zu einem krachenden Halt zu bringen – wie ein Nilpferd, das auf eine Schubkarre plumpst.

Genau genommen haben die Engländer in die koloniale Suppe gespuckt, wo sie nur konnten. Die britische Krone hatte den Daumen auf beinahe sämtlichem Grundbesitz in Hongkong und den New Territories, von dem sie sich langsam und zögerlich trennte, um die Preise auf einem möglichst hohen Niveau zu halten. Das ist auch der Grund für die phänomenal dichte Besiedelung einzelner Regionen. Mit knapp 1100 Quadratkilometern Fläche böte Hongkong theoretisch genügend Platz, um jedermann sein eigenes Sojabohnenbeet zu geben; stattdessen quetschen sich mehr als die Hälfte der Leute in klaustrophobisch kleinen, staatseigenen Mietshäusern zusammen. In den Siebzigern verfiel einer von Hongkongs unterbelichteteren Gouverneuren, Sir Murray Maclehose, auf den Gedanken, 40 Prozent der Kolonie zu öffentlichen Parkanlagen zu erklären – als kleine Kompensation für die armen Schlucker, die sich 25 Quadratmeter mit Frau, Mutter, Kindern und drei Tamagotchi-Haustieren teilen.

Zumindest haben die Briten niemals versucht, ein europäisches Pampers-für-alle-Wohlfahrtssystem einzuführen. Vielleicht hatten die Parlamentarier wenig Lust, Unsummen in rot-angehauchte, fragwürdige Projekte à la „Erdnüsse für Tansania" zu investieren, wenn sie jederzeit fürchten müssten, dass ihre Schützlinge von den noch röteren und planungstechnisch noch desolateren Brüdern hinter der Grenze geschluckt werden könnten. Mag sein, dass die Kolonialverwalter mit den Scharen von Planwirtschaftsflüchtlingen überfordert waren, die von jenseits der Grenze nach Hongkong strömten. Möglicherweise waren die Briten durch die Pleite im eigenen Land zu gebeutelt, um sich in Hongkong großartig zu engagieren. Oder aber es lag ihnen schlichtweg nichts daran, Leuten soziale Gerechtigkeit einzurichten, die am Ende doch nichts weiter waren als Chinesen.

Andererseits waren die Engländer nicht gänzlich verantwortungslos. Das „Nichtstun", das ich bereits zu Beginn des Kapitels erwähnte, ist ein relativer Begriff. Laissez-faire ist weder tansanische Verwaltungsschlamperei noch albanische Anarchie. Es braucht einige regierungsseitliche Bemühungen, wenn man ein System schaffen will, in dem es überhaupt möglich ist, dass die Regierung die Menschen größtenteils in Ruhe lässt. Die Kolonialverwaltung von Hongkong bot Gerichte, Vertragsrechte und Gesetze, die für jeden galten, sowie eine Landesverteidigung (die allerdings wenig Chancen gehabt hätte, wäre die rote Volksbefreiungsarmee jemals über die Grenze marschiert), einen funktionierenden Polizeiapparat (Hongkongs Kriminalitätsrate ist niedriger als die Tokios) und eine Bürokratie, die effektiv arbeitete und über jede Korruption erhaben war (wenngleich nicht zu heuchlerisch erhaben, um gegen ein geringes Entgelt einen illegalen Einwanderer passieren oder den kleinen Straßenhändler ohne Lizenz gewähren zu lassen).

Die Briten bauten Schulen und Straßen. Und die Kinder besuchten die Schulen, weil sie wussten, dass sie andernfalls auf genau diesen Straßen landen würden. Großbritannien hat Hongkong mit einer stabilen Währung versorgt, wobei es den Hongkongdollar zunächst auf dem Niveau des britischen Pfunds festsetzte und dann, als alle genug gelacht hatten, mit einem Wechselkurs von 7,8:1 an den amerikanischen Dollar andockte. Nebenbei hat das den nicht unerheblichen Vorteil, dass Hongkong zukünftig Alan Greenspan die Schuld in die Schuhe schieben kann, wenn es irgendwelche Schwierigkeiten gibt.

Hongkong hatte darüber hinaus das Glück, einer Kolonialregierung zu unterstehen, die einige echte britische Helden vorzuweisen hatte. Diese Männer trugen einen wesentlichen Teil dazu bei, dass es Hongkong so lange so gut ging. Eine besonders schillernde Figur war John Cowperthwaite, der erstmals 1945 als junger Kolonialoffizier nach Hongkong geschickt wurde um nachzusehen, wie sich die Wirtschaft in der Kolonie erholt. In einem Artikel der *Far Eastern Economic Reciew* über Cowperthwaite ist zu lesen: „Bei seiner Ankunft stellte er allerdings fest, dass sie sich sehr gut ohne ihn erholte."

Cowperthwaite würdigte diesen Umstand, indem er sich während seiner Amtszeit hütete, mehr als unbedingt erforderlich in die Wirtschaft einzugreifen. Er untersagte den Bürokraten, Bruttoinlandsprodukt und Wirtschaftswachstum in Zahlen festzuhalten. Zwar verbietet die kubanische Regierung die Erfassung dieser Zahlen ebenfalls, aber aus einem ganz und gar gegensätzlichen Grund. Cowperthwaite tat es, weil er der Ansicht war, dass diese Zahlen niemanden etwas angingen und zudem die Gefahr bergen, Missbrauch von Seiten irgendwelcher Politikidioten zu provozieren.

Cowperthwaite definiert seine Rolle in der Wachstumswirtschaft Hongkongs so: „Ich habe ziemlich wenig dazugetan. Alles worum ich mich bemühte war zu versuchen, jene Dinge zu unterbinden, die der Wirtschaft schaden könnten." Von 1961 bis 1971 diente er als Finanzminister in der Kolonie. Während einer Haushaltsdebatte 1961 sagte er etwas, was meiner Meinung nach über sämtlichen Regierungsportalen der Welt eingraviert werden sollte oder besser noch, auf die Gesichter der Gesetzgeber tätowiert:

… langfristig richtet die Summe aller Entscheidungen einzelner Geschäftsleute, die nach eigenem Ermessen freie Entschlüsse in einer freien Marktwirtschaft treffen, selbst wenn sie bisweilen irren mögen, weniger Schaden an als solche, die von der Regierung für alle getroffen werden; und der Schaden, den sie anrichten, wird mit Sicherheit schneller behoben.

Selbst *Newsweek* war verzückt: „Während Großbritannien sich weiter abmüht, einen Wohlfahrtsstaat aufzubauen, sagt Cowperthwaite ‚Nein': ‚Nein' zu Exportsubventionen, zu Tarifen, zu Privatsteuern über 15 Prozent und stattdessen eine Bürokratie, die so schmal ist, dass man mit einem einzigen Formular ein Unternehmen gründen kann."

Unter Cowperthwaites „Nichtstun"-Regiment wuchs Hongkongs Export um durchschnittlich 13,8 Prozent pro Jahr, die Löhne verdoppelten sich und die Zahl der armen Privathaushalte schrumpfte von über 50 Prozent auf 16 Prozent.

„Was Cowperthwaite für Hongkong getan hat, lässt sich kaum zu hoch schätzen", sagte der Wirtschaftsexperte Milton Friedman. Ebenso wenig überschätzen lässt sich, was Hongkong den Chinesen verdankt, die Cowperthwaite in allem, was er tat oder nicht tat, unterstützten und befürworteten. Schließlich ist Hongkong nicht allein durch Freiheit und Gerechtigkeit reich geworden. Volkswirtschaft mag einfacher funktionieren, als die meisten Wirtschaftswissenschaftler behaupten, aber ganz so einfach ist sie dann doch wieder nicht. Die chinesische Kultur spielte eine wesentliche Rolle in der Erfolgsgeschichte Hongkongs. Und dennoch ist es dieselbe Kultur, die das schreckliche Versagen Festlandchinas mitgetragen hat. Kultur ist ein komplexes Thema. Über komplexe Themen zu schwafeln, macht gewaltigen Spaß, doch wenn es um Taten geht, sind Vereinfachungen zumeist hilfreicher. John Cowperthwaite war ein Virtuose auf dem Gebiet der Vereinfachung.

Yeung Wai Hong, der Herausgeber von Hongkongs bekanntester chinesischer Zeitschrift, *Next*, schlug einmal vor, dass man John Cowperthwaite ein Ehrendenkmal errichten sollte. (Finanziert aus *Privatgeldern*, vielen Dank.)

IN WENIGER ALS EINER GENERATION hat Hongkong eine Atmosphäre der Hoffnung und des Wohlergehens aller geschaffen, um die sich alle anderen Flecken auf dem Globus seit den Tagen des homo erectus aus der Olduvaischlucht mehr oder minder erfolglos mühen. Und was hat Hongkong davon? Es wurde zu einer „Sonderverwaltungsregion" der Volksrepublik China gemacht.

Am 30. Juni 1997, um Mitternacht, verkauften die Briten sechs Millionen fünfhunderttausend Seelen. Nein, sie verschenkten sie. Individuen in einer Anzahl, die annähernd der Stadtbevölkerung Londons entspricht, angebliche Bürger eines Landes, das für sich beansprucht, Recht, Gleichheit und Gesetz erfunden zu haben, wurden mitten im Sommer als Weihnachtsbraten verheizt. Hongkong landete auf dem Grabbeltisch und wurde gegen einen Schleuderpreis an die Festlandkommunisten verschenkt.

Um Schlag Mitternacht saß ich in meinem Hotelzimmer in Hongkong vor dem Fernseher. Die Übergabezeremonie wurde aus dem scheußlichen neuen Tagungszentrum, etwas mehr als einen Kilometer entfernt, direkt übertragen. Eine britische Militärkapelle mit Hüten wie aus einem Kinderbuch spielte „God Save the Queen". Der Union Jack wurde eingeholt. Prinz Charles hatte soeben eine kleine Ansprache gehalten. „Wir werden Sie nicht vergessen, und wir werden mit größtem Interesse darüber wachen, wie Sie in eine neue Phase Ihrer bemerkenswerten Geschichte eintreten." Mit anderen Worten: „Auf Wiedersehen, verriegeln Sie die Türen, und Sie können uns mal."

Draußen, vom Balkon meines Hotelzimmers aus, war das flutlichterhellte Tagungszentrum unten am Hafen deutlich zu sehen. Gegen den Nachthimmel wirkte es, als säße jemand auf der Oper von Sidney. Gleich unter meinem Balkon standen ein paar Tausend nicht besonders laute Protestler im Regen auf dem Statue Square und sahen aus, als säße jemand auf ihnen. Sie lauschten Martin Lee, dem Befürworter der Demokratie. Mr. Lee war Mitglied des ersten frei gewählten Parlaments in der Geschichte Hongkongs. Und des letzten. Um Mitternacht wurde es abgewählt. Mr. Lee sprach ohne polizeiliche Genehmigung. Und sprach. Und sprach. Dann und wann ertönten verzagte, zustimmende Rufe aus der Menge. Mr. Lee sprach immer weiter. Niemand hielt es für nötig, ihn zu stoppen.

Als ich wieder ins Zimmer kam, sprach der chinesische Staats- und Parteichef Jiang Zemin im Fernsehen − er stellte sich seinen neuen, unfreiwilligen Landsleuten vor, wobei er sich in einem Schwall heuchlerischer Banalitäten auf Mandarin erging. „Wir danken alle unsere Errungenschaften der grundlegenden Bedeutung !!! Des sozialistischen Weges!!! Den wir als Chinesen gegangen sind!!!" Währenddessen unterbrach er sich des Öfteren, um sich selbst in jener charakteristischen Politbüromanier zu applaudieren: die Hände seitlich in die Luft gereckt und wedelnd, als übte er für eine Schattenspielaufführung.

Die großen Männer in der Mitte des Podiums − Jiang, Premierminister Li Peng und Außenminister Qian Qichen − schienen sich ihr Anzugjacken zu Hause selbst geschneidert zu haben.

Tung Chee-Hwa, der designierte Regierungschef der Sonderverwaltungsregion Hongkong, trat als Nächster hinter das Mikrofon und gab Dinge von sich, die wie eine Mischung aus politischen Umerziehungslageransprachen („Unsere Gedanken und unsere Erinnerung sind bei dem hochverehrten, jüngst verstorbenen Deng Xiaoping") und einer Rede von Dick Gephardt („Wir achten die Meinungen von Minderheiten, aber wir tragen auch kollektive Verantwortung ... Wir schätzen Pluralität, aber wir verneinen die offene Konfrontation. Wir streben nach Freiheit, aber nicht auf Kosten von blablabla.")

Auch diese Worte wurden in Mandarin gesagt, das nicht die Muttersprache der Hongkongchinesen ist. Genaugenommen spricht es hier niemand, weshalb den zukünftigen Regierungschef in einer gänzlich ungebräuchlichen Sprache brabbeln zu hören ungefähr so war, als würde ein amerikanischer Politiker in irgendeiner vollkommen bedeutungslosen, bizarren ... nun, als würde ein amerikanischer Politiker etwas sagen.

Ich ging wieder auf den Balkon (über die Hongkongübergabe zu schreiben, erfordert von einem Journalisten, dass er sein Äußerstes gibt – immerhin beschlagen jedes mal die Brillengläser, wenn man aus den heruntergekühlten Räumen in die tropische Hitze wechselt; und das Eis in der Minibar war auch so gut wie aufgebraucht) und sah die HMS Britannia, die soeben ablegte. Die Britannia ist ein unscheinbares weißes Schiff, das eher an ein missglücktes Kreuzschiff denn an eine königliche Yacht gemahnt. Sie glitt durch den Hafen von Victoria, durch nunmehr für sie fremde Gewässer. An Bord waren der letzte Gouverneur von Hongkong und der Aristokrat, der gegenwärtig als „Prince of Wales" bekannt ist, eine mir unbekannte Zahl von Würdenträgern und, wie ich hoffen will, eine beträchtliche Ladung Schuldgefühle.

Ob die sauertöpfischen Engländer die Stadt auch sang- und klanglos verlassen hätten, wenn in Hongkong 6,5 Millionen große, rotnasige, sommersprossige, strohhaarige, fish-&-chips-futternde, pub-liebende, arbeitsscheue, labourwählende .. Nun, in diesem Fall ...

Vielleicht war Hongkong einfach kein lebenswichtiger, strategisch unentbehrlicher Flecken, um den es sich zu kämpfen lohnte – wie die Falklandinseln. Vielleicht greift der Tommy nur militärisch ein, wenn genügend Schafe in Reichweite sind, um die Truppen bei Laune zu halten.

Warum haben die Briten den Chinesen nicht eine andere Insel gegeben, beispielsweise England. Das könnte sie auf den kapitalistischen Kurs zurückbringen – schließlich hat Peking größeres Interesse am Geldverdienen als Tony Blair. Zudem haben die Chinesen reiche Erfahrung in der Beseitigung von königlichen Familienproblemen.

Oder warum haben die Briten nicht England an Hongkong verkauft? Hongkong kann es sich leisten, und auf diese Weise könnten diejenigen, die sich um das Schicksal der Demokratie unter der Sonderverwaltung sorgen, an den Sloane Square in London übersiedeln. Den Rest von England könnte man problemlos in einen Themenpark verwandeln. Die Landschaft ist malerisch, und man findet jede Menge Unterhaltung für die Kleinen („Changing of the Wives im Buckingham Palast" böte sich an). Außerdem bietet das Land hübsche Souvenirs: Wenn man beispielsweise der richtigen Partei genügend Geld spendet, kann man als Ritter wieder abreisen.

Aber das ist nicht geschehen. Und die Leute in Hongkong (sofern sie nicht sehr reich waren) mussten wohl oder übel bleiben. Sicher, sie hatten britische Pässe, doch das waren „starter passports", gültig für die Einreise nach ... Macao. Selbstverständlich hätten sie sich beizeiten brauchbarere Pässe beschaffen können. Für eine Million Hongkongdollar hätten sie ein Visum für Toronto bekommen können. Sehr witzig.

Lassen wir die Tommys einen Moment verschnaufen. Es ist ja nicht so, als ob die Amerikaner sich sonderlich engagiert hätten. Dabei hätten wir den Chinesen mit Tarnkappenbombern drohen können, oder gleich den Engländern, als Margaret Thatcher anfing, Hongkong als Geschenk für Deng Xiaoping zu verpacken. Wir hätten den Chinesen sagen sollen, sie sollten gefälligst Boris Jelzin in den Arsch kriechen, wenn sie auf Biegen und Brechen zur „meistbegünstigsten Nation" avancieren wollen. Und wir hätten 6,5 Millionen Greencards verteilen können.

Man stelle sich das vor: 6,5 Millionen clevere, fleißige angehende Mitbürger, die sagenhaft gut kochen können. Es wäre ein wahrer Segen für Amerika. Und wie wir sie hassen würden! Pat Buchanan würde sie ihrer Rasse wegen hassen. Die Gewerkschaften würden sie ihrer bescheidenen Lohnforderungen wegen hassen. Die Bürgerverbände würden sie hassen, weil sie aufgrund ihrer Vielzahl als Minderheit versagen. Und Al Gore würde sie hassen, weil sie es nicht nötig haben, sich Subventionen von den Demokraten zu erschleichen, sondern direkt die Republikaner wählen könnten.

DIE ÜBERGABE HONGKONGS war ein beschämendes Erlebnis. Wer allerdings die Ansprache von Martin Lee auf dem Statue Square verpasst hat, hätte sie eventuell gar nicht mitbekommen. Der Aktienmarkt gewann weiterhin an Fahrt und lag 30 Prozent über dem Vorjahreswert, mit astronomischen Zugewinnen bei den sogenannten „Red Chips", jenen Festlandholdings, die von den Kommis wohlgelitten waren. Handel und Auslandsinvestitionen bewegten sich in noch nie gesehenen Höhen. Es trat keine hektische Immobilienflucht ein; winzige Eigentumswohnungen in unpopulären Vierteln gingen für 500.000 Dollar über den Tisch.

Zur Feier der Zeremonie sollten die Läden, Büros und Fabriken für fünf Tage geschlossen bleiben, aber keiner schloss. Der Einzelhandel stieg um 30 bis 40 Prozent über den normalen Wert. Namhafte Persönlichkeiten aus aller Welt waren eingeflogen. In der Eingangshalle meines Hotels sah ich Margaret Thatcher von hinten.

Am 1. Juli („Abhängigkeitstag", vermute ich) trafen Glückwünsche und Freudenbekundungen von Leuten ein, die es eigentlich hätten besser wissen müssen. Sie wurden vollständig in der *South China Morning Post* abgedruckt:

China hat sich dazu verpflichtet, Hongkongs Freiheit und Autonomie
zu erhalten.
— Bill Clinton

Hongkong könnte sogar ein noch schönerer Ort zum Leben und Arbeiten
werden.
— Madeleine Albright

Ich sehe dem allen gelassen entgegen.
— George Bush

Feuerwerkskörper zerstoben am Nachthimmel. Die britische Abschiedszeremonie für 10.000 geladene Gäste hatte nicht nur Scots Guards, Black Watch und andere Herren ohne Hosen zu bieten, sondern auch das Philharmonische Orchester Hongkong und (ich habe es mit eigenen Augen gesehen) eine Tanzgruppe in Kostümen, die riesige Deutsche-Mark-Scheine darstellten, mit Platinen und turmhohen gepuderten Perücken. Parallel dazu lief eine Party „Eine Nation tanzt" – von 11 Uhr abends bis 9 Uhr morgens.

Dazwischen gab es Tausende kleinerer Partys, angefangen beim spontanen Besäufnis im Rotlichtdistrikt von Wan Chai bis hin zu Dinnerpartys im David Tang China Club mit Gängen, die zu zählen der gemeine Rechenschieber nicht ausreicht. Hier wurde praktisch die gesamte Nahrungskette von oben bis unten serviert, von der Tiefseeschnecke bis zum Vogelnest.

Der China Club ist im wuchtigen Mahagoni der Kolonialzeit eingerichtet – mit Ausnahme der Wände, die mit Kunst des sozialen Realismus unter Mao behängt sind. Und die Kellnerinnen und Kellner sind wie Rotarmisten gekleidet. Das heißt? Ich habe keine Ahnung.

Ich habe ebenfalls keine Ahnung, warum mir mein Hotel ein Übergabegeschenk nach dem anderen präsentierte: eine Flasche Champagner, ein Büchlein mit dem Titel *Rückkehr in das Herz des Drachen* (der im Chinesischen womöglich weniger beängstigend klingt) und ein silberner Becher mit gekreuzten britischen und chinesischen Flaggen und der Inschrift:

Übergabe der Oberhoheit

An

China

Juli 1997

Hongkong

Dem ich noch hinzufügen lassen werde:

Bowlingtournier

Zweiter Platz

Überall in der Stadt konnte man launige Übergabe-T-Shirts kaufen, viele von ihnen mit verkatertem Sprachwitz, andere spaßige Dinge mit bekanntem Humorfaktor, beispielsweise: „Kolonialluft in Dosen – Versiegelt vor dem 30. Juni".

Und natürlich stellten sich in Hongkong sogleich die ersten Nörgler ein, wie regimekritische Auftritte von Künstlern gegen die Zensur, falls es eine geben sollte. Martin Lee und seine Freunde von der demokratischen Partei gaben finstere

Pressekonferenzen, während derer sie den Leuten versicherten, dass sie weiterhin ihre Wahlbezirke vertreten würden, auch wenn sie es nicht mehr taten. Die Presse zeigte sich hier und da recht aufgeregt, was sich allerdings in erster Linie auf die Kommentarseiten beschränkte, wo gemeinhin so passende Meldungen vermischt werden wie, NACH DEM GENOZID – WOHIN STEUERT RUANDA? Und NACH GREZTKI – WOHIN STEUERT DAS HOCKEY? Hongkong selbst war durch und durch fröhlich und vergnügt.

WARUM MACHTEN SICH 6,5 MILLIONEN Leute so wenig daraus, dass man sie einer ideologieverseuchten Diktatur aufhalste, die die H-Bombe hat? Sogar ein hoher Vertreter der taiwanesischen Regierung sagte in Hongkong: „Ich als Chinese halte es für richtig, dass Hongkong an China zurückgeht." Chiang Kai-shek, bitte.

Der Kolonialaspekt sollte nicht verkannt werden. Wie haben sich die Hongkongchinesen unter englischer Oberhoheit gefühlt? Das ist eine komplexe Frage. Oder, wie mir zahlreiche Chinesen sagten, die ich darauf ansprach, „Nein, ist sie nicht." Als Amerikaner, noch dazu als irischstämmiger Amerikaner, erfuhr ich möglicherweise das eine oder andere, was ein Engländer nicht hörte. „Wir hassen die Engländer", zum Beispiel.

Als mir ein chinesischer Freund das gesagt hatte, hakte ich nach: „Warte mal. Ich war kürzlich in Vietnam, und dort scheint niemand die Amerikaner zu hassen. Wenn uns die Vietnamesen das Napalm, das Flächenbombardement, Agent Orange und alle anderen Scheußlichkeiten verzeihen konnten, warum könnt Ihr den Engländern dann nicht den albernen Opiumkrieg und ein bisschen „Land of Hope and Glory"-Karaoke vergeben?"

„Weil es etwas anderes ist", erklärte mein Freund. „Ihr habt die Vietnamesen einfach umgebracht; Ihr habt sie niemals *brüskiert.*"

Die Leute in Hongkong sind Realisten. Sie wussten, dass es wenig Sinn hätte, sich in der *Larry King Show* zu ereifern. Daher rührte auch die ausgesprochen laue Resonanz auf das Brimborium, das die Medien um die Übergabe veranstalteten, und die Passanten waren nicht eben begeistert, wenn sie von irgendwelchen Journalisten auf der Straße angesprochen wurden: „Verzeihen Sie, wir haben gehört, dass in Ihrem Viertel Geheimpolizei stationiert werden soll. Würde es Ihnen etwas ausmachen uns zu sagen, wie sehr Sie Jiang Zemin hassen?"

Für den Realismus der Hongkongchinesen gibt es reale Gründe. Noch 1945 lebten hier nur 1,2 Millionen Menschen. Heute ist die Stadt überfüllt von Flüchtlingen und Flüchtlingsnachkommen. Bis 1980 verfolgte Hongkong eine Art Asylpolitik der „Grundberührung", die im Wesentlichen darin bestand, dass wer immer es bis in die Stadt geschafft hatte, bleiben durfte. Die Chinesen, die dem Bürgerkrieg, der kommunistischen Machtübernahme auf dem Festland und den wahnwitzigen Folterungen und Schlachtungen hinterher entkommen waren, wussten, dass es allein einen sicheren Hafen gibt: Geld.

Deshalb nehmen sie das Geldverdienen überaus ernst. Die Öffnungszeiten an einem Modekaufhaus namens „Joyce" waren MONTAG — SAMSTAG 10-19 Uhr, SONN- UND FEIERTAGS 11-18 Uhr. Also zwei Stunden frei an Weihnachten. Und in meinem Hotelzimmer gab es einen Hinweis für „Verhalten bei Taifun":

Signal Nummer 9 und 10:
Wenn diese Signale gehisst sind, werden extreme Witterungslagen erwartet, das heißt, dass der Taifun sein Zentrum direkt über Hongkong hat. Wir würden uns freuen, wenn Sie während der Zeit, da sie Räumlichkeiten nicht verlassen können, die Angebote in unseren Restaurants und Bars nutzen wollten.

Alles in allem machten die Bewohner von Hongkong gute Miene zum bösen Spiel, weil ... was blieb ihnen anderes übrig? Es gibt einen derben Scherz, den man sich in Shanghai anlässlich der Hongkongübergabe erzählte. Mao fragt Zhou Enlai und Deng Xiaoping: „Wie bringt man eine Katze dazu, in eine Chilischote zu beißen?"

Zhou sagt: „Man hält sie kopfüber, drückt ihre Kiefer auseinander und schiebt ihr die Schote in die Schnauze."

Mao sagt: „Nein, das ist erzwungen. Wir wollen, dass die Katze freiwillig hineinbeißt."

Deng sagt: „Man nimmt die Chilischote, wickelt sie in ein Stück Fisch und bevor die Katze weiß, wie ihr geschieht, hat sie hineingebissen."

Mao sagt: „Nein, das ist Betrug. Wir wollen, dass die Katze weiß, in was sie beißt."

Zhou und Deng sagen: „Wir geben auf. Wie bringt man sie dazu, in die Chilischote zu beißen?"

„Es ist einfach", sagt Mao. „Schieb der Katze die Chilischote in den Hintern. Sie wird *froh* sein, hineinbeißen zu können."

10

WIE MAN DAS EINE NICHT TUT UND DAS ANDERE TROTZDEM LÄSST — SHANGHAI

VIELLEICHT GIBT ES EINE NOCH BESSERE METHODE, wie man die Katze zum Chilifressen überreden kann. Man macht sie einfach zum stellvertretender Verkaufsdirektor eines weltweit agierenden Chiliexporteurs und verspricht ihr, dass Festlandchina sich demnächst dem Chiliimport öffnen wird.

Ich reiste nach Shanghai, um mir genauer anzusehen, wer Hongkong gerade übernommen hatte, wie ich nach Hongkong gereist war, um mir anzusehen, was übernommen worden war. Im Verlaufe des Monats, da ich die beiden unterschiedlichen Teile Chinas besuchte, sagte jeder Angestellte internationaler Konzerne, den ich traf, dass die „Wiedervereinigung" gut für das Geschäft wäre.

Unternehmen lassen sich von der Aussicht auf 1,2 Milliarden Festlandkunden vorschnell blenden. Das wurde zu einer Art Mantra in den Marketingabteilungen der Welt: „Omm, einskommazweimilliarden." Das gehobene Management war hypnotisiert. Die Vorstandsmitglieder von Boeing saßen an ihren Schreibtischen und murmelten: „Eins Komma zwei Milliarden ... Mann, wenn nur ein halbes Prozent dieser Leute eine 777 kauft ..."

Nicht dass die Vorstandsmitglieder von den Menschenrechtsverletzungen nicht schwer betroffen wären. Seit geraumer Zeit zeigen sie sich darüber tief besorgt. Unmittelbar nach den furchtbaren Ereignissen auf dem Platz des Himmlischen Friedens zitiert die *Washington Post* den Präsidenten von Morgan Stanley Asia Ltd. mit den Worten: „Die Grenzen wurden dichtgemacht. J.C.Penney-Aktien gingen in den Keller, weil die gesamte Schuhlieferung für die Herbstsaison festsaß."

Doch am 1. Juli 1997, am Tag nach der Hongkongübergabe, schalteten Lehman Brothers, Samsung Electronics, Chase Bank, Singapore Airlines, Canadian Airlines, AT&T, Credit Lyonnais, Maxell Tapes, Louuis Vuitton und das Lieblingskind des Weißen Hauses, die Lippo Group, Glückwunschanzeigen in den englischsprachigen Zeitungen der ehemaligen Kolonie. Toshiba verzierte das oberste Stockwerk seiner Hongkong-Zentrale derart aufdringlich, dass das Firmenlogo praktisch in jeder Außenaufnahme im Fernsehen aufleuchtete und auf jedem Zeitungsfoto von der Übergabezeremonie zu sehen war.

Ich habe selbstverständlich nichts gegen Geschäftsleute im Allgemeinen, besonders dann nicht, wenn sie Verlage oder Buchhandelsketten besitzen. Ich frage mich lediglich, ob die multinationalen Geschäftsführer überlegt haben, was sie da taten. In der kommunistischen Volkswirtschaft Chinas tummeln sich einige merkwürdige Gestalten. Die Volksbefreiungsarmee gehört beispielsweise zu den größten Investoren. Man stelle sich vor, dass hochrangige Offiziere dieser Armee plötzlich in den Aufsichtsräten namhafter Konzerne säßen. „Sir, diese Fusionsstrategie ist ein Minenfeld, Sir. Im wahrsten Sinne des Wortes, Sir." Nun habe ich auch noch die Volksbefreiungsarmee beleidigt. Da schwinden sie hin, meine 1,2 Milliarden verkauften gebundenen Ausgaben.

Ich möchte das private Unternehmertum keineswegs herabsetzen. Die Welt hat hinreichend politische, religiöse und intellektuelle Führer, die das gründlicher erledigen können als ich. Doch wenn ein totalitäres Regime mit großen Finanz- und Industriekonzernen auf Schmusekurs geht, läuten die Alarmglocken des 20. Jahrhunderts. Ich denke da an die Anfänge eines gewissen „Auto für die einfachen Leute" – ein *Volkswagen.* Ich denke, „Die Züge wurden pünktlicher". Ich denke, „Großasiatische Co-Prosperitätsregion". Es gibt einen Fachterminus für diese politische Ideologie.

SHANGHAI WIRKT AUF DEN ERSTEN BLICK intakt – sprich: es befindet sich in dem verheerenden, verlogenen und vergnüglichen Zustand vollendeten Chaos', dass die freie Marktwirtschaft mit sich bringt. Ich könnte nicht einmal sagen, wie Shanghai aussieht, weil es bei jedem Hingucken anders aussieht. Andere Städte haben Baustellen; Shanghai ist eine – ein 220 Quadratkilometer großes Kellerloch, in dem alle Geschäfte rund um das Baugeschäft getätigt werden. Während der Mittagspause kann man sich im gleißenden Strahlen der Schweißgeräte sonnen. An welchem Eisenträger muss ich hinunterklettern, wenn ich zu McDonald's will? Rufen Sie kein Taxi; hängen Sie sich an einen Kran und lassen Sie sich zu Ihrem Bürofenster zurückschwenken.

Alles in Shanghai ist entweder im Aufbau oder im Abriss. Einiges vielleicht sogar beides. Vielleicht nehmen die Geschäftsleute zwischen zwei Kunden hinten die Steine heraus, die ihre Verkäuferinnen vorne frisch vermauerten. An meinem ersten Morgen in der Stadt sah ich ein ganzes Regiment der Volksbefreiungsarmee, das sich mit Rohrreinigungswerkzeugen auf den Weg in eine der Gruben machte.

Wenn man mich fragt, halte ich derartige Einsätze kommunistischer Militärstreitkräfte für optimal. Wobei ich nicht zu sagen vermag, von wie viel Erfolg all die emsigen Bauunternehmungen in Shanghai letzthin gekrönt sein werden.

AN DIESER STELLE ENTSTEHT EIN GEBÄUDE IN ÜBERHÖHE, verhieß ein Schild an einer kleinen Baustelle in einer engen Nebenstraße. Überall wurden Gebäude errichtet – auf anderen Gebäuden, mitten auf der Straße und mitten darunter auch. Der Platz des Volkes, das Shanghai-Äquivalent zum Pekinger Platz des Himmlischen Friedens, war komplett aufgerissen, damit ein mehrgeschossiges Einkaufszentrum darunter gebaut werden konnte. Sollten also jemals in Shanghai die Proteste für Demokratie, wie sie 1989 ausbrachen, wieder aufleben, werden die Jugendlichen die Möglichkeit haben, nicht nur den Panzern entgegen zu sehen, die sie niederwalzen werden, sondern auch gleich schnell noch nach unten zu laufen und sich mit Jeans einzudecken, damit sie dann auch dem Anlass entsprechend gekleidet sind.

Es gab so viele Gerüste in Shanghai, dass ich eines Tages, als ich ein Netz über einem jungen Baum erblickte, unwillkürlich dachte: „Mein Gott, die bauen Bäume." Tun sie nicht. Kilometerlange, einstmals schattige Alleen wurden weggerupft, um Platz für Stahl und Glas zu schaffen. Immerhin pflanzte man neue Bäume. Ich habe ungefähr ein Dutzend gezählt. Und mindestens zwei Parks wurden nicht vollständig betoniert. Nein, Shanghai hat der Natur nicht den Rücken gekehrt. An den zumeist vierstöckigen Straßenüberführungen baumelten kleine Pflanzkästen von den Leitplanken.

SHANGHAI HAT ÄHNLICH WIE HONGKONG als marktwirtschaftlich freie Enklave begonnen – wenngleich die Freiheit des Marktes mittels Militärgewalt erzwungen wurde (so wie wir es schon diverse Male mit Kuba versucht haben). Sowohl Hongkong als auch Shanghai sind „Konzessionshäfen", die durch den Vertrag von Nanking von 1842, nach dem Opiumkrieg, abgesichert sind. Hongkong gehörte zu Großbritannien, aber Shanghai gehörte praktisch jedem. Ein Haufen Ausländer tat sich zur Stadtverwaltung von Shanghai zusammen, die in der Encyclopedia Britannica von 1911 wie folgt beschrieben wurde: „Da derzeit vierzehn Vertragsmächte in Shanghai vertreten sind, gibt es entsprechend vierzehn Bezirksgerichte, von denen ein jedes neben den anderen her die Rechtsprechung seiner jeweiligen Nation vertritt." Das ist das Traumrezept, sollte es denn jemals eines geben, für ein Verwaltungssoufflé – das irgendwie trotzdem aufgeht. China durchlebte ein weiteres seiner inzwischen 4.200 aufeinanderfolgenden Jahre von Missverwaltung. Obwohl es schwer fällt, sich eine aus vierzehn westlichen Politikern zusammengewürfelte Führungselite vorzustellen, die noch schlimmer ist als das, was sich im Land selbst anbietet – was könnte das sein?

Vierzehn Jesse Helmes, die einem im Senat die Haare zu Berge stehen lassen? Achtundzwanzig Bills und Hillarys, die das Weiße Haus als persönliche Werbeplattform benutzen? Siebzig Leute, die sich beim Konzert der McLaughlin Group anschreien?

Dennoch waren Hongkong und Shanghai wahre Häfen des Friedens für all diejenigen, die persönliche und unantastbare Freiheit suchten auf einem Kontinent, wo die persönliche und unantastbare Freiheit der Menschen bislang den herrschenden Kaisern oder den obersten Kriegsherren oder eben demjenigen mit dem größten Beil unterworfen gewesen war. Und sie waren die ersten Häfen aller Überseehändler und der Chinesen selbst. Schon 1885 waren die achtzehn größten Steuerzahler in Hongkong Chinesen.

Bis zur kommunistischen Übernahme 1949 war Shanghai die wichtigere Stadt von den beiden. Shanghai war einer der wenigen Tiefwasserhäfen, der nicht von Bergen gesäumt oder durch lästige Bauernaufstände blockiert war. Außerdem bot die Huangpu-Mündung in den Jangtsekiang deutlich bessere Bedingungen für den inländischen Verkehr. Shanghai war die Nassversion des Chicagoer O'Hare-Flughafens im 19. Jahrhundert – obwohl die Stadt mit gerade mal 156 Jahren ungefähr so alt war wie die Eier, die man in diesem Land verkauft.

SHANGHAI IST VON EINEM LÄCHERLICHEN DÖRFCHEN zu einer Metropole mit über 13,2 Millionen Einwohnern herangewachsen. Das behauptet zumindest mein Reiseführer von 1996 – der wahrscheinlich schon überholt war, als er in den Druck ging. Die offiziellen Zahlen für 1996 liegen eher bei 16 Millionen. Und die sind ebenso falsch. Die Stadtregierung hat beschlossen, dass 17 Millionen realistischer wären. Mit Shanghai Schritt zu halten, ist ein Ding der Unmöglichkeit. Ich besaß eine Touristenkarte, die so aktuell war, dass das eingetragene Copyright erst im Folgejahr in Kraft treten würde. Ich ging zu dem Flecken, an dem auf der Karte das „Shanghai Art Museum" eingezeichnet war, und das Museum war weg. Es war zwischenzeitlich verkauft worden. An dieser Stelle sollte ein Kaufhaus gebaut werden.

Ich brauchte geschlagene zwei Tage, um das neue Kunstmuseum zu finden, obwohl es ein gigantisches rundes Ding mit Spiralschlaufen auf dem Dach ist – ein Granitwok für Kurzgebratenes auf dem Jupiter. Ich verlief mich regelmäßig in Shanghai, wenngleich die Innenstadt nicht größer ist als die Manhattans und die Straßen in einem übersichtlichen Grillrostmuster angelegt sind. Sich in einer Stadt zu verlaufen, die ganz und gar rechtwinklig ist und deren Straßenschilder durchweg in Englisch sind, ist peinlich und gibt eine Vorstellung davon, wie das Leben mit Alzheimer aussehen wird – ungefähr so als verirrte man sich in einem Supermarkt.

Shanghai hatte etwas von einem Supermarkt: Überall vertraute Markenzeichen. Die Namenszüge der ausländischen Firmen in riesigen romanischen Lettern wirkten in Shanghai geradezu befremdlich – man stelle sich vor, dass Toyota ein Leuchttafel über dem Times Square errichtet, auf der steht トヨタ自動車. Die Busse sind vollständig zugeklebt mit Werbelogos. Jede Straßenlaterne scheint nach einem Softdrink benannt zu sein.

Die Neubauten der Stadt sehen wie Seiten aus einem Katalog für besonders geschmacklose Kunststoffe aus. Sie sind mit rostfreien Küchenspülenstahl verkleidet, mit Windfangtüraluminium, durchsichtigen Diskothekenbodenfliesen und sind mit so viel Chrom und Rauchglas verziert, dass man zwangsläufig an Kaffeetischchen aus den Siebzigern erinnert wird, die schon damals nur unter Drogeneinfluss zu ertragen waren.

Vielfach sind die Bauten auch mit Keramikfliesen verputzt – wie auf links gedrehte Duschkabinen. Andere wiederum hat man wahllos mit klassischen Dekorelementen versehen – Giebeldreiecke, Friese und dorische Säulen auf minimalistischen Klötzen – als hätte jemand den Parthenon zu heiß gewaschen. Dann gibt es da jene Bauten, die offensichtlich aus der Feder legotraumatisierter Architekten stammen – wobei die Legosteine in Lagerhallengröße daherkommen. Einen Höhepunkt ganz besonderer Art bot eine Unternehmenszentrale, die auf Pfeilern von einem kubischen Sockel emporragte und es tatsächlich schaffte, zugleich düster, dämlich, monumental und niedlich auszusehen – eine Barbiegruft in XXXL.

Auf jedem einzelnen Gebäude ist oben irgendetwas los – es blitzt, blinkt oder funkelt in den schillerndsten Farben. Großer Beliebtheit erfreuen sich Motive wie Cocktailoliven oder Gürkchen am Spieß. Doch die aufgespießten Leuchtskulpturen nehmen sich geradezu unaufdringlich aus vor dem Hintergrund des unglaublichen Oriental-Pearl-Fernsehturms, der über 400 Meter hoch ist und den zwei massive geodätische Erdkugeln zieren. Man kann sich kaum entscheiden, ob er wie eine russisch-orthodoxe Kirche aus dem 28. Jahrhundert aussieht, wie eine Startrakete für zwei Hubbleteleskope oder eher wie ein Riesen-Schaschlik, von dem auf dem Grill alles außer zwei Zwiebeln verkohlt ist.

Allgegenwärtig in der hektischen Betriebsamkeit Shanghais ist jenes berühmte Portrait, jene moderne Ikone. Das verhalten lächelnde, nichtssagende und dennoch bedrohlich wirkende Gesicht erscheint in allen erdenklichen Rotschattierungen auf Plakaten, Postern und Hauswänden. Einige nennen ihn ein Genie. Andere machen ihn für Millionen Tote verantwortlich. Und dann gibt es da noch jene, die sagen, seine militärische Reputation wäre übertrieben, aber er hätte mit einem Schlag das Festland erobert. Ja, die Rede ist von Colonel Sanders, dem Gründer von Kentucky Fried Chicken.

I N MANCHERLEI HINSICHT ist Shanghai eine homogenisierte Weltstadt wie andere auch. Das Restaurant meines Hotels war im „Rodeo '97"-Stil gehalten. Die Kellnerinnen trugen Hotpants aus Jeansstoff, karierte Hemden, Cowboystiefel und Texashüte – die einzigen einsfünfzig großen Cowgirls, die sich verbeugen, wenn man einen Drink bestellt. Gegenüber der Salatbar war ein elektrischer Bulle aufgestellt. Ein betrunkener japanischer Geschäftsmann kletterte drauf – und rutschte direkt herunter. Yip-piiiie.

Natürlich bietet Shanghai die eine oder andere exotische Attraktion, die einem das Gefühl gibt, wirklich weit gereist zu sein. Ich besuchte mit Freunden ein Lokal, das nach der miesesten Zoohandlung aussah, die mir je untergekommen ist. Die Wände waren voller ungepflegter Terrarien mit fetten, wütenden Giftschlangen, die zischten, drohend ihren Nacken spreizten und mit den Köpfen auf die Glasscheiben eintrommelten, als wären es Bongos. Dies war ein Restaurant in Shanghais Huaihai Road. *Spécialité de la maison*: Kobrablut.

Ein Kellner, der offenbar als entbehrlich eingestuft war, öffnete eines der Terrarien und angelte eine über einen Meter lange Schlange mit einem gabelförmigen Stock heraus. Sobald sie in Reichweite war, griff er sie unterhalb des Kopfes und trippelte Richtung Küche, wobei er die zappelnde Schlange weit von sich hielt wie einen Ring tobsüchtiger Bratwurst.

Wenige Minuten später erschien er mit einem Tablett voller Schnapsgläser, die mit leuchtender, blutiger Flüssigkeit gefüllt waren, sowie einem Extraglas mit der Schlangengalle. Als Zugabe.

Das Trinken von Kobrablut findet nach einem festen Ritual statt. Natürlich. Alle blödsinnigen Dinge unterliegen irgendwelchen Ritualen. Es müssen vier Männer zusammenkommen und einen Toast oder so etwas ausbringen – ich erinnere mich nicht mehr. Muss ich erwähnen, dass wir betrunken waren? Dann trinkt man es auf Ex.

Weil die Schlange zu den „kaltblütigen" Tieren zählt, hatte ich mit einem kalten Getränk gerechnet. Doch wie sich herausstellte, gehört sie in die Gattung der „zimmertemperierten" Tiere. Entsprechend war der Geschmack deutlich intensiver als bei einem Kaltgetränk. Ich verstehe diesen Rummel um exotische Nahrungsmittel nicht. Kobrablut jedenfalls schmeckt wie Hühnchen ... blut.

Das Trinken von Kobrablut macht einen ... ist sehr gut für ... gibt einem eine Menge ... Die Erklärung war auf Chinesisch. Und Kobragallensaft macht von alldem sogar noch mehr. Wir überließen diesen Bonus dem Jüngsten in unserer Runde. Er sagte, es wäre ganz okay gewesen, nur hätte er den Rest der Nacht damit verbracht, in seinem Hotelzimmer Mäuse zu jagen.

ABER ES GIBT NOCH eine fremdere Fremdheit in Shanghai. Etwas noch Abwegigeres als das Schlürfen frischgepresster Reptilien macht diese Stadt unheimlich und obskur. Für eine sehr volle Stadt ist sie nämlich erstaunlich leer. Zunächst fällt einem auf, dass es keine Hunde gibt. Dann bemerkt man, dass es keine Katzen gibt. Anschließend wundert man sich, dass es so gut wie keine Tauben gibt. Das Protein fehlt.

Die Bettler fehlen übrigens auch. Ich lief tagelang durch Shanghai und begegnete gerade mal zweien; die waren dann allerdings von der extrem legitimen Sorte, der eine ohne Hände und der andere ein verkrüppelter Zwerg. Ich halte es für unwahrscheinlich, unter 17 Millionen armen Menschen das Betteln mittels freundlicher Ermahnung oder höflicher Zurechtweisung abzuschaffen. Auch dass Kinder auf diese Weise abgeschafft wurden, will mir nicht recht einleuchten. Familien treten auf den Straßen und in den Parks immer im Dreierpack auf. Chinas Ein-Kind-Programm scheint zu funktionieren (ob es jedoch einen größeren sozialen Schaden anrichtet als das amerikanische Ein-Eltern-Programm, vermag ich nicht zu sagen).

Auf den ersten Blick scheinen die Staus normale Staus zu sein. Moderne Autos sehen nun einmal alle gleich aus. Auf den zweiten Blick stellt man erschrocken fest, dass diese Autos alle gleich aussehen, weil es alles die gleichen sind – VW-Santanas aus der hiesigen Niederlassung mit derselben dunkelroten Billiglackierung.

Die Innenstadtstraßen sind gnadenlos überfüllt, während die Umgehungsstraßen und Autobahnzubringer einsam und verlassen sind. Und auf den Parkplatzeinbuchtungen, wo andernorts Tankstellen und Restaurants stehen, sind stattdessen Polizeikontrollpunkte – Knastrast.

Das ländliche China dahinter wirkt wie eine Uhr, die rückwärts läuft: verlassene Autobahnen fädeln sich durch überfüllte Felder. Alle Feldarbeiten werden von Hand erledigt. Der einzige Traktor, den ich entdeckte, war eine Art kleiner Rotormäher, den ein Mann durch ein überflutetes Reisfeld lenkte, als mähte er ein Kinder-Plantschbecken.

Ich kehrte in die Stadt zurück und schlenderte die Nanjing Donglu entlang, vorbei an unzähligen Schaufenstern mit Lee-Jeans, Adidas-Schuhen und Revlon-Lidschatten. Plötzlich fiel mein Blick in einen schmalen Durchgang, wo in nur drei Meter Entfernung vom Ladentisch mit dem Make-up ein Mann in Unterwäsche an einem Waschbecken stand und sich wusch. Hier war nämlich sein Waschbecken. Wenn man in den Einzimmerverschlägen von Shanghai wohnt, ist das Bad nun einmal auf der Straße, wo man es mit einem halben Dutzend anderer Familien teilt. Und ein Waschbecken gilt als purer Luxus. In den meisten Fällen entpuppt sich das „Bad" als ein einsamer Wasserhahn, der mit einem Vorhängeschloss gesichert ist, damit die Leute aus dem Kaninchenbau nebenan nicht zum Schwarzwaschen kommen. Die Toiletten sind, sofern überhaupt vorhanden, am Ende des Blocks. Morgens fahren Lastwagen durch die Gassen und sammeln Nachttöpfe ein.

Die unmittelbar nach dem Vertrag von Nanking erbauten Häuser standen dicht an dicht in kleinen Seitenstraßen und hatten teilweise kleine Innenhöfe. Sie sehen aus als hätte sich jemand zugleich über französischen Baustil, englische Fenster, deutsche Maurerkunst und chinesische Grinsemund-Dachfirste lustig machen wollen, womit sie im Kleinen bereits vorwegnehmen, was das heutige Shanghai an großen Bausünden begeht — alles in gewohnter, asientypischer Überfüllung. In den Fünfzigern wurden diese Häuser in winzige Einzelwohnungen aufgeteilt. In den Sechzigern stopften die Kommunisten alle vorhandenen Baulücken mit Fertighäusern. Hunderte Reihen zweigeschossiger Würfel aus teerverfugten Betonplatten mit Blechdächern wurden den Leuten in die Einfahrten, vor die Türen und auf den Gehweg gestellt. Folglich gleichen die alten Wohnviertel Shanghais heute einem Pachisi-Spielbrett* — sowohl im wenig reizvollen Aussehen als auch, beinahe, im Maß.

Die Türen im Erdgeschoss führen direkt auf die Straße. Die Menschen leben mitten im Geschehen. Sie gehen im Pyjama zur Imbissbude. Wenn sie ihren Küchenstuhl zurückschieben, müssen sie Acht geben, dass sie keinen Verkehrsunfall verursachen. Und wenn sie durch die geöffneten Fenster Zeitungen und Zigaretten verkaufen, brauchen sie dazu nicht einmal aus dem Bett zu steigen.

Und das ist bei weitem keine Armut. Zumindest nicht in den Augen der Chinesen. Sie beachten diese materiellen Einschränkungen gar nicht. Man könnte sagen, sie halten sie für unerheblich. Und genau das sagt auch die Weltbank. In deren Bericht *China 2020 Series: Sharing Rising Incomes*** wird bestätigt, dass es „70 Millionen vollkommen verarmte Chinesen" gibt, und weitere „ungefähr 100 Millionen Menschen, die von weniger als 1 Dollar Einkommen pro Tag leben müssen"; am Ende desselben Absatzes behauptet die Weltbank, „die städtische Armut ist unerheblich".

Die Lebensbedingungen in Shanghai bedeuten für die Chinesen eine *Verbesserung*. Dieses städtische Chaos ist überaus begehrt. Man braucht eine staatliche Genehmigung, wenn man nach Shanghai ziehen möchte. Die Menschen reisen Tausende Kilometer und schleichen sich bei Nacht und Nebel in die Stadt, nur um so leben zu können.

* Brettspiel aus dem späten 19. Jahrhundert, Anm. d. Übers.
** „China 2020-Serie: Verteilung steigender Einkommen", Anm. d. Übers.

ES GIBT AUCH ANDERE ARTEN, in Shanghai zu leben – im ganz großen Stil. Dort sieht man Frauen, bei denen jedes einzelne Kleidungsstück, jedes Schmuckstück, jedes Accessoire die gespiegelten Chanel-C's aufweist. Sie sind die Anhängsel und Aushängeschilder der Goldesel Shanghais. Und die tragen Hugo-Boss-Modellanzüge (die unglücklicherweise genauso breit sind wie die Shanghai-Tycoons hoch). Lange schwarze BMWs und Mercedesse, die tagsüber in dem roten Einheitsbrei auf den Straßen fehlen, tauchen des Nachts vor dem Hard Rock Café auf (allerdings habe ich sie nie vor einem Restaurant gesehen, das Kobrablut serviert). Im Fenster eines Immobilienmaklers wurde ein komfortables Einfamilienhaus zur Miete angeboten: 10.000 Dollar im Monat. Eine größere Wohnung mit drei Schlafzimmern kostet 6.000 Dollar monatlich, eine kleinere 4.500 Dollar. Die Mitgliedschaft in einem Golfclub (die ebenfalls von Immobilienmaklern vermittelt wird, die in dieser Ecke des Globus offen zum Snobbismus stehen) ist ab 83.000 Yuan zu haben, was 10.250 Dollar entspricht – mithin beinahe das 200fache des durchschnittlichen chinesischen Monatslohns.

Der durchschnittliche chinesische Monatslohn ist auch beinahe das, was man für eine Runde Drinks in einer der Bars von Shanghai zahlt, in denen sich fünfzehnjährige Chinesen grüppchenweise wochentags betrinken. Während sie lallen und torkeln, wartet draußen der Wagen mit Chauffeur, und eines der blutjungen Mädchen streichelt ihr Handy wie das Stofftier, mit dem sie schon längst zu Hause im Bett liegen sollte. Gemäß dem bereits erwähnten Bericht der Weltbank ist die Verteilung des chinesischen Einkommenszuwachses zwischen 1981 und 1995 in ihrer Ungleichheit „mit Abstand die höchste aller Länder, für die vergleichbare Zahlen vorliegen". Die Disparität der Vermögensverteilung allein genügt schon, um alle Menschen in China, einschließlich meiner Wenigkeit, zum Kommunismus zu bekehren.

Moment mal. Sie sind ja schon Kommunisten.

In einem kapitalistischen Land könnte man die Schweine im Designeranzug, die Kreditkartenbräute und die chauffierten Pummelchen mit einem müden Achselzucken abtun. Dort finden wir uns mit diesen verdrießlichen Begleiterscheinungen ab, weil sie eben der Preis sind, den wir für unsere Freiheit zahlen. Doch in China gibt es keine Freiheit. Es ist verboten zu streiken. Es ist verboten, in die Kirche zu gehen, wenn die Regierung diese Kirche nicht mag. Im Januar 1996 wurde Pater Guo Bo Le aus Shanghai zu zwei Jahren Arbeitslager verurteilt, wegen – wie es in der Urteilsbegründung hieß – „Lesens der Messe". Recht auf freie Meinungsäußerung oder Versammlungsrecht: Fehlanzeige. Im Bericht zur Lage der Menschenrechte von 1996 schreibt das US-Außenministerium: „Alle öffentliche Kritik an der Partei oder an der Regierung wurde nachhaltig zum Verstummen gebracht, und zwar durch Einschüchterungen, Verbannungen, Gefängnisstrafen, vorübergehenden Freiheitsentzug oder Hausarrest. Keiner der betroffenen Dissidenten war zum Jahresende noch als aktiv bekannt." Auf fünfundsechzig verschiedene Vergehen steht die Todesstrafe, unter anderem auf das Fälschen von Steuerbescheiden. Folter ist an der Tagesordnung. Die Presse hat sich an die Richtlinien des Spezialausschusses der Kommunistischen Partei zu halten, die sich in aller Dreistigkeit „Propaganda-Abteilung" schimpft. Frauen werden zwangssterilisiert und weibliche Föten zu Tausenden abgetrieben, damit die Familien einen Sohn als ihr einziges erlaubtes Kind bekommen. Die meisten Arbeiter gehören einer *danwei* an, einer staatlichen Arbeitseinheit, die alles kontrolliert – vom Recht auf Wohnungswechsel bis zur Erlaubnis, ein Kind zu zeugen. Die amerikanische Organisation Freedom House schreibt in ihrem Jahresbericht *Freedom of the World*: „China hält weiterhin einen traurigen Rekord in der Missachtung der Menschenrechte, und eine Rechtsstaatlichkeit gibt es nicht."

ICH WAR ANLÄSSLICH einer akademischen Konferenz nach Shanghai gereist, zu welcher – ausgerechnet – eine liberalistischen Expertenkommission geladen war. Die Veranstaltung war offiziell abgesegnet und wurde von einer chinesischen Universität mitfinanziert. Warum bitten Kommunisten Menschen in ihr Land, die eine sentimentale Begeisterung für alles hegen, was mit Freiheit zu tun hat? In unserer Delegation fanden sich Leute, die meinten, es sollte der größten Eiscremekette der Staaten – Ben & Jerry's – gestattet werden, ihr Sortiment um die Geschmacksrichtung „Morphin-Minze" zu erweitern, und solche, die zu fortgeschrittener Stunde (und nach dem Genuss von ausreichend Kobrablut) murmelten: „Ich habe zu Timothy McVeigh* nur zwei Dinge zu sagen: ‚IRS'. 3 Uhr morgens'."

Doch wie sich herausstellen sollte, sind Liberalisten die einzigen Politiker in Washington, die den Freihandel zu schätzen wissen, egal was passiert. Und Freihandel ist so ziemlich das einzig Freie, was derzeit in China auf der politischen Tagesordnung findet. Die Liberalisten argumentieren dahingehend, dass es einer Regierung nicht zusteht, unabhängigen Bürgern vorzuschreiben, wann sie mit wem warum Handel treiben. Einige von ihnen gehen sogar so weit zu behaupten, dass der Verkauf von Hamburgern und Pepsi an die Festlandchinesen einen ähnlich glücklichen Ausgang nehmen könnte wie der der windpockeninfizierten Wolldecken an die Prärie-Indianer – die Kommunisten werden eine schwere Infektion mit westlichen Werten kriegen.

---

* Bombenattentäter von Oklahoma; IRS = Internal Revenue Service (die amerikanische Steuerbehörde), Anm. d. Übers.

So plauderten die Liberalisten unbeschwert über Individualismus, Verantwortung, das Recht auf Selbstbestimmung, die bürgerliche Gesellschaft und natürliche Rechte. Und die Chinesen starrten ins Leere, applaudierten höflich und fragten uns, ob China den Status „meistbegünstigte Nation" erlangen könnte, ohne das Ende von Boris Jelzin zu küssen.

Außerdem wollten sie etwas über die Privatisierung der Sozialversicherung wissen. Dieses Thema stand bei den Liberalisten ebenfalls hoch im Kurs, allerdings aus einem anderen Grund als bei den Chinesen. Einer der „marktbejahenden" Parteikader erzählte dem Publikum: „... zu hohe soziale Sicherheit fördert Faulheit."

DIE AKADEMISCHE KONFERENZ war, als hätte einen jemand auf das College zurückgeschickt – unbekifft und mit weniger Übung im Männchenkritzeln. Der chinesische Amateur-Dolmetscher vom College war keine große Hilfe. Bis auf wenige Ausnahmen übersetzte er ausschließlich die Substantive: „Probleme China Reformen Industrie Strategie Fünfziger Struktur." Nachmittags und abends gab es offizielle Banketts – die chinesische Variante eines Thanksgiving-Essens, zweimal täglich. Wir sollten dankbar sein, dass Columbus den Orient nicht gefunden hat, sonst hätten sich unsere Vorväter von Hühnerfüßen, Schweinegesichtern, schwarzen „eingelegten" Enteneiern und anderen, nicht identifizierbaren Vorspeisen ernährt. (Was man in China sehr schnell lernt, ist niemals zu fragen, „Was gibt's?")

Meine Reaktion auf die akademische Welt hatte sich in achtundzwanzig Jahren nicht wesentlich verändert. Ich schwänzte. Ich verbrachte meine Zeit damit, durch das heillose Wirrwarr von Shanghai zu wandern, einen Blick auf die architektonischen Vorläufer für die erste Bank auf dem Mars und das Supereinkaufszentrum auf der Sonne zu werfen und mir meinen Weg durch die Stadt zwischen den Rattanhelmen der Bauarbeiter hindurch zu bahnen (übrigens die Idee für amerikanische Bauunternehmen, die dringend ein umweltfreundlicheres Image brauchen). Wo gerade keine naturnahen Bauhelme waren, standen Unmengen fliegender Händler mit Esswaren (es empfiehlt sich nicht, kurz nach dem Frühstück in einen Eimer mit lebenden Aalen zu sehen).

Der Einzelhandel in Shanghai ist Sache der riesigen Kaufhäuser und der Körbe der Kulis. Die Industrie ist entweder Sache von Unternehmen, die groß genug sind, um einen Sitz im UN-Sicherheitsrat zu beanspruchen, oder von Fahrradläden auf den Gehwegen. Dazwischen gibt es nichts. „Mittelstand" ist ein Fremdwort; es gibt keine mittelpreisigen Waren, und zum Mittelstand gehören zu wollen, scheint man den Leuten hier gründlich ausgetrieben zu haben.

Nehmen wir beispielsweise die klassische bourgeoise Handlung, einen Wagen zu kaufen. In China bedarf es dazu einer staatlichen Genehmigung vonseiten der Handelsverwaltungsbehörde. Sobald man das Auto gekauft hat, geht man mit der Quittung zur Steuerbehörde und zahlt 10 Prozent Warenumsatzsteuer und, wenn das Auto importiert wurde, eine Zollabgabe von bis zu 150 Prozent des Wagenwerts. (China unterstützt den Freihandel – zugunsten *anderer* Länder.) Anschließend findet eine Inspektion statt, bei welcher nicht nur inspiziert wird, sondern man Weisung erhält, Feuerlöscher und dergleichen zu installieren. Dann braucht man eine Parkerlaubnis vom Verkehrsbüro, eine Haftpflichtversicherung für 1.000 Dollar jährlich, eine befristete Zulassung und eine Quittung über bezahlte Straßenerhaltungsgebühren. Danach macht man ein Foto von seinem Auto, auf dem sämtliche erforderlichen Dokumente zu sehen sind, das man der Autoverwaltungsbehörde vorlegt, die – so sie in der passenden Stimmung ist – eine unbefristete Zulassung ausstellt, sobald man für die Registrierung der Zulassungsnummer bezahlt hat.

Damit wäre dann auch geklärt, warum von den Wagen auf Shanghais Straßen kein einziger in Privatbesitz ist. Sie sind alle staatseigene Taxen.

D IE CHINESISCHE WIRTSCHAFT ist gewachsen. Laut Weltbankstatistik ist „Chinas Bruttoinlandsprodukt pro Kopf um beachtliche 8,2 Prozent jährlich angestiegen, seit die Wirtschaftsreformmaßnahmen von 1978 in Kraft getreten sind". Aber was genau ist eigentlich gestiegen? Einer der chinesischen Universitätsprofessoren gönnte uns eine Führung durch Pudong, das 36 Milliarden Dollar teure „Neue Industrie- und Handelsgebiet" Shanghais auf der anderen Seite des Huangpu-Flusses. Wir fuhren mit dem Bus durch einen Tunnel, der verdächtig nach Heimarbeit aussah, und kamen in einem flachen, gewollt sterilen, gigantischen Bürobautenkomplex an – ein Gewerbegebiet wie ein chinesisches Nebraska. Hier und da zierte dumpf-abstrakte, unternehmerfreundliche Kunst die Landschaft: Eierige Stahlformen in Rot, Gelb und Blau ragten aus den Verkehrsinseln. „Was stellt diese Skulptur dar?" fragte der Professor, der nicht zögerte, sogleich selbst zu antworten: „Ich weiß es nicht." Er machte einen recht vernünftigen Eindruck. Er kritisierte die Regierung nicht direkt, zeigte jedoch in Richtung mehrerer Blocks von Eigentumswohnungen, deren von Klimaanlagenkästen durchbrochenes Plexiglasdesign wenig einnehmend wirkte. Er erzählte uns, dass die Wohnungen zwischen 100.000 und 200.000 Dollar kosteten. Aber fast alle standen leer. „Warum sind diese Häuser unbewohnt?" fragte der Professor. „Überbebauung und Überteuerung."

An jeder Straßenecke stieß man auf multinationale Konzerne: Hewlett-

Packard, Siemens, Sharp, Coca-Cola, SmithKline Beecham, Hoffman La Roche, Sony. Trotzdem stimmte mit diesem Gewerbegebiet etwas nicht – es wurde kein Gewerbe betrieben. Es schien überhaupt niemand dort zu sein. Totenstille an einem Dienstagnachmittag. Wir fuhren leere Straßen auf und ab, die von Betonzäunen gesäumt waren, an welchen Schilder klebten, die alles Mögliche verboten: Kein Spucken. Kein Kampfsport. Keine Bäume beschneiden. Keine Knallkörper. Kein Kappen der Telefonleitungen.

Kein Kappen der Telefonleitungen?!? Entlang der Straßen lagen kilometerweise Rohrleitungen, die an den Wegkreuzungen in dicken Wülsten nach oben ragten. Es waren Wasser- und Abwasserrohre. Pudong lag auf einer Schwemmebene, nur wenige Meter über dem Meeresspiegel. Der Boden war zu schlammig, als dass man ein unterirdisches Kanalisationssystem hätte bauen können. Doch das hatte den Bau nicht beeinträchtigt. „Die Bodenfläche in Hochhäusern", sagte der Professor und verdrehte die Augen, „ist größer als in New York."

Der übersättigte Immobilienmarkt hat während des ersten Halbjahres 1997 dazu geführt, dass die Preise um 30 Prozent zurückgingen. Trotzdem plant man, die Bürobauten der Stadt bis 1998 um ein weiteres Drittel zu erhöhen.

FREIER MARKT HEISST NATÜRLICHE EVOLUTION von Freiheit. In Shanghai fehlt ein Glied in der Kette. Es gibt kein darwinistisches Wirtschaftsgefüge, innerhalb dessen Unternehmen je nach Überlebens- und Wachstumsfähigkeit florieren. Es ist ein kreationistisches Gefüge, in dem der Erfolg von einer höheren Macht bestimmt wird.

Genau so funktioniert Pudong. In einem Artikel der Zeitung *The Asian Wall Street Journal* las ich über die für Pudong zuständigen Regierungsbeamten: „Im Rückgriff auf ihre autoritären Instinkte ... setzen sie alle möglichen Taktiken ein, um die gähnend leeren Viertel zu füllen, die sie bauen." Hier stand auch, dass man ausländischen Banken sagte, sie müssten ihre Zentralen in Pudong haben, wenn sie mit der Binnenwährung handeln wollten, und dass man die internationale Schule dorthin verlegt, um auf diese Weise die Mitarbeiter der Auslandsfirmen in die leeren Apartmenthäuser zu locken. Über Shanghai im Allgemeinen schrieben sie: „Der Stadt wurde buchstäblich befohlen, groß zu sein."

Die chinesischen Kommunisten wollen den Kapitalismus von oben nach unten bauen. Das muss man sich so vorstellen, als hätten die Ägypter den Bau der Cheopspyramide mit den Worten begonnen, „Thutnefer, du hältst dieses spitze Zweitonnendings nach oben, und die restlichen Sklaven holen inzwischen 2.300.000 Steinblöcke."

Wenige Monate nach meinem Pudong-Ausflug kam es in Asien zu einer spektakulären Wirtschaftskrise. Und ich hatte vom Busfenster aus deren Ursache gesehen. Unsinnigkeiten Pudong'scher Güte hatte es auf dem ganzen Kontinent gegeben. Anstatt Geld dort zu investieren, wo es zu möglichst viel mehr Geld wird, hatte man Unsummen in seltsame, bombastische Projekte gesteckt. Einige dieser Fehlinvestitionen verdankten sich der „nationalen Industrieentwicklungspolitik", andere der Korruption, wieder andere regionaler Prunksucht, und dann gab es solche, die aus diffusen politischen Gründen getätigt wurden. Von Thailand bis Japan hatte man faule Kredite verlängert, aussichtslose Beteiligungen verkauft und schlechte Unternehmen bezuschusst – alles in der Hoffnung darauf, Erfolg könne auch anders erzielt werden als dadurch, dass man erfolgreich ist.

Zugegeben, wäre ich imstande gewesen, das Desaster im Voraus statt hinterher zu sehen, wäre ich heute viel zu reich, um ein Buch zu schreiben. Aber ich hätte so oder so falsch gelegen. Da Pudong das schlimmste Beispiel für die Deplatzierung von Kapital ist, hätte ich damit gerechnet, dass die Firmenzusammenbrüche in China ihren Anfang nehmen. Doch China hat keine floatende Währung, deren Kurs verfallen kann, und keinen Effektenmarkt, der frei genug ist, um in den freien Fall zu gehen. Und die normalen Menschen in China leben in entsetzlicher Armut. Wenn also eine Depression eintritt ... leben sie eben in entsetzlicher Armut.

An meinem letzten Tag in Shanghai besuchte ich einen Freiluft-Antiquitätenmarkt – der eigentlich eher ein Flohmarkt war – mit lieblos zusammengezimmerten Ständen, an denen es ein paar alte Vasen und Armbänder und jede Menge Mao-Anstecker zu kaufen gab. Ich fand ein Poster aus der Zeit der Kulturrevolution, das mehrere stämmige Figuren zeigte, die in gewohnter Marxistenmanier ihr Kinn in die Höhe reckten („Hat sich einer beim Rasieren geschnitten?"). Die Frau an dem Stand zeigte auf das Datum auf dem Poster, 1966, und schrieb den Preis auf ihren Handrücken: 100 Yuan (oder renmimbi, „Volksgeld", wie der Yuan neuerdings heißt) – ungefähr 12,50 Dollar. Ein kleiner alter Mann mit gekrümmtem Rücken, wenig Zähnen und dicken Brillengläsern trat zu mir. „Möchten Sie eine Übersetzung?" fragte er.

Die Bildaufschrift lautete: REVOLUTIONÄRE STUDENTEN MÜSSEN SICH MIT DEN REVOLUTIONÄREN BAUERN VEREINEN UND GEMEINSAM MIT IHNEN AN DER PLURALISTISCHEN KULTURREVOLUTION TEILNEHMEN. Wie wir heute wissen, war das Ergebnis dasselbe wie bei der Zuckerrohrernte auf Kuba. Ich gab der Frau 100 Yuan.

„Nein, nein", sagte der alte Mann. „Sie hätten mit ihr feilschen sollen."

„Ach wissen Sie", sagte ich, „für mich ist es eine Art Bußgeld. Als dieses Poster gedruckt wurde, glaubte ich, dass ich für Mao wäre."

Der alte Mann lachte und sagte: „Oh ja, ich weiß. Weil ich während der Okku-pation auf eine japanische Schule geschickt worden war, hatte man mich auf's Land verbannt."

„Das war bestimmt nicht lustig."

„Wie habe ich gelitten", sagte er. „Aber Mao war ein großer Mann."

„Denken Sie das wirklich?"

„Er war einfach nur zu lange Diktator. Er hat viele schreckliche Dinge getan. Er hat ..." Der alte Mann grübelte einen Moment, wie er es ausdrücken sollte, ehe er die gesamte Geschichte der staatlichen Missetaten auf dem Gebiet der Volks-wirtschaft zusammenfasste: „Er hat zu viel getan."

11

DAS SCHWEIN MIT DEM HOLZBEIN

WIR SIND GANZ KURZ DAVOR, reich zu sein. Jedermann auf dieser Welt könnte höllisch reich sein. Die umnachteten Massen in Indien könnten aufhören, auf Fahrradrikschas durch die Gegend zu strampeln, und stattdessen Lear-Jets durch die Straßen von Kalkutta schleppen. Die brasilianischen Indianer könnten endlich im Regen(wald) singen. Die bedrohten Tierarten bekämen endlich eine bessere PR: „Rettet das ‚Girl from Ipanema'." Die Eskimos dürften aufhören, Robbenbabys totzuschlagen und ihre arktische Weite zum Aufbau einer olympiareifen Eistanztruppe nutzen.

Wenn wir alle vermögend sind, wird Sally Struthers im Anzeigenteil von Hochglanzmagazinen erscheinen, unter der Schlagzeile: SIE KÖNNEN DIESES MÄDCHEN IN EIN ABMAGERUNGS-SOMMERCAMP SCHICKEN ODER UM-BLÄTTERN. CARE-Pakete wären mit Austernzangen und Trüffeln gefüllt. Und selbstlose Musiker würden Benefizkonzerte geben, um Geld zu sammeln, damit die Rolling Stones in Rente gehen können.

Geld würde nicht alle unsere Probleme lösen. Aber es gäbe uns eine Wahl – wir könnten wählen, welche Probleme wir haben wollen. Freizeitparks könnten Zweigstellen in Bosnien und Herzegowina eröffnen, in denen sich die Moslems und Serben Farbbeutelschlachten liefern können. Selbstzerstörerische Individuen würde es zwar immer noch geben, aber sie müssten sich ihre Überdosis nicht länger in öffentlichen Toiletten spritzen, sondern dürften ihr Leben im Luxus eines Chateau Marmont aushauchen – wie John Belushi. Die Taliban-Fundamentalisten würden ihre Frauen vielleicht weiterhin wegsperren wollen, aber sie könnten es tun, indem sie ein Riesenkaufhaus in Kabul aufmachen. Dann sähen sie diese Frauen bestimmt nicht wieder.

All das wäre möglich, weil die moderne Industriewirtschaft funktioniert. Offenbar funktioniert sie an einigen Orten besser als an anderen, doch funktionieren an sich tut sie selbst in den ärmsten Regionen. An der Elfenbeinküste ist das Pro-Kopf-Vermögen mittlerweile auf dem Stand der USA zu Zeiten der Monroe-doktrin, und in Ägypten ist es sogar noch höher. Amerika hat sich in den 1820ern nicht als arme Nation verstanden, und tatsächlich gehörte es damals zu den wohlhabendsten Ländern der Welt.

Es gibt umfassendes Forschungsmaterial zur Geschichte der Industriewirtschaft, wovon ein beträchtlicher Teil von der OECD zusammengestellt wurde. Die „Organization for Economic Cooperation and Development" wurde in den Nachwehen des Zweiten Weltkrieges von den Marshall-Plan-Ländern gegründet. Ihre Aufgabe bestand, wie der Name schon sagt, in der Förderung von wirtschaftlicher Zusammenarbeit und Entwicklung. Die OECD möchte jedermann unglaublich reich machen, wenngleich sie das in ihren Veröffentlichungen nicht so deutlich sagt.

1995 veröffentlichte sie ein Buch des Wirtschaftswissenschaftlers Angus Maddison, *Monitoring the World Economy 1820–1992**. Maddison hatte sich mit dem Wirtschaftswachstum seit den Fünfzigern beschäftigt und alle Statistiken und statistischen Schätzungen überprüft. Anhand dieser Zahlen schließt Maddison, dass das Wirtschaftswachstum bis zur Industriellen Revolution eher mager gewesen sein musste. Gemessen in Dollar von 1990 stieg das Bruttosozialprodukt – der Wert aller auf der Erde produzierten Güter – von 565 Dollar pro Kopf im Jahre 1500 auf 651 Dollar pro Kopf im Jahre 1820. Das war ein Vermögenszuwachs von jährlich 27 Cents.

Doch nach dem Beginn der Industriellen Revolution geschah etwas Wunderbares. Das Bruttosozialprodukt der gesamten Welt kletterte von 695 Milliarden Dollar im Jahre 1820 auf beinahe 28 Billionen Dollar im Jahre 1992. Unser Planet hatte 1992 dieselbe Menge bebaubares Land wie 1820 und wohl auch dieselben natürlichen Ressourcen. Hinzukommt, dass die Bevölkerung von etwas über 1 Milliarde auf nahezu 5,5 Milliarden angewachsen ist. Und dennoch stieg das Bruttosozialprodukt pro Kopf von 651 Dollar auf 5.145 Dollar. Das Vermögen wuchs um 26 Dollar pro Kopf pro Jahr, mithin hundertmal schneller als vor dem Industriezeitalter.

Die moderne Wirtschaft funktioniert, und wir wissen, wie wir sie immer noch besser funktionieren lassen können. Die freie Marktwirtschaft ist außerordentlich erfolgreich. Davon kann sich jeder selbst überzeugen, der hinsehen will. Hongkong mit seinen 6,5 Millionen Einwohnern auf knapp 1.100 Quadratkilometern erwirtschaftet ein jährliches Bruttoinlandsprodukt von 163,6 Milliarden Dollar; Tansania mit 29,5 Millionen Menschen auf 945.087 Quadratkilometern bringt es auf gerade mal 18,9 Milliarden Dollar.

Selbst eine freie Marktwirtschaft mit beträchtlichen Steuerbelastungen und regulativen Hindernissen ist immer noch besser als eine Marktwirtschaft, die nicht frei ist. Schweden verfügt in etwa über die gleiche bebaubare Fläche wie Kuba, gleich viele natürliche Ressourcen, ein schlechteres Klima und ein paar

---

* „Die Weltwirtschaft von 1820-1992 im Überblick", Anm. d. Übers.

Millionen weniger Leute. Dennoch ist das Bruttoinlandsprodukt von Schweden mehr als elfmal so hoch wie das Kubas.

Und die freie Marktwirtschaft übertrumpft Kultur und Bildung. Nord-Korea hat eine Analphabetenrate unter einem Prozent, und seine Gesellschaft besteht aus disziplinierten, fleißigen Menschen, die ein Bruttoinlandsprodukt von 900 Dollar pro Kopf erarbeiten. Marokkos Analphabetenquote liegt weit über 50 Prozent, und die Menschen verbringen ihre Tage damit, Kaffee zu schlürfen und Touristen zu belästigen, denen sie Teppiche verkaufen wollen; das Bruttoinlandsprodukt beträgt 3.260 Dollar pro Kopf.

WIR WISSEN, WAS ZU TUN IST und wie es zu tun ist. Was also stimmt mit dieser Welt nicht? Bis zu einem gewissen Grade das, was mit mir auch nicht stimmt. Weil es nämlich eine schlichte, enttäuschende und irgendwie peinliche Tatsache ist, dass das Geheimnis des Erfolges genau so aussieht, wie es mir meine Eltern schon erzählt haben.

Das Wunder der modernen Industriewirtschaft gründet in eben jenen Dingen, die uns unsere Leute einzuhämmern versuchten, bevor wir aufs College verschwanden, um uns lange Koteletten und Haare an den Beinen wachsen zu lassen – oder, nach heutigem Stand, uns die Augenbrauen zu piercen und den Hals zu tätowieren. Es ist jener Rat, der uns am Mittagstisch serviert wurde, während die Karamelcreme zu einer Pfütze verlief und unsere Freunde beim Einkaufszentrum auf uns warteten. Es ist der unbeholfene Monolog, mit dem unsere Eltern „ganz offen" auf uns einredeten, wenn wir high waren. Es ist das, was wir in Großbuchstaben hörten, wenn wir Zeugnisse nach Hause brachten, die sich wie eine Liste von Baywatch-BH-Größen lasen, oder das Auto zu Schrott gefahren hatten.

- Fleiß
- Bildung
- Verantwortung
- Eigentumsrechte
- Rechtsstaatlichkeit
- Demokratische Regierung

Zugegebenermaßen haben es die wenigsten Eltern geschafft, all diese Punkte in einer Predigt unterzubringen. Genaugenommen habe ich noch nie von Eltern gehört, die sagten: „Hör mal, wenn ich doch das nächste Mal ohne Eigentumsrechte erwische, nehm' ich dir das Handy weg." Doch wenn unsere Eltern sagten, „Sei ehrlich", dann gingen sie davon aus, dass es Eigentumsrechte gab. Und wenn unsere Eltern sagten, „Halte dich an das Gesetz", dann brachten sie damit implizit zum Ausdruck, dass sie an die Existenz eines Gesetzes glaubten und dieses Gesetz es verdiente, dass sich die Leute daran hielten. Und viele unserer Eltern haben dem Militär gedient und die Demokratie verteidigt, woran sie uns in Vorträgen von epischer Länge erinnerten.

Natürlich verstanden unsere Eltern unter „Fleiß" nicht, dass wir die mühselige Arbeit tun sollten, die die Armen dieser Welt verrichten. Nur wenige Eltern hoffen für ihre Sprösslinge auf Jobs, in denen sie 20-Liter-Eimer mit Wasser auf dem Kopf tragen müssen. Unsere Eltern wünschten uns, dass wir unseren Fleiß auf intellektuell anspruchsvolle, befriedigende und aussichtsreiche Tätigkeiten verwandten. (Natürlich wollten sie auch, dass wir den Rasen mähten.) Fleiß hing unmittelbar mit Bildung zusammen.

Trotzdem haben Milliarden Menschen keine Chance auf Bildung, und einige von ihnen, wie religiöse Fundamentalisten oder dekonstruktionistische College-professoren, glauben nicht an die Bildung, die sie bekommen können. Das ist ein Grund, weshalb die Elternratschläge am Mittagstisch sich so schlecht auf die verarmten Massen der Erde anwenden lassen. Es gibt Milliarden Menschen, die keine Eigentumsrechte haben, geschweige denn Eigentum. Oder aber deren Eigentumsrechte willkürlich sind, und deren Eigentum sich jederzeit jemand nehmen kann, der eine Waffe oder einen Regierungsauftrag hat. Diese Milliarden Menschen tun sich schwer mit der Verantwortung, denn Verantwortung bedeutet, an die Zukunft zu denken. Sie haben keine.

Rechtsstaatlichkeit ist äußerst wichtig. Aber es muss ein anständiges Recht sein, nicht wie das albanische „Gesetz des Lek". Wenn also das, was unsere Eltern uns erzählen, global wirksam sein soll, müssten Mom und Dad dringend die Führungselite der Welt ins Esszimmer holen. All die Präsidenten, Premierminister, Diktatoren, Generäle, Vorsitzende idiotischer Parteien, geistesgestörte Guerillahäuptlinge und die fanatischen Köpfe von wahnsinnigen religiösen Sekten müssten sich um den imitierten Queen-Anne-Mahagonifurnier-Esstisch (mit Ausziehplatten) drängeln und sich ihre Standpauke abholen.

Dann wäre da noch die Demokratie. Demokratie ist ein Bollwerk gegen Tyrannei – vorausgesetzt der *demos** wird nicht zu tyrannisch. Menschen können sich arm wählen. Die Schweden zumindest scheinen es zu versuchen.

Nun kommen also alle Leute von diesem Planeten zu uns nach Hause. Und wenn sie dort sind, werden sie ... genau das tun, was wir auch getan haben. Sie werden nicht zuhören.

Es gibt eine weltweite Sturheit, wenn es um Geld geht. Es gibt eine mutwillige

---

* „demos": Volksgemeinde der altgriechischen Stadtstaates, Anm. d. Übers.

und sogar aggressive Ignoranz, wenn es um Mittel und Wege geht. Es gibt eine inbrünstige und nahezu überall vorherrschende Weigerung, die grundlegenden volkswirtschaftlichen Prinzipien zu verstehen, die hinter der Schaffung von Wohlstand stehen.

DIESE IGNORANZ IST NICHT durchweg irrational. Immerhin profitieren einige Leute von ökonomischen Missständen. Zum Beispiel Ökonomen. John Maynard Keynes hätte kein so großes Tier werden und die Regierungsinterventionen in Handel und Finanzen lenken können, hätte es keine Große Depression gegeben. Und Alan Greenspan ist nur deshalb erfolgreich, weil wir alle unsere Brieftaschen verloren haben, als die Inflation uns einheizte.

Wir fürchten die Macht, die andere über uns haben. Und Vermögen ist Macht. Wir haben Angst davor, dass Kathie Lee Gifford uns zwingen könnte, Jogginganzüge für dreißig Cents die Stunde zu nähen. Aber sind die Reichen wirklich furchteinflößender als die Armen? Gehen Sie doch mal um Mitternacht durch einen Nobelvorort und anschließend durch die Straßen unweit des Capitols. Natürlich können wir auch in Monte Carlo Schwierigkeiten bekommen. Wir könnten beim Roulette verlieren. Oder wir könnten in irgendeines krummes Geschäft von Prinzessin Stephanies Ex-Mann verwickelt werden. Doch die Wahrscheinlichkeit, im District of Columbia überfallen zu werden, ist ungleich größer.

Nicht dass wir diesen armen Menschen ihre Verbrechen missgönnen. Sie betreiben nichts anderes als Politik im kleineren Rahmen. Wenn sie auf ihre eigenen politischen Führer hörten, würden sie ihre Waffen zur Seite legen, sich eine Wahlurne schnappen und alle bestehlen – statt nur uns.

Politische Systeme müssen ein Faible für Armut haben – sonst würden sie sie nicht in solchen Mengen produzieren. Arme Leute sind eine leichtere Beute für Demagogen. Kein Mao oder gar Jiang Zemin könnte es auf dem Parkett der New Yorker Börse zu etwas bringen. Politiker demokratischer Länder profitieren gleichfalls vom Elend. Die Vereinigten Staaten unterhalten seit dreißig Jahren ein breites Spektrum an Armenhilfeprogrammen. Diese Programme haben versagt. Millionen Menschen sind immer noch arm. Und diese Menschen wählen Politiker, die die Programme beibehalten wollen. Da scheint irgendeine merkwürdige Verschwörung im Gange zu sein.

Zahlreiche Religionen behaupten, Armut zu lieben. Und einige Religionen befürworten sogar das Armsein. (Obwohl all diese Religionen gern bereit sind, größere Geldspenden anzunehmen.)

Man sollte meinen, dass Geschäftsleute bei der Suche nach neuen Kunden eine Abscheu gegen Mittellosigkeit hegen. Doch Kathie Lee Gifford ist bei weitem nicht die einzige Unternehmerin, die sich darauf verlässt, mittellose Arbeitskräfte für schlecht bezahlte Jobs zu gewinnen.

Dann gibt es da noch die Riege der Umweltschützer, die menschliches Elend für gleichbedeutend mit Reichtum an Pflanzen und Tieren halten. Tansanias Erfahrung mit Nashorn-finanzierenden Touristen contra Nashorn-tötende verarmte Wilderer spricht dagegen. (Das Beste, was den Nashörnern passieren kann, wäre, wenn sich jeder Mann in Asien Viagra leisten könnte.) Aber viele „Grüne" glauben unbeirrbar daran, dass wachsender menschlicher Wohlstand schlecht ist. „Der Gesellschaft viel billige Energie zu geben ... wäre dasselbe, als gäbe man einem Kind ein Maschinengewehr."

Schließlich kommt allgemeine Armut vereinzeltem Wohlstand zugute. Wenn die meisten Leute abgebrannt sind, ist das prima für die paar Wohlhabenden. Sie bekommen billige Haushaltshilfen, vornehme alte Herrenhäuser zu niedrigen Preisen, und in Martha's Vineyard gibt es kein Gedrängel. Das erklärt auch die kleinen, üblen Plutokratien in verarmten Ländern. Vielleicht liegt hierin auch der Grund für die reichen Sozialisten, die seit zwei Jahrhunderten führende Positionen in der Politik einnehmen.

ICH BEGANN DIESES BUCH mit der Frage, warum einige Länder dieser Welt reich sind und andere arm, und ich hatte natürlich gewisse Vorurteile, wie die Antworten ausfallen würden. Ich bevorzugte den freien Markt, und zwar nicht etwa weil ich irgendetwas über Marktwirtschaft wusste, sondern weil ich in einem freien (oder beinahe freien) Land lebe und ein freier Mann bin (zumindest so lange ich regelmäßig zu Hause anrufe) und weil es für mich gut läuft. Ich zweifelte an der Fähigkeit von Politikern, wirtschaftlichen Nutzen zu fördern, weil ich darüber etwas wusste. Ich schreibe seit Jahren über Politik, sowohl über die amerikanische als auch über die anderer Länder. Und ich betrachtete Kultur, vom wirtschaftlichen Standpunkt aus, als einen Scherz. Wie sollte Ballett die Tansanier wohlhabend machen?

Ich war vollkommen konsterniert, als ich feststellen musste, wie wichtig Gesetze sind. Gesetze entstammen nun einmal der Politik. Und politische Systeme sind letzlich Produkte von gesellschaftlichen Einstellungen, Ideen und Überzeugungen – mithin Produkte jenes verdammten Rätsels, das Kultur heißt.

Womit ich wieder beim freien Markt angekommen wäre. Ich fing an, die freie Marktwirtschaft auf ihre Effektivität hin abzuklopfen, ihre „Effizienz", wie Ökonomen es nennen würden. Und ich endete damit, dass ich die freie Marktwirtschaft als ein Moralinstrument betrachtete. Mein anfängliches Vorurteil hat sich in einem Punkt bestätigt. Ausschlaggebend an der freien Marktwirtschaft ist, dass sie frei ist. Wirtschaftliche Freiheit lässt sich von anderen Freiheiten nicht abspalten. Man kann Religionsfreiheit haben, wenn der Rabbi Freitags nicht in der Nachtschicht arbeiten muss. Man kann Versammlungsfreiheit haben, aber wo soll die ganze Versammlung hin, wenn es draußen regnet?

Die US-Verfassung ist (hoffe ich zumindest) ein Abbild der amerikanischen Kulturwerte. Der Erste Verfassungszusatz impliziert einen freien Markt. Sechs der folgenden neun Zusätze in der Bill of Rights verteidigen ausdrücklich das Privateigentum. Und zwei von den anderen Artikeln beziehen sich auf die Rechte der Leute, von denen einige eindeutig wirtschaftliche Rechte sind. Wir sind eine Nation des freien Marktes, auch wenn die Wähler und Gewählten das bisweilen vergessen.

Der Glaube an die freie Marktwirtschaft ist ein Glaube an die angeborenen Rechte aller Menschen, die Früchte ihrer Bemühungen selbst zu ernten, und an das Recht, mit diesen Früchten nach eigenem Gutdünken zu verfahren, so lange andere Menschen keine verfaulten Pfirsiche oder Ähnliches ins Gesicht geschmiert bekommen.

Es gibt Leute, die das nicht glauben. Einige dieser Leute sind einfach schlecht. Sie stehlen. Andere sind „nationalistisch" und denken, dass es in Ordnung ist, anderen Menschen Sachen wegzunehmen, wenn diese weiter als einen Pfirsichwurf entfernt leben oder eine andere Sprache sprechen oder eine andere Religion haben oder komisch aussehen. Und die Könige, Kaiser und so fort, die die Menschheit die längste Zeit der Geschichte hindurch regiert haben, standen unter dem irrigen Eindruck, dass alles den Königen, Kaisern und so fort gehörte.

Da die Könige, Kaiser und so fort zwischenzeitlich erschossen oder auf jämmerliche Zeremonienmeisterposten reduziert worden sind, erfreut sich unter den Gegnern der Wirtschaftsfreiheit das Argument, freie Märkte wären unfair, besonderer Beliebtheit. Sozialisten, Sozialdemokraten, amerikanische Liberale und alle möglichen anderen ökonomischen Gleichmacher denken, dass uneingeschränkte Industrie, Landwirtschaft und Handel zur Ausbeutung von Leuten führen, die in diesen Dingen nicht besonders gut sind. Angeblich führt das zu widermoralischem Wohlstand Weniger und unerhörter Armut Vieler.

Es war Adam Smith, der in seinem Werk *Untersuchung über die Natur und die Ursachen des Nationalreichtums* (das durch einen glücklichen Zufall 1776 erschien) erstmals behauptete, dass ein freier Markt gut für jeden wäre. Smith scheint der erste Mensch gewesen zu sein, der erkannte, dass der freiwillige Tausch den Wohlstand vergrößert. Mit jedem Tauschhandel wird Vermögen vergrößert. Auf den ersten Blick scheint ein Tausch eine ausgewogene Sache, doch jeder der Beteiligten gibt etwas her, das er niedriger bewertet, gegen etwas, das er höher bewertet. Entsprechend wächst beider Vermögen. Als neolithische Speermacher mit neolithischen Korbflechtern Geschäfte machten, versetzte dies die Speermacher in die Lage, Dinge auf bequemere Weise zu transportieren als auf eine Speerspitze gespießt, und die Korbflechter in die Lage, Mastodone auf zeitsparendere Weise zu erlegen als durch das Prügeln mit Körben.

Die Erträge des freien Marktes nutzen allen. Insofern sind sie moralisch unantastbar. Und das Schöne an dieser Moral ist, dass wir keine guten Menschen sein müssen, um ihr zu entsprechen. In der bekanntesten, und wohl einzigen bekannten, Stelle seines Buches schreibt Adam Smith: „Wir verdanken unser Abendessen nicht der Güte des Fleischers, des Brauereimeisters oder des Bäckers, sondern ihrer Wahrung der eigenen Interessen." Smith war sich darüber im Klaren, dass die eigennützige Sorge des Menschen um sein persönliches Wohlergehen ein wünschenswertes, ja ein wunderbares gesellschaftliches Phänomen darstellt. „[Er] plant nur seinen eigenen Gewinn", schrieb Smith, „und er wird dabei ... von einer unsichtbaren Hand geleitet, die sein Streben zu einem Ausgang führt, der nicht Teil seiner Intention war." Um jenen Ausgang geht es in diesem Buch: Um wirtschaftlichen Fortschritt.

D IE ALLGEMEINE MORAL der freien Marktwirtschaft reicht allerdings nicht hin, um die Vorwürfe der Ungerechtigkeit zu entkräften. Wirtschaftliche Freiheit führt zu unausgewogener Verteilung von Vermögen. Und die Unterschiede sind enorm. Die „Vermögenskluft" ist Thema einer kritischen Debatte über Volkswirtschaft. Die Wahrnehmung von Ungerechtigkeit ist der Grund, weshalb eine beträchtliche Anzahl von anständigen und wohlmeinenden Menschen auf dieser Welt, genau genommen die Mehrheit von ihnen, nicht herbeieilen, um die freie Marktwirtschaft in ihrer Gesamtheit zum Nonplusultra zu erklären. Vollkommene wirtschaftliche Freiheit sähe aus wie Hongkong unter John Cowperthwaite, ohne Grenzen für Handel und Kapitalfluss, ohne Grenzen für die Zuwanderung von Arbeitskräften, ohne Einwanderungskontrollen, ohne Mindestlöhne, ohne Kostenkontrollen und ohne den Anflug eines Versuchs, eine gerechte Gesellschaft zu formen. Das sind finstere Aussichten, die nicht nur die Schweden und Fidel Castro entmutigen.

Sozialisten und Kapitalisten nehmen naturgemäß gegensätzliche Standpunkte ein, wenn es um die Frage geht, wie wirtschaftlich gerecht das Leben sein sollte. Aber das tun auch verschiedene politische Parteien, die vorgeben, marktwirtschaftlich orientiert zu sein. Und das tun ebenfalls Theologen und Philosophen. Nicht zuletzt tun es selbst die normalen Leute, wenn sie über die Vereinskasse abstimmen oder entscheiden, wie viel Geld sie an der Steuer vorbeischummeln wollen.

Fairness ist ein höchst emotionsgeladener Aspekt, doch wie will man Fairness vermitteln? Es ist schwer, eine politische Struktur aufzubauen, die Fairness gewährleisten kann. Die Weltkarte ist voll von gescheiterten Versuchen, und dieses Buch ebenso. Wenn eine Regierung sowohl die wirtschaftliche Macht der Individuen kontrolliert als auch die exekutive Macht eines Staates, dann kommt dabei bestenfalls etwas wie Shanghai heraus. Ein Unternehmer stellt fest, dass einer seiner Aktionäre Panzer, Artillerie und Kampfflugzeuge besitzt. Das verstößt gegen eine der Grundregeln für ein glückliches Leben: Lass niemals die Leute mit dem Geld und die mit den Waffen dieselben sein.

Die politische Kontrolle wirtschaftlicher Abläufe birgt eine weitere Schwierigkeit, die sich dahingehend auswirkt, dass sie bis dato selbst die artigsten Regierung davon abhält, Ressourcen anständig zu nutzen. Dieses Problem haben die Ökonomen Milton und Rose Friedman in ihrem Buch *Free to Choose* behandelt. Die Friedmans behaupten, es gäbe nur vier Wege, Geld auszugeben:

1. Gib dein Geld für dich selbst aus.
2. Gib dein Geld für andere Leute aus.
3. Gib anderer Leute Geld für dich aus.
4. Gib anderer Leute Geld für andere aus.

Wenn man sein Geld für sich selbst ausgibt, sucht man nach dem höchsten Wert zum niedrigsten Preis – verbilligte Pings im Ausverkauf bei Golf-Aldi. Wenn man sein Geld für andere Leute ausgibt, achtet man immer noch auf den Preis, aber man weiß vielleicht nicht – oder es interessiert einen nicht – was diese Leute brauchen. Also bekommt der Schwager ein Buch von Deepak Chopra zu Weihnachten. Wenn man anderer Leute Geld für sich ausgibt, fällt es schwer, der Versuchung zu widerstehen, mit richtigen Pings, einer neuen Golftasche, orangenen Hosen mit kleinen Niblicks und einem Paar Foot-Joy-Schuhen nach Hause zu gehen. Und wenn man anderer Leute Geld für andere ausgibt, tut es einfach jeder Mist, egal was er kostet. Fast sämtliche Regierungsausgaben fallen in die letzte Kategorie. Nur so konnten die dankbaren Ukrainer zu ihrem Tschernobyl kommen.

Fazit: Wenn Fairness wichtig ist, was ist eigentlich fair? Wir könnten solche Dinge sagen wie, „Menschen haben ein Recht auf Nahrung, ein Recht auf Unterkunft und ein Recht auf einen anständigen Job mit einem anständigen Gehalt". Doch vom Standpunkt eines Volkswirtschaftlers betrachtet heißt das, mit endlichen Mitteln unendliche Bedürfnisse befriedigen zu müssen. Sofern eine faire Gesellschaft kein enormes Wirtschaftswachstum vorweisen kann – womit sich Gesellschaften, die Fairness an erste Stelle stellen, gemeinhin schwer tun – entspringen alle Güter einer Umverteilung. Entsprechend müsste der obige Satz lauten: „Menschen haben ein Recht auf meine Nahrung, ein Recht auf meine Unterkunft und ein Recht auf meinen anständigen Job zu meinem anständigen Gehalt."

W ENN WIR DEN FREIEN MARKT akzeptieren, können wir den politischen Missbrauch und die finanzielle Misswirtschaft vermeiden, die immer dazu gehören, wenn man versucht, eine faire Volkswirtschaft zu entwerfen. Und wir verstehen dann auch, dass sich Volkswirtschaften nicht entwerfen lassen. Die Volkswirtschaftslehre kann letztlich nur die Auswirkungen menschlicher Natur auf die materielle Welt messen. Der Markt ist „herzlos". Ebenso wie Uhren und Maßstäbe. Volkswirtschaftliche Probleme dem vermeintlichen Versagen des freien Marktes anlasten zu wollen ist, als würde man seine Badezimmerwaage beschimpfen, weil man zwanzig Pfund zugenommen hat.

Adam Smith hat erkannt, dass Märkte sich selbst regulieren. Der Mensch hat eine „allgemeine Neigung zum Wandeln, Handeln und Tauschen", schrieb Smith. Schützt man die Menschen vor der Nötigung durch Dritte und vor der Nötigung durch jenes Konglomerat Dritter, das wir ‚Staat' nennen, werden menschlicher Verstand und menschliche Gier wirtschaftlichen Wachstum schaffen. „Die Kraft des Mastiffs kann sich weder auf die Eleganz des Greyhounds, noch auf die Klugheit des Spaniels stützen", schrieb Smith. „Unter den Menschen hingegen vermögen die unterschiedlichsten Talente einander von Nutzen zu sein."

Ich hatte geglaubt, wirtschaftliche Probleme wären die Folge von Unwissenheit in wirtschaftlichen Belangen. Ich hatte mich wieder geirrt. Ich fragte einen Freund, der sich auf diesem Gebiet auskennt: „Warum ist das Prinzip der ‚unsichtbaren Hand' so schwer zu begreifen?" Er sagte, „Sie ist unsichtbar." Am schwierigsten zu verstehen ist an der Volkswirtschaft, dass man sie nicht verstehen muss. Meine Beatnikfreunde und ich haben während unserer Collegezeit also zu Recht unsere intellektuellen Energien auf die Liebe und den Tod anstelle von Geld verwandt.

Eine Sache jedoch hätten wir lernen müssen. Und müssen es immer noch. Bei dieser Sache handelt es sich um ein Wissen, das im Widerspruch zur Psychologie, zur Lebenserfahrung und zum menschlichen Gewissen zu stehen scheint: Ökonomie ist keine Nullsummenrechnung. Es gibt keine festgeschriebene Menge von Wohlstand. Das heißt, wenn Sie sich zu viele Pizzastücke nehmen, muss ich dafür nicht den Pappkarton essen. Ihr Geld verursacht nicht meine Armut. Die Weigerung, genau das einzusehen, liegt den meisten üblen Wirtschaftstheorien zugrunde.

Es stimmt, dass zu jedem gegebenen Zeitpunkt nur eine ganz bestimmte Menge von Wohlstand verteilt werden kann. Aber Wohlstand gründet in Produktivität. Ohne Produktivität gäbe es keine Volkswirtschaft, keine Wirtschaftstheorien, seien sie gut oder schlecht, keine Pizza und auch sonst nichts. Wir säßen herum und starrten auf Steine, die wir vielleicht später zum Abendbrot essen würden. Wohlstand basiert auf Produktivität, und Produktivität ist steigerbar. Genau genommen ist sie sogar sagenhaft steigerbar, wie Angus Maddison in seinem Buch *Monitoring the World Economy* dargestellt hat. Dennoch kann sich jemand, der sich um die Fairness sorgt, hinstellen und sagen, Maddisons Zahlen wären lediglich Durchschnittswerte. Das Bruttoinlandsprodukt pro Kopf gibt keinerlei Aufschluss darüber, wer das Geld am Ende eingesteckt hat. Der um Fairness Besorgte könnte den alten Spruch aufsagen: „Die Reichen werden reicher und die Armen …"

„Werden vom *People*-Magazin mit den Geschichten über Scheidungen von Reichen bei Laune gehalten." So hätte der Besorgte seinen Satz wahrscheinlich nicht beendet. „Bekommen billigere Hypotheken, weil die Banken mehr Geld zu verleihen haben." Das wäre es auch nicht gewesen. „Kriegen bessere Jobs, weil mehr Kapital in die Unternehmen investiert wird." Nein, ebenso wenig. Der gängige Satz lautet: „Die Reichen werden reicher und die Armen ärmer."

Nur dass es dafür in der jüngsten Geschichte keinen Anhaltspunkt gibt. Das Bruttoinlandsprodukt ist eine heikle Größe und sagt wenig aus über das Wohlergehen einzelner Menschen. Doch wir haben andere Statistiken, die mehr als bloße Durchschnittswerte bieten. Lebenserwartung und Säuglingssterblichkeit sind *bezeichnend* dafür, wie es wirklich um die normalen Leute steht. Egal wie wohlhabend die Elite einer Nation sein mag, die ihr zugehörigen Menschen werden trotzdem keine 250 Jahr alt und verfälschen dadurch die Zahlen. Und ein Land kann keine niedrige Säuglingssterblichkeit erzielen, indem es ein paar reiche Babys leben und alle armen sterben lässt.

Der Weltbevölkerungsbericht der UNFPA von 1996 enthält historische Statistiken zur Lebenserwartung und Säuglingssterblichkeit. Die Zahlen sind nach hochentwickelten, weniger entwickelten und unterentwickelten Regionen gegliedert. Unter letztere fallen sehr arme Länder wie Tansania. In den frühen Fünfzigerjahren hatten die reichsten Länder eine Säuglingssterblichkeitsrate von 58 auf 1.000 Lebendgeburten. Zu Beginn der Neunziger war sie auf 11 gefallen. Im selben Zeitraum verringerte sich die Säuglingssterblichkeit in den ärmsten Ländern von 194 von 1.000 Lebendgeburten auf 109. Die Säuglingssterblichkeit ging sowohl in den reichen als auch in den armen Ländern zurück, wobei sich zugleich die Kluft zwischen beiden reduzierte. Waren es anfangs 136 mehr, sind es vierzig Jahre später 98 mehr. Das sind immer noch zu viele tote Babys (und es ist schwer vorstellbar, dass es eine Zahl toter Babys geben kann, die nicht zu hoch und zu schrecklich wäre – es sei denn, bei dem um Fairness Besorgten handelte es sich um einen vehementen Verfechter der Abtreibungslegalisierung). Aber die Säuglingssterblichkeitsraten geben uns einige optimistisch stimmende Informationen über das Wirtschaftswachstum der Welt. Ja, die Reichen werden reicher, aber den Armen geht es dadurch nicht schlechter. Sie werden Eltern.

Die Lebenserwartung sagt uns dasselbe. In den frühen Fünfzigern lebten die Menschen in den reichen Ländern durchschnittlich 66,5 Jahre. Zu Beginn der Neunziger lebten sie 74,2 Jahre. In den ärmsten Ländern stieg die durchschnittliche Lebenserwartung innerhalb dieses Zeitraumes von 35,5 Jahren auf 49,7 Jahre (was beunruhigenderweise exakt meinem Alter entspricht, während ich diesen Satz schreibe, und ich bin froh, dass ich nicht in Tansania lebe und noch heute Nacht sterben muss). Wie dem auch sei, die Differenz in der Lebenserwartung von Reichen und Armen auf dieser Welt hat sich um 6,5 Jahre verringert. Die Reichen werden reicher. Die Armen werden reicher. Und wir werden alle älter.

W ENN DER WOHLSTAND WELTWEIT also nicht wie ein Ringelpiez mit Taschenklau funktioniert, und das, was Sie reich macht, mich nicht automatisch ärmer macht, warum sollten wir uns dann überhaupt um Fairness sorgen? Wir sollten es nicht.

Fairness ist eine gute Sache, so lange es um Ehen oder Kindertagesstätten geht. Sie ist eine nette, kleine, häusliche Tugend. Doch eine Vorliebe für Fairness an sich ist keine durchweg löbliche Regung. Sie quillt nicht gerade über vor Menschenfreundlichkeit, Liebe, Pflichtgefühl oder Selbstaufopferung. Außerdem haftet dem Streben nach Fairness grundsätzlich etwas Selbstsüchtiges an. Versuch ja nicht, mehr zu bekommen als ich.

Als Grundlage für ein politisches System eignet sich Fairness denkbar schlecht. Darüber ist sich bereits das Alte Testament im Klaren. Die Bibel mag ein ungewöhnlicher Ort für volkswirtschaftliche Studien sein, zumal wenn sie von jemandem bemüht wird, der ungefähr einmal im Jahr in die Kirche geht, und das auch nur, wenn meine Frau sagt, dass der Osterhase kommt. Nichtsdestotrotz habe ich über das Zehnte Gebot nachgedacht – unter sozioökonomischen Gesichtspunkten.

Die ersten neun Gebote beziehen sich auf theologische Prinzipien und soziale Ordnung. Du sollst dir kein Bildnis machen, nicht stehlen, nicht töten, und so weiter. Schön und gut. Doch dann kommt das Zehnte Gebot: „Du sollst nicht begehren des Nächsten Haus. Du sollst nicht begehren deines Nächsten Weib, Knecht, Magd, Rind, Esel noch alles, was dein Nächster hat."

Dies sind die göttlichen Grundregeln, nach denen wir leben sollen, eine sehr kurze Liste von ehrbaren Pflichten und heiligen Moralvorgaben, und ganz am Ende steht: „Schiel nicht nach der Kuh deines Kumpels."

Was hat das da zu suchen? Warum sollte Gott, der Moses nur zehn Sachen zu sagen hatte, als eine davon ausgerechnet das Vieh von nebenan wählen? Und dennoch darf man nicht unterschätzen, wie wichtig gerade dieses Gebot für das Wohl einer Gemeinschaft ist. Wenn du einen Esel willst, wenn du einen Schmorbraten willst, wenn du eine Putzhilfe willst, dann mecker gefälligst nicht darüber, was die Leute gegenüber alles haben. *Hol dir deinen eigenen Kram.*

Das Zehnte Gebot ist eine Botschaft an Sozialisten, Verfechter des Egalitarismus, Fairness-Besessene, amerikanische Präsidentschaftskandidaten – an alle, die der Meinung sind, Wohlstand sollte umverteilt werden. Und diese Botschaft ist unmissverständlich: Fahrt zur Hölle.

WENN WIR WOLLEN, dass die ganze Welt reich ist, müssen wir damit anfangen, Reichtum zu lieben. Das Problem mit der Differenz zwischen Armut und Überfluss ist die Armut, nicht die Differenz. Wohlstand ist gut.

Das wissen wir von unserem eigenen Wohlstand. Wenn wir reich werden, ist das prima. Wir verbessern unser Leben. Wir verbessern das Leben unserer Familie. Wir gewinnen Zugang zu Bildung, Reisen, Wissen über die Welt. Wir können in lohnende Dinge investieren. Wir können Geld für einen guten Zweck spenden. Wir können unseren Freunden und Nachbarn helfen. Unser Leben ist besser, wenn wir reich sind. Das Leben der Menschen um uns herum ist besser. Unser Reichtum ist gut. Also warum ist dann der der anderen nicht?

Wohlstand ist gut, wenn viele Menschen ihn genießen können. Er ist auch gut, wenn wenige Menschen ihn genießen können. Das liegt daran, dass Geld ein Werkzeug ist, sonst nichts. Man kann es weder essen, noch trinken, noch als bequeme Unterwäsche benutzen. Und Reichtum – eine Anhäufung von Geld – ist ein ganzer Haufen Werkzeuge.

Werkzeuge können dazu verwendet werden, Unheil anzurichten. Man kann mit einem Gabelstapler die Fenster eines Hauses einschlagen um einzubrechen. Man kann jemandem mit einer Wasserkraftturbine den Schädel einschlagen. Werkzeuge bleiben trotzdem gut. Wenn ein Tischler eine Menge Werkzeuge hat, sagen wir ihm nicht, „Sie haben zu viele. Sie sollten ein paar ihrer Hämmer, Sägen, Schrauben und Nägel an den Typen abgeben, der Omeletts brät."

Mit Fleiß und umsichtigen Investitionen Geld zu machen, ist eine feine Sache. Auf andere Weise Geld zu machen, ist auch nicht schlecht, so lange alle anderen Beteiligten freiwillig mitmachen. Schäbige Produktivität ist immer noch besser als gar keine. Albaniens Schneeballsysteme waren schrecklich, allerdings waren die albanischen Straßenkämpfe schlimmer.

Hongkong unter John Cowperthwaite hat gezeigt, dass selbst innerhalb einer extrem freien Marktwirtschaft private Mittel zum öffentlichen Wohl genutzt werden können. Würden die Vereinigten Staaten ihren Regierungsapparat radikal verkleinern, sämtliche Zuschüsse, Preiskontrollen und Unternehmensförderungen streichen und alle Sozialleistungen abschaffen, zahlten wir immer noch Steuern. Die Erträge aus diesen Steuern könnten jedoch – im Idealfall – in vernünftige Dinge wie Schulen, Straßen und nationale Verteidigung gesteckt werden, nur für den Fall, dass die Briten wieder einmarschieren und die Wall Street an die Rotchinesen verschenken wollen.

Oder wir nehmen als Beispiel aus dem echten Leben zwei Jugendliche, die beide ihren College-Abschluss mit Auszeichnung gemacht haben. Der eine ist ein bewundernswerter Idealist; der andere will Karriere machen. Der Idealist schließt sich den *Freunden der Erde* an und kettet sich an einen Mammutbaum. Der Yuppie nimmt einen Job bei einer Investmentbank an, verkauft faule Derivate und kassiert 500.000 Dollar im Jahr. Selbst wenn der egoistische junge Banker die Steuer beschummelt – und das wird er tun – wird er am Ende 100.000 Dollar jährlich an Steuern zahlen: Einkommenssteuer, Vermögenssteuer, Kapitalsteuer, etc.

Während der bewundernswerte Idealist einen Baum gerettet hat (sofern die Rodungsfirma keinen Bolzenschneider besitzt), hat der Pirat mit Designerkrawatte der Gesellschaft 100.000 Dollar für Schulen, Straßen und die US-Marines eingebracht, ganz zu schweigen von dem Geld für die Innenministerium, mit dem jede Menge Bäume und daran angekettete Idealisten gerettet werden können.

Und was geschieht, wenn der herzlose Yuppie die Steuerbehörde nach Strich und Faden betrügt und seine halbe Million ganz für sich behält? Dann bleibt dieses Geld bestimmt nicht in seinem Manschettenknopfkästchen versteckt. Egal ob er es ausgibt oder spart, irgendwo wird es irgendwie angelegt sein, und vielleicht trägt es dort dazu bei, dass das 21.-Jahrhundert-Pendant zum Kehrpflug, zum Mikrochip oder zum Cappuccino erfunden werden kann. Die Gesellschaft gewinnt in jedem Fall. Reichtum ist für die Welt von Nutzen. Reiche Leute sind Helden. Sie beabsichtigen es zwar normalerweise nicht, aber das soll ihr Problem sein und nicht unseres.

H EUTZUTAGE GIBT FAST JEDER ZU, dass der freie Markt für sich spricht. Wirtschaftliche Freiheit schafft Wohlstand. Wirtschaftliche Unterdrückung schafft Armut.

Armut ist hart, erbärmlich und erniedrigend. Armut, das sind Schulmädchen, die auf den kubanischen Strich gehen, um ihre Eltern zu ernähren. Armut, das ist John, der in Tansania auf der Suche nach einem Arzt durch die Nacht fährt, während seine kleine Tochter stirbt. Das sind alte Frauen, die auf Moskaus Straßen betteln. Was Armut nicht ist, ist traurig. Armut macht wütend, denn all diese Dinge müssen nicht geschehen. Diese elenden Zustände muss es nicht geben. Wir können nicht alle Probleme im Leben lösen, aber das Problem grober materieller Missstände auf der Welt können wir lösen. Diese Lösung funktioniert nicht perfekt, und sie funktioniert auch nicht einheitlich. Aber sie funktioniert. Wenn wir schon nicht alles in den Griff bekommen können, sollten wir mit den einfachen Sachen beginnen. Wir wissen, wie man Armut überwinden kann. Wir wissen, wie man Wohlstand schaffen kann. Doch aus lauter Faulheit, Angst, Selbstgefälligkeit, Machtgier oder idiotischem Idealismus weigern wir uns, etwas zu tun.

Wir glauben, wir könnten uns nur so nebenbei mit der Freiheit beschäftigen – ein paar Grundrechte zulassen und unsere Lieblingszwänge da lassen, wo sie sind. Wir glauben, wir könnten mit dem freien Markt herummachen wie wir wollen – keine Kosten übernehmen und trotzdem den Gewinn einstreichen.

ES GIBT EINEN WITZ, den, wie ich glaube, Präsident Reagan gern erzählt hat, um die Einstellung einiger Leute zu den Segnungen von Freiheit und Eigentumsrechten zu veranschaulichen. Falls er nicht von Reagan stammt, hätte er es zumindest sollen. Außerdem wird er mir diese Unterstellung gewiss nicht krumm nehmen. Zweifellos hat er zwischenzeitlich alles über Ökonomie vergessen. Und darin kann ich den Präsidenten nur unterstützen. Ich plane, alles darüber zu vergessen, sobald ich kann – bis auf einige rudimentäre Scherze, wie den über den Handlungsreisenden, der bei einer Farmersfamilie übernachtet. Als sich die Familie zum Essen versammelt, sitzt ein Schwein auf einem der Stühle am Tisch. Das Schwein trägt drei Medaillen um den Hals und hat ein Holzbein. Der Handlungsreisende sagt, „Ähm, ich sehe, das Schwein isst mit Ihnen zu Abend."

„Jo", sagt der Farmer. „Das ist nämlich ein ganz besonderes Schwein. Sehen sie die Medaillen? Also, die Erste ist von damals, als unser Jüngster in den Teich gefallen war. Das Schwein ist hinterhergesprungen und hat ihm das Leben gerettet. Die Zweite ist dafür, dass er unsere kleine Tochter gerettet hat, als sie in der brennenden Scheune war. Das Schwein ist rein und hat sie rausgeholt. Und die dritte Medaille stammt von dem Tag, als unser Ältester von einem bösartigen Bullen in die Ecke des Pferchs getrieben worden war. Das Schwein ist rein, hat dem Bullen in den Schwanz gebissen und unseren Sohn gerettet."

„Ach so", sagt der Gast. „Jetzt verstehe ich, warum Sie das Schwein bei sich am Tisch sitzen lassen. Und ich begreife auch, weshalb Sie ihm die Medaillen verliehen haben. Aber woher hat es das Holzbein?"

„Naja", sagt der Farmer, „so ein Schwein – das isst man doch nicht auf einmal."

INDEX

268